"十二五"普通高等教育本科国家级规划教材

新世纪高等学校教材·地理科学系列

北京高校"重点建设一流专业"（人文地理与城乡规划）项目成果

北京师范大学"十四五"高等教育教材建设重大项目成果

扫一扫 看资源

区域分析与规划教程

第三版

吴殿廷　宋金平　朱华晟
乔家君　曹　康　李琳娜　◎ 编著

REGIONAL ANALYSIS
AND PLANNING

北京师范大学出版集团
BEIJING NORMAL UNIVERSITY PUBLISHING GROUP
北京师范大学出版社

图书在版编目(CIP)数据

区域分析与规划教程 / 吴殿廷等编著. —3 版. —北京：北京师范大学出版社，2024.7

（新世纪高等学校教材·地理科学系列）

ISBN 978-7-303-29891-4

Ⅰ. ①区… Ⅱ. ①吴… Ⅲ. ①区域开发－中国－高等学校－教材 ②区域规划－高等学校－教材 Ⅳ. ①F127

中国国家版本馆 CIP 数据核字(2024)第 077427 号

图书意见反馈：gaozhifk@bnupg.com　010-58805079
营销中心电话：010-58802181　58805532

QUYU FENXI YU GUIHUA JIAOCHENG

出版发行：北京师范大学出版社　www.bnupg.com
　　　　　北京市西城区新街口外大街 12-3 号
　　　　　邮政编码：100088

印　　刷：唐山玺诚印务有限公司
经　　销：全国新华书店
开　　本：787 mm×1092 mm　1/16
印　　张：18.75
字　　数：422 千字
版　　次：2024 年 7 月第 3 版
印　　次：2024 年 7 月第 6 次印刷
定　　价：49.80 元

策划编辑：陈仕云　　　　　　　责任编辑：陈仕云
美术编辑：焦　丽　　　　　　　装帧设计：焦　丽
责任校对：王志远　　　　　　　责任印制：马　洁　赵　龙

第三版前言

在北京师范大学出版基金的资助下，1999年1月我们出版了面向本科生的教材《区域分析与规划》，这是国内第一部和"区域分析与规划"课程同名的教材。在内容范围、逻辑设计等方面，完全是一种探索。教材出版后，我们一面怀着惴惴不安的心情接受社会的检验，一面在教学中努力修改和完善。该教材于2006年被列入"十一五"国家级规划教材，2012年被列入"十二五"国家级规划教材。现在出版的是在"十二五"国家级规划教材《区域分析与规划教程》（第二版）基础上的修订版。

1999年以后，国内陆续出版了多部同类教材。其中影响较大的是崔功豪、魏清泉、陈宗兴老师编著的面向21世纪的同名教材。这三位先生是我们的父辈，他们扎实的地理学功底、高瞻远瞩驾驭课程的能力是我们望尘莫及的。所以，在教学中我们也把他们的教材作为重要的参考书。本次修订，也参阅了他们的一些成果。

尽管"区域分析与规划"课程已被列入地理学专业的主干课，但到目前为止，国内外还没有形成"区域分析与规划"课程的公认体系，甚至有的学校不开设这门课程。我们在讲课中时常为这门课程与"经济地理学""区域经济学"等课程内容的交叉、重叠而苦恼。在这次修订过程中，我们认真参阅了李小建主编的面向21世纪教材《经济地理学》（高等教育出版社，2018年版），吴殿廷主编的"十一五"国家级规划教材《区域经济学》（科学出版社，2019年版），马克思主义理论研究和建设工程教材《区域经济学》（高等教育出版社，2018年版），但也不能完全解决这个问题，企盼应用此教材的老师结合所在院校实际，酌情调整教学内容。

1. 课程体系及教学内容设计

本课程体系见图1，大体可以概括为理论、方法、实践三大部分。其中理论部分包括区域系统、区域经济、区域规划等；方法部分侧重于区域比较与评价、区域发展预测、区域优化、区域决策等；实践部分有我国"十四五"规划目标述评、产城融合发展规划案例分析、我国各地区经济发展质量评价等。

```
                        ┌──────────────────┐
                        │   系统科学原理    │
                        └──────────────────┘
```

┌─────────────────────────┐   ┌─────────────────────────┐
│ 区域发展和规划理论基础 │   │ 区域系统分析与规划方法 │
└─────────────────────────┘   └─────────────────────────┘

区域经济发展的基本规律
- 区域经济的产生和发展
- 区域经济发展变化规律

区域发展规划的理论基础
- 区位与区位理论
- 空间分异和相互作用理论
- 规模经济与产业集聚理论
- 区域分工与合作理论
- 可持续发展理论和循环经济理论
- 经济区划与主体功能区理论
- 中国特色区域发展理论

- 区域系统分析的原则和步骤
- 区域比较与评价方法
- 区域发展预测方法
- 区域规划与优化方法
- 决策与对策分析方法

区域开发与发展战略

区域发展规划

区域分析与规划实践
- 联合国人居署《城市与区域规划国际准则》
- 我国"十四五"规划目标述评
- 产城融合发展规划案例分析
- 我国各地区经济发展质量评价

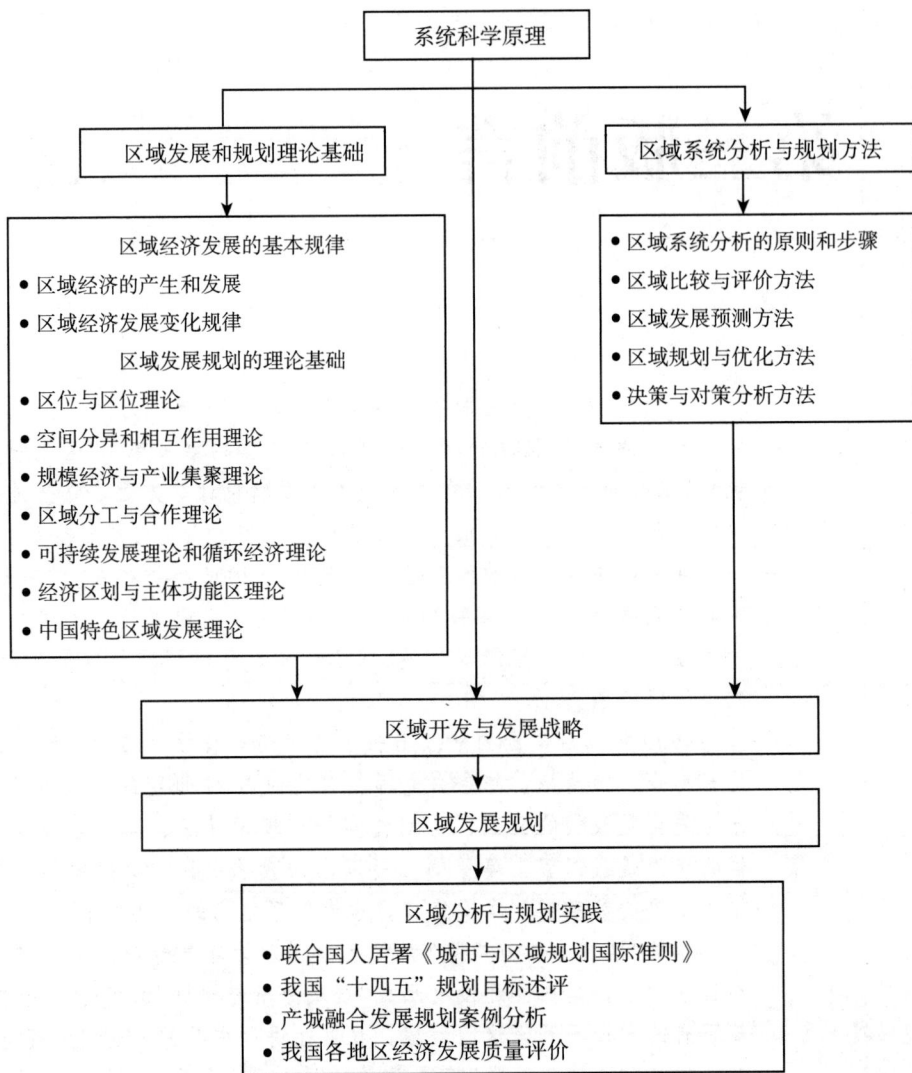

图 1 "区域分析与规划"课程体系

本教材以区域为研究对象,以经济学、地理学理论为基础,以系统科学为指导,以区域发展和协调、协同发展为主线,着重从时间和空间两个方面、宏观和中观两个层面探讨区域发展规律,寻求促进区域发展和可持续发展的对策、措施。

本教材吸收区域科学、区域经济学和经济地理学的最新研究成果,结合中国的实际,努力在理论上给出区域分析与规划的内容体系和思维框架,在方法和实践上具有相当的实用性。学生通过本课程的学习,能够结合具体区域进行分析,在参与区域发展研究和区域规划制定的过程中发挥一定的作用。

2. 本书特色

和国内外其他版本的同类教材相比,本教材的特色主要体现在以下几个方面。

(1)把研究对象(区域)作为一个系统,按照系统科学的思维方式展开教学

本书侧重于区域系统的环境与要素、结构与功能、状态与过程、目标与方案等范畴,从宏观、整体出发,从时间和空间两个侧面探讨规律,寻求解决途径。

（2）突出区域发展、可持续发展和协调发展主题

区域经济运动错综复杂，特别是微观规律表现多样。本教材紧紧围绕区域发展、可持续发展和协调发展的宏观规律，着重探讨区域发展过程中的时间过程、动力机制、结构演变、空间布局特点，剖析人口、资源、环境与经济之间既相互制约又相互促进的复杂关系，抓住城市与区域、地域分工与合作等重大问题，揭示区域发展、协调发展与可持续发展的内在规律。从宏观、整体出发，经过中观到达微观层面，使学科的完整性与实用性很好地结合起来。

（3）注重方法、手段的进步

经济运动异常复杂，只用一般的文字叙述难以说清其规律。为此，现代西方经济学家大量使用数学工具，诺贝尔经济学奖也大多授予那些在经济数学方法上有突出贡献的学者，或在信息经济学上取得重大突破的专家。区域分析与规划也应如此。为此，本教材采用了一些指标体系和数学模型进行分析。对于经济学、地理学专业的本科生来说，大量使用数学公式进行推理可能难以接受，所以，本教材尽可能避开复杂的数学公式推导，注意讲清数学原理，强调经济学含义及其在实践中的应用。

（4）实践内容丰富，并且大部分案例来自编著者的直接实践

国外不乏区域分析与规划研究的经典案例，如美国的田纳西河流域治理、日本的国土规划、苏联的地域生产综合体组建等。为增强教材内容的丰富性和生动性，也为验证区域规划规律在中国的实用性，本教材除了引用这些经典案例外，还结合编著者亲自负责或参与的项目，阐述区域经济发展规律和区域规划方法。

3. 编写团队

本教材1999年版的编著人员是吴殿廷、王静爱、张梅青；2008年修编人员调整为吴殿廷、张梅青、曹康、乔家君；2016年第二次修编调整为吴殿廷、乔家君。本次修编是在北京高校"重点建设一流专业"（北京师范大学人文地理与城乡规划）项目和北京师范大学"十四五"高等教育教材建设重大项目支持下进行的，所以修编人员调整为以校内人员为主。其中：宋金平主笔了第二章、第七章的修编工作，朱华晟主笔了第三章的修编工作，乔家君参与了第六章、曹康参与了第二章和第三章的修编工作，其他章节的修编由我负责。李琳娜近几年一直主讲本门课程，为课程的建设做出了新的贡献，特邀请她参与了全书的统稿、定稿，并全权负责课件的编写工作。

教材不是专著，要强调系统性、权威性和典型性。所以，教材中有的内容不能代表最新成果；大学教育是探究式教育，对于社会科学性质较强的"区域分析与规划"课程而言，教材中的很多问题是没有标准答案的；"区域分析与规划"课程的实践性很强，只有通过大量的典型案例，结合具体的区域，才能把握其规律，掌握其方法。这就是我们编著和修编本教材的基本考虑。偏颇和疏漏之处还望读者指正。

本教材的出版和再版，得到了北京师范大学地理科学学部和北京师范大学出版社的大力支持，特别是邬翊光教授、李晓西教授、王静爱教授和陈仕云女士的帮助，借本书修编再版之际，特向他们表示谢意。

吴殿廷

2024年1月于育新花园

目　录

第一章　区域与区域系统

区域是本课程的出发点和归宿，区域发展、可持续发展和协调发展，是本课程的主题与主线。

通过本章的学习，要熟练掌握区域、区域系统的概念，认识区域系统的主要特性和演变规律，学会用系统科学的思维方法来研究区域问题，把握区域结构分析的主要方法和重要指标。

第一节　区域

一、区域的概念

在地理学和区域经济学中，区域被视为动态的有机整体，是一个有意义的地区，而不是任意划定的一个空间。本课程把区域定义为：地球表面（层）具有社会经济学意义的空间系统。

一般情况下，区域是指地表的二维平面，但对于较小的区域范围，如一个城市，常指三维空间。

例如，中国是一个区域，其特征是为中华人民共和国所有；我国东北地区也是一个区域，其特征是以沈阳为中心形成了相互联系、相互作用的经济系统，有统一的电网，有相对独立、完善的交通网和通讯网等。

区域是地球表面（层）的一个空间系统，有时也被称为区域系统。称区域是为了强调研究对象的空间范围；称区域系统则是为了强调研究对象的内在整体性。

二、区域的类型和特征

(一)区域的类型

按划分标准的不同，区域可分为多种类型体系。

1. 按构成要素划分为自然区域和社会经济区域

(1)自然区域。自然区域是根据自然地理环境的地域分异规律，依照一定的目的，揭示自然地理环境结构的特定性质而划分出来的自然地理综合体。自然区域又可分为非生态系统自然区域和生态系统自然区域。前者如流域、大地貌单元（山区、平原区、高原区等）等，后者如太平洋生态系统、黄淮海平原农田生态系统、长白山森林生态系统等。

(2)社会经济区域。社会经济区域包括经济区域和社会、文化区域等。经济区域是在人类运用科学技术、工程措施等对自然环境进行利用、改造和建设过程中形成的特定性质的地域生产综合体，是由生产、交换、分配等环节构成的区域，如京津冀经济圈、长江三角洲经济圈、粤港澳大湾区经济圈等。社会、文化区域是根据人类社会活动的特征，以及在人口、民族、宗教、语言、政治等因素交互影响下而产生的附加在自然景观上的"人类活动形态"即文化景观的特定性质的相似性与差异性而划分出来的地域单元，如华人文化圈、东亚文化圈、穆斯林文化圈等。

自然区域与社会经济区域的划分是相对的，前者或多或少会有人类活动，后者也总是打上自然环境的烙印。

2. 按内在结构(形态特征)划分为均质区和结节区

(1)均质区。均质区具有单一的面貌，根据划分区的标准，其特征在区内各个部分都同样表现出来。气候区就是均质区的例子，农业区也具有均质区的性质。如果是多种面貌的区域，要依据区内各个要素的组合来确定均质区的存在，认识性的综合自然区和综合经济区都是这种区域。

(2)结节区。结节区的形成在于内部结构或组织的协调，这种结构包括一个或多个聚焦点，即中心，以及环绕聚焦点的地域，二者被流通线路所联结，区的边界处于联结的末梢①。

认识结节区需要掌握三个概念，即结节性、结节点和腹地。其中，结节性是指一定地域范围中某些地段的人口、物质、能量、信息等进行交换所产生的聚焦作用。这些具有聚焦作用的特殊地段称为结节点。结节点按其有效半径服务于一个或大或小的地域空间，这个地域空间称为腹地(吸引区)。腹地和结节点的组合称为结节地域，即结节区。

均质区如东北老工业振兴地区、老少边穷地区等，其内部结构均一，或者要素分布相对均衡；结节区如长江三角洲地区、京津冀都市圈等。流域经济区、港口经济区、城市经济区等，也都是结节区，它们都是在结节点与腹地相互作用下形成的，或由物质能量聚散所致。

(二)区域的特征

1. 内在整体性

对均质区而言，内在整体性指的是形态特征的一致性；对结节区而言，内在整体性则是指结节点与腹地之间经常的、稳定的联系。正因为区域具有内在整体性，所以才被称为区域系统。

2. 空间界线的客观性与模糊性

区域是客观存在的空间系统。区域的空间界线不仅是客观存在的，也是会发生变化的。人类对区域空间界线的认识是逐渐深入的②。

区域不论存在的形式如何，都具有一系列的特点，如地域性、综合性、层次性等。然而，人们对区域性质的认识存在着严重的分歧。迄今为止，对于区域本身是否独立于人的意志之外而客观存在，存在着两种对立的看法，并因此而划分为主观派与客观派两大阵营。主观派以美国学术界为大本营，其代表人物是普雷斯顿·詹姆斯(Preston James)，他认为：一切区域都是假定的。它们是为一定的目的划分的，只要它们达到

---

① 杨吾扬. 区位论原理——产业、城市和区域的区位经济分析[M]. 兰州：甘肃人民出版社，1989.

② 孙尚清，马建堂，贺晓东，等. 经济结构的理论、应用与政策[M]. 北京：中国社会科学出版社，1991.

目的，就被判定是好的。区域方法就是选取指标来划分区域种类；验证这些指标，即从相关要素的综合整体中，选出与特定的问题最相关的事物作为指标。没有"真正的区域"。区域仅仅作为一种理智概念而存在，用于特定的目的，只能按照所要考察的问题的观点来评定它的得失。① 因此，在主观派看来，区域既不是独立存在的客观实体，也不是社会经济发展的产物，而是由思维构成的精神上的概念。

与主观派相对立，客观派则认为，区域是独立存在的客观实体，是社会分工发展的必然产物，是不以人的意志为转移的客观存在。以经济区划理论享誉世界的已故苏联著名经济学家、地理学家 H. H. 科洛索夫斯基指出：并不是任何具有地方化经济特征的地域都可以叫作经济区。只有当某个区域的产品按其产量和作用在国内总平衡中占有很重要的地位时，才能把这个地域看作特殊的经济区。② 因此，经济区是地域分工体系中的一个环节，是具有全国意义的专门化的地域生产综合体。萨乌什金则从以下四个方面进一步论证了区域的客观性。

(1)区域发展的阶段性。区域从萌芽到逐渐成熟，区内联系和区际联系不断扩大，新区逐渐取代旧区等都证明，区域是历史性的概念，区域随着社会生产的发展而不断向前发展。要追溯作为"精神概念"的区域的发展历史是不可能的，只有具有丰富物质内容的实际存在的客体才能做到这一点。

(2)相互联系的、有规律的地区体系的存在。譬如，只有客观存在的经济区才能形成独特的相互关联的完整体系。这种体系是由一个国家各专门化部门组成的体系，依靠这种体系可以提高社会劳动生产率。区域如果是一种精神上的概念，就不可能具有这种作用。

(3)区域的远景性。区域的发展方向以及通过预测同实际情况对比进行的实地检验，都是区域客观性的最好论证。因此，区域发展是可以预测的。

(4)不同时期不同学者所进行的区域划分工作的继承性。经济区的发展具有继承性，经济区是与特定地段上的各种物质要素联系在一起的。

由此认为，区域是客观存在的，但明确的区域之间的界线是不存在的，任何标定的区域界线都是由思维构成的精神上的概念，都是假定的。区域的客观性和区域的主观性都是由社会生产地域分工所决定的。社会生产地域分工一方面使各个区域生产专门化，另一方面通过产品的交换而使各区域相互开放、相互关联而形成完整的社会生产地域分工体系。由于社会生产地域分工是一个历史的、客观的过程，因此，区域是客观存在的。在社会生产地域分工体系这个超大系统中，尽管各个区域的专门化方向和经济中心是明确的，但各个区域之间的边界因其相互开放、相互关联而非截然分明，企图在模糊的客观面前确定明确的区域界线不可避免地带有很大的主观性和相对性。从这个意义上来讲，任何区域界线都是主观的、相对的，没有绝对正确和不正确之分。但我们不能因此而否定区域的客观存在以及经济区划的科学意义和实践意义。区划中最重要的内容并不是区域界线的确定，而是大致反映地域分异规律和形成整个社会生产地域分工体系。

① [美]普雷斯顿·詹姆斯. 地理学思想史[M]. 李旭旦，译. 北京：商务印书馆，1982.
② [苏联]H. H. 科洛索夫斯基. 经济区划原理[M]. 莫斯科：国家政治书籍出版社，1958.

第二节 区域系统

一、系统和系统科学

区域是一个系统。用系统科学的理论和方法研究区域运动规律，探讨区域发展和可持续发展途径，是区域经济学、经济地理学重要的发展方向，因此有必要掌握系统科学的基本知识。

(一)系统的定义及特点

"系统"一词最早出现于古希腊语中，原意是指事物中共性部分和每一事物应占据的位置，也就是由部分组成的整体。现代系统科学奠基人贝塔朗菲(Bertalanffy)将系统看作一个科学概念，认为系统是"相互作用的诸要素的综合体"。我国系统科学界对系统的通用定义是由钱学森提出的，他指出：系统是由相互作用和相互依赖的若干组成部分(要素)结合而成的、具有特定功能的有机整体①。由要素组成的系统，又是较高一级系统的组成部分，也可以称为较高一级系统的子系统。

对系统的定义虽然各有不同，但所有定义都包含了对系统的三个最基本的属性特征的概括，也就是一切系统所具有的共同点。

第一，系统必须由两个或两个以上的要素(如部分、元素、环节等)所组成。要素是构成系统的最基本单位，也是系统存在的基础和实际载体。离开了要素，系统就不成其为系统。要素以一定的结构构成系统时，各种要素在系统中的地位和作用是不尽相同的。

第二，系统的各要素之间、要素与整体之间以及整体与环境之间存在一定的有机联系，从而在系统的内部和外部形成一定的结构或秩序。

第三，任何系统都有特定的功能，这是整体具有的不同于各个组成要素的新功能，也就是通常所说的"整体大于部分之和"。这种新功能是由系统内部的有机联系，即结构所决定的。

(二)系统与环境

环境是对存在于系统以外的事物(如物质、能量、信息等)的总称，或者说系统的所有外部事物就是环境。所有的系统都是在一定的外界环境条件下运行的，而环境是一种更高级的、复杂的系统。系统与环境的分界被称为系统的边界。环境通过边界对系统施加的影响叫扰动。

系统与环境是相互依存的，系统必然要与外部环境产生物质、能量和信息的交换。系统与环境的交互影响就产生了输入、输出的概念。外界环境给系统一个输入，通过系统进行交换与处理，必然会产生一个输出，再返回到外界环境。所以系统中的部件是输入、处理和输出活动的执行部分。

如果系统与环境之间存在输入和输出的交互影响，或者说，系统与环境之间有着物质、能量和信息的交换，则该系统就称作开放系统(opened system)。如果一个系统

① 钱学森，等. 论系统工程[M]. 长沙：湖南科学技术出版社，1982.

与环境之间没有物质、能量和信息的交换，则该系统就称作封闭系统（closed system）。在自然界和人类社会中，绝对封闭和孤立的系统是不存在的，任何系统都要受外界环境的影响，因而都是开放的。

环境的变化对系统有很大的影响，因此，系统必须适应外部环境的变化。能够经常与外部环境保持最佳适应状态的系统才是理想的系统；不能适应环境变化的系统是难以存续的。

坚持环境适应性原则，就是说我们不仅要注意调节系统内各要素之间的相互关系，而且要考虑系统与环境的关系。只有系统内部关系和外部关系相互协调，才能全面地发挥出系统的整体功能，保证系统向最优方向发展。

（三）系统的结构和功能

系统的结构与功能是系统科学的基本范畴，是一切系统不可分割的两个方面，系统科学就是从系统的结构与功能出发去研究整个客观世界的。

所谓结构，是指系统内部各组成要素之间的相互联系、相互作用的方式或秩序，表现为各要素之间在时间或空间上排列和组合的具体形式。系统的结构是系统保持整体性及具有一定功能的内在依据。与系统结构的概念相对应，我们把系统与外部环境相互作用所反映的能力称为系统的功能。系统功能体现了一个系统与外部环境之间的物质、能量和信息的输入和输出的转换关系。

功能是系统内部固有能力的外部表现，它归根到底是由系统的内部结构所决定的。结构的变化制约着系统整体的发展变化，也必然引起功能的改变。结构和功能的关系不是一一对应的，功能具有相对独立性。功能不仅具有相对独立性，而且对结构有巨大的反作用。功能在与环境的相互作用中，会出现与结构不相适应的异常状态，当这种状态维持一定时间时，就会刺激、迫使结构发生变化，使系统适应环境。

（四）系统分析的基本原则

1. 整体性原则

系统科学不同于传统科学的显著特点之一就在于它对于系统整体特性的强调，它把所研究的对象看成一个整体系统，这个整体系统又是由若干部分（要素与子系统）有机结合而成的。其核心思想在于：一个系统作为整体，具有其要素所不具有的性质和功能；整体的性质和功能，不等同于其各要素性质和功能的简单叠加；整体的运动特征，只有在比其要素所处的更高的层次上才能描述清楚；整体与要素遵从不同描述层次上的规律。因此，系统分析必须基于整体性原则，从整体与部分相互依赖、相互制约的关系角度去揭示系统的特征和规律，以整体最优化为目标去实现系统各组成部分的有效运转。

2. 动态性原则

系统内部诸要素的相关性及系统与外部环境的相关性都不是静态的，而是动态的，都与时间密切相关，都会随时间不断地变化。动态性原则在区域研究中表现得尤为明显，因为区域都是复杂的巨系统，其内部各组成部分复杂的相互作用和环境的多变性，使系统呈现出动态特征。因此必须把区域看作一个动态的对象，密切注意其内外部的各种变化，掌握变化的性质、方向、趋势、程度和速度，采取相应的措施，调整规划方案，改进调控对策，在变化中求得系统优化。

3. 最优化原则

系统整体性能的最优化是系统科学追求并要达到的目的。由于整体性是系统科学最基本的特点，所以系统科学并不追求构成系统的个别部分最优，而是通过协调系统各部分的关系使系统整体目标达到最优。

系统分析的原则还有很多，上述三个原则是基本原则。其中整体性原则最为重要，把握住整体性原则，就把握了系统科学的实质。

二、区域系统的特征

按照系统科学的理论和方法重新认识区域系统，可以发现，任何区域系统都具有如下特征。

(一)综合性与整体性

区域系统的综合性是指系统要素具有多样性，既有自然因素，又有社会因素和经济因素；整体性是指区域系统的各个部分是相互联系、相互制约的，只有综合协调社会、经济、生态、环境等各个方面才能获得最佳的整体性能。

(二)动态性与开放性

区域系统是涉及大量要素的复杂动态系统，区域系统的结构、组成要素的水平与变化速度等均处于动态变化之中。区域是一个开放系统，区域与外界进行着能源、原材料、产品、人员、资金和信息的流动。区域之间存在着差异与互补，不同地区有不同的发展条件和不同的发展优势，把不同的地区协调地组织起来，才能获得大系统的整体效益。从这个意义上讲，开放性是区域系统向优化发展的必要条件，封闭、孤立必然导致区域系统的衰落，这已经被世界各国、各地区的发展历程所证明。我国从历史上的繁荣昌盛到中华人民共和国成立前的落后，再到改革开放后的复兴，日本、新加坡、韩国等国家在第二次世界大战后的迅速崛起，都同区域系统的开放与否有一定的关系，国内的老、少、穷地区多数位于开放性程度低，交通、信息闭塞的山区或边远地区。

一个区域的开放程度同区域发展水平，区域空间地理位置，区域输出输入、基础设施，区域内部吸收、消化、转移、输出能力有关。

区域系统的开放性主要体现在信息开放、物质开放、技术开放和人员开放。

1. 信息开放

区域与外界可能仅有信息联系，信息的输入和输出起基本作用，首先是有关思想、意识的精神产品的作用；其次是区域状况的传递，可以反映区域之间的差异与各自的优势、潜力，为实质性的区域开放做好准备。对一个区域社会经济系统来说，信息开放是区域开放的基本前提，同时也是促进区域开放的强大动力。

2. 物质开放

原材料、能源、产品等物质资源的输入和输出是区域系统开放的基本内容，相关区域可以从物质开放中获得区域分工、专业化生产、规模经济等方面的巨大利益。物质资源流动在当今世界的社会经济活动中占据着举足轻重的地位，交通、商业和贸易都是直接从事物质开放的产业部门。

3. 技术开放

技术开放是物质开放与信息开放的进一步发展。技术的输入和输出已经成为世界各国和地区推动经济社会发展的动力，当今世界性技术革命的浪潮极大地推动了技术开放。扩大技术开放的程度，抓住技术革命的机会，就有可能使发展中国家和地区用较短的时间迅速跨越发达国家和地区数十年、数百年的发展历程，从而进入发达国家和地区的行列，实现跨越式的发展。

4. 人员开放

人是区域经济活动中最活跃的因素。人口迁移、劳动力流动、技术人才的流动将使人力资源同物质资源更有效地配合起来，从而促进区域大系统的发展。在 20 世纪 80 年代的中国，尤其是经济欠发达地区，技术人才稀缺，引进一个或数个技术人才就有可能搞活一家工厂，繁荣一个地区。

开放的系统必然是动态的，系统的结构和功能都在开放中变化，在开放中发展。

(三)空间性与地域性

区域系统的空间性是指区域系统总是同一定的地表空间相联系，系统要素的空间分布、地区空间范围、空间距离、空间联系等在区域系统中有重大作用，对区域系统的组成部分如社会、经济、政治组织的行为有极大的影响。同样是平原地区，在大中城市周围的地区因受到较强的经济扩散作用，经济发展水平、发展速度通常较远离大中城市的地区要高。

地域性是指不同地区的区域系统在状态、水平、结构、效益、优势、潜力、功能、发展速度各方面存在着显著的差异，如中国东西部的自然地形、人口密度、经济水平、经济效益、经济增长速度存在着由东向西从高到低的梯度差异。例如，辽宁省是我国经济较发达的省份之一，但主要是辽中南比较发达，三辽(辽东、辽北、辽西)地区并不发达；山东发展很快，但鲁西南山区并不发达；广东省是我国经济最发达的省份之一，但其粤北山区也不发达。不同的区域系统，在控制方式选择、发展方向规划、发展措施制定上都应有所区别。见表 1-1。

表 1-1　辽宁省各地区经济收入差异　　　　　　　单位：元

省/地区	人均 GDP	在岗职工工资	城镇居民人均可支配收入
全省	57 191	75 264	39 777
沈阳(辽中)	77 777	87 696	46 786
大连(辽南)	99 996	95 442	46 468
丹东(辽东)	32 256	57 008	31 994
阜新(辽北)	27 945	59 849	29 514
朝阳(辽西)	28 761	64 331	27 015

资料来源：《辽宁省统计年鉴》，2019。

(四)层次性和嵌套性

层次性是与区域系统的空间性、地域性紧密联系的一个概念。任何一个空间范围较大的区域系统都可分解成若干空间范围较小的区域系统;反过来说,任何一个区域都可以看作某个较大区域的子区域,由此形成区域系统的层次结构。中国经济区域的层次结构最高级(顶点)为国家,第二级为三大经济地带、南方和北方,第三级为大经济区,第四级为省级经济区,第五级为省内经济区,第六级为城市经济区(地市级),第七级为县级经济区(县市级),县级以下还有县内经济区、乡镇级经济区等。

由于研究目的不同,同一个区域可以通过不同的标准划分成不同的层次结构,不同的层次结构相互交叉、复合就可形成复合的嵌套结构。如东北经济区中的辽宁省,同时也是环渤海经济区的组成部分;而东北经济区除了可以按照行政管辖分成辽宁、吉林、黑龙江及内蒙古东部四大块外,也可以按照自然地理分异规律划分成东部山区森林经济地带、中部平原城市地带和西部低山丘陵草原地带;还可以根据中心城市的作用划分为哈尔滨都市圈、长吉都市圈、沈阳都市圈和大连都市圈等。

复合结构内部有三种基本的复合形式:重叠型,即一个层次结构中的一个单元也是另一个层次结构的单元;组合型,即一个层次结构中的部分单元组合成另一个层次结构的一个单元;重组型,即一个层次结构中的部分单元经重新分解组合形成另一个层次结构的部分单元①。

(五)自适应性与自组织性

区域系统是一个整体,外界环境的任何变化都会引起系统结构与要素的变化,建立起新的稳定结构和状态,从而适应新的环境。区域系统的这种自适应性与自组织性体现在三个方面:一是系统对外界环境变化的自动反应性;二是系统受外界环境变化干扰后自动恢复平衡的稳定性;三是系统为适应新的外界环境变化而发生突变,导致系统结构变化与重组的演变性质。从这个意义上讲,不确定性现象的出现正是区域系统高度自适应能力的一种表现。

吉林省安图县的农民依据气候变化调整农业种植计划,只要判断第二年气候条件(环境刺激)适宜,就扩大中、晚熟水稻品种的种植面积;反之,则采取相反行为。而预期情景的依据是上一年气候状况对产量的影响。其自组织、自适应模式如图1-1所示。

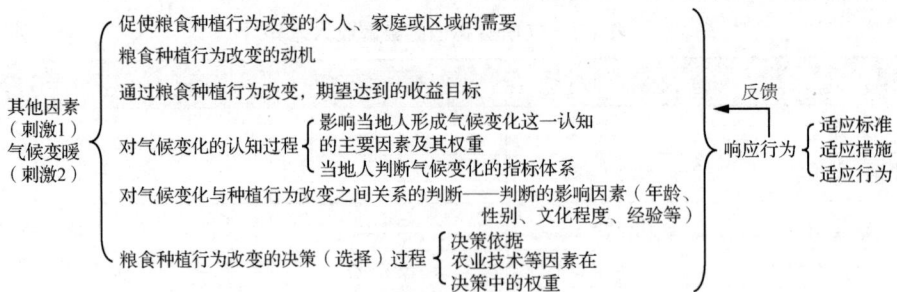

图1-1 吉林省安图县种植粮食对气候变化的自组织、自适应调整

图片来源:田青,方修琦,乔佃锋.从吉林省安图县案例看人类对全球变化适应的行为心理学研究[J].地球科学进展,2005,20(8):916-919.

---

① 张超,沈建法.区域科学论[M].武汉:华中理工大学出版社,1991.

三、区域经济系统形成和发展的客观基础

一个国家之所以会出现地域空间上的差异，形成不同的专业化产业、经济结构和水平相异的区域，有其内在的、本质的、必然的原因。区域规划和区域经济学一样，其产生和发展有其赖以存在的逻辑前提和客观基础[①]，即三个基石。

（一）自然禀赋的差异性

自然禀赋的差异性包括自然条件的异质性、资源的稀缺性、生产要素分布的不均衡性和生产要素的不完全流动性。

人类的经济活动总要落脚在一定的地域空间上，而这个地域空间经过亿万年沧海桑田的变迁，自然条件千差万别。一些地区的自然条件适宜人类生存与发展，而另一些地区则不适宜人类生存与发展；一些地区适宜粮、棉、油等农业生产，另一些地区则适宜矿业开发与建设，还有一些地区的资源组合效率优于其他地区。由自然条件产生的区域差异，可以理解为自然形成的区域"级差地租"。

与人类需求的无限性相比较，无论是自然资源、人力资源，还是社会经济资源及社会财富，都是有限的。这些稀缺的资源，即使分布均匀，由于区位效应的作用，也会向某些地区集聚。由此产生了对资源进行优化配置、使经济效益达到最大化的生产布局理论。倘若资源不是稀缺的，而是无限的，那么区位将失去优势，区域差异消失，区域经济就成为无本之源了。

生产要素分布的不均衡性和生产要素的不完全流动性，使得人类的经济活动不可能形成空间均衡化。假如生产要素分布是均衡的，或者即使不均衡但却在空间上可自由流动，各要素供给自然会从富集地区流向稀缺地区，形成世界大同的"均质"状态，要素可随时随处供给，这样将不会存在交换，不会有要素价格，实际上意味着经济活动的停滞、窒息和死亡。

因此，自然禀赋的差异性是区域经济的灵魂与活力所在，是区域经济分异的前提，也是区域经济多样性、互补性和区域分工的基础。

（二）经济活动的极化性

毫无疑问，自然禀赋的差异可以导致区域经济差异，但并不表示自然禀赋完全一致时就不会产生区域经济差异。自然条件的异质性、资源的稀缺性、生产要素分布的不均衡性和生产要素的不完全流动性只是解释区域经济差异存在的一个必要条件，而不是充分条件。从不均衡性来看，它是流动性产生的前提条件，只有不均衡才会产生流动的需要，但生产要素的不完全流动性阻止了生产要素分布均衡的实现，从而产生了区域差异。从均衡条件来看，即使要素分布完全一致，理论和现实都证明了经济的空间格局也将不完全一致。因为经济从来不是完全在自然力作用下产生的，区域经济差异实际上还有更深层次的因素在发挥作用。自然因素毕竟只是客观条件，它需要人类的参与才会发挥作用，否认这一点就会陷入"地理环境决定论"。

确实，自然因素在区域经济中起着不可忽视的作用，在某些情况下甚至起着决定

①　张敦富. 区域经济学导论[M]. 北京：中国轻工业出版社，2013.

性作用,但这些因素如不通过人类有目的的经济活动转化为经济因素,资源优势将不能变成经济优势,优越的自然条件将不能转化为现实的生产力,自然条件的价值也就无从体现。因此,不论是在自然条件均质的情况下,还是在自然条件不均质的情况下,导致区域经济差异产生的根本因素是人为因素,这就是人类经济活动的极化性。

经济活动的极化性表现为规模经济和集聚经济,它是由经济本身的趋利性和节约性引起的。在经济规律的作用下,要素的流动总是趋向于使其增值或提高效率的方向。一个企业的生产规模在一定限度内增大,一般可收到节省单位产品成本和提高效率的好处,这就是企业的规模经济。若干个企业集中于一个地点,能为各个企业带来成本节约等经济利益,这就是集聚经济。比如炼钢和轧钢企业,如果集中布局,则前者可以节省下产品的运输成本,后者不仅可以节约原材料运输成本,而且可以"趁热打铁",节约轧钢过程中原料的加热成本。规模经济和集聚经济使得各生产要素和经济单位集结在一定空间上,形成极化点或经济增长极。这些极化点、增长极在极化效应的作用下不断壮大、强化,从而形成以城市为极化中心的区域经济。

(三)空间距离的不可磨灭性

人类的经济活动离不开地域空间,有空间就有距离,既然要进行经济活动,就会产生运动,产生位移,就要克服空间的距离限制,支付距离成本。在均质的条件下,距离的远近会导致成本费用的不同,因而经济活动也会因空间距离因素而发生分异。距离因子是区位论的重要研究内容。尽管现代科技和现代交通、通信业的发展已将全世界变成了"地球村",使空间距离对人类活动的限制越来越少,但只要有距离存在,经济活动就要支付距离成本,就要占用时间,而"时间就是金钱"。这些距离成本仍对区域自然禀赋优势的发挥和空间集聚经济的实现产生极为重要的影响,使得经济活动局限于一定的地域空间范围内。

综上所述,自然禀赋的差异性和空间距离的不可磨灭性是区域差异的基础,这是自然力形成的,靠人力是难以改变或消除的,人类只能顺其自然,趋利避害,加以利用。这不仅是区域经济多样化、区域分工的前提,也是区域经济研究的中心内容。经济活动的极化性,是人类经济活动对区域条件的利用、改造,它既有扩大区域经济差异方面的作用,也有缩小区域经济差异方面的作用,而区域规划研究的目的与任务就是使所有区域在发挥各自优势、尽可能获得进一步健康发展的条件下,走向更高层次的协调,使人类的基本物质生活条件趋于均等化。上述三个方面构成了区域经济存在和分异的重要基础,围绕上述三个方面的研究相应地构成了区域规划的重要理论支柱。

四、区域系统的结构和功能

区域系统结构指区域系统内部各子区域、各部门、各要素、各方面之间的关系和有机联系。通过对系统内部各种比例关系的研究,可以揭示系统结构的数量特征。一般可以从两方面来研究区域系统结构:一是区域系统内部的各种比例关系,这是区域系统结构最直接的反映;二是区域系统内部各方面之间的相互联系与相互作用的方式,这是对区域系统结构内部比例关系实质的补充和深化。二者之间是有密切联系的。为方便起见,一般都从区域系统内部的比例关系入手研究系统结构与功能的关系。

(一)区域系统结构分析

1. 区域系统结构分析的内容

区域系统是复杂的综合结构系统，系统内部的结构也是复杂多样的，宏观结构内部包含微观结构，大系统又分成若干子系统，各子系统相互交叉、复合，连接成系统的结构网络。从实际状况与研究需要来看，区域系统主要包括下列几个方面的结构。

(1)空间结构。空间结构是指资源、社会经济活动、经济发展水平在空间上的分布。

(2)资源结构。资源结构是指土地资源、农林牧渔生物资源、矿产资源、水资源的组成结构等。

(3)能源结构。能源结构是指石油、煤炭、水电、火电、核电、太阳能、风能、潮汐能等各种能源的生产与使用比例等。

(4)投资结构。投资结构是指各部门、各行业、各类用途的投资比例；内资与外资，国家投资与地方投资，国家、集体、个体投资比例等。

(5)产业结构。产业结构是指经济活动按各种分类的比例结构，如三次产业结构，劳动密集、技术密集、资本密集产业结构，农轻重比例关系等。

(6)进出口结构。进出口结构是指输入与输出产品的组成结构。

(7)交通结构。交通结构是指铁路、公路、水路、航空、管道等交通运输方式的运输能力构成等。

(8)技术结构。技术结构是指高精尖新技术、中间技术、传统技术的开发应用比例。

(9)消费结构。消费结构是指高、中、低衣食住行的消费比例等；社会消费和居民消费比例。

(10)消费积累结构。消费积累结构是指国民收入用于投资和消费的比例关系。

(11)城镇结构。城镇结构是指区域系统内大、中、小城镇和经济中心的等级与规模分布。

(12)社会结构。社会结构是指人口年龄结构、民族结构、家庭结构、学历结构、职业结构等。

在区域研究和规划设计中，要深入分析上述各方面结构及其相互关系，从系统整体性出发确定各种结构的最优比例，以期达到系统整体功能的最优化。

2. 区域系统结构分析的方法

(1)要素比例关系分析。它包括百分比、区位商、多样化指数、集中化指数、威弗组合指数、洛伦茨曲线和基尼系数等的计算与分析。

①百分比。百分比即各要素占总体的比重，如三次产业比例、农轻重比例等。这些比例是与区域经济发展阶段和资源、环境特点相联系的，因而通过对百分比及其变化的计算和分析，可以对区域系统的演变阶段和发展方向作出初步判断。如著名的恩格尔系数，就是用食品消费占整个生活消费的百分比来说明人们的生活水平。著名经济学家恩格尔发现，随着人们生活水平的提高，人们的食品消费总额也在不断提高，但食品消费在整个生活消费中所占的比例却在不断减小。这个规律被命名为恩格尔定律。恩格尔系数与生活水平之间的关系如表1-2所示。

表 1-2　恩格尔系数与生活水平的关系

恩格尔系数	>59%	50%～59%	40%～49%	20%～39%	<20%
生活水平	贫困	温饱	小康	富裕	极富裕

除了恩格尔系数，常用的百分比指数还有城镇化率、工业化率、外贸依存度等。

城镇化率又称城市化率、城市化度、城市化水平、城市化指标，是一个国家或地区经济发展的重要标志，也是衡量一个国家或地区社会经济发展水平与组织程度和管理水平的重要标志，用城镇人口占总人口的比例来表示。

工业化率是指工业增加值占全部生产总值的比重。用工业化率可以准确地描述一个国家或地区的工业化进程：工业化率达到 20%～40%，正处在工业化初期；工业化率达到 40%～60%，为半工业化国家；工业化率达到 60% 以上，为工业化国家。但对于已经实现了工业化的发达国家，则不能用这个指标来反映其工业化特征。

外贸依存度即进出口总额与国民生产总值或国内生产总值之比，是一个国家或地区开放度的评估与衡量指标。

②区位商。区位商通常用于判断一个产业部门是否构成地区专业化部门，可以用下列公式表示：

$$Q = (N_1/A_1)/(N_0/A_0)$$

式中，N_1 指研究区域某部门产值(或从业人员)；A_1 指研究区域所有部门产值(或从业人员)；N_0 指背景区域某部门产值(或从业人员)；A_0 指背景区域所有部门产值(或从业人员)。

区位商越大，表明研究区域的这个部门所占比例相对越高。区位商大于 1，表明研究区域的这个部门相对高(强)于背景区域，因而可能是专业化部门或优势部门。

同一区域内往往有多个产业部门；若同时考察多个区域，则特定区域的某产业的区位商可以统一用下列公式表示：

$$q_{ij} = (x_{ij}/x_{i0})/(y_j/y_0)$$

式中，q_{ij} 指 i 区域 j 部门的区位商；x_{ij}、y_j 分别指对象区域、部门和背景区域 j 部门的就业人数(或产值)，x_{i0}、y_0 分别指对象区域和背景区域的总就业人数(或产值)。

③多样化指数。它用于研究区域内各部门发展是否均衡。常用的多样化指数是吉布斯-马丁多样化指数，计算公式如下：

$$G.M = 1 - \left(\sum_{j=1}^{n} x_{ij}^2\right)/\left(\sum_{j=1}^{n} x_{ij}\right)^2 \quad (j=1, 2, \cdots, n)$$

式中，x_{ij} 指 i 区域 j 部门从业人员(或产值)所占比重。

该多样化指数结果满足 $0 < G.M < 1$。显然，$G.M$ 越大，说明地区各部门分布越均衡；$G.M$ 越小，说明产业越集中于少数部门；$G.M$ 趋近于 0，说明产业集中在一个部门；$G.M$ 趋近于 1，则说明所有部门均衡发展。

对于较小区域而言，$G.M$ 数值大，是产业结构小而全的表现；对于较大的区域，$G.M$ 数值小也是问题，主要表现在产业结构太单一，容易导致不稳定的发展局面，遇到外界环境干扰易出现经济动荡。1997 年东南亚金融危机，印度尼西亚、马来西亚和泰国，甚至韩国都遭到重创，这与它们过度依赖外资和出口加工业有关。而中国经济受到冲击较小，在一定程度上得益于产业结构的多样化。

④集中化指数。集中化指数与多样化指数的含义相反。其计算公式是：

$$I=(A-R)/(M-R)$$

式中，A 指研究区域各部门所占比重（由大到小排列）的累积百分比之和；R 指背景区域（上级区）各部门累积百分比（由大到小）的和；M 指研究区域理想最大累积值（100%都集中在一个部门）之和。

一般来说，$0<I<1$，I 越大，说明集中性越强。特殊情况下，即当 $I<0$ 时，说明部门小而全的情况严重（$A<R$）；当 $I=1$ 时，则表明处于畸形发展（只有一个部门）状态，不能形成区域化发展。

⑤威弗组合指数。把观察分布（实际分布）与假设分布相比较，最接近的假设分布模式就是观察分布模式。"最接近"的判定依据就是"离差平方和最小"。

设实际分布为 $X(i)$（或百分数，由大到小排列），威弗组合指数的计算过程如下。

假定所有的分布都集中在一个部门，则实际分布与此假设分布的离差平方和为：

$$Q(1)=[X(1)-100]^2+X^2(2)+\cdots+X^2(n)$$

假定所有的分布都集中在两个部门，且二者平分，则实际分布与此假设分布的离差平方和为：

$$Q(2)=[X(1)-50]^2+[X(2)-50]^2+X^2(3)+\cdots+X^2(n)$$

不失一般性，有：

$$Q(k)=\sum_{j=1}^{k}[X(j)-100/k]^2+\sum_{j=k+1}^{n}X^2(j)$$
$$(k=1,2,\cdots,n)$$

如果 $Q(L)=\text{Min}\{Q(k),k=1,2,\cdots,n\}$，则威弗组合指数记为 L。

威弗组合指数可用来确定区域的支柱产业（部门）、高级中心地和重点建设对象的数量。其计算过程如表 1-3 所示。

表 1-3　威弗组合指数计算表

实际分布		$X(1)$, $X(2)$, $\cdots$, $X(k)$, $\cdots$, $X(n)$	离差平方和
假设分布	$j=1$	100/1, 0, $\cdots$, 0	$Q(1)$
	$j=2$	100/2, 100/2, 0, $\cdots$, 0	$Q(2)$
	$\vdots$	$\vdots$	$\vdots$
	$j=k$	100/k, $\cdots$, 100/k, 0, $\cdots$, 0	$Q(k)$
	$j=k+1$	100/(k+1), $\cdots$, 100/(k+1), 0, $\cdots$, 0	$Q(k+1)$
	$\vdots$	$\vdots$	$\vdots$
	$j=n$	100/n, $\cdots$, 100/n	$Q(n)$

⑥洛伦茨曲线和基尼系数。描述系统结构多样性和集中性，除了前述的多样化指数和集中化指数外，洛伦茨曲线和基尼系数也比较常用。二者都是建立在累积比率曲线与标准均衡曲线的对比上，其中洛伦茨曲线更加直观明显，基尼系数的结论更加明确。

如图 1-2 所示，这是一个正方形，横坐标与纵坐标等长。横坐标是样本顺序，按结构百分比由大到小排列；纵坐标是累积百分比。图中上凸的曲线 OL 是各样本的累积百分比曲线，也叫洛伦茨曲线。基尼系数就是洛伦茨曲线和对角线所夹的面积 B 与对角线和横坐标所夹的面积 A 之比。

设 $Y(i)(i=1,2,\cdots,n)$ 为由大到小排列的结构百分比，$X(i)$ 是对应的累积百分比，$X(0)=0$，G_i 为基尼系数，则：

$$A = 1/2 \times 100\% \times 100\% = 0.5$$

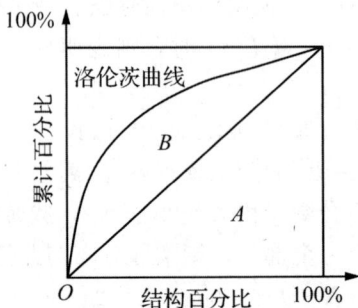

图 1-2　空间洛伦茨曲线和基尼系数示意图

$$G_i = B/A = \{0.5/n \times \sum_{i=1}^{n} [X(i) + X(i-1)] - A\}/A$$

$$B + A = \sum_{i=1}^{n} 1/2 \times 100/n \times [X(i) + X(i-1)]$$

$$= 0.5/n \times \sum_{i=1}^{n} [X(i) + X(i-1)]$$

由数学原理可知，$0 < G_i < 1$，G_i 越大，说明集聚性越大，结构的不平衡性越强。

上述公式计算的是普通的 G_i 系数。考虑到各样本重要性的差别，用加权 G_i 系数能更准确地揭示区域结构。

在研究社会分配不平衡性时，常把 $G_i=0.4$ 作为预警值，即当 $G_i>0.4$ 时，就要注意努力降低社会分配的不平衡性。同样，$G_i=0.4$ 也可作为空间不平衡的一个预警值，即当 $G_i>0.4$ 时，就不能一味地强调效率，投资的重点应及时地转向欠发达地区。

多样性和集中性是相较而言的，多样性好则必然集中性差，反之亦然。因此，多样化指数和集中化指数的计算和应用，只需要考察一个方面就行了。当然，就多样性或集中性而言，其描述指标、指数也是多种多样的，有时用这个指标好，有时用那个指标好，有的领域或问题习惯于用这个指标，有的领域或问题习惯于用那个指标，应根据实际需要进行选择。

还应该注意的是，不同的区域系统、不同的系统结构，对多样性或集中性的要求是不一样的，虽没有明确的数量界定，但一般大的区域、大的系统，多样性太差易导致系统稳定性、抗干扰能力差。2020 年年初肆虐全球的新型冠状病毒感染疫情(以下简称"新冠疫情")对世界各经济造成重创，但中国经济仍维持正增长，主要原因是中国政府社会治理能力强，同时也与中国地大物博、存在经济多样性密切相关。小的区域、小的系统，集中性太小易导致小而全、没有特色，因而也就没有生命力。浙江省县域经济发展较好就得益于每个县都有自己的主导产业，如义乌的小商品、慈溪的小家电，都是享誉海内外的特色产业基地。

此外，同样的区域，划分子系统的方法不同，不仅子系统的个数不同，其结构特征指标的计算结果也不尽相同。

（2）作用方式分析。图1-3是人地系统内部相互联系、相互作用的方向和内容；图1-4是社会经济系统内部各子系统之间相互联系、相互作用的方式和内容。

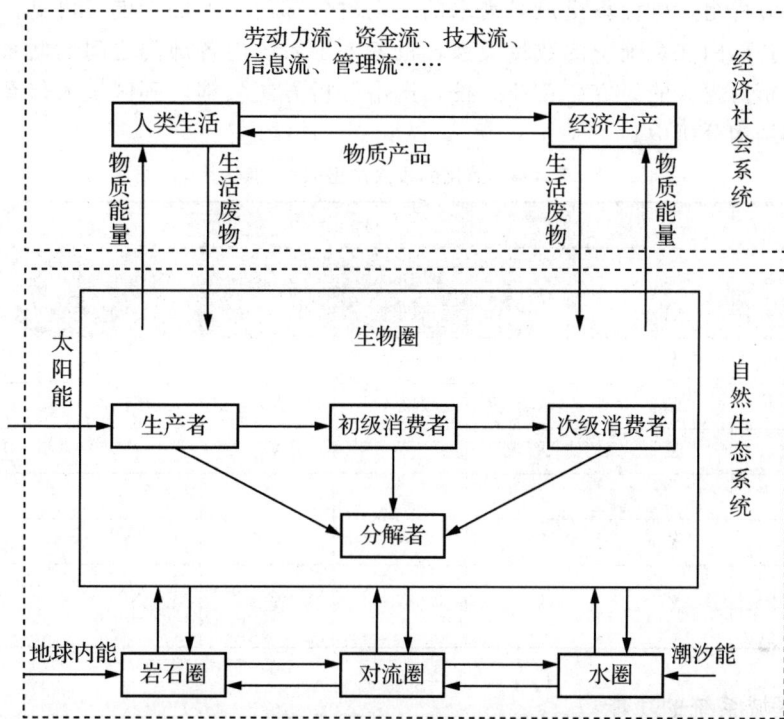

图1-3 区域地质基础、生物与人类活动之间的相互作用

图片来源：任启平. 人地关系地域系统结构研究——以吉林省为例[D]. 长春：东北师范大学，2005.

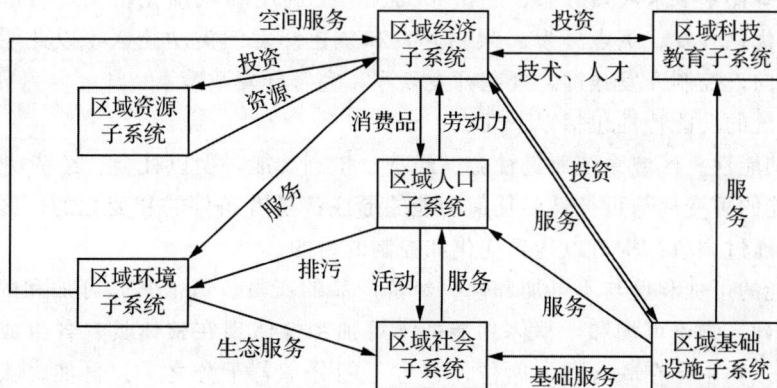

图1-4 区域系统结构：各子系统之间的相互联系与相互作用

图片来源：张超，沈建法. 区域科学论[M]. 武汉：华中理工大学出版社，1991.

(3)投入产出分析。投入产出分析中的"投入"指的是产品生产所消耗的原料、能源、固定资产和活劳动；"产出"是指产品生产出来后的分配流向，包括生产的中间消耗、生活消费和积累。简要地说，投入产出分析最初就是根据国民经济各部门之间产品交流的数量编制的一个棋盘式投入产出表，如表1-4所示。表中的各横行反映产品的流向，各纵列反映生产过程中从其他部门得到的产品投入。根据投入产出表计算投入系数(也称技术系数)，编制投入系数表。利用这些系数可以建立一个线性方程组，通过求解线性方程组，可计算出最终需求的变动对各部门生产的影响。可见，投入产出分析既注重各部门在系统中的数量关系，也考虑了系统内各部门之间的联系方向，是系统结构分析更深入的研究。目前，投入产出分析方法已推广到区域人口系统、区域环境系统等结构分析中。

表1-4　简化的投入产出表(示意)

投入		产出					
		中间产品				最终产品	总产品
		1	2	…	n		
初始投入 V		V_1	V_2	…	V_n		
中间投入	1	X_{11}	X_{12}	…	X_{1n}	Y_1	X_1
	2	X_{21}	X_{22}	…	X_{2n}	Y_2	X_2
	⋮	⋮	⋮	⋮	…	⋮	⋮	⋮
	n	X_{n1}	X_{n2}	…	X_{nn}	Y_n	X_n
总投入 X'		$X_1{}'$	$X_2{}'$	…	$X_n{}'$	$\sum\limits_{i=1}^{n} Y_n$	$\sum\limits_{i=1}^{n} X_n$

(二)区域系统的功能

经济发达地区与经济欠发达地区，生态环境恶化地区、生态环境脆弱地区、生态环境良性循环地区，都是从系统功能的角度出发，对不同功能地区进行的划分。我国实施的主体功能区战略，就是根据不同区域的资源环境承载能力、现有开发密度和发展潜力，统筹谋划未来人口分布、经济布局、国土利用和城镇化格局，将区域内国土空间划分为优化开发、重点开发、限制开发和禁止开发四类功能区，以此明确各空间单元开发方向，控制开发强度，规范开发秩序，完善开发政策。

区域系统的功能特性包括以下几点。

(1)多功能性。区域系统兼具社会、经济、生态功能，但以社会、经济功能为主。

(2)功能的可变性与可控性。任何功能的形成都是有条件的和变化的，区域系统也是如此，它通过调节结构可以达到变化和控制的目的。

(3)功能的可加和性与不可加和性。经济产品的产量、产值常是可加和的；社会功能具有组合性，常不可加和。整体功能的不可加和性体现在整体具有各组成部分都不具备的性能。如中国在联合国的席位，各省不能分享若干分之一。再如，欧盟的建立改变了当时的世界政治、经济格局。整体大于部分，组合后形成优势，整体具备各组成部分没有的功能。

（三）区域系统结构与功能之间的关系

区域系统结构决定区域系统的功能，而功能对结构具有反作用。例如，上海因为有雄厚的技术经济基础，各产业、各部门逐渐形成资源交流和技术协作联系，具备了强大的加工能力、进出口能力以及引进外资、消化国外最先进技术的能力。而改革开放初期的深圳，被赋予了对外开放窗口的功能、作用，并通过给予优惠政策、引进人才、加快基础设施建设等途径逐渐完善功能，这种功能反过来促进了其外贸业的发展和各涉外行业、部门之间的联系与协作，即结构在功能的反作用下逐渐完善。

五、区域系统的演变与控制

（一）区域系统的演变

1. 演变方向

区域系统的演变是由无序到有序的耗散结构形成过程；由简单到复杂，结构日趋复杂、功能日趋多样，与环境的相互作用日益增强。

2. 地域演变

区域内部的地域演变基本上遵循这样一条规律，即由"点"到"线"、由"线"到"网"到"面"，最终形成"点－线－网－面"的融合。其中"点"是指区域系统结构中不同级别的节点，"线""网"是指区域系统结构中的线状物，"面"是指范围广泛的区域。社会经济活动由于集聚功能的作用，首先在某些"点"上集聚。由于社会集聚活动的不断循环累积，节点的规模不断扩大，逐步成为区域内的中心，当集聚发展到一定规模后，中心将逐步通过扩散功能向周围地区扩散。扩散并不是各方向等量扩散，首先应是向交通沿线扩散，并通过"点""线""网"向周围地区扩散，从而产生向"面"上扩散的效果，最终出现"点－线－网－面"共同发展、相互促进的局面。我国长江三角洲地区近年来社会经济演变的基本过程就是这样：首先是中心城市上海得到快速发展；然后是沪宁铁路沿线形成城市带，成为该区域发展的轴线；接着是苏州、无锡、常州、南通和杭嘉湖地区在轴线城市的作用下快速发展起来，使整个区域的社会经济得到了极大的发展。最终"点－线－网－面"相互作用，使这一地域从单一中心（上海市），发展为城镇节点高度集聚和具有巨大经济潜力的城市化区域。

"点－线－网－面"区域内部地理演变规律为区域系统规划中的空间布局提供了重要的理论基础。

3. 演变方式

区域系统演变的基本模式有两种，一种是渐变模式，另一种是突变模式。两种模式中，渐变模式是普遍的，突变模式是特殊的。

（1）渐变模式。渐变模式指的是区域系统演变是逐步展开的，缺乏中断或跳跃。渐变主要指两个方面的渐变，一是指在时间过程上，表现为从自然演变阶段渐渐进入农业社会阶段，最终达到成熟阶段。二是指在空间过程上，表现为首先从某一地段开始，然后渐渐顺次扩大到其他地域。

日本城市地理学家山鹿城次在研究日本大城市郊区城市化过程中解释了这种模式①。他把日本大城市郊区城市化过程分为以下三个阶段。

①作物的商品化。这一阶段是从普通农业向近郊农业过渡，由经营大田作物改为经营蔬菜、瓜果、花卉、草坪、庭院林木等农副产品和观赏植物。

②劳动的商品化。在这一阶段，务农家庭的职业构成发生了变化，家中的青壮年渐渐转向市区求职，而且由季节短工不断向常年工转化。

③土地的商品化。在这一阶段，兼业农户的主要劳动力和决策人也转向城市。他们或卖掉土地进城工作；或者将土地出租给承包商；或者在土地上建起零售店、服务店等城市设施。总之，离开土地，不再务农。

在时间过程上，这三个阶段是渐变的，在空间过程上也是渐次发生的，即城市附近的农村地域要在外延型城市化作用下变成城区，那么，城市的巨大能量首先迫使它变成郊区，然后再从郊区变成市区。

渐变模式是区域系统的正常化过程，这种过程可能发生在区域中心，也可能出现在区域边缘。

(2)突变模式。突变模式指的是区域系统演变在逐步进行的过程中，出现突然的中断或跳跃，一段时期后，又进入了渐变的轨道。因此突变模式只是渐变模式的特殊表现形式。

突变也表现在两个方面：一是在时间过程上，中断了原有的发展顺序，在短时期内由一个发展阶段进入另一个发展阶段；或者跳过某一发展阶段，然后又沿着新开端指示的方向继续演变。二是在空间过程上，中断了原有的推移顺序，跳过了一段空间后继续演变。

例如，改革开放前，深圳基本上处于农业发展阶段，几乎没有什么工业，以地方性市场为主，区域内各节点(村镇)的相互作用微弱，没有形成节点体系。改革开放后，深圳被设立为经济特区，在政府政策的正确导向下，不到30年的时间，就从一个农业区域迅速成长为一个现代化的都市，出现了经济的繁荣、社会的信息化、产业结构的高科技化。这一发展过程基本上跨过了工业化的初级阶段，一步跨入了工业化中后期阶段，甚至趋于成熟阶段，2005年深圳基本实现了现代化。深圳的发展模式是区域系统演变的突变模式在时间过程方面的最好例证。

区域系统演变的突变模式在空间过程方面的典型例子是大城市周围卫星城市的发展。区域内的城市化是区域系统演变的重要组成部分。城市化的一种模式是从城市向郊区推进，这是城市化的外延扩散模式；另一种模式是通过交通道路建设，在大城市的远郊配置新的城镇(卫星城镇)，以分散大城市的人流，减轻大城市的压力。这样，大城市远郊具有优势区位的地段逐渐建起了既适于生产，又适于生活，环境优美、设施齐全的现代化小城镇。这一过程实现了区域系统演变空间上的中断和跳跃。

突变模式一般出现在区域中心场比较弱的区域边缘地区。因为在区域的核心部分，区域中心场的作用十分强大，在原有区域中心场的制约下不可能发生突然的变化。而

---

① 韩渊丰，张治勋，赵汝植，等. 区域地理理论与方法[M]. 西安：陕西师范大学出版社，1993.

在区域的边缘地区则不同，这里的区域中心场比较弱，只要外界给予一定的影响，就有可能中断原有的发展顺序，出现跳跃式的发展。如卫星城市的建设最初是从近郊开始的，但由于近郊受城市作用的制约太强，卫星城不能达到分散大城市人口的功效，故早期的卫星城建设计划大多中途夭折。而远郊则不同，虽然仍在城市作用的控制下，但这里的中心场比近郊要弱得多，故远郊的卫星城建设成功者居多。

需要指出的是，突变模式不是一种自然演变的模式，而是在人为因素干预下出现的模式。在人为干预因素中，政府的政策导向作用最重要。如果政府不在深圳建立特区，不给予许多优惠的特区政策，深圳地区是不可能发生突然性转变的。而且对于较大区域的长期变化来说，一般以渐变模式为普遍模式，突变模式只能在较小范围内发生。

4. 演变机理

区域系统演变是各种流的转化，即信息流、物质流、能量流、资金流、技术流、人流的流进流出。各种流在系统内各子系统之间的交流与作用，导致系统的演变。

对自然区域系统而言，演变的内在机制是能量平衡和优胜劣汰的进化论；对社会经济区域系统而言，演变的内在机制则是人类需求的多样性、人的理性思维和人类社会的自组织性，其中区域规划、区域治理就是现代区域系统自组织性的直接表现。

(二)区域系统的控制

1. 区域系统控制模型

区域系统控制模型如图 1-5 所示，区域系统控制模型是通过调节系统的输入来改变系统的结构、控制系统的输出的模型。

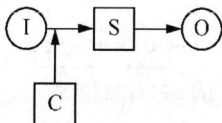

S 为系统，I 是系统输入，O 是系统输出，C 为系统控制器。

图 1-5　区域系统控制模型

2. 区域系统控制方式

(1)反馈控制系统。如图 1-6(a)所示，这类控制系统的基本特征是控制作用取决于控制系统的状态、系统的输出及系统的目标。如果控制系统没有明确的目标，控制作用根据系统的状态或输出按常规决定，这类系统可称为常规反馈控制系统，采用的控制策略称为常规控制。如果控制系统有一定的目标，则控制作用取决于系统状态或输出偏离目标的程度，这类系统可称为非常规控制系统，采用的控制策略称为非常规控制。

反馈控制系统的控制功能与两个因素有关：一是系统状态与输出信息的准确性，二是系统根据信息进行反馈控制造成的时滞(时间延迟)。信息失真将使控制失去依据；时滞将影响控制的时效性，从而导致控制失效。区域系统中的时滞因素是一个很重要的问题。有些区域子系统的时滞很长，比如区域劳动力素质的提高，区域资源基地的建设，交通、住宅等基础设施的建设等，从投资决策到决策见效的时间少则几年，多则十几年、数十年。对于时滞长的区域系统，必须采用其他控制方式，如开环控制、提前控制、程序控制等。此外，建立有效的区域信息系统和决策支持系统，加快信息收集、传输、加工的速度和精确度，缩短决策时间，也有利于提高区域控制系统的效率。

反馈控制的优点是依据充分；缺点是控制滞后，发现偏离目标后再行控制，则偏离还将扩大。

(2)开环控制系统。如果一个区域系统的信息收集时间过长，收集费用过高，控制系统时滞很长，那么宜采用开环控制系统。这时，系统控制作用不根据系统当前的状态而做出，因此所需信息较小，时间较短，从而能提高控制效力。其唯一缺点是反馈灵敏度会大大下降。

如图1-6(b)所示，开环控制实质上是一种提前控制。通过对系统未来的预测来确定控制作用大小，以使系统状态或输出达到期望的目标。因此，提前控制有一定的预见性，能够使系统从目前状态出发，最优地趋向目标，这种控制可以称为最优控制。开环控制的效果取决于对系统未来状态预测的准确性，因此预测的作用十分重要，预测失误将导致控制失误。由于系统外部环境的改变及其他干扰，预测误差是难以避免的。因此，有必要随时根据实际的动态校正系统预测，从而修正控制作用。这种控制兼具开环和反馈控制的特点，也称为开环反馈控制系统，如图1-6(c)所示。

开环控制的优点是提前采取行动(控制)，尽可能减小偏差；缺点是依据(预测)不一定准，因而有可能导致错误控制。

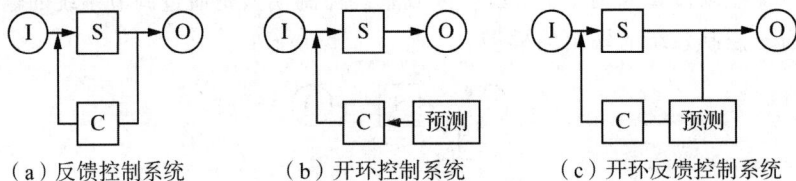

图1-6　控制系统类型

(3)程序控制。程序控制也是一种提前控制，是将各个时期对系统的控制作用预先以程序形式确定下来，然后依次发出控制指令。区域规划、城市规划、经济计划、投资计划、基础设施建设计划、资源开发计划、水利开发计划等各种规划和计划，广义上都属于程序控制之列。实现程序控制需要预先知道系统及其环境的动态变化规律，然后进行系统分析、预测、系统综合和设计，从而预先确定控制作用序列，使系统按期望的轨迹运行。程序控制有开环程序控制和反馈程序控制之分。前者控制程度一旦确定，就不能进行任何修正，必须严格执行。后者则要根据控制实施情况不断修改原定程序，以保证最优控制。由于区域系统的随机性和不确定性，规划、计划等控制程序一般都要在实施过程中随时调整修改，故一般采用反馈程序控制方式。

开环反馈控制和反馈程序控制是较好的区域系统控制方式，既有一定的灵敏性，又有一定的预见性，从而保证最优地控制区域系统动态。

(4)自适应控制系统。前述几种控制系统都假定系统具有确定的目标，采取各种改善措施对系统实施控制使其趋向预定目标。自适应控制系统则没有唯一确定的目标，系统目标随着系统环境与状态的变化而变化。也就是说，系统的目标是适应系统的环境与状态。比如，当区域处于欠发达状态时，区域系统的主要目标是维持区域内人口的基本生活需求；当区域进入较发达或发达状态时，区域系统的目标将变成使区域内人口具有富足的物质生活和精神生活，高消费、高生活质量将成为区域系统的目标。可见，随着区域的发展，区域目标也在不断地升级。

除了目标自适应外，自适应控制系统的另一个特征是区域系统的参数、结构也在不断地变化，以适应变化的环境，从而提高系统的组织程度和功能。例如，当区域处于自给自足的欠发达状态时，区域系统的内部组织程度很低，分工、流通极不发达，系统效率很低；当区域进入发达状态后，区域内部分工极细，组织程度很高，从而提高了系统的效率与功能。可见，区域发展是一个典型的自适应过程，"摸着石头过河"就是根据区域的这个特点而采取的自适应控制系统。

3. 区域系统控制的实现

区域系统具有高度的组织性，各个子系统本身都构成一个控制系统，并且相互耦合成整体的区域系统。下一级系统受到上一级系统的控制，而上一级系统则根据各个子系统反馈的信息发出控制，协调各子系统的行为，以保证系统的整体最优化。上一级系统控制下一级系统的方式有直接控制和间接控制之分。直接控制指上一级系统直接控制下一级系统的输入。间接控制指上一级系统通过对下一级系统控制机构的控制达到间接控制下一级系统的输入的目的。直接控制能够快速明确地控制下一级子系统，但往往干扰下一级系统控制功能的发挥，甚至使下一级系统的控制机构处于形同虚设的状态。由于控制从上一级系统出发，故信息失真、时滞增大的可能性大大提高，控制失误就会增多，因此应尽量避免直接控制。间接控制能充分发挥下一级控制系统的控制功能，但上一级系统的控制意图有可能在中途夭折，达不到控制目的。

综上所述，直接控制和间接控制各有利弊，两者若能适当结合，则能达到更好的控制效果。我国政府机关向各地区各部门下达的指令性计划属于直接控制方式，指导性计划和各种政策、法规、法令则属于间接控制方式。两者结合就是计划与市场相结合的混合控制。

复习思考题

1. 解释概念：结节区、恩格尔系数、城镇化率、外贸依存度、区位商、开环反馈控制系统。

2. 简述系统分析的基本原则。

3. 简述区域系统的主要特征。

4. 举例说明区域系统的结构与功能之间的关系。

5. 谈一谈你对区域系统演变规律的理解和认识。

6. 查找统计数据，计算某地区或全国近年人均 GDP 的基尼系数，分析其变化的规律。

🌐 **学习、阅读文献**

1. [美]瓦尔特·艾萨德. 区域科学导论[M]. 陈宗兴，尹怀庭，陈为民，译. 北京：高等教育出版社，1991.

2. [美]艾德加·M. 胡佛. 区域经济学导论[M]. 王翼龙，译，北京：商务印书馆，1990.

3. 崔功豪，魏清泉，刘科伟，等. 区域分析与区域规划(第三版)[M]. 北京：高等教育出版社，2018.

4. 吴殿廷，丛东来，杜霞. 区域地理学原理[M]. 南京：东南大学出版社，2016.

5. 王铮，丁金宏. 区域科学原理[M]. 北京：科学出版社，1994.

6.《区域经济学》编写组. 区域经济学[M]. 北京：高等教育出版社，2018.

7. 魏后凯. 现代区域经济学[M]. 北京：经济管理出版社，2006.

8. 张超，沈建法. 区域科学论[M]. 武汉：华中理工大学出版社，1991.

9. [法]皮埃尔-菲利普·库姆斯，蒂里·迈耶，雅克-弗朗索瓦·蒂斯. 经济地理学：区域和国家一体化[M]. 安虎森，等译. 北京：中国人民大学出版社，2020.

10. 毛汉英. 县域经济和社会同人口、资源、环境协调发展研究[J]. 地理学报，1991，46(4)：385-395.

11. 张志强. 区域 PRED 的系统分析与决策制定方法[J]. 地理研究，1995，14(4)：62-68.

12. 李文军. 系统动力学在区域社会经济系统分析中的应用[J]. 科技咨询导报，2007(14)：160-161.

13. 关伟，高健. 辽宁省区域系统动态协调发展研究[J]. 辽宁师范大学学报(自然科学版)，2014，37(1)：104-109.

14. 孟斌，王劲峰，张文忠，等. 基于空间分析方法的中国区域差异研究[J]. 地理科学，2005，25(4)：393-400.

第二章　区域经济发展的基本规律

第一节　区域经济的产生和发展

一、影响区域经济发展的因素

(一)影响区域经济发展的因素分类

拉动经济增长的动力有三驾马车：投资、出口和消费。因此，凡是和投资、出口或消费有关的因素，都可能影响到区域经济的发展。这些因素既有经济方面的因素，也有非经济方面的因素，它们相互交织在一起，对区域经济的增长产生综合作用。为便于深入分析，揭示各因素之间的有机联系，抓住问题的本质，有必要对区域经济发展的影响因素进行科学的分类。

从不同的角度出发，采用不同的标准，影响区域经济发展的因素可以分为不同的类型。

1. 直接影响因素和间接影响因素

直接影响因素即"生产的因素"，是指直接参与社会生产过程的因素，主要包括劳动力和生产资料(或生产资金)两方面。体现在知识产业中的科学技术，也是一种直接影响区域经济增长的因素。这些直接影响因素，对区域经济发展起着决定性的作用。间接影响因素是指通过直接影响因素对社会生产过程间接发生作用的因素，包括自然条件和自然资源、人口、科学技术、教育、经营管理、产业结构、对外贸易、经济技术协作、经济体制和经济政策等。这些间接影响因素一般通过改善生产条件、提高劳动力和生产资料的质量、优化资源配置来影响区域经济的发展。

2. 内部因素和外部因素

内部因素产生于区域的内部，包括区域内生产要素的供给、消费和投资需求，以及区域的空间结构等因素，而外部因素则来源于区域的外部，包括区际要素流动、产业转移、区际商品贸易、区域外部需求以及国家区域政策等方面。前者反映了区域经济增长的潜力和自我发展能力，后者则反映了外部环境条件对区域经济增长的影响。

3. 一般性因素和地方性因素

一般性因素是指国家和区域都具有的增长因素，如资金、劳动力投入和技术进步等因素，它反映了区域经济增长的共性特征。地方性因素是指区域所特有的增长因素，如城市化水平、资源禀赋与配置，以及国家投资的区位偏好等，它反映了区域经济增长的个性特征[①]。

---

① 陈栋生. 区域经济学[M]. 郑州：河南人民出版社，1993.

(二)主要因素作用机制分析

1. 自然条件因素

自然条件(包括自然资源)是区域经济增长的重要影响因素。自然条件的状况如何，直接或间接地影响着各地区产业结构的形成与劳动生产率的高低。自然条件直接决定了各地区农业、采掘业以及水力发电等行业的生产状况与劳动生产率的水平，进而间接影响到原材料工业和加工工业劳动生产率的高低。各地区优越的地理位置，如交通便利、接近原料产地和消费地区，都有助于提高社会劳动生产率。这种优越的地理位置能够减少原料、材料以及成品运输中的劳动消耗。因此，在其他条件相同的情况下，由于自然条件的优劣不同，人们即使花费了等量劳动，劳动生产率也不相同。马克思曾把由自然条件差异所形成的劳动生产率称为劳动的自然生产率，这种劳动的自然生产率是区域经济增长的重要因素。应该指出，随着科学技术的发展，自然条件因素对区域经济增长的作用在逐渐减弱。

2. 人口和劳动力因素

人口作为生产者和消费者的统一，是生产行为和消费行为的载体。从生产者的角度看，一定的人口数量和适度的人口增长是保证区域劳动力有效供给的前提条件。在人口年龄构成一定的条件下，劳动人口数量与人口总量成正比，人口总量越多，劳动人口数量也越多；反之，则越少。劳动人口数量越多，创造的社会财富越多，市场的需求也越大。劳动人口密集的地区吸引劳动密集型产业的集聚。此外，人口素质的高低还直接影响着区域劳动力素质和劳动生产率水平的高低。

劳动力是生产力的首要因素。区域劳动力资源丰富，为该区域的经济增长提供了最基本的条件。区域劳动力资源缺乏，推动区域经济增长所必要的人力得不到保证，就必然会影响乃至延缓甚至阻碍经济的进一步增长。劳动力在区域经济增长中的作用，主要表现在三个方面。

首先，增加劳动力投入，如增加劳动者人数、延长劳动时间、提高劳动强度，可以提高区域经济的产出水平。一般情况下，劳动力投入与经济增长是成正比的，投入生产的劳动力越多，导致生产资料的投入增多，产出的产品就越多，经济增长就越快。但是，在现代化大生产条件下，劳动力投入必须与资金投入相匹配，劳动力数量必须同现有生产资料相适应，否则，对区域社会再生产与经济增长将产生不利影响。

其次，提高劳动生产率是加速区域经济增长的重要途径。提高劳动生产率，关键在于提高劳动力素质。劳动力素质包括劳动者的身体素质、科学文化素质和思想道德素质。身体素质越好，标志着劳动者的生产能力越强，高水平的科学文化素质可以将"知识形态的生产力"转化为现实的生产力。思想道德素质则是劳动者不断提高自身素质的动力。因此，不断提高劳动力素质，可以大幅度提高劳动生产率，从而加快区域经济增长。

最后，劳动力在部门间和地区间的合理流动，能使劳动力资源得到充分而合理的利用，从而有利于劳动生产率的提高，有利于区域经济的增长。

3. 资金因素

生产资金是区域经济增长的重要影响因素。生产资金包括固定资金(原有固定资产和新增投资)和流动资金两个部分，它是生产资料在价值形态上的体现。生产资金对区域经济增长的作用主要表现在三个方面。

第一，一般情况下，资金投入的增加可以提高区域的产出水平，资金投入的增加同经济增长成正比。一个区域投入生产的资金越多，能容纳的劳动力就越多，经济增长就越快。

第二，资金产出率的提高是加快区域经济增长的重要途径。资金产出率的提高，具体表现为生产资料利用效率的提高，如设备、燃料、动力和原材料利用率的提高，单位产品物质消耗系数的降低，耕地复种指数的提高等。这就意味着用同样多的生产资料或等量资金，可以生产出更多数量的产品。因此，单位产品资金占用量下降越快，达到一定的生产增长率所需要的积累资金就越少，也就越有利于区域经济的增长。

第三，固定资产投资是保证区域社会再生产和经济增长的物质技术条件。固定资产投资是保证社会再生产顺利进行的重要手段，也是加快区域经济增长的重要途径。一般来说，区域经济要获得一定数量的增长，固定资产投资应保持同步或略快的增长。在积累和消费保持正常比例关系的情况下，固定资产投资的增加，可以使区域不断采用先进的技术装备，提高生产能力，降低原材料和燃料消耗，改善劳动条件和生产条件，促进产品升级换代，调整产品结构，增加花色品种，以及合理布局生产力等，从而加快区域经济的增长。

4. 科技进步因素

随着科学技术的迅猛发展，科技进步对区域经济增长的影响已越来越大，日趋居于主导地位。现代化生产的发展，在更大程度上依靠提高劳动生产率，依靠提高对现有资源的利用程度，而这又在很大程度上取决于科学技术的进步。先进的科学技术不仅能改善资本装备的质量，也能提高劳动者的素质，从而使生产要素的产出能力发生质的飞跃。而且，依靠先进的科学技术方法，还可以大大提高经营管理水平，优化现有资源的配置，改善区域生产力组织，从而加快区域经济增长。

科技进步对区域经济增长的作用大小，取决于科学技术成果在生产实践中的推广应用程度和生产技术的革新程度。一项知识形态的科学技术成果，只有在生产实践中得到推广应用并取得效果时，才能转化为现实形态的生产力，推动区域经济的增长。科学技术成果在生产实践中的推广应用率越大，转化率越高，就越有利于区域经济的增长。对现有生产技术不断进行革新，提高设计和工艺水平，推动产业升级，也是加快区域经济增长的重要途径。因此，在区域经济增长的过程中，必须抓住科学技术进步这个龙头，加强研究与开发，大力推广应用科学技术成果，尽快使知识形态的生产力转化为现实形态的生产力，这是加快区域经济增长，摆脱落后地区贫穷面貌的根本途径。

5. 资源配置因素

劳动力、资金和技术是区域经济增长中三个最基本的生产要素。这些要素既相互制约又相互联系和相互作用，它们往往交织在一起，对区域经济增长产生综合的影响。单一要素投入的增加，如果没有其他要素的相互配合，往往起不到应有的作用。在技术有机构成一定的情况下，劳动力投入的增加必须与资金投入的增加相匹配。科技进步作用的发挥，也需要有一定的劳动力和资金投入做保证。因此，在一定的要素投入和技术水平条件下，通过资源的优化配置，同样能够加快区域经济的增长。所谓资源优化配置，就是在区域生产过程中，不断深化市场体制改革，通过对各种要素投入的合理分配和相互组合，最大限度地提高区域要素投入的效率与总体产出水平。不断调整企业生产结构，优化产业结构和组织结构，合理布局生产力等，都是实现区域资源优化配置的重要途径。

6. 区际贸易因素

区际贸易包括区域对外贸易，也是影响区域经济增长的重要因素。一般来说，区际贸易量(包括商品输入和输出)的一定增长，可以使区域社会总产品或收入成倍地增长。区际贸易量的大小，一般取决于区域可输出商品的比较优势、区际贸易障碍(如地区间距离、运输成本以及其他的人为障碍)和区域外部需求三个方面。区域可输出商品的比较优势越大，输出商品的市场竞争力就越强，也就越能促进区际贸易的发展；区际贸易障碍减少，可以降低贸易成本，扩大贸易交流；区域外部需求的增加，可以促使本区增加输出，从而有利于区域经济增长。

(三)生产要素作用分析

直接投入经济活动的要素，包括资源、资金、劳动力和技术等。研究生产要素对区域经济发展的影响的方法有很多种。目前，在区域经济发展战略规划中，一般是利用产出增长型生产函数，构建区域经济增长速度方程。这种方法，一般将除劳动力投入量和资金投入量因素之外的其他因素对区域经济增长的作用都看作科技进步因素的结果，即将科技进步因素对区域经济增长的贡献，看作劳动力和资金贡献分割后的"余值"。

假定在一个区域(i地区)内，科技进步过程中生产要素的边际替代率不发生变化，则这个区域的产出增长型生产函数为：

$$Y_i = A_i K_i^{\alpha} L_i^{\beta}$$

此时，K为资金投入量，L为劳动力投入量。这两项在统计年鉴和前期研究成果中可以找到。其中，

$$K = 固定资产 + 定额流动资金年平均余额$$

$$L = 社会劳动力(区域)或职工人数(部门)$$

A隐含了技术的作用，故称为技术因子，也称为经济技术管理水平，α、β需通过间接途径求得，如可用多区域或多部门统计数字回归分析得到。一般情况下，取$\alpha = 0.3$，$\beta = 0.7$。该模型也叫作柯布-道格拉斯生产函数模型。利用这个模型可以进行下列分析。

1. 地区(部门)经济技术管理水平的比较

用回归分析方法求出α、β之后，反求A，如下式所示：

$$A_i = Y_i / K_i^{\alpha} L_i^{\beta}$$

此时，A_i代表i地区的经济技术管理水平。A_i越大，i地区的经济技术管理水平越高。

2. 规模报酬分析

用回归分析等方法计算得到 α、β 之后，再考察二者之和的大小，有如下规律：

$\alpha+\beta=1$，预示规模报酬不变，产出量的增加比例与投入量的增加比例相同；

$\alpha+\beta<1$，预示规模报酬递减，产出量的增加比例小于投入量的增加比例；

$\alpha+\beta>1$，预示规模报酬递增，产出量的增加比例大于投入量的增加比例。

对于有效产出来说，$\alpha+\beta$ 的值越大越好；但 $\alpha+\beta<1$ 时就要谨慎扩大投入，否则会出现规模报酬不经济现象。

3. 生产要素贡献率分析

假定 $\alpha+\beta=1$，基年时间标度为 0，目标年时间标度为 n，有如下结果：

产出平均变化率为：$W=\lg(Y_n/Y_0)/n\times100\%$

技术平均变化率为：$U=\lg(A_n/A_0)/n\times100\%$

资金平均变化率为：$V=\lg(K_n/K_0)/n\times100\%$

劳动力平均变化率为：$R=\lg(L_n/L_0)/n\times100\%$

技术进步贡献率为：$P_A=U/W\times100\%$

资金增加贡献率为：$P_K=(1-P_A)\times V/(V+R)\times100\%$

劳动力增加贡献率为：$P_L=(1-P_A-P_K)\times100\%$

显然，$P_A+P_K+P_L=100\%$，即经济的总增长是由资金、劳动力投入的增加和技术进步共同引起的。在现代社会，经济发展主要靠技术进步，如在日本，技术进步的贡献率达 $60\%\sim80\%$。我国目前却不尽然，很多地区是以外延扩大再生产为主，内涵扩大再生产为辅。

下面以某地区工业生产情况为例，说明这种方法的计算过程。数据如表 2-1 所示，用柯布-道格拉斯生产函数计算各生产要素的贡献率（假定 $\alpha=0.3$，$\beta=0.7$）如下：

$A_{2005}=18\,689/(15\,951^{0.3}\times6\,378^{0.7})=2.226\,0$

$A_{2010}=54\,947/(60\,917^{0.3}\times6\,610^{0.7})=4.27$

$W=\lg(54\,947/18\,689)/5\times100\%=9.37\%$

$U=\lg(4.27/2.226\,0)/5\times100\%=5.66\%$

$V=\lg(60\,917/15\,951)/5\times100\%=11.64\%$

$R=\lg(6\,610/6\,378)/5\times100\%=0.31\%$

$P_A=5.66\%/9.37\%\times100\%=60.41\%$

$P_K=(1-60.41\%)\times11.64\%/(11.64\%+0.31\%)\times100\%=38.58\%$

$P_L=(1-60.41\%-38.58\%)\times100\%=1.01\%$

表 2-1　某地区工业生产情况表

年份	工业总产值/亿元	资金占用/亿元	劳动力/万人
2005	18 689	15 951	6 378
2010	54 947	60 917	6 610

应该注意的是，在此类研究中，涉及价值、价格的指标，应该做不变价处理。具体处理方法可以用 GDP 指数进行缩减。

二、区域经济发展的内涵和表现

(一)区域经济发展的内涵

区域经济发展就是区域经济进步。所谓进步,简言之就是现在比过去、将来比现在有可能实现更理想的状态。所以,经济的进步就是指现在比过去、将来比现在能产生更理想的经济状态。经济进步表现在很多方面,对区域经济而言,有意义的表现主要在于如下五个方面。

1. 生产增长

生产增长在经济进步中占有中心地位,但并不等于经济进步的全部。一个国家生产增长的水平可以用人均国内生产总值(地区层面用地区生产总值)来测定,不宜单纯用工农业总产值和社会总产值等指标,因这两个指标中有相当一部分(中间消耗部分)是没有社会经济意义的。目前,国内外大多使用国内生产总值指标来衡量生产增长的水平。

2. 技术进步

技术进步包括工具和机械的发明改良、生产技术方面的知识增加、新产品的开发、劳动生产率的提高、资本效益的提高、成本的降低、大批量生产技术的开发、产品质量的提高等。由分工和大规模生产带来的生产率的提高也是技术进步重要的特征之一。

3. 产业结构改进

区域经济发展的历史就是区域产业结构演变的历史。典型的情况是,在区域经济形成和发展早期,社会从事农业这一单一商品的生产,后来随着新产业的一个个兴起和它们之间的有机结合,各个产业的生产增加了,整个社会也发展了。各产业兴起的时间不同,发展速度不同,各产业之间的关系也不同。产业结构标志着地区经济的发展水平,促进区域经济的发展,就要适时地培育和扶持新兴产业,使产业稳步地向有利于发挥地区优势、增加区域经济竞争力的方向发展。

4. 资本积累

资本积累就是把生产物(产品)的一部分不作为消费,而用于工具、机械设备、工厂、建筑物、库房等的投资,从量和质两个方面扩大生产能力。上述经济发展中技术进步和产业结构的改进等现象,都是与投资活动有联系的,这些投资就来自资本积累。所以说,把新创造价值的一部分转换为生产设备的资本积累,是引起技术进步和产业结构改进并由此扩大再生产的必要条件。

5. 与外界经济关系的改善

对于空间范围不大的区域来说,靠自产自销是发展不起来的,要增加收入就得出售产品。同样的道理,只靠区域内的资源是满足不了进一步发展的需要的。要保证生产资料的供应和产品的销售,就要与外界发生联系,这是一个地区经济的开放性。与周边地区或国外有稳定协作关系,这是一个地区经济成熟的标志,也是今后发展的重要保障。当然,这种联系,这种协作关系是有原则的,也是互惠互利的。不能只讲协作,不顾区域本身的物质利益,不顾国家利益。其关键是要在发挥自身优势、生产出有竞争能力产品的基础上,勇于开拓市场,讲信誉,守合同,与其他国家或地区建立起良好的协作关系。中国改革开放、积极加入世界贸易组织（WTO）和设立自由贸易区的意义就在于此。

总之，区域经济发展不完全等同于区域经济增长，区域经济发展的表现是多方面的，而且这些方面是相辅相成的。

(二)区域经济发展的表现

1. 量的扩张

描述区域经济规模的指标包括产值、产量和增加值等。产量不仅描述了各种实物生产部门的活动规模，也反映了当地的生产特点和物质需求保障程度，特别是和人均指标结合使用，不仅有经济学意义，而且有社会学意义。这里着重讨论区域发展中的增加值及其变化。

(1)描述经济规模的指标。

①国内生产总值（gross domestic product，GDP），以国土范围为统计标准，是按市场价格计算的增加值的简称。它是一个国家（地区）内所有常住单位在一定时期（一年）内生产的最终成果，即所创造的增加值（总产值减去中间消耗）之和。在地区层面，则称地区生产总值。

②国民生产总值（gross national product，GNP），以国民国籍为统计标准，是按市场价格计算的财富增加值的简称。它是一个国家（地区）所有常住单位一定时期（一年）内初次分配的最终成果。它是一个国家或地区居民富裕程度的标志。现在更多地使用国民总收入（gross national income，GNI）指代国民生产总值。在地区层面，则称居民生产总值或居民总收入。

③国民收入（national income），是物质资料生产部门（农业、工业、建筑业、交通运输业、商业）的劳动者在一定时期（一年）内新创造的价值，即净产值。净产值等于（物质资料生产部门）社会总产值扣除中间消耗。但目前国民收入的说法正在淡化，甚至在很多情况下，"国民收入"就是指国民生产总值（GNP）或国民总收入（GNI）。

上述三个指标的差别在于：国民收入只统计了物质资料生产部门新创造的价值，而国民生产总值统计所有部门（常住单位）的初次分配，国内生产总值统计所有部门的新增价值。即使是对物质资料生产部门，国民收入也不包括固定资产折旧，而GNP、GDP则包括固定资产折旧。

(2)描述经济增长的指标。

①增长的幅度，即目标期指标值减去基期指标值，描述的是该指标增加的幅度。用相对增加幅度，即增加的幅度与基期指标之比（增加若干倍、翻几番）更有意义。

②增长的速度，包括当年增长速度、特定时段内平均增长速度等。

人均国民生产总值、人均国民收入的变化，可以通过绝对增长幅度、相对增长幅度和年平均增长速度等指标衡量。

(3)GDP与GNP的区别。

①GDP与GNP在定义上有所区别。

GDP是生产的概念，也是经济繁荣的标志，反映了该地区经济活动的规模与效益。因此，要反映一个地区的经济繁荣程度，最好用人均GDP或单位面积国土所创造的

GDP 来衡量。

GNP 是收入(分配)的概念,是富裕程度的标志。因此,要反映一个地区的居民富裕与否,最好用人均 GNP 来衡量。世界银行于 2023 年 7 月发布的最新全球经济体分类标准为:人均 GNI 低于 1 135 美元为低收入经济体,在 1 136~4 465 美元的为下中等收入经济体,在 4 466~13 845 美元的为上中等收入经济体,高于 13 845 美元的为高收入经济体。中国 2022 年人均 GNI 为 12 850 美元,仍为上中等收入国家。但中国还有很多低收入群体和不发达地区,因此,中国仍然是发展中国家。考虑到 GNP 中包括很大部分的政府支出,所以,要确切反映居民富裕程度,应该用城镇居民人均可支配收入和农村居民人均纯收入来分别说明城镇居民和农村居民的富裕程度。

虽然 GDP 和 GNP 定义不同,但在统计、计算上却有密切联系,即:

GNP=GDP+来自国(区)外的劳动者报酬和财产收入−付给国(区)外的劳动者报酬和财产收入。

②GDP 和 GNP 对于一个国家(地区)来说都有意义。

第一,对于一个较大或外向性不强的国家(地区)来说,GDP 与 GNP 相差不大,GDP 提高了,GNP 也会提高。但对于吸引外资、劳务多,或资本、劳务输出多的地区来说,GDP 和 GNP 可能相差很大,从而出现了繁荣未必富裕,或富裕但不繁荣的现象。对于吸引外资、劳务多的地区来说,如广东,GDP 大于 GNP;对于资本、劳务输出多的地区来说,如四川,GDP 小于 GNP。

第二,GDP 对于地方政府很有意义,因为 GDP 的扩大就意味着税收和财政收入的增加;对于居民来说,虽然 GDP 也有意义,如增加就业机会等,但相较而言,GNP 意义更大。例如,四川省每年外出务工人员数量已超过 1 000 万人,外出务工成为农民增收的重要渠道。

第三,区域分析中更应关注 GNP。GNP 与 GDP 之间的差额,在宏观经济分析中,称为国外(地区外)净要素收入,用来反映劳务收入和投资收益的净流向——主要是反映投资收益的净流向。这一差额的正负,反映了经济发展的利益流向,反映了一定时期一个国家(地区)经济活动的性质和国际经济地位的状况。当差额为正值时,表明本国(地区)从国外(地区外)赚的利润超过了其他国家从本国(地区)赚得的利润,本国(地区)在国际分工中处于一定的强势地位。这一差额越大,本国(地区)从国际(区际)分工中获得的利益也越大。当差额为负值时,表明外国(地区)从本国(地区)赚取的利润超过本国(地区)从其他国家(地区)赚取的利润,本国(地区)在国际分工中处于一定的弱势地位。这一差额的绝对值越大,表明本国(地区)在国际分工中丧失的利益就越大。

第四,经济增长并不一定等同于经济发展。在分析经济形势时,人们往往更关注 GDP 的增长。在总结经济工作成绩时,人们经常引用的也是 GDP 的增长率。但 GDP 的增长反映的是经济增长,只有在综合考虑 GNP 与 GDP 差额的正负和结构的基础上,才能衡量经济增长是否能够反映经济发展。

2. 质的改善

经济学的目的就是研究资源配置,追求效益最大化。这包括以下几种情况:费用一定,产出(有益产出)最大;产出一定,费用最小;费用、效益都不定,但效益与费用的差额最大，或效益与费用的比值最大。这三种情况，第一种属于量的扩张，是经济发展的简单、低级形式；第二种属于质的改善，规模虽然没有扩大，但仍有经济学意义，这就是所谓的零增长，是区域或国家发展到一定程度后所追求的经济发展的重要形式；第三种既包含量的扩张，也包含质的改善，是区域或国家经济发展的普遍形式。

质的改善，即上述第二种形式，包括资本的积累、生产条件的改善、投入要素的节约、产出质量的提高、与周边地区关系及与环境关系的改善等。

第二节　区域经济发展的趋势性和阶段性

一、区域经济发展的趋势和方向

无论从总量上，还是从质量上来说，区域经济的大趋势都是向前发展，这已为世界各国、各地区的实践所证实。当然，这种趋势是具有波动性的，有时快，有时慢，有时会因自然灾害或政治动荡而暂时有所下降。

区域经济发展表现出一定的规律性：区域发展初期，水平低，规模小，速度慢；随着工业化、城镇化进程的推进，区域经济进入快速发展阶段，规模迅速扩大，水平迅速提高；经过一段高速发展期后，区域经济进入成熟阶段，水平已经很高，规模已经很大，再提高、再扩大都不容易，经济发展速度将进入稳定、缓慢状态，如图 2-1 所示。英国、日本、韩国等国家都曾经历过这样的过程。目前，世界发达国家经济的平均发展速度在 1％～3％，西欧、北欧等某些国家的 GDP 增长速度几乎为零；而我国经济发展速度自改革开放以来一直位居前列，近些年由于总量不断增大而略有放缓。这些事实都在验证着上述规律。

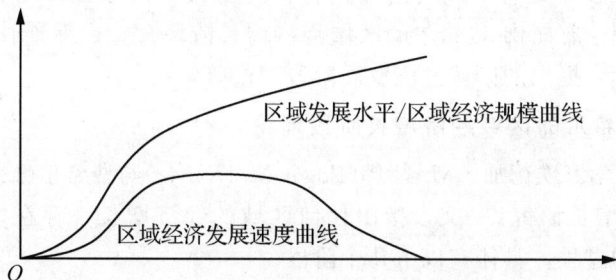

图 2-1　区域经济规模及发展水平、发展速度长期变化趋势示意图

区域经济发展的这种趋势性是由两方面因素决定的。首先是社会需求的拉动——人们的消费需求永无止境；其次是科学技术的推动——科学技术的进步也是无休止的。

从主要生产要素变化的角度来说，世界发达国家和地区的经济都是沿着"资源经济→劳动经济→资本经济→知识经济"的过程发展的。即在区域经济发展的早期阶段，生产的投入主要靠资源，特别是土地资源、矿产资源，相应的产业是农业，包括种植业、畜牧业、林业、渔业和采掘业等；其次是靠劳动力，尤其是简单、廉价的劳动力，相应的产业是轻工业、餐饮业等；后来发展了大工业，机械设备、厂房等的投入成了经济发展的关键,相应的产业有钢铁工业、机械工业、石油化学工业等。目前,科学技术已经成为发达国家和地区经济发展的决定性因素。《中华人民共和国国民经济和社会发展第十三个五年规划纲要》(以下简称"'十三五'规划")提出"创新、协调、绿色、开放、共享"的新发展理念,《中华人民共和国国民经济和社会发展第十四个五年规划和2035年远景目标纲要》(以下简称"'十四五'规划")进一步强调创新驱动,尤其强调要加快数字化发展,建设数字中国,原因就在于此。

科学技术的发展变化是不平衡的,有时快,有时慢;有时深刻,有时平淡无奇。每一次深刻的科技革命,都或早或迟地推动着产业方向的重大变革,出现产业革命,这必然导致经济发展过程表现出明显的阶段性。从这个角度来说,区域经济总量在大的S形曲线趋势下,还会出现多个小的区段,或者说,若干个小的S形曲线组合成一个大的S形曲线。经济发展速度也是在一个大的倒U形曲线下分解出若干个小的倒U形区段。

从消费需求和生活方式的角度看,以生存资料为主的消费(主要由第一产业供给),先后让位于以发展资料为主的消费(主要由第二产业供给)和以享受资料或服务为主的消费(主要由第三产业供给),区域发展表现为从贫穷阶段→温饱阶段→小康阶段→富裕阶段→极端富裕阶段的趋势。这就是第一产业、第二产业、第三产业的由来,也是配第-克拉克产业结构演变定理(简称配第-克拉克定理,Petty-Clark theorem)的基本表现。

根据以上分析可以得出结论,区域发展的方向和趋势就是城镇化率不断提高的过程、非农产业不断扩大的过程、从物质经济到知识经济的过程,与此对应的是城镇化规律、工业化规律、服务经济发展规律等。

二、区域经济发展阶段理论

区域经济增长过程具有明显的阶段性特征。在关于区域经济增长阶段的理论中,比较有代表性的理论有胡佛-费希尔的区域经济增长阶段理论、罗斯托的经济成长阶段理论,以及我国学者提出的区域经济发展阶段理论等[①]。

(一)胡佛-费希尔的区域经济增长阶段理论

美国区域经济学家埃德加·M.胡佛(Edgar M. Hoover)与费希尔(J. Fisher)于1949年发表了《区域经济增长研究》一文,指出任何区域的经济增长都存在"标准阶段次序",要经历大体相同的过程。具体有以下几个阶段。

第一,自给自足阶段。在这个阶段,经济活动以农业为主,区域之间缺少经济交流,区域经济呈现出较大的封闭性,各种经济活动在空间上呈散布状态。

第二,乡村工业崛起阶段。随着农业和贸易的发展,乡村工业开始兴起并在区域经济增长中起着积极作用。乡村工业是以农产品、农业剩余劳动力和农村市场为基础发展起来的,故主要集中分布在农业发展水平相对较高的地区。

第三,农业生产结构转换阶段。在这个阶段,农业生产方式开始发生变化,逐步由粗放型向集约型和专业化方向转化,区域之间的贸易和经济往来也不断地扩大。

---

① 李小建. 经济地理学(第三版)[M]. 北京:高等教育出版社,2018.

第四，工业化阶段。以采矿业和制造业为先导，区域工业兴起并逐渐成为推动区域经济增长的主导力量。一般情况下，最先发展起来的是以农副产品为原料的食品加工、木材加工和纺织等行业，随后是以工业原料为主的冶炼、石油加工、机械制造、化学工业。

第五，服务业输出阶段。在这个阶段，服务业快速发展，服务的输出逐渐成了推动区域经济增长的重要动力。这时，拉动区域经济继续增长的因素主要是资本、技术，以及专业性服务的输出，如旅游业等。

(二)罗斯托的经济成长阶段理论

美国经济学家沃尔特·惠特曼·罗斯托(Walt Whitman Rostow)以主导产业、制造结构和人们的消费需求为标准，采用部门总量分析方法，根据已经完成工业化的一些发达国家的经济增长过程所做的研究结果，对区域经济发展的阶段性规律做了研究，提出了一个国家或区域经济增长经历的六个阶段。

1.传统社会阶段

传统社会阶段社会的生产力水平低下，产业结构单一，区域内的经济活动基本上是原始的农业活动。农业生产是主要的经济活动，是国家和居民的主要收入来源。农业活动在空间上呈分散状态。

2.经济起飞前准备阶段

随着农业生产技术的提高，农业制度开始变化，产量增大，农产品开始剩余，家庭手工业和商业逐渐兴起，出现了专业化的分工与协作；投资机会和就业机会增加，经济活动开始突破地域限制，出现了国内外贸易。罗斯托认为，农业的发展与社会制度的变化为经济的起飞创造了良好的基础。

3.经济起飞阶段

经过长期的积累，经济增长发生了质变，由缓慢增长阶段进入持续、高速增长阶段。罗斯托认为，经济起飞阶段相当于工业化的初期，是传统社会进入现代社会的分水岭，是社会进步质的飞跃。在这一阶段，人均国民收入快速、持续增长，农业技术进一步提高，农村经济走向商品化，劳动力向工业领域的流动加速，资本在部门间的转移加快，主导产业高速发展。随着农业劳动生产率的提高，大量的劳动力从第一产业转移到制造业，外国投资明显增加，以一些快速成长的产业为基础，国家出现了若干区域性的增长极。罗斯托认为，经济起飞必须具备四个条件：一是高积累占国民收入的比例提高到10％以上；二是经济中出现一个或几个具有很高成长率的主导产业；三是发明和革新十分活跃，科学技术对经济发展的贡献率提高；四是制度革新。

4.成熟阶段

在这一阶段，国家的产业以及出口的产品开始多样化，高附加值的出口产业不断增多，投资的重点从劳动密集型产业转向了资本密集型产业，国民福利、交通和通信设施显著改善，经济增长惠及整个社会，企业开始向国外投资，一些经济增长极开始转变为技术创新极。钢铁、电力、煤炭等成为主导产业，劳动力持续进入工业部门，人口不断往城市迁移。

5. 高额消费阶段

在这一阶段，经济发展水平大幅提升，主要的经济部门从制造业转向服务业，人们对耐用消费品和服务的需求大幅增长，消费结构发生重大变化，主导产业开始转移到生产耐用消费品产业和服务业方面，汽车工业成为主导产业之一。

6. 追求生活质量阶段

随着物质生活水平的进一步提高，人们开始追求生活的舒适，开始偏好文化娱乐方面的享受，对第三产业的发展提出了更高的要求。人们在休闲、教育、医疗、社会保障等方面的花费进一步增加，现代服务业成为推动经济增长的主导产业。

罗斯托的经济成长阶段理论是在考察了世界经济发展的历史后提出的，它强调了资本原始积累与国际贸易对一国经济发展的重要性，对落后国家追赶先进国家具有重要的指导意义，一些国家在现代化进程中曾经自觉地实践了罗斯托的理论并取得了巨大的成功。

(三)我国学者提出的区域经济发展阶段理论

区域经济发展是一个渐进的过程，这一渐进过程通常又表现出一定的阶段性特征。如同人的一生有少年、青年、中年和老年等成长阶段一样，区域经济发展也有待开发、成长、成熟(发达)、相对衰退等发展阶段。除特殊情况外，区域经济发展一般都是循序渐进的。在同一区域，不同发展阶段的经济增长会呈现出不同的特征，区域经济结构和社会文化观念也都会有所变化，这种结构性变化和经济总量的增长一起反映出区域经济从一个发展阶段进入另一个更高发展阶段①的过程。

1. 待开发阶段

在经济发展的初始阶段，即待开发阶段，区域经济处于未开发或不发育状态，生产力水平低下，生产方式原始，生产手段落后，产业结构单一，第一产业占比极高，商品经济甚不发达，市场规模狭小，经济增长缓慢，长期停滞在自给自足甚至自给而不能自足的自然经济中，资金积累能力低下，缺乏自我发展能力。这类地区要想成功地走出不发育阶段，跨入现代工业化的"门槛"，就必须把外部资金、人才、技术输入和区内条件结合起来，形成自我发展能力，启动地区经济增长。

2. 成长阶段

当区域经济跨过工业化的起点，呈现出较强的增长势头时，标志着区域经济发展已由待开发阶段进入成长阶段。在这一阶段，区域经济高速增长，经济总量规模迅速扩大，产业结构急剧变动，第二产业开始占主导地位，商品经济逐步发育，市场规模不断扩大，区域专业化分工迅速发展，优势产业开始形成或正在形成中；人口和产业活动迅速向一些城市或地区集中，形成启动区域经济发展的增长极。伴随区域经济总量的增长和结构性变化，区域社会文化观念也相应地发生较大转变。

促进一个区域的经济发展由待开发阶段迅速进入成长阶段的途径有以下几个。

(1)外部推动型。如深圳特区，主要通过大规模引进国内外资金、技术和人才，开

---

① 陈栋生. 区域经济学[M]. 郑州：河南人民出版社，1993.

发地区资源，大力发展外向型经济，来实现区域经济的高速增长和产业结构的升级。

（2）国家投入型。如攀枝花、包头、大庆等地区，主要依靠国家投入大量的资金，进行大规模的资源开发和工业建设，从而推动区域经济迅速发展。

（3）自我积累型。如苏南一些地区，主要通过自身积累资金，大力发展乡镇企业，特别是乡镇工业，来带动整个地区经济发展。最初的资金积累主要来自农业，随着乡镇企业的发展，乡镇企业收入开始成为当地财政收入的主要来源。

（4）边贸启动型。如云南瑞丽、黑龙江绥芬河、新疆霍尔果斯等一些边境地区，通过发展边境贸易实现了经济的迅速发展。

3. 成熟（发达）阶段

经过成长阶段较长时期的高速增长后，区域经济发展将逐步进入成熟（发达）阶段。在这一阶段，区域经济增长势头减慢，并逐渐趋于稳定，工业化达到了较高水平；第三产业也较发达，基础设施齐备，交通运输与信息已基本形成网络，生产部门相当齐全，协作配套条件优越；区内资金积累能力强，人口素质高。处于这一阶段的地区（如长江三角洲、珠江三角洲）通常是国家经济中心所在，区域经济发展状况与整个国民经济发展的关联度相当高。

4. 相对衰退阶段

由于运输位置的变更、产业布局指向的变化、资源的枯竭、技术和需求的变化，一些地区在经过成熟发达阶段甚至成长阶段的发展之后，有可能转入相对衰退阶段。在这一阶段，区域经济首先出现相对衰退，失去原有的发展势头；紧接着出现绝对衰退，逐渐走向衰落。相对衰退地区的主要特点是传统的衰退产业所占的比重大，经济增长缓慢，经济地位不断下降，已开始出现结构性衰退的征兆。在相对衰退地区沦为衰退地区之前，适时适宜地对其进行地区再工业化和产业结构改造，可以防止这些地区进一步衰退，维持其原有的良好发展势头，甚至促使其加速发展，进入新的成长阶段，开始新一轮的成长过程。

区域经济的相对衰退，按其形成原因，大体可分为四种类型。

（1）区位性衰退。由于运输地理位置和产业布局指向的变化，一些地区可能会因原有区位优势的消失而日益走向衰落，而另一些地区则因得益于新的区位优势而开始繁荣，成为新的经济中心。例如，我国山东省临清市依运河而生，因运河而兴，明清时期得益于京杭大运河漕运发达，经济社会繁荣 500 余年，享有"富庶甲齐郡""繁华压两京"的美誉，是当时全国重要的流通枢纽城市和闻名全国的商业都会。但是，随着陆路交通的发展，京杭大运河沿线城市逐渐衰落。交通方式的变化改变了临清的交通区位条件，使临清的经济地位大大下降，衰退为一个普通的县级市。

（2）资源性衰退。它主要发生在结构单一且以资源型产业为主导的地区。这些地区在工业化过程中，因拥有一种或多种优势资源，如煤炭、石油、铁矿等，而迅速建立起资源型主导产业群，包括采掘业和原材料工业（如电力、钢铁、石油加工和有色金属冶炼等）。资源型产业在地区产业结构中占有绝对的主导地位，它统治和支配着地区经济的发展。由于地区产业结构过于单一，严重依赖不可再生的自然资源，一旦地区经济赖以生存的基础——区内资源发生枯竭，或者面临来自国外进口的廉价资源的激烈竞争，或者因替代品的出现而导致对某特定资源(如煤炭)需求的急剧减少，地区资源型主导产业群的衰退将不可避免。如煤炭、矿石、石油开采业，因储量殆尽，无法在原有空间内继续生产，首先出现衰退。采掘业的衰退，将导致以采掘业为基础的原材料工业的衰退，继而导致整个资源型主导产业群的衰退。在缺乏可替代的主导产业的情况下，地区经济将会出现全面衰退。英国北部煤田地带、德国鲁尔区、法国洛林地区、美国五大湖地区以及中国的抚顺、枣庄、玉门等地区和城市经济的衰落，是资源性衰退的典型例子。

(3)结构性衰退。地区工业化过程实际上是地区主导产业相互更替和结构不断演进的连续渐进过程。任何一个产业的发展都具有一定的生命周期，都会经历导入期、成长期、成熟期、衰退期等发展阶段，因而在不同时段上地区的主导产业应该相互衔接。主导产业Ⅰ在进入成熟期后将被主导产业Ⅱ所替代，主导产业Ⅱ成为支撑地区经济增长的支柱产业；经过一段时期后，主导产业Ⅱ又将被主导产业Ⅲ所替代，继而被主导产业Ⅳ所替代。如此循环往复、循序渐进，从而在时序上形成多个主导产业链条，以此推动地区经济的持续稳定增长。如果不同时期地区的主导产业在时序上没有形成一个链条，相互间缺乏衔接，如地区主导产业Ⅰ在进入衰退期后，缺乏新的主导产业，或者新的主导产业还处于形成之中，那么地区经济的结构性衰退将不可避免。英国、美国、法国等国家的一些传统产业(如煤炭、纺织、冶金等)比较集中的工业区的衰退，很大程度上都是由于这方面的原因。

(4)消聚性衰退。产业和经济活动在地理空间上的集聚，可以在一定程度上提高生产效率，产生集聚经济与规模经济。然而，产业和经济活动的空间集聚是有一定限度的，当超过某一临界规模时，就会产生集聚不经济，如交通拥挤、环境污染、用地用水不足、能源和劳动力供应紧张等。而且，随着集聚规模的增长，集聚不经济最终将超过集聚经济，集聚作用也将被消聚作用所代替。加之一些国家的政府为平衡地区经济发展，实行工业分散化的地区政策，促使产业和经济活动由集中走向分散，导致一些集聚过度的地区从繁荣走向衰退或相对衰退。例如，工业发达国家的大城市因过度集聚而带来的不经济，已促使中心区的人口和产业大规模地向郊区及其附近的中小城镇扩散，从而导致周围地区的相对繁荣和中心区的衰落；20世纪60年代中期以来，曾经十分繁荣的英格兰东南部地区经济的相对衰退也主要是由这方面的原因引起的。

在上述四种地区经济衰退类型中，资源性衰退和结构性衰退是一种"结构效应"的现象。即一些地区之所以会出现经济衰退，是因为它们拥有较不利的产业结构。这些地区或者产业结构单一，以资源型产业为主导，或者是处于衰退中的传统产业相对集中的地区。要重振或复兴衰退地区经济，关键是通过经济的多元化和结构的高度化，改变单一性的经济结构，进行结构的重组和改造，并建立与此相适应的灵活经济体制。

区域经济的发展可以通过区域产业结构和空间结构来表现。其中，产业结构是区域经济发展的物质内容，空间结构是区域经济发展的空间过程与布局。产业结构和空间结构都有其形成、发展和变化的规律，遵循和利用这些规律，及时有效地进行产业结构和空间结构的调整，就能促进区域经济的发展；否则，要么无法振兴区域经济，要么会使已经繁荣的区域经济走向衰落。从区域经济发展阶段和工业化过程视角，区域发展的产业结构和空间结构变化过程，大体呈现如表 2-2 所示的一般特征。

表 2-2 区域经济发展阶段的一般特征

发展阶段	产业结构		空间结构	总量水平	
	三次产业比重	主导产业		消费结构	收入水平
传统经济阶段	I＞II＞III	农业	混沌无序均衡状态	饮食支出比重高	低
工业化初级阶段	II＞I＞III	纺织、食品、采矿	极核发展阶段	饮食支出比重降低，对工业品的需求增加	有所提高
全面工业化阶段	II＞III＞I	电力、化学、钢铁、汽车、机电	城镇化速度加快，数量增多，空间分布不平衡，首位分布	转向耐用消费品和劳务服务并呈现多样性和多变性特点	大幅提高
后工业化阶段	III＞II＞I	高新技术和第三产业	城市空间分布平衡化，城市规模呈序列分布	从耐用消费品和劳务服务转向文化娱乐享受	很高

资料来源：李娟文，王启仿. 区域经济发展阶段理论与我国区域经济发展阶段现状分析[J]. 经济地理，2000(4)：6-9＋25.

第三节 区域发展过程中产业结构的演变

区域产业结构是指特定区域内各经济要素之间相互联系、相互作用的方式。区域产业结构考察可以从不同的角度进行，常见的有两大部类(消费资料的生产与生产资料的生产)结构，三次产业结构，劳动密集型、资金密集型、技术密集型和知识密集型产业结构，地区主导产业与辅助产业结构等。本节主要探讨三次产业结构、制造业内部结构、地区主导产业与辅助产业结构等。三次产业结构是区域经济发展的基本结构，劳动密集型和资金密集型制造业是我国的主导产业，三次产业结构的演进以及制造业内部结构的升级是区域经济发展的主要标志。地区主导产业是体现地区特色、地域分工与区域竞争优势的产业，合理选择和发展地区主导产业是实现劳动地域分工的基本途径。这些是区域产业结构中最重要的结构。

一、三次产业结构与配第-克拉克定理

(一)三次产业的划分

1. 克拉克对三次产业的划分

三次产业的划分是由英国经济学家科林·克拉克(Colin Clark)首先提出来的。1940 年，克拉克在其著作《经济进步的条件》中，对三次产业做了详细的划分，并总结了伴随经济发展的产业结构演变规律，从而开创了产业结构理论。克拉克关于三次产业的理论被经济学界普遍接受，成为分析国家和地区产业发展的有力工具。

克拉克把区域的全部社会经济活动划分为第一次产业、第二次产业和第三次产业。习惯上，人们将第一次产业、第二次产业和第三次产业分别简称为第一产业、第二产业和第三产业。

第一产业是指直接取自自然界的自然物的生产，包括广义的农业和矿业；第二产业是指对自然物进行加工的生产，主要包括广义的工业和建筑业；第三产业是指服务并繁衍于有形物质生产之上的无形财富的生产，包括除第一、第二产业以外的所有社会经济活动，提供服务是其主要特性。由于第三产业门类庞杂，人们在克拉克三次产业划分的基础上，对第三产业又进行了进一步的划分，将其划分为三个部分：主要为生产服务的第三产业、主要为生活服务的第三产业和社会性的基础设施产业。

克拉克将所有的社会经济活动形象地比作一棵大树，第一产业如同庞大的树根，深入土地吸取最原始和最基本的营养；第二产业如同粗壮的树干，支撑着整棵大树，代表着树的规模与水平；第三产业则如同茂密的枝叶，使大树显得繁茂，富有活力和吸引力。

克拉克对三次产业的划分得到了经济学界的普遍认同。但是，对于某些产业的归属，各国的认识不一致，主要是一些过渡性和边缘性的产业，如采矿业、电力生产与供应业、给排水行业等。特别是采矿业，理论上属于第一产业，实践中却通常把它看作第二产业。

2. 中国对三次产业的划分

从中华人民共和国成立到改革开放前，我国一直使用马克思在《资本论》中提出的"两大部类"的产业划分模式，即把社会物质生产部门划分为生产资料生产部门（第Ⅰ部类）和生活资料生产部门（第Ⅱ部类）。为了在实践中应用，我国借鉴苏联的经验，衍生出了"农、轻、重"的产业结构。这种划分，由于缺少对第三产业的描述，因此很不完整。1985年，国务院办公厅批转的《国家统计局关于建立第三产业统计的报告》首次规定了中国三次产业的划分标准。2018年修订的三次产业划分标准如下。

第一产业是指农、林、牧、渔业（不含农、林、牧、渔专业及辅助性活动）。

第二产业是指采矿业（不含开采专业及辅助性活动），制造业（不含金属制品、机械和设备修理业），电力、热力、燃气及水生产和供应业，建筑业。

第三产业即服务业，是指除第一产业、第二产业以外的其他行业，包括：批发和零售业，交通运输、仓储和邮政业，住宿和餐饮业，信息传输、软件和信息技术服务业，金融业，房地产业，租赁和商务服务业，科学研究和技术服务业，水利、环境和公共设施管理业，居民服务、修理和其他服务业，教育、卫生和社会工作，文化、体育和娱乐业，公共管理、社会保障和社会组织，国际组织，以及农林、牧、渔业中的农、林、牧、渔专业及辅助性活动，采矿业中的开采专业及辅助性活动，制造业中的金属制品、机械和设备修理业。

第一层次是流通部门，包括交通运输业、邮电通信业、商业、饮食业、物资供销和仓储业等；

第二层次是为生产和生活服务的部门，包括金融保险业、房地产业、公用事业、地质勘探业、咨询服务业和综合技术服务业、居民服务业、农业服务业、水利业、公路及内河(湖)航道养护业等；

第三层次是为提高科学文化水平和居民素质服务的部门，包括文化、教育、广播电视、科学研究、卫生、体育及社会福利事业等。

第四层次是为社会公共需要服务的部门。包括国家机关、党政机关、社会团体及军队、警察等。

(二)三次产业结构的演变规律

1. 配第-克拉克定理

克拉克研究了劳动力在三次产业之间的转换规律，通过对主要发达国家劳动力转移的实证研究得出结论：随着经济的发展和人均国民收入的提高，劳动力首先由第一产业向第二产业转移，进而向第三产业转移；从劳动力在三次产业之间的分布状况来看，第一产业的劳动力比重逐渐下降，第二产业特别是第三产业劳动力的比重则呈现出增加的趋势。这就是配第-克拉克定理。

这是克拉克总结出来的定律，之所以被称为"配第-克拉克定理"，是因为早在 17 世纪，英国经济学家威廉·配第(William Petty)就曾经揭示过关于劳动力转移的这种现象。配第认为，制造业比农业、商业比制造业能够得到更多的收入，这种收入的差异会促使劳动力由低收入部门向高收入部门转移。克拉克认为自己发现的规律只是印证了配第的观点，在理论上总结出来罢了，因而称其为"配第定律"。后来人们才称该定律为"配第-克拉克定理"。

2. 区域经济发展阶段与三次产业结构的演变

美国经济学家霍利斯·钱纳里(Hollis B. Chenery)对 100 多个发展中的国家和地区的经济发展与工业化、城镇化之间的关系进行了统计分析，对比数据如表 2-3 所示。可见，随着经济的发展，工业化、城镇化过程是不可避免的。

表 2-3 发展中国家城镇化率、工业化率与人均收入水平的对比

人均收入/美元	<100	100	200	300	400	500	800	1 000	>1 000
城镇化率	12.8%	22.0%	36.2%	43.9%	49.0%	52.7%	60.1%	63.4%	65.8%
工业化率	12.5%	14.9%	21.5%	25.1%	27.6%	29.4%	33.1%	34.7%	37.9%

资料来源：霍利斯·钱纳里，莫伊思·赛尔昆. 发展的型式 1950—1970[M]. 李新华，徐公理，迟建平，译. 北京：经济科学出版社，1988.

钱纳里还通过对 34 个准工业国的经济发展的实证研究，发现这些国家和地区的经济发展都会规律性地经过 6 个阶段，从任何一个发展阶段向更高一个阶段的跃迁都是通过产业结构转化来推动的。

第一阶段为传统社会阶段：产业结构以农业为主，绝大部分人口从事农业，没有或极少有现代化工业，生产力水平很低。传统社会发展水平低，基础设施、技术水平都比较落后。

第二阶段为工业化初期阶段：产业结构由以落后农业为主的传统结构逐步向以现代工业为主的工业化结构转变，工业中则以食品、烟草、采掘、建材等初级产品的生产为主。处于这一阶段的国家和地区开始走上工业化的发展道路，人民生活水平逐步

提高，市场逐步扩大，投资环境得到改善。这一时期的产业主要以劳动密集型产业为主，利用区域内廉价劳动力降低成本，提高产业和区域的竞争能力。

第三阶段为工业化中期阶段：制造业内部由轻型工业的迅速增长转向重型工业的迅速增长，非农业劳动力开始占主体地位，第三产业开始迅速发展，这也是所谓的重化工业阶段。重化工业是规模经济效益最为显著的产业，制造业的大规模发展能够支持区域经济增长达到较高的速度，因此，工业化中期阶段通常也是区域经济实现高速发展的阶段。由于这一阶段的产业大部分属于资金密集型产业，对资金需求量大，同时工业劳动力开始占主体地位，因而城镇化水平迅速提高，市场稳步扩张，投资领域宽广，选择性大，如作为支柱产业的重化工业，作为先导产业的机械工业和电子工业，为生活水平不断提高的居民服务的轻工业、耐用消费品工业以及第三产业等。工业化中期阶段是区域经济发展由传统社会向现代社会发展的关键性阶段。

第四阶段为工业化后期阶段：该阶段的主要特征是在第一、第二产业获得较高水平发展的条件下，第三产业持续高速发展，成为区域经济增长的主要贡献者。现代服务业迅速发展，如金融业，信息传输、软件和信息技术服务业，教育培训，现代物流等。

第二至第四阶段又被合称为工业化阶段，是一个地区由传统社会向现代社会过渡的阶段。

第五阶段为后工业化阶段：制造业内部结构从以资本密集型产业为主导向以技术密集型产业为主导转换，同时生活方式更现代化，高档耐用消费品在广大群众中得到推广并开始普及。技术密集型产业的迅速发展是这一时期的主要特征。技术密集型产业通常可以分为三大类：一是为生活服务的高档耐用消费品工业；二是改造、武装传统产业的新技术设备；三是新兴产业和产品，包括新能源、新材料、生物工程、航天技术等。当区域经济发展进入后工业化阶段，生产的专业化及社会分工已广泛发展，经济全球化快速发展，往往在生产某一产品的过程中，需要在全国甚至全世界寻求在该领域的合作伙伴，以发挥不同区域的比较优势，提高生产效率。

第六阶段为现代化社会阶段：第三产业开始分化，智能密集型和知识密集型产业开始从服务业中分离出来，并占主导地位；人们消费的欲望呈现出多样性和多变性，追求个性化。新的娱乐、休闲、消费、生产模式不断出现，人们的行为与生活方式发生了巨大变化。现代化社会是一个用知识和智能来追求个性发展的社会，投资领域主要是知识密集型产业和现代服务业，智慧化、数字化、多样化是其基本特征。

上述规律在较大区域的长期发展中表现得比较普遍，而且可以看出区域产业结构与区域发展阶段密切相关。一方面，一个区域处于社会发展的不同阶段则具有不同的产业结构，而产业结构的升级又必然带来区域发展阶段的跃迁。换句话说，产业结构升级是实现区域经济发展的必要手段。另一方面，区域发展各阶段不是截然分明的，处于特定发展阶段的区域可能同时具有前一阶段和后一阶段产业结构所具备的某些特征。特别是当区域发展处于过渡时期时，产业结构的演变和升级较快，这时必须加强研究其发展方向和变化速度，把握时机，把资本投向即将获得高速发展的新产业。

在不同国家或地区，由于国情区情不同，区域经济发展阶段的表现形式也不尽相同。以我国的工业化进程为例，在中华人民共和国成立初期，我国农业人口占总人口的 90％，近代工业极为落后，且主要集中在沿海少数几个城市，我国还处于一个典型的以农业为主的传统社会阶段。之后，我国开始了曲折的工业化过程："一五"时期(1953—1957 年)经济发展很快，特别是工业突飞猛进，到"一五"末期，工业增加值占 GDP 的比重达到 29.7％，比 1952 年提高了近 9 个百分点。到 1970 年，中国的工业增加值比重达到 40.5％，开始稳步超过农业，成为国民财富的主要创造者。因此，可以认为，在 20 世纪 70 年代初我国开始从以农业为主的传统社会向以工业为主的工业化社会转变，进入了工业化初期阶段。之后，伴随着改革开放，我国进入经济的高速增长期。到 20 世纪 90 年代中期，我国已进入工业化中期阶段。目前，我国处于工业化后期阶段。

3. 库兹涅茨等人对产业结构演变规律研究的深化

克拉克主要总结了劳动力在产业间分布变化的规律，并进一步总结其变化的主要动因是不同产业收入的差异。而研究产业结构演变规律，不仅需要知道各产业吸收劳动力的状况，更重要的是要揭示三次产业结构演变与国民经济发展的关系，以及在国民经济发展中三次产业各自的贡献及其变化规律。

美国著名经济学家西蒙·库兹涅茨(Simon Kuznets)对这个问题进行了深入研究。库兹涅茨在他的著作《各国的经济增长》中，从国民收入和劳动力两个方面，对伴随经济发展而出现的产业结构演变规律做了分析研究，得出以下结论[①]。

第一，随着国民经济的发展，区域内第一产业实现的国民收入在整个国民收入中的比重与第一产业劳动力在全部劳动力中的比重一样，处于不断下降之中。

第二，在工业化阶段，第二产业创造国民收入的比重及占用劳动力的比重都会提升，其中前者提升的速度会快于后者。在工业化后期阶段特别是后工业化阶段，第二产业创造国民收入的比重和占用劳动力的比重会不同程度地下降。

第三，第三产业创造国民收入的比重及占用劳动力的比重会持续地处于上升状态，其中在工业化初期、中期阶段，其占用劳动力的比重的上升速度会快于创造国民收入的比重的上升速度。

这样，在整个工业化时期，产业结构转换的特征表现为：第一产业创造财富和吸收就业的份额逐渐转移到第二产业和第三产业。其中，在工业化初期和中期阶段，第二产业逐渐成为财富的主要创造者，而第三产业则是吸收劳动力的主要场所；到工业化后期阶段以后，第二产业创造财富的比重也开始下降，第三产业成为经济发展的主体，既是财富的主要创造者，也是吸收劳动力的主要场所。

因此，在工业化过程中，三次产业的发展是相辅相成的。如果第二产业总量增长很快，而第三产业发展滞后，那么必然表现为第二产业在 GDP 总额中的比重快速增加，但是劳动力转移过程受阻，大量的劳动力滞留于低效率的第一产业，城镇化水平难以提高。

库兹涅茨所揭示的产业结构演变规律可以从日本、美国的发展历程中得到验证，如表 2-4 所示。其中，增加值比重是指某产业增加值与国家(地区)GDP 的比值。

---

① ［美］西蒙·库兹涅茨. 各国的经济增长[M]. 常勋，等译. 北京：商务印书馆，2018.

表 2-4 日本、美国三次产业结构的演变

时间	项目	日本			美国		
		第一产业	第二产业	第三产业	第一产业	第二产业	第三产业
19 世纪 90 年代	增加值比重	42.7%	21%	36.3%	17.9%	44.1%	38%
	就业比重	72%	13%	15%	42%	28%	30%
20 世纪 20 年代	增加值比重	28.1%	37.7%	34.2%	11.2%	41.3%	47.5%
	就业比重	55%	22%	23%	27%	34%	39%
1960—1965 年	增加值比重	9.7%	47.9%	42.4%	3.3%	43.5%	53.2%
	就业比重	29%	31%	40%	7%	34%	59%
20 世纪 80 年代中期	增加值比重	3%	54.8%	42.2%	2%	34%	64%
	就业比重	10.3%	34.8%	54.9%	3.6%	30.2%	66.2%
1995 年	增加值比重	2%	38%	60%	2%	26%	72%
	就业比重	5.8%	32.8%	61.4%	3.5%	22.5%	74%
2015 年	增加值比重	1.1%	24.2%	74.7%	1.1%	19.4%	79.5%
	就业比重	3.6%	25.9%	70.5%	3.1%	14%	82.9%

资料来源:①杨治.产业经济学导论[M].北京:中国人民大学出版社,1985;②日本总务厅统计局:《世界的统计 1997》;③世界银行.1997 年世界发展报告:变革世界中的政府[M].蔡秋生,等译.北京:中国财经经济出版社,1997;④世界银行网站,https://data.worldbank.org.cn/。

日本用将近 100 年的时间完成了整个工业化过程,比世界上其他经济大国完成工业化过程所用的时间要短得多。从日本产业结构的演变过程中可以明显地看出库兹涅茨的产业结构演变规律:日本在 19 世纪 90 年代还基本上处于农业社会,农业创造了近一半国民生产总值,也占用了绝大部分劳动力资源。20 世纪前 20 年,日本的资本积累过程和工业化过程十分迅速,到 20 世纪 20 年代,工业已经成为国民财富的主要创造者。第二次世界大战(以下简称"二战")后,日本的工业化过程更是日新月异,到 20 世纪 80 年代时已经完成了一般的重化工业和深加工工业过程,进入工业化后期阶段。20 世纪 20—80 年代是日本工业化不断深化的过程,从这一时期日本产业结构的演变来看,第一产业创造的增加值比重和就业比重均处于直线下降之中,第二产业的增加值比重和就业比重则处于上升状态。但是,二者上升的态势不同。第二产业的增加值比重由 37.7% 上升到 54.8%,上升了 17.1 个百分点;就业比重由 22% 上升到 34.8%,上升了 12.8 个百分点。增加值比重上升的幅度大于就业比重上升的幅度。第三产业的状况正好相反,其就业比重上升的幅度(31.9 个百分点)大于增加值比重上升的幅度(8 个百分点)。到 20 世纪 90 年代,日本已经结束了工业化阶段,进入后工业化阶段,第二产业在国民经济发展中的地位开始下降,其增加值比重和就业比重均处于下降态势;第三产业成为国民经济发展的主体,其增加值比重和就业比重均呈现出上升态势。

美国的工业化过程起步于 18 世纪末 19 世纪初,渐进式地经历了纺织、食品、服装业阶段(19 世纪上半叶)、钢铁和机器制造业阶段(19 世纪中叶)、铁路车辆制造阶

段(19 世纪 60 年代到 20 世纪 20 年代)、汽车制造业阶段(20 世纪上半叶)以及第二次世界大战后以电子、信息为代表的现代化产业发展阶段。1839 年,美国三次产业创造国民收入的比重分别为 42.6%、25.8% 和 31.6%,劳动力就业比重分别为 64.3%、16.2% 和 19.5%,第一产业是国民经济中最重要的产业;到 19 世纪末,第一产业创造的增加值比重已经下降到 17.9%,就业比重也下降到 42%,基本上实现了工业化,第二产业已经成为国民财富的主要创造者。20 世纪以来,美国经济的发展主要表现为对传统工业进行新技术改造及现代产业的发展,并且以后者为主,体现了后工业化阶段及现代社会发展的基本特征。第三产业的增加值比重和就业比重持续上升,支撑着国民经济的发展。

(三)产业结构演变规律的原因和启示

1. 产业结构演变规律产生的原因

三次产业结构的演变规律是客观的,是由各产业产品需求的收入弹性以及各产业的技术进步和技术结构特征所决定的。应该注意的是,这些规律是针对较大国家或地区及较长时间过程而言的,对较小国家(如新加坡)、较小地区(如澳门),或较大国家、较大地区的短期变化来说,则未必如此。上述现象产生的原因主要如下。

(1)人们需求层次的变化以及各产业产品需求收入弹性的差异。农副产品和生活用品的需求弹性有限,而奢侈型产品,特别是高等级服务的需求弹性很大。

(2)各产业技术进步和技术结构特征的差异。工业中体现的科技进步含量较高,易形成规模经济和垄断经济,所以,工农业产品价格剪刀差的存在是长期的;第三产业较易进入(不需太多资本、条件),且需求复杂,弹性较大,因而不易产生垄断,故吸纳劳动力的能力较大。

2. 产业结构演变规律的启示

(1)农业是国民经济的基础产业。人们的第一需求是解决温饱问题,在食品安全得到保障的前提下,才能解放出劳动力从事第二与第三产业。农业劳动力相对比重的减少,农业实现的国民收入比重的相对减少,是任何较大国家或地区经济发展中的普遍现象。换句话说,只靠农业是不能维持和促进较大国家或地区经济起飞和持续高速增长的。

(2)工业是国民经济的支柱性产业。在一个较大国家或地区的经济发展过程中,在国民收入,特别是人均国民收入的增长上,第二产业有较大的贡献。工业是国民财富的主要源泉之一,也是实现从传统社会向现代社会转变和经济起飞的最佳路径。

(3)服务业是保障农业与工业高效发展的产业。没有高水平的第三产业,就不会有高水平的农业与工业。当经济发展到一定水平时,第三产业将变成最大的行业,其所吸纳的劳动力和所创造的国民收入,都可以占到一半以上的比重。第三产业投入少、见效快,对发展中国家和地区而言,发展第三产业是解决劳动力就业的最重要方向与进入发达国家行列的必经之路。

(4)要想使贫国变富国,贫困落后地区变先进发达地区,应首先实现"农业革命",大力提高农业劳动生产率,发展现代农业,解放农业劳动力,然后进行工业革命。

(5)就工业化而言,在工业化的不同阶段,工业主导的产业也不一样。一般的规律是：由轻工业化起步，按如下过程发展：轻工业化→重工业化→高加工工业化→技术集约化。相应的主导产业是：轻纺、食品工业→电力工业、石油化学工业、钢铁工业、机械工业(汽车、家电等)→电子工业、航空航天工业、新材料、新能源、新技术产业、信息产业。

(6)服务业虽然是区域经济发达时期的最大产业，但发达的制造业是较大国家和较大地区经济持续增长的重要保障，去工业化或产业结构空心化要慎之又慎。

二、工业化过程和霍夫曼定理

上述三次产业结构的演变规律，描述了随着社会经济的发展，区域经济中产业结构演变的大体轮廓。三次产业结构的演变规律告诉我们：在整个工业化阶段，第二产业处于决定性的地位，它始终是创造国民财富的主导产业。正因如此，人们往往把近代经济的发展过程称为工业化过程。而工业化过程，又取决于制造业地位的变化。

(一)工业经济时代制造业地位的变化

工业化以18世纪60年代的英国产业革命为起点，在发达国家经历了200多年的发展历程。在这200多年中，工业成为推动经济发展的基本产业，其中制造业扮演了最重要的角色。到20世纪七八十年代，发达国家工业在创造国民财富的比重方面，以及吸收劳动力的相对比重方面，开始处于下降状态，这说明发达国家已经完成了工业化过程，进入了后工业化阶段。但是包括中国在内的世界上绝大部分发展中国家仍然在继续推进工业化进程，因此，总结工业化过程中第二产业内部结构的演变规律依然具有十分重要的意义。

第二产业包括制造业、建筑业和采矿业，其中建筑业和采矿业性质单一，因此这里主要探讨制造业内部结构的演变及其地位变化规律。

在整个工业化过程中，制造业内部结构的演变可分为三个过程。

1. 重工业化过程

重工业化过程即工业结构由以轻工业为主逐步向以重工业为主转换的过程。与重工业相比，轻工业投资少，建设周期短，见效快，吸收劳动力多，原材料可以从传统农业中以较低的价格取得，因此通常成为区域工业化起步的首选产业。随着工业化水平的不断提高，重工业的比重逐步增加。这是因为轻工业的进一步发展需要重工业提供更加先进的技术装备；同时，随着生活水平的不断提高，人们对工业品的需求由一般日用消费品转向耐用消费品，从而为制造业创造了广阔的市场。制造业是一个产业链长、前后向关联度高的产业，特别是机械设备制造业的发展需要以采矿业、原材料工业为基础，庞大的重工业体系一旦建立起来，就会替代轻工业成为工业化的主导力量。

重工业化过程贯穿于工业化过程的始终。德国经济学家霍夫曼(Hoffmann)对重工业化的研究非常深入。他用消费资料工业的净产值与生产资料工业的净产值之比来反映重工业化程度，后来人们称之为霍夫曼比例或霍夫曼系数，即：

霍夫曼系数＝消费资料工业的净产值/生产资料工业的净产值

霍夫曼认为，在工业化进程中，霍夫曼系数是不断下降的。这就是著名的霍夫曼定理。

霍夫曼系数中涉及的消费资料工业与生产资料工业的概念，其实是指轻工业和重工业，而实际上它们不完全相同。轻工业是指以农产品为原料的加工工业，主要生产消费资料；重工业是指以非农产品为原料的加工工业，既生产生产资料，也生产消费资料（如耐用消费品工业）。随着人们消费水平的提高，越来越多的消费品都属于重工业生产领域。霍夫曼系数中的消费资料工业既包括轻工业，也包括部分重工业。且随着工业化程度的加深，重工业的比重不断提高。美国经济学家库兹涅茨和日本经济学家盐野谷佑一经过大量实证研究后得出结论：当工业化发展到一定阶段后，霍夫曼系数基本保持不变，而重工业的比重持续上升①。

霍夫曼比例基本不变与重工业的比重持续上升二者并不矛盾。因为轻工业比例的下降不意味着消费资料生产的下降。实际上，随着人们消费水平的提高，耐用消费品成为消费支出中的主体，而耐用消费品的生产是在重工业内部进行的。

在重工业发展初期阶段，主导产业是冶金、建材、化工等原材料工业；但到了重工业发展的后期阶段，其主要支持力量就是机械工业，其中耐用消费品工业（含汽车工业和家电工业）又是一大支柱。以耐用消费品为支柱是重工业化的最高阶段，一旦最先进的耐用消费品在大众中得到普及，重工业化过程也就基本走到了尽头，经济增长将变得缓慢，整个社会将进入更高的发展阶段——后工业化阶段。

2. 深加工化过程

深加工化过程，即深加工工业在工业结构中的比重不断提高的过程。在重工业化过程中，制造业结构又表现为以原材料工业为主逐步转向以深加工工业和组装工业为主，这就是工业结构中的深加工化过程。制造业结构的深加工化反映了工业增长对能源、原材料的依赖程度呈逐步下降的趋势，工业的发展越来越多地依赖资本和技术投入。

日本经济学家佐贯利雄提出：第二次世界大战后日本的工业化过程依次依赖于三组产业的支撑，第一组是电力工业，第二组是石油冶炼、石油化工、钢铁和造船，第三组是汽车和家电。这三组工业接替领先，互相带动，共同促进了日本经济的高速发展，使日本工业结构在实现重工业化的同时走向深加工化②。

3. 技术集约化过程

技术集约化过程是指在深加工化过程中，进一步表现出高技术化趋势的过程。技术集约化不仅表现为所有制造业部门都采用越来越高深的技术、越来越先进的工艺，并实现自动化，而且表现为大批以技术密集为特征的高技术产业得以兴起和发展，并逐步成为工业的主体。在技术集约化过程中，科学技术日益成为工业发展中最重要的资源。

在上述制造业内部结构演变的三个过程中，制造业发展所依赖资源的转化表现得十分明显：在工业化初期阶段，以轻工业特别是食品、纺织业的发展为主，劳动力是最重要的工业资源；随着重工业化过程的加深，钢铁、化工、机械等产业的迅速发展需要大量的投资购买机械设备，在工业资源结构中资金因素居于突出地位；随着制造

①　刘伟. 工业化进程中的产业结构研究[M]. 北京：中国人民大学出版社，1995.

②　杨治. 产业经济学导论[M]. 北京：中国人民大学出版社，1985.

业深加工化的发展，工业对原材料、资本的依赖程度逐步下降，取而代之的是技术资源，比如半导体、芯片等的生产都需要先进的技术。从这个角度来说，工业化过程是一个由劳动密集型向资金密集型再向技术密集型转化的过程，这就是工业结构中的技术集约化趋势。

制造业内部技术集约化过程的普遍实现，标志着工业社会将向后工业社会和现代社会过渡，整个社会将发展到更高的层次。以安徽省高新技术产业为例，2020年该省高新技术产业实现产值13 240.1亿元，全省规模以上高新技术产业产值、增加值分别比2019年增长15.9%和16.4%，高新技术产业增加值占全省规模以上工业增加值的比重达43.8%。在高新技术产业规模迅速扩大的同时，全省高新技术产业结构也在不断优化，未来将大力培育新型显示、集成电路、新能源汽车和智能网联汽车、人工智能、智能家电5个世界级战略性新兴产业集群，建设大约30个在全国具有重要影响力和竞争力的重大新兴产业基地。2021年安徽省新能源汽车产量为25.2万辆，居中部第一、全国第四，力争打造成为全球智能新能源汽车创新集聚区。

(二)中国工业现代化发展方向

1. 推进制造业优化升级

深入实施智能制造和绿色制造工程，发展服务型制造新模式，推动制造业高端化、智能化、绿色化。培育先进制造业集群，推动集成电路、航空航天、船舶与海洋工程装备、机器人、先进轨道交通装备、先进电力装备、工程机械、高端数控机床、医药及医疗设备等产业创新发展。改造提升传统产业，推动石化、钢铁、有色、建材等原材料产业布局优化和结构调整，扩大轻工、纺织等优质产品供给，加快化工、造纸等重点行业企业改造升级，完善绿色制造体系。深入实施增强制造业核心竞争力和技术改造专项，鼓励企业应用先进适用技术，加强设备更新和新产品规模化应用。建设智能制造示范工厂，完善智能制造标准体系，深入实施质量提升行动，推动制造业产品"增品种、提品质、创品牌"。

2. 发展壮大战略性新兴产业，构筑产业体系新支柱

聚焦新一代信息技术、生物技术、新能源、新材料、高端装备、新能源汽车、绿色环保以及航空航天、海洋装备等战略性新兴产业，加快关键核心技术创新应用，增强要素保障能力，培育壮大产业发展新动能。推动生物技术和信息技术融合创新，加快发展生物医药、生物育种、生物材料、生物能源等产业，做大做强生物经济。深化北斗系统推广应用，推动北斗产业高质量发展。深入推进国家战略性新兴产业集群发展工程，健全产业集群组织管理和专业化推进机制，建设创新型公共服务综合体，构建一批各具特色、优势互补、结构合理的战略性新兴产业增长引擎。

3. 前瞻谋划布局未来产业

在类脑智能、量子信息、基因技术、未来网络、深海空天开发、氢能与储能等前沿科技和产业变革领域，组织实施未来产业孵化与加速计划，谋划布局一批未来产业。在科教资源优势突出、产业基础雄厚的地区，布局一批国家未来产业技术研究院，加强前沿技术多路径探索、交叉融合和颠覆性技术供给。实施产业跨界融合示范工程，打造未来技术应用场景，加速形成若干未来产业。

三、从物质经济到知识经济和数字经济

（一）社会经济发展过程的新认识

物质经济是指传统的以物质资源为主要劳动资源的经济。知识经济，即以知识为基础、以脑力劳动为主体的经济。在信息化高度发达的背景下，知识经济逐渐演变为数字经济。所谓数字经济，就是以数据资源为关键要素，以现代信息网络为主要载体，以信息通信技术融合应用、全要素数字化转型为重要推动力，促进公平与效率更加统一的新经济形态。知识经济和数字经济是继以农业经济、工业经济为主的物质经济之后的主要经济形态。数字经济发展速度快、辐射范围广、影响程度深，正推动生产方式、生活方式和治理方式深刻变革，成为重组全球要素资源、重塑全球经济结构、改变全球竞争格局的关键力量。

根据主要投入的生产要素和产品生产的主要目的，社会经济的发展过程可以概括为如表 2-5 所示的三大形态、四个阶段。其中，农业经济阶段和工业经济阶段属于物质经济形态，即以物质的生产和消费为基础的经济，知识/数字经济阶段是以知识的生产和消费为基础的经济形态，而生态/技术经济形态介于物质经济形态和知识/数字经济形态之间。

表 2-5　各经济发展形态和阶段的特点

经济发展阶段	主要投入的生产要素	产品生产的主要目的	社会生活标志	持续性	发展性	持续发展性
物质经济形态（阶段）	自然资源、劳动力	满足人们的物质消费需求	以物质生产和消费为主	×	×	△
农业经济阶段	土地、劳动力	生存需要	从贫困到温饱	×	×	×
工业经济阶段	矿产资源、资本	发展需要	从小康到富裕	×	×	△
生态/技术经济形态（阶段）	资源、资本、技术	持续满足人们的物质消费需求	持续富裕	△	△	△
知识/数字经济形态（阶段）	资源、资本、技术、数据	满足人们的精神和物质消费需求	持续富裕、繁荣	√	√	√

注：×表示不可以，√表示可以，△表示不完全可以。

（二）从物质经济到知识经济和数字经济是必然的趋势

市场是最大的资源，需求是最根本的动力。从消费需求，即社会生产的目的来看，不同时代的社会需求不同。人的需求是分层次的，美国心理学家马斯洛（Maslow）将人的需要分成五个层次，即生理的需要、安全的需要、社会性的需要、尊重的需要和自我实现的需要。马斯洛消费需求层次理论认为，低层次的需要得到满足之后，才能更多地考虑高层次的需要。而低层次的需要往往与物质生产，特别是食品生产、基本消费品生产相联系，刚性很强。而当社会经济发展到高级阶段时，非物质需求成为主要的需求，成为决定经济发展的主导力量。因此，从物质经济到知识经济和数字经济是一种必然的趋势。

从物质经济到知识经济和数字经济的发展趋势，主要表现在如下三个方面。

1. 产业结构的重心从物质生产部门向非物质生产部门转移

从产业部门之间的比例来看，工业及制造业部门的比重大幅降低，第三产业的比重上升，而且在各物质生产部门的内部，直接从事物质生产的劳动者数量相对减少，从事市场调研、信息咨询、技术开发、售后服务、广告公关等服务性劳动的劳动者数量则在增多。社会上直接从事物质生产的劳动者数量相对越来越少，这是社会生产力提高的结果。只有在社会生产力提高的情况下，一个国家或地区才有可能投入较少的资源和人力，就获得更多的财富和服务，也才有可能使产业结构向非物质生产部门转移和升级。

例如，20 世纪 50 年代，除美国的第三产业在 GDP 中所占的比重略超过 50% 之外，其他发达国家仍然是第一和第二产业在产业结构中所占的比重最大，当时第三产业在各国 GDP 中一般只占 30%~40%。进入 21 世纪后，情况发生了根本性变化，发达国家第三产业在 GDP 中所占的比重普遍已提高到 70% 以上。目前，我国的北京和上海都进入了以服务业为主导的阶段，2023 年北京市第三产业增加值占 GDP 的比重达到 84.8%，上海则为 75.2%。

2. 物质生产部门只是相对萎缩，从绝对产量和产值来看仍在不断增加

以美国为例，1960 年其工业产值在 GDP 中所占的比重为 38%，到 1990 年时下降到了 25%，但其总产值却从 2 000 亿美元增加到 18 000 亿美元，增幅达到 8 倍，即使排除了通货膨胀的影响，增幅也是可观的。

3. 商业、运输、银行、保险等为工业及制造业部门服务的部门随着科学技术的进步在迅速扩大

随着高速公路、高速铁路、超音速飞机、大吨位油轮等技术的发展，现代运输业与过去相比已不可同日而语。在银行和保险业中，新的金融工具层出不穷，经营手段也日益现代化。网络支付使世界范围的金融业务往来不再以日计，而是在几分钟、几秒钟之内就能够完成，移动支付使人们不必携带现金便能轻松完成交易，既方便商家也方便客户。未来，数字货币将进一步改变整个金融行业的面貌。电子技术和通信卫星的发展和广泛应用，不仅加速了信息的传递和交流，而且增加了许多新的通信手段和工具。人工智能和计算机软件的研发、运用和服务，信息的快速传递、处理，以及咨询业的发展，大大改善了工业及制造业部门的发展条件和环境。

(三)知识经济和数字经济是可持续发展的经济

知识和数字技术，作为生产要素，可以提高劳动生产率；作为消费品，可以给人以愉悦和满足。知识经济和数字经济是既可持续又可发展的经济。

1. 从生产(供应)的角度看，知识经济和数字经济是可持续发展的经济

知识增长是呈几何级数的，作为生产要素的知识和数字技术，其供给可以是无限的。同样生产一种产品，若投入更多的知识和技术，则既可在很大程度上节约有形资源，也可更大规模地循环利用有形资源，产生较少的废弃物。知识和技术在处理废弃物方面也做得更好。知识、数字的生产，主要靠人的创造性劳动，只需要较少的物质和能源投入，也只排放较少的废弃物质。因而从资源供给和环境保护的角度来说，知

识经济和数字经济更有利于世界经济的可持续发展。

2. 从消费(市场容量)的角度看，知识经济和数字经济是可持续发展的经济

随着生活水平的提高，人们越来越重视精神性消费，而精神性消费往往与知识有关。知识消费不存在消费倾向递减问题，而常表现为消费倾向递增。知识消费的弹性系数很大，知识的生产和消费相互促进，共同增长。社会越发展，人们对知识的渴求越强烈。所以，从消费的角度看，知识产品的市场容量和多样性需求是无限的。

3. 从人地关系的角度看，只有知识经济和数字经济，才是可持续发展的经济

知识经济和数字经济以智力资源、信息资源为主要依托，要求充分考虑资源利用的环境效应、生态效应，科学、合理、综合、高效地利用现有资源，同时开发尚未利用的富有自然资源来取代已近枯竭的稀缺自然资源。所以说，知识经济和数字经济是促进人与自然协调、可持续发展的经济。第二次世界大战后德国和日本经济的成功可以说明这一点。

在知识经济和数字经济条件下，人们将更理性地生产和生活，因而人与地的关系、人与人的关系将更加融合，社会秩序也将得到更大的改善，社会矛盾将得到缓解。因而，地球和社会都将可持续发展。

著名知识经济学家保罗·罗莫(Paul M. Romer)认为，物质是有限的，越用越少，物质世界的特点是效益递减，递减的效益是客观物质短缺的结果。而知识经济不同，人的思想所产生的能量是无穷无尽的，发现思想的过程不会出现收益递减效应[1]。因此，只有知识经济和数字经济，才既可持续，又可发展。

目前，我国大力推进文化创意产业，也是基于这个原理。党的二十大报告指出，全面建设社会主义现代化国家，必须坚持中国特色社会主义文化发展道路，增强文化自信，围绕举旗帜、聚民心、育新人、兴文化、展形象建设社会主义文化强国，发展面向现代化、面向世界、面向未来的，民族的科学的大众的社会主义文化，激发全民族文化创新创造活力，增强实现中华民族伟大复兴的精神力量。国家"十四五"规划中提出要健全现代文化产业体系。一是扩大优质文化产品供给。实施文化产业数字化战略，加快发展新型文化企业、文化业态、文化消费模式，壮大数字创意、网络视听、数字出版、数字娱乐、线上演播等产业。实施文化品牌战略，打造一批有影响力、代表性的文化品牌。培育骨干文化企业，规范发展文化产业园区，推动区域文化产业带建设。二是推动文化和旅游融合发展。坚持以文塑旅、以旅彰文，打造独具魅力的中华文化旅游体验。深入发展大众旅游、智慧旅游，创新旅游产品体系，改善旅游消费体验。加强区域旅游品牌和服务整合，建设一批富有文化底蕴的世界级旅游景区和度假区，打造一批文化特色鲜明的国家级旅游休闲城市和街区。推进红色旅游、文化遗产旅游、旅游演艺等创新发展，提升度假休闲、乡村旅游等服务品质，完善邮轮游艇、低空旅游等发展政策。健全旅游基础设施和集散体系，推进旅游厕所革命，强化智慧景区建设。

---

① 王心源，郭华东，孙岩. 数字地球与中国的可持续发展[J]. 国土资源科技管理，2000，17(2)：28-32.

四、新型产业化

参照新型工业化①概念,可以将新型产业化定义为:用信息化改造提升传统产业,推进第一、第二、第三产业之间的融合,实现产业发展与聚落建设之间的良性互动,注重产业链分工和新业态塑造,确保产业与区域的绿色、低碳和可持续发展,提高产业的经济、社会及生态综合效益的过程。

新型产业化既是一个经济发展过程,也是一种产业结构形态。作为产业结构形态,它是新型业态较多,高新技术产业、优质化和品牌化产品占比较大的一种产业结构;作为经济发展过程,它是产业之间相互交叉融合的过程,是节能降耗的过程,是产城互动的过程,也是信息化、数字化、智能化、协调性与可持续性不断提高的过程。

新型产业化的特点可以概括为如下的"五化"。

(1)信息化。信息化是从新型工业化引申而来的,但不局限于工业,其他产业也需要进行信息化。信息化的进一步发展又带来了网络化、智能化和智慧化,各类产业与互联网融合发展。

(2)品牌化。过去的生产,都强调产量和质量,但现在越来越重视品牌和文化。国家或区域之间的竞争,最终是文化竞争;企业和产业之间的竞争,最终是品牌竞争。

(3)生态化。生态化是指低碳、环保、可循环利用,强调绿色发展、科学发展、可持续发展。

(4)集群化。集群化是指在产业链分工的基础上,打造产业集群。

(5)融合化。融合化具体表现在:三次产业之间的融合;第一、第二、第三产业内部的融合(产业链分工),产业与网络的融合,产城融合,等等。

结合新型产业化的特点,它与传统产业化的区别如表2-6所示。

表 2-6　传统产业化与新型产业化的区别

比较项目	传统产业化	新型产业化
目标诉求	产量、速度;质量、结构	收益,综合效益;注重品牌
投入和产出	自然资源投入为主,高消耗、高排放、强干扰	创新资源为主,低消耗、综合利用、循环利用、低干扰、低排放
产品形态	实物型为主,注重产量和品质	虚实结合,信息化、网络化、智能化
主要影响因素	生产成本、运输成本和产品性价比	交易成本、市场竞争优势和品牌化
布局考虑	行业分工与布局	产业链分工,集群化布局
三产关系	第一、第二、第三产业分离	行业越分越细,第一、第二、第三产业界限模糊,甚至各产业内部也是越分越细,越来越注重产业链分工和融合互动
产城关系	产业区、功能区分离,产城分离	从产业集群到产城融合互动

① 新型工业化是以信息化带动工业化,以工业化促进信息化的过程,是科技含量高、经济效益好、资源消耗低、环境污染少、人力资源优势得到充分发挥的工业化道路。详见党的十六大报告。

第四节 区域发展过程中空间结构的变化

区域经济的发展变化不仅表现在产业结构、生产技术水平和产业规模等物质内容上，也表现在区域内各经济要素、经济实体的地域分布上。从区域开发与区域发展的大量实例中可以看出，社会经济的空间结构同国家(地区)的产业结构一样，也是反映区域发展状态本质的重要方面，是从空间分布、空间组织角度考察和辨认区域发展状态和区域社会经济有机体的罗盘。区域发展状态是否健康，与外部的关系及内部各部分的组织是否有序，萌芽而有活力的因素是否被置于有利的位置等问题，可以从分析社会经济的空间结构中得出确定的判断标准。正确认识区域经济的空间运行规律，有利于制定出恰当的区域开发模式。

一、区域经济的不平衡运动规律

区域经济空间运动的最主要规律之一是不平衡运动。自然、经济、社会等诸多条件在地理上的分布是不平衡的，而经济要素又总是向条件很好或比较好的地区流动，因而区域经济总是从区域内地理条件较好的地区开始发展，逐渐壮大之后才逐步向其他地区扩散。区域经济的空间运动过程大致可划分为两个阶段，即以向中心极集聚为主的阶段和以由中心极核向外扩散为主的阶段。

就第一阶段而言，由于中心极核的形状不同，因而经济要素的集聚方式不同。如果中心极核是一个点，如交通枢纽、大的矿产资源赋存地或优良的港湾，则经济要素的集聚方式就是辐聚；如果中心极核是某条线及线上的一系列点，如交通干线及其沿线的大中城市、海岸带及其主要港湾，则经济要素的集聚方式主要是点轴集聚。

当区域经济集聚到一定程度时，中心极核就会出现一系列社会、经济或生态问题，如交通拥挤、用地紧张、供水不足、环境恶化等。于是，区域经济的空间运动进入第二阶段，即以由中心极核向外扩散为主的阶段。区域经济由中心极核向外扩散的方式有三种，即邻近扩散、等级扩散和随机扩散。其中随机扩散没有什么意义，故不讨论。所谓邻近扩散，是指经济要素由中心极核向周边地区逐渐铺开、依次扩散。例如，简单加工工业，特别是食品加工业和服装加工业的发展基本上是邻近扩散。所以，目前我国大中城市特别是特大城市附近，如苏南地区，服装加工业和食品加工业都很发达。所谓等级扩散，是指经济要素不是首先向周边地区扩散，而是由中心极核向下一级的中心极核(即下一级的区域中心城市或交通枢纽)扩散。高新技术的扩散基本上属于等级扩散。

二、区域空间结构的演变模式

区域空间结构，是指一定地域范围内各种经济活动之间相互联系、相互作用而形成的空间组织形式。城镇是各种经济活动在一定地域范围的结合点，是区域空间组织的中枢。工业和服务业是城镇的主导产业，它们的分布特征会直接影响城镇体系的特征；农业通过与其相关联的工业和服务业来影响城镇的分布和发展。尽管区域空间结构的核心是城镇体系，但研究区域空间结构首先要从区域中对城镇体系影响较大的部门的空间分布出发，而后推论城镇体系的变化规律。

(一)弗里德曼的核心-边缘模式

美国学者弗里德曼(Friedmann)提出了区域发展的核心-边缘模式。他在1966年出版的《区域发展政策》一书中将区域空间结构的演变划分为以下四个发展阶段。

1. 前工业阶段的区域空间结构

工业化之前，区域空间结构的基本特征是区域空间均质无序，其中有若干个地方中心存在，但是它们之间没有等级结构差异。由于这个时期区域的生产力水平低下，经济极不发达，总体上处于低水平的均衡状态，区域内部各地区之间相对封闭，彼此很少联系。

2. 过渡阶段的区域空间结构

在工业化初期，某个地区经过长期积累或外部刺激而获得发展的动力，经济快速增长，发展到一定程度就成了区域经济的中心，打破了区域空间结构的原始均衡状态。在这个阶段，区域空间结构由单个相对强大的经济中心与落后的外围地区所组成，中心以其经济发展的优势吸引外围地区的经济要素不断向它集聚，并越来越强大，而外围地区则更趋向落后，从而导致区域空间结构日趋不平衡，形成典型的二元结构。

3. 工业化阶段的区域空间结构

在工业化阶段，随着经济活动范围的扩展，在区域的其他地方产生了新的经济中心。这些新经济中心与原来的经济中心在发展上和空间上相互联系、组合，就形成了区域经济中心体系及其对应的空间结构体系。

4. 后工业化阶段的区域空间结构

在这个阶段，经济发展到了较高的水平，区域内各地区之间的经济交往日趋紧密和广泛。同时，不同层次和规模的经济中心与其外围地区的联系也越来越紧密，它们之间的经济发展水平差异正在缩小。所以，区域内就逐步形成了功能一体化的空间结构体系。随着经济中心与外围地区界线的逐渐消失，区域将最终走向空间一体化。区域空间一体化的内涵极为丰富，它包含了空间形态一体化、市场一体化、产业一体化、交通信息一体化和制度一体化。

区域空间结构的形成和演变是一个客观的经济现象和过程，在这一过程中它表现出一些内在的方向性、趋势性和规律性。首先，区域经济的发展总是在均衡—不均衡—均衡的螺旋式循环中进行。集聚与扩散是区域发展的两种背向力量，集聚使区域从均衡走向非均衡，而扩散正好相反。区域经济的发展就是两种力量不断对比、冲突和平衡的过程，二者相互交替、相互转化。其次，区域空间结构演变总是遵循由点到轴，由轴到网，由网到面的进化过程，而点、轴、网、面则构成了区域空间结构的基本要素，也成为区域经济的空间载体。最后，区域空间结构演进由点发起，点的极化和扩散是其根本力量。节点一般表现为城镇，因此节点的极化与扩散过程就是城镇化不断推进的过程，这也说明城镇化对于区域发展具有引领和带动作用。

（二）我国学者的空间结构四阶段变化说

我国学者薛普文提出了与部门结构演变相对应的区域空间结构演变的四阶段模式①，又称空间结构四阶段变化说，如图 2-2 和图 2-3 所示。

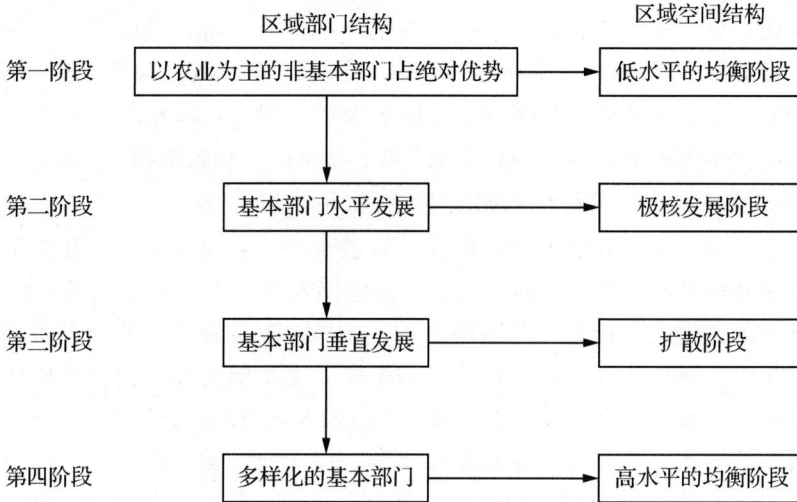

图 2-2　区域结构的演变模式

图片来源：薛普文. 区域经济成长与区域结构的演变[J]. 地理科学，1988(4)：379-384.

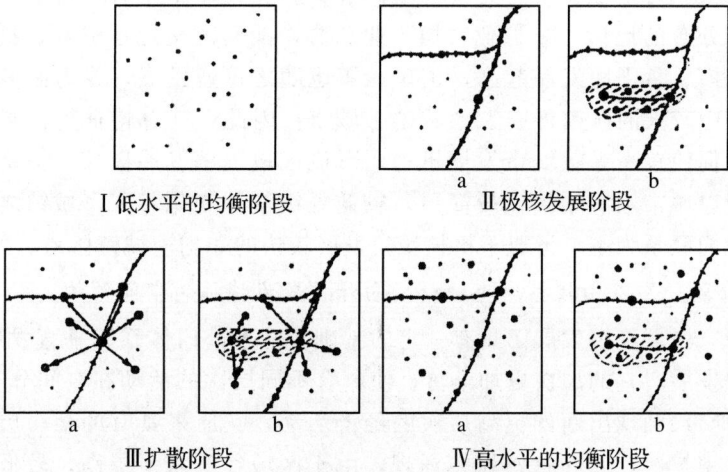

图 2-3　区域空间结构的演变模式

图片来源：薛普文. 区域经济成长与区域结构的演变[J]. 地理科学，1988(4)：379-384.

1. 低水平的均衡阶段——以经济活动分散孤立、小地域范围内的封闭式循环为特征的空间结构

这是处在准封闭型的自给自足的小农经济结构中，区域经济水平低下，非基本部

---

①　薛普文. 区域经济成长与区域结构的演变[J]. 地理科学，1988(4)：379-384.

门占有绝对优势，其规模有限，影响空间范围狭小，经济主体是农业，其余则是为本地服务的商业、地方农产品加工工业和地方小型制造业等。它们在一定地域范围内构成内部封闭循环的空间单元。一般来说，县城是这种封闭空间的最基本单元，区域内经济活动前向、后向联系甚少。因此，在城镇体系中，城镇等级均衡，各级城镇单个和总体的规模较小，城镇的职能较单一，相互联系较少，而且是以上、下等级城镇之间的行政、商业以及其他服务性活动的联系为主，同级城镇之间缺乏较密切的联系，更谈不上职能分工。区域被以县城为中心的各个较小封闭区域所分割，诸多相互孤立的县城是区域城镇体系的主体，形成低水平的、均衡的、稳定的城镇体系。

2. 极核发展阶段——以极核发展为特征的空间结构

在此阶段，基本部门开始形成，以提升发展水平为主，集中发展几个主要的基本部门，但区域经济基础仍然很薄弱。因此，在空间布局上，无论是依赖区域内的支持还是依赖区域外的援助，积聚这些经济力量，选择地理位置优越和交通条件、经济基础比较好的城镇，形成具有优势的区位，集中发展主要的基本部门，形成区域发展的极核点(地带)，在极核点(地带)上吸引基本部门较大规模的集聚。

基本部门的特性不同，其分布特点也不同。以农业、轻工业为基本部门的类型区域，农业、轻工业的分布是相对均质的、普遍存在的，其影响在空间上是均衡的，往往促使区内较高等级中心城市发展，形成区域经济发展的极核，这种优先集中发展的城市称为极核城市，而在较小的低级城镇则只有农产品粗加工工业。在以采矿业和其前向联系的加工业为基本部门的类型区域，采矿业及其加工业的布局受到资源分布的约束。在资源分布的地域，采掘业、加工业和协作配套的交通运输业、机械工业、建材工业等大规模、急剧地发展起来，工矿城镇也随之迅速发展，成为区域经济发展的极核地带，其中较大的城镇可成为区域中心城市。因此，其总特征为：基本部门在空间集聚发展，促使较高等级城市发展迅速，形成区域经济发展极核；但基本部门结构并不复杂，所以城市经济结构比较简单，较低等级城镇变化不大，城镇之间联系仍以不同等级的纵向联系为主，形成了极核城镇发展较快的非均衡城镇体系。

3. 扩散阶段——以由极核城市(地带)向外扩散为特征的空间结构

在此阶段，区域经济发展已具有一定的基础，基本部门体系以垂直发展为主，前、后联系向纵深发展，它的层次更加丰富，使原有不同层次的活动在空间分布发生变化，在极核城市(地带)涌现出新的更高层次的经济活动，它原来具有的某一层次经济活动向较低等级城镇扩散，或在这些城镇涌现，由于区域经济水平提高，较低等级城镇也具有进行这一层次经济活动的门槛水平。基本部门的垂直发展和空间分布发生变化，城镇发展由极核城市的发展转向在城镇体系中由高到低、逐级递进，以及向均衡化方向发展，极核城市与基本部门所扩散的城镇之间有较为密切的经济联系，因而形成非稳态的、由极核城市向较低等级城市逐步扩散发展的城镇体系。

4. 高水平的均衡阶段——以网络化、均衡化、多中心为特征的空间结构

在此阶段，区域社会经济已经比较发达，产生了一些新的基本部门，形成了多样化、多层次的基本部门体系，这些部门主要依赖较好的社会经济环境，它们的空间布局具有更大的自由度；两大部门体系内的部门种类、层次以及相互关系变得更为繁多

复杂，表现在空间上为非集聚、网络状交错分布，使城镇的经济结构出现多样化，也造成了各城镇在职能上的分异，打破了单一部门结构所造成的同级城镇经济结构相似性较大且互不关联的局面，促成了同级城市和不同等级城市之间相互联系的网络，各级城镇的经济结构变得复杂稳定，都得到相应的发展，因而城镇体系向均衡化发展。并且区域内多种较高等级的经济活动在空间分布出现分异，往往不再集中于单一中心城市，而是分布于多个城市，使这些城市具有某种较高等级的经济职能，提高它们在城镇体系中的地位，并出现了多中心的空间结构。总的来说，此阶段城镇体系的特征是：均衡化、网络化和多中心，城镇化水平较高，城镇群体在空间分布和规模结构上较为均衡，以一个综合性中心城市或数个职能分异、互补的中心城市为核心，构成大、中、小城镇之间交错联系的均衡网络。

(三)区域发展过程中空间差异的变化

区域发展的核心-边缘模式和空间结构四阶段变化说，很好地揭示了区域发展过程中空间结构的变化。伴随着这种变化，区域发展也出现了空间收入差距的变化。为了衡量这种变化，威廉森(Williamson)建立了一种计算方法，简称威廉森差异变动系数或威廉森系数(Williamson's coefficients)。其计算公式为：

$$V_u = \frac{1}{\overline{x}} \sqrt{\sum_{i=1}^{n} (x_i - \overline{x})^2 p_i / p}$$

式中，x_i、$\overline{x}$、p_i、p分别表示i地区人均GDP、背景区域人均GDP、i地区人口和背景区域总人口。V_u越大，不平衡性越大。

威廉森系数的意义在于：如果所有地区的平均收入等于一国(区域)的平均收入，则威廉森系数为零，即无差异。威廉森系数值越高，空间差异就越大。威廉森对一系列的富国和穷国进行了分析，发现穷国的威廉森系数值高于富国。同时，对美国1950—1960年的数据分析表明，随着人均国民收入的增加，威廉森系数逐渐下降。于是威廉森认为，在一定阶段的经济增长将导致区域差异的扩大，只有经济发展到一定水平，进一步的增长才会导致差异的缩小。这就是著名的威廉森倒V形(也称"倒U形")曲线，即伴随着经济发展，区域差异有一个先扩大、后缩小的过程。这种现象在发达国家区域经济发展中已有体现，也可以从世界各国的横向数据对比中得到印证。但"后缩小"的过程不是自动发生的，往往是区域政策努力的结果。

第五节　区域发展过程中的城镇化

一、城镇的地位和作用

城镇，特别是较大的城市，往往成为一定范围内的区域中心，如管理中心、信息中心、交通中心、经济中心、金融中心或科技文化中心，起着区域发展的组织带动作用和管理服务作用等。

1. 城镇是区域人口的重要居住场所

随着社会、经济的发展，居住在城镇的人口在区域人口中所占的比例将越来越大，城镇的生活、消费功能越来越重要。

城镇是区域非农产业的主要集聚地。根据产业结构演变规律,第二、第三产业(非农产业)在区域产业结构中所占的比例将越来越大,而这些产业主要集中在城镇,尤其是大、中城市。城镇也因此成为区域劳动力就业的主要场所。

2. 城镇是区域经济的增长极

一般情况下,第二、第三产业的增长速度都快于农业的增长速度,因此,第二产业、第三产业是区域经济增长的主要贡献者。其中,第三产业在城镇的集聚特别明显。城镇是区域进步的发动机。现代的经济发展越来越依赖科技进步和产业创新。而科技进步和产业创新大部分发生在城镇,尤其是大城市、中心城市。城镇既是区域的教育、科技服务中心,也是区域人流、物流、信息流、资金流的聚散中心,是科技进步和产业创新的主要承担者,成为区域进步的发动机。

3. 城镇是区域对外交流的窗口

城镇依托良好的区位条件、便捷的交通和信息技术条件,以及相对优越的投资环境,成为区域开展对外交流与合作、进行对外开放的窗口。

二、城镇化是区域经济发展的必然趋势

(一)城镇化是经济发展到一定程度时的必然产物

城镇化是农村聚落变化为城镇的过程。加拿大城市史专家吉尔伯特·斯蒂尔特(Gilbert A. Stelter)把城镇化归纳为由浅入深的三个层面:人口/社会生态城市化、结构城市化和行为城市化。但因第三个层面很难直观地表现,所以城镇化的研究主要集中在以下三个方面:一是城镇地域扩大,农业用地不断转变为城镇用地;二是农民由专业农户转为非农户,农业劳动力逐渐转移到城镇中的第二、第三产业;三是城镇人口增加,城镇人口比重逐步提高。

最早在以渔猎与采集为主的原始经济水平下,没有固定的居民点,甚至人类还处于洞息穴居的状态。随着经济和社会生产力的发展,农耕业得到迅速发展,当其从渔猎和采集活动中分离出来后,出现了以耕作业为主的固定居民点。这是最原始的农村聚落,还不能称之为城镇。随着农牧业的分离与生产技术及生产工具的改进,劳动生产率大大提高,农产品开始有了剩余,从而给专门从事工具与生活用品制造、农产品加工等的手工业群体以足够的支持,使其得以从耕作业或畜牧业中分离出来。手工业者的分布场所是不受土地束缚的,他们被地理区位、交通及交换条件优越的地点所吸引而聚居,从而形成了最早的非农牧业人口聚居地和固定的临时商品交换场所。随着经济的进一步发展,社会上出现了不从事生产只从事商品交换的商人,这些商人也集中居住在上述手工业和商品交换活动的集中场所。由此居民点产生了明显的分化,即形成了以农牧业为主的农牧业村落和以商业、手工业为主的“城镇”。这就是最早的城镇化,它是区域经济发展的产物。

(二)城镇化水平随区域经济的发展而逐步提高

从最早的“城镇”出现至今已经有5 000多年的历史,但城镇化水平并不均衡,它受到经济发展水平的严格制约,并与经济发展水平同步推进。

在前资本主义时期，城镇化进程很慢，一直处在很低的水平，并以非常缓慢的速度发展，城镇人口占总人口的比重较低，城镇数量与规模受到限制，城镇职能和结构较简单。这是由于当时经济发展相当缓慢，经济发展一直处在较低的水平。到了资本主义原始积累时期，西方国家城镇化开始出现了一些发展苗头，但城镇化真正取得较大发展是在18世纪中叶产业革命之后，这时生产力水平出现了革命性的飞跃，大机器工业的出现和广泛应用成为城镇化的重大推动力，同时农业劳动生产率的较快提高也为城镇化提供了劳动力、粮食和工业原料等重要保障。从这一时期开始，城镇化速度和水平都有了明显的提高。例如，发展较快的英国，到1801年城镇人口比重已经达到25％，1851年达到50％以上[①]，成为世界上第一个城镇人口超过农村人口的国家。但从大部分国家和世界平均状况来看，当时的城镇化发展速度和水平仍然较低，主要原因是世界整体经济发展速度和水平仍较低。

20世纪以后，随着经济和科学技术发展速度的加快，产业发展日益要求生产、销售、运输、资金、劳动力、管理及技术等方面集中布局，经济的进一步发展又对交通、通信、金融、保险、批发、零售、广告及其他第三产业的快速发展提出了要求，同时高新技术产业、信息产业的发展以及第三产业与第一、第二产业的有机结合，都空前地加速了城镇化进程。相应地，世界城镇人口比重从1920年的14％，增加到1950年的28.7％，1975年的39％，1983年的44％，1991年的51％[②]。我国1998年城镇化水平是30.4％，1999年为30.9％，2006年为42.9％，2011年超过50％，2021年达到64.72％。

三、城镇化的一般规律

城镇化水平是随着经济发展而不断提高的，经济发展越快，城镇化速度也越快，经济发展水平越高，城镇化水平也越高。

纵观世界城市发展历史，可以发现城市化进程表现出了一定的规律性。城市自产生至工业革命前，经历了漫长的历史时期，由于生产力水平低下，城市发展极其缓慢，城市人口占总人口的比重较低，到1800年仅为3％左右。工业革命极大地提高了社会生产力，使得社会分工与协作加深和发展，商品经济逐渐成为占统治地位的经济形式，有力地推动了城市的发展和城市化的进程。在1800—1900年的百年间，世界总人口的上升率为77.5％，而城市人口占总人口的比重由3％上升到14％，1950年上升到28.7％，1980年进一步上升到41％，2000年达到48％，2020年则达到56.16％。如图2-4所示。

美国地理学家诺瑟姆（Northam）认为，城市化进程是一条拉平的"S"曲线，即在城市人口比重达到一定程度后（一般认为30％），城市化速度加快；而到了一定程度后（一般认为70％），城市化速度又逐渐放慢，并趋于停滞（即逆城市化）。用数学模型表示就是：

① 杜闻贞. 城市经济学[M]. 北京：中国财政经济出版社，1987.
② 世界银行. 1993年世界发展报告[M]. 北京：中国财政经济出版社，1993.

全球城市人口占总人口的比重

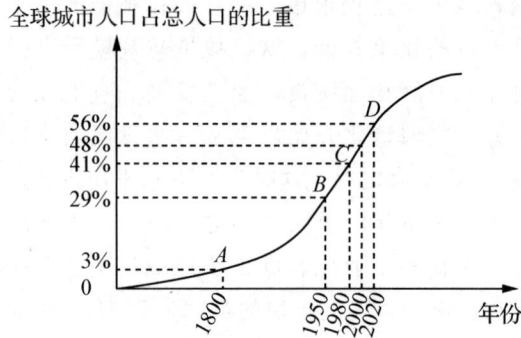

图 2-4　全球城市人口占总人口的比重上升情况

$$Y = 1/(1 + Ce^{rt})$$

式中，Y 为城市化水平；Ce 为积分常数，表明城市化起步的早晚；r 为积分常数，表明城市化发展速度快慢；t 为时间。

实际上，随着汽车的普及和人们对于环境质量的追求，当城市化率达到 70%～80% 以后，有的国家或地区已经出现逆城市化。

四、中国的新型城镇化

(一)新型城镇化是中国走向繁荣的必由之路

城镇化是社会经济发展的必然过程，这是不以人的意志为转移的客观规律。2017 年，美国城市化率是 82.06%，英国城市化率是 83.14%，法国城市化率为 80.18%，德国城市化率是 77.26%，日本城市化率是 91.54%，中国城市化率是 57.96%。2021 年年末，我国常住人口城镇化率为 64.72%。根据联合国的估测，世界发达国家的城市化率在 2050 年将达到 86%。推进新型城镇化仍然是我国的一大战略任务。

我国人口众多，只有集中生产和生活，才能实现经济、社会和环境的协调发展。不仅如此，只有加快城镇化，推进农村富余劳动力转移，才能促进农业劳动生产率的提高和农村经济结构的优化，进而增加农民收入，实现乡村振兴；只有加快城镇化进程，才能进一步开拓国内市场，增加对农产品和工业品的消费需求，刺激基础设施建设和房地产业发展，扩大投资需求尤其是民间投资，缓解当前内需不足的矛盾；只有加快城镇化，才能尽快缩小城乡差别，促进城乡一体化发展，提高国民的整体素质，实现高质量发展。

(二)新型城镇化的概念与内涵

新型城镇化，是指坚持以人为本，以新型工业化为动力，以统筹兼顾为原则，推动城市现代化、城市集群化、城市生态化、农村城镇化，全面提升城镇化质量和水平，走科学发展、集约高效、功能完善、环境友好、社会和谐、个性鲜明、城乡一体、大中小城市和小城镇协调发展的城镇化建设路子。

表 2-7 列出了新旧城镇化模式的详细对比。

表 2-7　新旧城镇化模式的对比

项目	旧城镇化	新型城镇化
城镇化的目的	以城为本，产业非农化，土地非农化，建高楼大厦	以人为本，提高城镇居民的生活质量，让农村转移人口获得同样的幸福感受
质与量关系	重数量，重规模，重速度	重质量，重结构，重效益
资源利用	粗放，土地城镇化远远快于人口城镇化	循环利用，精明增长，土地城镇化与人口城镇化速度比不大于1
城乡关系	城乡分离，重城轻乡，优先发展城镇	统筹城乡协调发展，城乡一体化，城乡差距缩小，基本公共服务均等化
城镇体系建设	或强调中小城市、小城镇优先发展，或强调优先发展大城市	大中小城市和小城镇统筹协调发展；特色发展，充分发挥城市群的作用，重点推进城市群建设
与环境的关系	高污染、高排放、高碳、高冲击；大广场、大马路、大公园以及高档政府办公楼	低污染、低排放、低碳；生态建筑、节能环保
产城关系	产城分离，但力争互促	产城融合互动
城镇居民关系	大院经济，纵向联系为主，少数人先富	邻里和谐，社区建设，和谐社会
持续性	不协调、不可持续	协调、可持续

推进新型城镇化要坚持以下基本原则。①

（1）以人为本，公平共享。以人的城镇化为核心，合理引导人口流动，有序推进农业转移人口市民化，稳步推进城镇基本公共服务常住人口全覆盖，不断提高人口素质，促进人的全面发展和社会公平正义，使全体居民共享现代化建设成果。

（2）四化同步，统筹城乡。推动信息化和工业化深度融合、工业化和城镇化良性互动、城镇化和农业现代化相互协调，促进城镇发展与产业支撑、就业转移和人口集聚相统一，促进城乡要素平等交换和公共资源均衡配置，形成以工促农、以城带乡、工农互惠、城乡一体的新型工农、城乡关系。

（3）优化布局，集约高效。根据资源环境承载能力构建科学合理的城镇化宏观布局，以综合交通网络和信息网络为依托，科学规划建设城市群，严格控制城镇建设用地规模，严格划定永久基本农田，合理控制城镇开发边界，优化城市内部空间结构，促进城市紧凑发展，提高国土空间利用效率。

（4）生态文明，绿色低碳。把生态文明理念全面融入城镇化进程，着力推进绿色发

---

① 国家新型城镇化规划（2014—2020年）[EB/OL]. 中国政府网.（2014-03-16）[2023-10-09].

展、循环发展、低碳发展，节约集约利用土地、水、能源等资源，强化环境保护和生态修复，减少对自然的干扰和损害，推动形成绿色低碳的生产生活方式和城市建设运营模式。

(5)文化传承，彰显特色。根据不同地区的自然历史文化禀赋，体现区域差异性，提倡形态多样性，防止千城一面，发展有历史记忆、文化脉络、地域风貌、民族特点的美丽城镇，形成符合实际、各具特色的城镇化发展模式。

(6)市场主导，政府引导。正确处理政府和市场关系，更加尊重市场规律，坚持使市场在资源配置中起决定性作用，更好发挥政府作用，切实履行政府制定规划政策、提供公共服务和营造制度环境的重要职责，使城镇化成为市场主导、自然发展的过程，成为政府引导、科学发展的过程。

(7)统筹规划，分类指导。中央政府统筹总体规划、战略布局和制度安排，加强分类指导；地方政府因地制宜、循序渐进抓好贯彻落实；尊重基层首创精神，鼓励探索创新和试点先行，凝聚各方共识，实现重点突破，总结推广经验，积极稳妥扎实有序推进新型城镇化。

(三)完善新型城镇化战略，提升城镇化发展质量

一是加快农业转移人口市民化。坚持存量优先、带动增量，统筹推进户籍制度改革和城镇基本公共服务常住人口全覆盖，健全农业转移人口市民化配套政策体系，加快推动农业转移人口全面融入城市。

二是优化城镇化空间布局和形态。推动城市群一体化发展，以促进城市群发展为抓手，全面形成"两横三纵"城镇化战略格局；建设现代化都市圈，依托辐射带动能力较强的中心城市，提高1小时通勤圈协同发展水平，培育发展一批同城化程度高的现代化都市圈；优化提升超大特大城市中心城区功能，统筹兼顾经济、生活、生态、安全等多元需要，转变超大特大城市开发建设方式，加强超大特大城市治理中的风险防控，促进高质量、可持续发展。完善大中城市宜居宜业功能，充分利用综合成本相对较低的优势，主动承接超大特大城市产业转移和功能疏解，夯实实体经济发展基础；推进以县城为重要载体的城镇化建设，加快县城补短板强弱项，推进公共服务、环境卫生、市政公用、产业配套等设施提级扩能，增强综合承载能力和治理能力。

三是全面提升城市品质。转变城市发展方式，按照资源环境承载能力合理确定城市规模和空间结构，统筹安排城市建设、产业发展、生态涵养、基础设施和公共服务；推进新型城市建设，顺应城市发展新理念新趋势，开展城市现代化试点示范，建设宜居、创新、智慧、绿色、人文、韧性城市；提高城市治理水平，坚持党建引领、重心下移、科技赋能，不断提升城市治理科学化、精细化、智能化水平，推进市域社会治理现代化；完善住房市场体系和住房保障体系，加快建立多主体供给、多渠道保障、租购并举的住房制度，让全体人民住有所居、职住平衡。①

---

① 中华人民共和国国民经济和社会发展第十四个五年规划和2035年远景目标纲要[EB/OL].中国政府网.(2021-03-13)[2024-01-05].

第六节 人地关系变化和环境库兹涅茨曲线

一、人地关系的三个阶段

经济发展离不开环境，而经济发展的主体是人，经济发展与环境之间的关系，实际上是人地关系。人地关系大体经历了三大阶段，即人作为地的奴隶阶段、人试图成为地的主宰阶段、人作为地的伙伴阶段。

第一阶段，即人作为地的奴隶阶段，大体相当于工业化以前的农业社会时期。此时，人类处在"靠天吃饭"阶段，或者逐水草而居，或者广种薄收，听天由命，屈从于自然，对自然的破坏能力小。

第二阶段，即人试图成为地的主宰阶段，大体相当于工业化快速发展时期。随着大机器的出现，工业化进程加快，人类改造自然的能力大为提高，甚至出现了漠视自然规律、"人定胜天"的思潮，对自然的掠夺和破坏日益广泛、严重，环境也因此恶化。

第三阶段，即人作为地的伙伴阶段，大体相当于工业化成熟后的发展时期。此时，人类逐渐认识到人和地之间其实是伙伴关系，人也是不可能"战胜"地的，因而注重人地和谐。在社会经济发展的同时，环境也在逐渐恢复和改善。

二、环境库兹涅茨曲线

美国经济学家库兹涅茨于 1955 年提出了经济增长与收入分配关系的倒 U 形假定：在经济发展初期，国民收入分配将随着经济发展水平的提高而趋于不平等；其后，收入分配经历暂时无大变化的平稳维持时期；当到达经济充分发展的阶段时，收入分配又将趋于平等。这一假定被后人称为"库兹涅茨曲线"。

环境经济学家研究发现，一个国家或地区的环境恶化程度与经济发展水平之间的关系，同样也遵循这一倒 U 形规律，如图 2-5 中的曲线 ACB 所示。在早期的工业化阶段或经济发展的初级阶段，由于经济发展水平较低，环境受人为干扰或破坏的程度较小。到了工业化进程加快或经济起飞初期，此时的经济增长主要依赖于对自然资源的消耗与初级开发，生产与消费过程产生的废料、废气超出了环境在自然状态下的自净

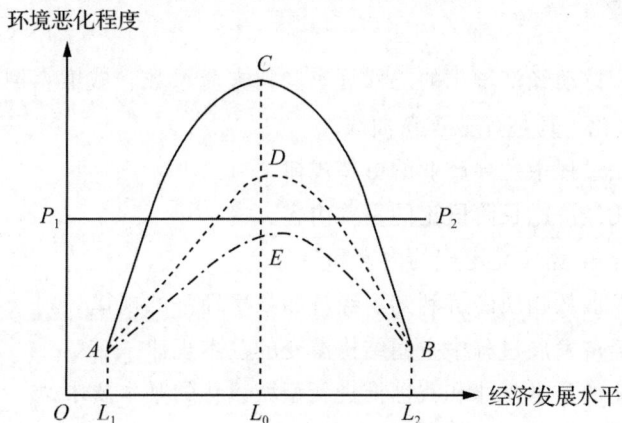

图 2-5 环境库兹涅茨曲线

与分解能力，导致生态环境严重失衡。当经济发展到更高阶段，由于生产设备的改进与技术水平的进步会极大提升生产效率，产业的低耗能化趋向以及人们对生存环境质量需求的不断增强，环境质量得以逐渐改善和恢复。这一规律被环境经济学家们称为"环境库兹涅茨曲线"(Environmental Kuznets Curve，EKC)。

在图 2-5 中，横轴表示经济发展水平，纵轴表示环境恶化程度。P_1P_2 表示环境污染安全线，它表示环境的自我维系或对污染物的消化能力。显然在不同地区安全线位置的高度是不同的。安全线在生态比较脆弱的地区，如我国的西部，位置较低，而在雨量充沛的东南部地区位置较高。在安全线 P_1P_2 以下，表示对环境的破坏程度是社会和环境自身可承受或可以依靠自身能力消化的。对于一个经济发展水平到 L_1 的发展中国家来说，点 A 只意味着一个经济起点，如果该国经济政策的制定忽视环境效益和社会效益，完全依赖自由竞争机制这只看不见的手对资源进行分配、调节，那么与经济进一步发展相生相伴的可能是对生态环境造成巨大的破坏，即存在着所谓"市场缺陷"或"市场失灵"的现象。用循环经济理论来表述，此时的 EKC 的形状可能如曲线 ACB 所示，当经济发展到 L_0 时，对环境的破坏程度达到最高点 C，大大超过了安全线 P_1P_2。但如果能借鉴发达国家的经济发展制度管理模式与环境保护经验，其发展轨迹则完全可能低于 ACB 曲线，形成具有自身特色的 EKC 通道。

图 2-5 中的 ADB、AEB 表示两种不同政策效果的 EKC 通道情况。在 ADB 通道中，环境状况虽有所改善，但其部分阶段仍会高于安全线 P_1P_2。而 AEB 曲线则表示，在经济增长与环境保护关系中，由 E 点表示的环境污染最高水平已经位于安全线 P_1P_2 以下，说明已走上经济发展与环境保护相互协调、共赢的可持续发展模式①。

从发达国家的实践中可以看出，当经济发展到一定阶段，环境质量确实存在向好的方面转化的可能。但必须强调的是，环境质量不会自动改善，经济增长也不会自动去弥补环境的破坏，支撑经济增长和环境改善的力量是人、是制度。因此，加强环境管理和法规建设，全面提高环境保护意识，是必要的。

复习思考题

1. 解释概念：拉动经济增长的三驾马车、霍夫曼系数、威廉森倒 V 形曲线、新型工业化、新型城镇化、环境库兹涅茨曲线。

2. 简述工业化过程中主导产业的更替规律。

3. 简述罗斯托经济成长阶段论的主要内容。

4. 分析说明配第-克拉克定理的内容和启示。

5. 简述区域发展从物质经济到知识经济和数字经济的规律。

6. 简述区域经济发展过程中空间结构演变的基本规律。

7. 简述城镇化的基本规律和我国推进新型城镇化的基本要求。

---

① 张爱文，陈俊芳. 循环经济与传统经济理论比较研究[J]. 经济问题，2004(10)：7-9.

🐾 学习、阅读文献

1. 李小建. 经济地理学(第三版)[M]. 北京：高等教育出版社，2018.

2. 吴殿廷. 区域经济学(第四版)[M]. 北京：科学出版社，2019.

3. [美]埃里克·谢泼德，[加拿大]特雷弗·J. 巴恩斯. 经济地理学指南[M]. 北京：商务印书馆，2009.

4. 张敦富. 区域经济学导论[M]. 北京：中国轻工业出版社，2013.

5. 姜安印. 主体功能区：区域发展理论新境界和实践新格局[J]. 开发研究，2007(2)：14-17.

6. 王丽. 经济社会发展阶段与区域发展规律的关联性研究[J]. 中国物价，2021(5)：3-5.

7. 丁纪岗. 经济周期和区域视角下的中国经济运行特征与变化趋势研究[J]. 生产力研究，2007(6)：7-8＋94.

8. 金碚. 深入把握区域经济协调发展规律[J]. 山东经济战略研究，2019(9)：38-40.

9. 孙久文，史文杰. 以中国式现代化全面推进区域协调发展[J]. 中国国情国力，2023(5)：4-11.

10. 魏后凯，李瑞鹏. 中国县域发展差距变动及其协调路径[J]. 广东社会科学，2023(6)：37-47＋289.

第三章 区域发展规划的理论基础

区域规划不仅要考虑对象区域自身的经济运行特点，还要注意该区域在更高层面的地位和作用，处理好地区之间的分工及协作，发挥比较优势，有效集聚生产要素，建设方向明确、特色突出、可持续能力不断增强的区域经济体系。

第一节 区位与区位理论

一、区位及其类型

区位(location)除可解释为"空间内的位置"外，还有"放置"和"为特定目的而标定的地区"两重意思。所以，区位与位置不同，既有位，也有区，还包括被设计的含义。

(一)区位的几何要素(几何形态类型)

区位的几何要素，即区位的几何形态类型可以从点、线、面三方面来划分。

1. 点区位

几何上的确定位置，以地理坐标量度之，形成点区位。如山岭制高点、河川交汇点、居民点、工厂分布点、交通线衔接点等。

2. 线区位

几何上的确定线段，以走向和长度量度之，形成线区位。如河流、海岸线、地理界线、交通线等。

3. 面区位

几何上的确定范围，以形状和面积量度之，形成面区位。如流域、地貌单元、吸引范围、城市圈等。

(二)区位地理实体

区位的几何要素经过组合形成了区位地理实体，主要包括以下几个方面(见图3-1)。

1. 网络

网络是由点、线区位要素结合而成的地理实体，如构造体系、水系交通网、城镇体系等。

2. 地带

地带是由线、面区位要素结合而成的地理实体，如气候带、植物带、作物带、林带、工矿带等。

图 3-1 区位的几何要素及其组合

3. 地域类型

地域类型是由点、面区位要素结合而成的地理实体，如土地类型、工业区、城市土地利用类型、城市功能区等。

4．区域

区域是由点、线、面区位要素结合而成的地理实体的组合，包括地域类型、地带和网络的全部内容，如综合自然区(自然综合体)、综合经济区(经济综合体)和综合地理区(地理复合区)等。

(三)区位因子分析

影响区位的因子，多为地理要素或同地理现象有关的要素。这些因子可概括为六个方面。

1．自然因子

自然因子包括自然条件和自然资源。影响产业区位的自然因子具体分析起来有以下几个方面。

(1)遍在性的自然条件和资源。如土壤、水、大气等，一般建筑材料灰、砂、石、黏土等。这些自然条件和资源，在地表陆地上比比皆是，只有个别地段存在短缺，如水源、石材缺乏等。这种自然因素对工农业区位基本没有影响或影响不大。

(2)区域性的自然条件和资源。这是由地球表面的地带性和非地带性造成的。如特定的气候带和土壤区会造成作物品类和劳动生产率的巨大差异；森林资源，在自然环境和人类长期砍伐破坏的影响下，目前也已具有区域性；水力资源，同地貌、河流水量有密切关系。这种自然因素对工农业区位有较大的影响。

(3)局限性的自然条件和资源。这是特殊自然条件的组合，如橡胶生产的环境、玫瑰花种植的环境，要求很严格，只限于一些特定地区甚至地段。更重要的是，作为工农业原料和动力的自然资源，如煤、石油、铁矿石、有色金属矿等，由于是在地质历史时代形成的，在一国甚至全世界范围内分布得很不均衡，有些储量有限，故成为局限性资源。它们的分布往往对工农业区位有决定性的影响，在区位论中，这种资源更加受到重视。

2．运输因子

区位论主要阐释地理现象在点、线、面上的空间联系，居于不同位置的自然和经济因素的结合要通过运输来实现。作为生产过程在流通中的延续，运费的多少同产业区位关系最密切。早期的工业区位论便是主要围绕原料和产品的运费来讨论的，运费因素在区位论中居于突出地位。随着交通技术和生产率的提高，运费相对减少。尽管如此，它仍为考虑区位问题的重要参数。

运输方式、运输距离、运输时间、运输程序、运费等，对产业区位有相当大的影响，因为它们直接影响生产成本和销售成本。一般情况下，肉蛋奶的生产地靠近市场，造船业大都分布在沿海、沿河区域，主要考虑的就是这些因素。

3．劳动力因子

一定的劳动力资源是社会生产发展的保证。劳动力数量、质量(熟练程度)和价格的地理分布是确定产业区位的重要考虑因素。

4．市场因子

区位论中的市场泛指产品销售场所。这一因素对区位的影响表现在三个方面：

一是市场与企业的相对位置;二是市场规模,即其产品或服务的容量;三是市场结构,即其商品或服务的种类。后两者往往构成市场和城市的等级序列。

5. 集聚因子

集中和分散是产业空间配置的两个方面,区位论中简称集聚因子。

企业在区位上集中具有以下优点:①减少相互需要的原料、半成品、成品的运输费用,从而降低成本;②利用原工业区或城镇的市政设施,从而减少社会费用支出;③便于企业相互交流科学技术成果和信息,提高产品质量,增加产品多样性;④可以利用已有市场区位,扩大市场服务范围。这既满足了消费者对产品多样性的需求,又增加了企业间的竞争。这些心理状态是由人的知觉造成的,在一定程度上对买卖双方都有利。

同集中相反的是分散,分散可以避开过度集中造成的后果,如地价上升或场地拥挤、劳动力供应紧张、居民生活条件恶化和三废污染等。

集中和分散问题,始终是经济地域结构中的重点问题,小至企业规模的大小,大到城市体系的构成和宏观产业的布局等都包含对这一问题的考量。

6. 社会因子

社会因子包括政治、国防、文化、制度等方面的要求,它们是超经济的,对区域发展有着重要影响,其中最主要的是政府的干预和经济发展中决策者的行为。

社会因子影响布局的事例有很多,如政治要求中的特区、经济技术开发区、自由贸易区建设等;国防建设中的"三线建设""山散洞"布局等;文化背景与习惯中的伊斯兰教居住区、藏传佛教居住区、印度教居住区对生产内容和方式的影响等;环境保护法、资源法等法律对企业布局或生产的影响等。

二、区位论及其发展

(一)区位论的定义

区位论(location theory),亦称区位经济学、地理区位论,是关于人类活动,特别是经济活动空间组织优化的学问。它是一个交叉学科,是经济学与地理学的交叉。区位论研究的主要内容是区位主体和区位,区位主体即与人类相关的经济和社会活动。

区位论包括两层含义:一层是经济行为的空间选择——布局区位论,即已知区位主体,分析区位主体的可能空间,再选择最佳区位;另一层是空间内经济活动的有机组合——经营区位论,即已知区位空间,根据其特性研究区位主体的最佳组合方式与空间形态。

(二)区位论的发展

区位论自19世纪诞生至今,其发展大致经历了三个阶段。

第一个阶段是古典学派时期,是区位论的起步阶段。区位论最早诞生于经济学领域。该时期的代表理论是德国古典经济学者杜能(J. H. von. Thünen)于19世纪20年代提出的农业区位论(被视为区位论的鼻祖)、德国经济学者龙哈德(W. Launhaldt)在19世纪80年代提出的"区位三角形"以及20世纪初韦伯(A. Weber)提出的工业区位论。

第二个阶段是近代学派时期。推动区位论由古典学派向近代学派转变的大师,首推德国地理学者克里斯塔勒（W. Christaller）。他在20世纪30年代完成的博士论文中提出了中心地理论。德国经济学家廖什（A. Lösch）则于同期形成了工业区位论研究的市场学派。20世纪30年代初，瑞典诺贝尔经济学奖获得者俄林（B. Ohlin）著有《区际贸易与国际贸易》一书，把区位研究同地域分工和区际国际贸易结合，从而形成了一般区位论，而前述之微观理论则被称为特殊区位论。瑞典另一位经济学者帕兰德（T. Palander）把一般区位论称为空间经济学。

第三个阶段是在第二次世界大战以后，出现了包括人与环境、区位论和区域研究三个基本部分的理论地理学（或高等经济地理学），以区位论为核心。代表作是20世纪60年代的两部专著，即邦奇（W. Bunge）的《理论地理学》和哈格特（P. Haggett）的《人文地理学中的区位分析》。从20世纪70年代起，区位论开始向动态化迈进。英国的威尔逊（A. Wilson）和比利时的爱伦（P. Allen）结合耗散结构和突变理论，分别就空间相互作用模型和中心地理论结构进行动态模拟，并取得一定突破[①]。

20世纪60年代，一些学者将行为主义的分析方法引入区位分析，形成了行为主义学派，这是一种考虑与分析人的主观因素（对环境的感知和相应的行为）对工厂区位决策影响的区位理论。美国地理学者普雷德（Pred）是行为主义学派的代表人物，他在1967年出版的代表性著作《行为与区位》中运用行为矩阵来研究区位论。美国的史密斯（D. M. Smith）提出的收益性空间界线分析理论也具有代表意义。此外，20世纪90年代以来，一些地理学家开始注意制度和社会文化因素的影响，出现了"文化与制度转向"[②]。

三、农业区位论与农业用地的空间变化规律

（一）杜能的古典农业区位论

1. 杜能其人

杜能于1803年在德国著名的农业经济学家特尔（A. Thaer）的指导下，撰写了论文《大弗罗特伯克村的农业》，表达了萌芽状态的"孤立国"思想。1826年，杜能出版了著作《孤立国同农业和国民经济的关系》（第一卷），副标题是《关于谷物价格、土地肥力和征税对农业影响的研究》。此后，他于1850年出版了副标题为《论合乎自然的工资及其与利率和地租的关系》的第二卷的第一部分，第二卷的第二部分及第三卷均在他去世后的1863年出版。1875年全部三卷合并出版，其中对后来农业经济学、农业经济地理学发展影响最大的是第一卷，后人称之为"孤立国理论"。

2. 基本假定

任何理论研究都必须把复杂具体的事物概括抽象化，对于地域现象更是如此。杜能在进行农业区位理论研究时，恰当地运用了类型归纳和理论演绎相结合的方法。由于地域上的自然和经济现象是复杂纷纭的，为使基本模式能够导出，他首先把非主导地位的地域现象舍弃，构成均一的边界条件。他的基本假定包括以下几个方面。

---

① 杨吾扬. 区位论原理——产业、城市和区域的区位经济分析［M］. 兰州：甘肃人民出版社，1989.

② 李小建. 经济地理学（第三版）［M］. 北京：高等教育出版社，2018.

(1)在一个大平原中央有一个城市,它与周围的农业地带组成一个孤立的地区。该区位于中纬度,具有均一的气候和肥沃的土地,适合植物、作物生长。

(2)"孤立国"既无河川,亦无河运,马车是产品唯一的运输工具(当时火车尚在试验阶段,汽车尚未出现)。

(3)中心城市是农产品的唯一贩卖中心,也是工矿品的唯一供应者。

(4)农村农民(或农业企业)生产的动力是获取最大的纯收益(区位地租),故他们根据市场供求关系调整其生产品类。

(5)市场的农产品价格、农业劳动者工资、资本的利息皆假定固定不变。

(6)运输费用同运输的重量和距离成正比,运输费用由农业生产者负担。

可见,杜能的假定十分严格,因此,在基本区位模式得出后,按实际情况予以修正的任务是相当重的,杜能自己只做了一小部分。但后人以此来批评杜能是不公平的,因为任何一种理论模式都是科学抽象的结果。

3. 经济指标

杜能根据上述基本假定,逐步形成他的农业同心圆理论模式。他首先选用了一组供计算用的经济指标作为推导、计算的定量依据,其经济上的内涵为:

(1)市场上农产品的销售价格取决于经营的产品种类和经营的方式,以及城市对农产品的需求。

(2)农产品的销售成本为生产成本和运输费用之和,即:

$$纯收益=销售价格-(生产成本+运输费用)$$

4. 基本结论

距城市最近的郊区生产的农产品是容易腐烂的。这类农产品是不适于长途运输的,或者是重量大但单位重量的价格较低的,这些农产品如在超出这个范围以外的区域生产,由于延长了运输距离,其成本(生产成本加运费)就会超过在城市的销售价格,因此在经济上是不划算的。对于很快就腐烂的农产品来说,经济上的收益就会等于零。首先,由于城市中每种农产品的销售价格是一定的,生产这种农产品的企业越靠近城市,纯收益就越大。其次,当靠近消费中心的农业企业的产品不能全部满足市场需求时,市场价格将提高,其结果会使得农业企业在稍远一些的地方进行生产也是合算的。而在这种情景下,接近消费中心的农业企业,由于具有运费上的优势,便形成级差地租(或称位置级差地租),即到市场距离不同的土地,在生产农产品过程中所创造的价值呈现出级差。相反,如果市场上某种农产品的消费需求可从城市近郊得到满足,那么距市场远一些的企业就应种植单位重量价值较大的产品(种类),此时,运输费用因素的影响相对下降。这种重量和价值之间的关系,随着生产地距消费地越远,越向有利于价值的一方变化,同时也就越依靠种植单位重量价值高的产品以弥补运费上的额外负担,这样就会引起生产资料(资本)和劳动费用的相对下降,其结果是:随着消费地距离的增加,土地经营越加粗放;而距离城市最近的郊区,就必须进行集约化经营。这种农业经营和企业分布形式,按集约化程度进行空间排列的法则,被称为杜能的"集约化经营程度理论"。

从以上分析中可以得出如下结论:市场(城市)周围土地的利用类型以及农业集约

化程度(方式)都是一个距离带一个距离带地发生变化。围绕消费中心形成的一系列的同心圆(见图 3-2),称作"杜能圈",其相应的土地利用类型如下。

第一圈:自由农业区。本区距市场最近,主要生产易腐烂、难运输的产品,如鲜奶和蔬菜。由于当时处在马车时代,又缺乏有效的贮藏技术,因此,本区不可能自城市向外延伸很远,其范围依城市的需求而定。杜能根据当时的运输条件进行了测算,城区周围 4 英里(约 6.4 千米)是由城市向外运送肥料的最远距离。由于本区主要满足城市居民日常生活需要,故利润较高,农民可以对土地进行集约化经营,投入更多生产资料和劳动力。因此,自由农业区是关栏养畜和园田种植的地带。

第二圈:林业区。本区主要生产木材,以解决该时代城市居民的燃料问题(烹饪和取暖),成材倒是次要问题。杜能根据麦克仑堡的资料,经过计算,证明了在第一带之外的邻近地区,生产木材较粮食收益高。这对于当时主要以木材为燃料和运输不方便等具体情况而言,是完全符合实际的。

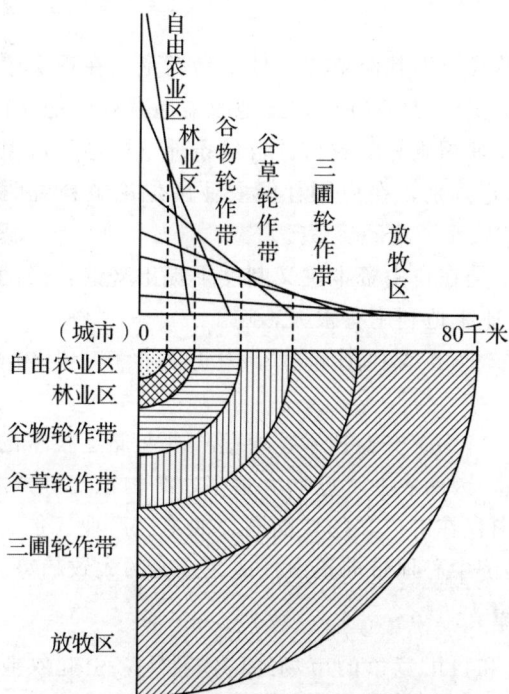

图 3-2　杜能圈形成机制与圈层结构示意图(地租变化曲线)

第三、四、五圈:此三圈是作物轮作区。其中第三圈为谷物轮作带。杜能的谷物轮作制,是指在没有休闲地的情况下,作物每六年轮作一次。具体来说,六年中两年种植裸麦,其余四年分别种植大豆、大麦、苜蓿和野豌豆。从农业角度而言,轮作可恢复土壤的肥力,从产品上来讲,可保证粮食的生产。农民在第二区,生产粮食是为了自己的需要,而到了第三区,粮食则主要作为商品到市场出售。

第四圈为谷草轮作带。谷物、牧草和休闲地轮作,杜能将其分为七带,多一个休闲地。第五圈为三圃轮作带,即 1/3 休闲,1/3 燕麦,1/3 裸麦,这是典型的三圃制——欧洲庄园时代的土地利用方式,除林地、牧草地外,将所有耕地分为东、中、西三圃，分别轮种冬谷、夏谷和用作休闲地。

第三、四、五圈的差别是：农业的集约化程度越来越低。杜能定量地研究了三个区的谷物比重和休闲土地的比例，谷物依次为50%、43%、24%，休闲土地为0%、14%、33%。

第六圈：放牧区。放牧区与第一圈的饲养区在集约化程度高低上有显著差别。本区对于运送粮食，在当时已嫌过远，故生产粮食主要用于自给，生产牧草用于养畜。杜能确定，当时向心环带由城市向外延伸的距离只能达到250英里(约402千米)，再向外就是荒地了。这个区的主要产品有两项，一是活畜，二是黄油和奶酪，前者可以赶往城市出售，后者不易变质，重量不大。根据实际情况，本区还会有少量其他产品外运，如菜籽、烟草、亚麻等，这些产品也是质高易运的。[①]

可见，由中心城市到农村，随着距离的增加，集约化程度递减，地租递减，土地收益递减。

(二)几点说明

(1)杜能圈是理想模式，因其假定的条件不易满足，在现实中很难找到。但土地利用的环状结构(围绕中心城市)是存在的，土地收益递减规律是存在的。

(2)现实中各城市及其相毗邻的农村，自然条件、社会经济条件复杂多样，因而圈的多少和各圈的内容千差万别，在应用杜能农业区位论解释说明问题时，要具体问题具体分析。

(3)杜能农业区位论是在自由资本主义制度下提出来的，当前资本主义已发展到垄断阶段，垄断价格对农业土地利用有很大影响。

(4)现实状况下，农业土地利用环状结构仍然存在，但内在作用机理会有显著不同。

(5)由于科学技术，特别是交通技术、通信技术和储运技术的提高，农副产品的合理运输距离已大大增加，因而农业环已增大很多，结构也变得异常复杂。

(6)目前在更大范围存在着广义的杜能圈，如第三产业、加工业层次、工业原材料供应与加工等，有从经济中心地带向不发达地区递变的大致趋势。

(三)农业区位规律

在相同的自然环境和自由竞争的市场经济条件下，引起农业生产空间差异的主导因素是生产地到消费地之间的距离(空间距离、时间距离、运输距离、运费距离等)。具体表现在如下方面。

(1)土地利用形式从中心到腹地呈环状变化，且城市规模越大，环带越多，环宽越大。其中大城市、特大城市周围可分成近郊、中郊、远郊、农村等环带，小城镇一般不存在环，中小市有一定的环状表现。

(2)土地利用强度由中心向腹地变化，集约化程度逐渐降低，由集约化经营逐渐过渡到粗放式经营。

(3)土地收益率递减，位置级差地租(由于距离产品销售中心位置不同而产生的土

---

① 李小建. 经济地理学(第三版)[M]. 北京：高等教育出版社，2018.

地利用纯收益的差异)普遍存在。

(4)土地利用方式由中心向腹地变化,选择余地渐小,由多样到单一;产品自给性渐强,商品性渐弱。

四、工业区位论与工业生产的地域组织

(一)韦伯的工业区位论

1. 韦伯其人

韦伯是 19 世纪末、20 世纪初德国经济学家,著名经济学者,工业区位论的奠基人,古典区位论的系统阐发者。其代表著作包括《工业区位论——区位的纯理论》《工业区位论——区位的一般理论及资本主义理论》等,前者属纯理论探讨,后者为结合实际的研究,内容包括对德国 1861 年以来的工业区位分析和资本主义国家人口、工业分布的综合分析。

2. 基本假设

(1)分析的对象是一个孤立的国家或特定的地区,对工业区位只探讨其经济因素;假定该国家或地区的气候、地质、地形、民族、工人技艺都是相同的。

(2)工业原料、燃料产地为已知点,生产条件和埋藏状况不变;消费地为已知点,需要量不变;劳动力供给地为已知点,供给情况不变,工资固定。

(3)生产和交易均就某些特定的产品进行讨论。

(4)运输费用与重量和距离呈函数关系,即运费同里程及载运吨位成正比,运输方式为火车。

3. 核心思想

区位因子的合理组合,就是为了使企业成本和运费最低。因此,工厂要将其场所放在生产和流通成本最低的地点。

4. 区位因子分类

韦伯认为,"所谓区位因子,就是经济活动在某特定地点或一般在某特定类型的地点进行时,能得到的优势"。他按是否对所有工业区位产生影响,把区位因子分为一般区位因子和特殊区位因子。前者是指与所有的工业有关的区位因子,后者是指只与特定的工业有关的区位因子。此外,按照对区位的作用方式,区位因子也可分为地域因子和集聚因子。其中地域因子使工业指向特定地点,它是形成工业区位基本格局的因子;使工业趋向集中或分散的因子叫集聚因子。区位因子还可分为自然技术因子和社会文化因子。而韦伯在区位分析中忽略了社会文化因子。

5. 经济指标

经济指标包括生产费用、运输费用、工业品价格等。

6. 基本结论

区位因子(运输、劳动力、集聚)通过合理组合,可以使企业成本(基建成本、生产成本)和运费降低。因此,工厂应将其场所布局在生产和流通成本最低的地点(尽可能靠近原材料产地、消费区或交通枢纽。不同的工业部门,表现不同,要求也不同)。

(二)几点说明

1.韦伯工业区位论以成本分析为依据

韦伯的工业区位论是具体研究自由竞争条件下资本主义工业地域结构的比较完整的体系，其所揭示的工业布局规律(生产和运费最小)符合社会生产的一般规律。但在当前垄断资本主义阶段和社会主义阶段，该理论需做进一步修正。在垄断资本主义条件下，垄断组织可操纵价格而不考虑成本设厂；在社会主义条件下，政府为了照顾某些地区的发展不惜增加投资、提高成本而设厂。影响工业布局的因素是多方面的，韦伯的工业区位论只考虑运输、劳动力和集聚这三个因子是不够的。

2.韦伯工业区位论是静态分析

现实中，市场、劳动力、原材料供应都会发生变化，韦伯工业区位论应针对性地进行动态分析。韦伯工业区位论基本上是一种静态的纯区位研究，这种研究假设在其他许多条件不变的情况下，从抽象分析、建立模式来看是正确的，但是从实用的角度来看显然不够，因为原材料产地、产量、市场的分布和容量均在变化。如进行规划和具体选厂时，必须以动态的对策讨论取代静态的纯区位分析，即进行多因子的动态区位研究。这种多因子决策模式，在解决实际问题时有着很好的效果，当前流行的多因子决策模式，如地区投入产出模式、区位动态规划、过程分析方法等，均是较好的方法，其中大多是以韦伯的静态区位研究为基础的。

3.韦伯工业区位论的现代解法

其思路是：将原材料供应、生产过程和市场消费统一起来考虑，在满足市场需求的条件下，使"生产成本＋运输成本"最小。这种思想与线性规划思想一致，因而可用线性规划方法加以讨论。

五、中心地理论和城市等级规模分布

(一)克里斯塔勒的中心地理论

1.克里斯塔勒其人

克里斯塔勒，德国区域学家，他通过对德国南部城镇空间模式的研究，于1933年出版了《南部德国的中心地》一书，提出了著名的"中心地理论"，后又发表、出版了30多篇(部)学术论著，对这一问题进行了深入的研究和论证。

2.基本假定

(1)土地表面是平坦、均质的，土壤肥力相同，资源均匀分布，无边界，人口密度、人们对货物的需求、人们的消费方式都是一致的。

(2)同一的交通系统对同一规模所有城镇的便捷性相同，交通费用与距离成正比，向各个方向的移动都可行。

(3)生产者、消费者都具有合理的消费行为，生产者为谋求最大利润，尽可能扩大市场，消费者为减少交通费用，自觉到最近的商店购买货物或取得服务。

消费者购买货物所付出的实际价格为货物的销售价格与交通费用之和。

3.基本概念

(1)中心性。中心性是指就中心地的周围地区而言，中心地的相对重要性。一般用公式表示为：

$$C = B_1 - B_2$$

式中，C 为中心地的中心性；B_1 为中心地供给中心商品的总量；B_2 为中心地供给中心地自身的中心商品的数量。

从上式可知，中心性是中心地供给自身中心商品后的剩余，即从中心地供给其周围区域的中心商品的数量。

（2）商品服务范围。从理论上来说，商品服务范围有上限与下限两种。商品服务范围上限为补充区域的边界，商品服务范围下限是由中心商品的供给角度所规定的边界。中心地的商品服务范围上限是由对中心商品的需求所限定的，为中心地的某种中心商品能够到达消费者手中的空间边界。中心地为供给某种中心商品而必须达到的该商品的最小限度的需求量，叫作门槛值或最小必要需求量。中心地的商品服务范围下限为中心地内该最小限度的消费者所在的空间范围。

（3）中心地的等级。具有高级中心地职能布局的中心地为高级中心地，反之为低级中心地。低级中心地数量多，分布广，服务范围小，提供的商品和服务档次低、种类少。而高级中心地数量少，服务范围大，提供的商品和服务种类多。在二者之间还存在着一些中级中心地，其供应的商品和服务范围介于两者之间。

（4）经济距离。决定各级中心地商品和服务供给范围大小的重要因子是经济距离。经济距离是指用货币价值换算后的地理距离，主要由费用、时间、劳动力等要素所决定，消费者的行为也影响到经济距离的多少。因此，交通发达程度如何对于中心地的形成与发展意义重大。

4. 基本结论

克里斯塔勒认为，一个具有经济活动的区域发展必须有自己的核心，这些核心由若干个大小不同的城镇组成。城镇具有商业、娱乐、教育、文化等多种服务职能，为周围区域的居民和居住单位提供货物和服务。城镇在空间上形成一种经济力，这种经济力会促进区域的发展。每个城镇大都位于它所服务区域的中央部位，故被称为"中心地"。中心地的大小和排列形式具有一定的规律性，某一等级城镇的数量与其规模大小成反比，即等级越低，其数目越多，规模越小；等级越高，则其数目越小，规模越大。

克里斯塔勒提出了中心地六边形模式。各级中心（城镇）分别位于六边形的中心或边或角上（见图 3-3）。

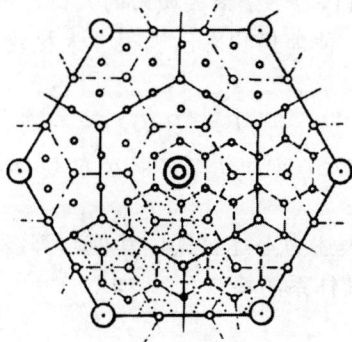

图 3-3 克里斯塔勒的中心地六边形模式

在提出中心地六边形模式之后,克里斯塔勒分析了中心地形成的条件,认为城镇等级系统的形成,受市场最优原则、交通最优原则、行政最优原则的制约。随着社会分工的发展和商品交换的加深,城镇往往成为商业和服务机构的集中分布地。

5.廖什的修正与补充

德国经济学家廖什于 1940 年出版了《区位经济学》一书,将中心地理论应用于工业区位研究,用工业市场区取代克里斯塔勒的聚落市场区,引入利润原则和空间经济思想,对市场区体系与经济景观进行了深入探讨,形成了自己独具特色的市场区位理论。

(二)几点说明

尽管克里斯塔勒的中心地理论对地理学、城市经济学和区位理论做出了巨大的贡献,但以发展的眼光来看,它仍然存在一些不足之处。

第一,克里斯塔勒只重视商品供给范围的上限分析,即中心地的布局是按照供给上限来决定的。虽然他也提出了商品的供给下限,但缺乏详细分析;对于各种商品可以获得什么程度的超额利润,论述也不明确。

第二,在克里斯塔勒的中心地系统中,K 值在一个系统中是固定不变的。事实上,由于区域中各种条件的作用,所形成区域模型的各等级的变化用一个固定的 K 值是无法概括的。

第三,克里斯塔勒把消费者看作"经济人",认为消费者首先会选择到离自己最近的中心地进行消费。但在现实中,消费者的行为是多目标的,消费者更倾向于在高级中心地进行经济或社会行为活动。这样会导致高级中心地的市场区域范围扩大,使中心地系统的结构发生变形。

第四,克里斯塔勒忽视了集聚利益。事实上,同一等级或不同等级的设施集中布局会产生集聚利益。而他只重视各等级中心设施的出现,对出现的数量不感兴趣。

第五,中心地理论对需求的增加、交通的发展和人口的移动带来的中心地系统的变化没有进行论述[①]。

(三)城市位序-规模法则

城市位序-规模法则,也称为齐普夫法则,是从城市规模及其位序关系来考虑一个城市体系的规模分布,由美国学者齐普夫(Zipf)于 1949 年提出。在经济发达国家,一体化城市体系的城市规模分布可用简单的公式表达,即:

$$P_r = P_1/r$$

式中,P_r 是第 r 位城市的人口,P_1 是最大城市的人口,r 是该城市的位序。齐普夫法则不具有普遍意义,但作为一种理想状态已被很多人接受。实际中被广泛应用的公式是罗卡特模式的一般化,即:

$$P_r = P_1/r^q$$

式中,q 是常数。对于 q 的确定,简单研究可取 q 为 1,深入研究可通过回归、模拟等方法测定。

不但城市规模体系可以表述为上述公式,其他与等级规模体系有关的问题,也可以参照此模型的思路来研究其体系的特点。

---

① 李小建. 经济地理学(第三版)[M]. 北京:高等教育出版社,2018.

第二节 空间分异和相互作用理论

地理事项在地球表面的分布是不平衡的，但也是有规律可循的，这就是地域分异规律。

地域分异规律有狭义和广义之分。狭义的地域分异规律（rule of territorial differentiation）是指自然地理环境各组成成分及其构成的自然综合体在地表沿一定方向分异或分布的规律性现象。公元前 3 世纪，古希腊地理学家埃拉托色尼（Eratosthenes）根据当时对地球表面温度的纬度差异的认识，将地球划分为 5 个气候带，这是人类最早对气候分异规律的认识。2000 多年以前的中国区域地理著作《尚书·禹贡》，根据名山大川的自然分界，将当时的国土划分为九州，这是中国最早对地貌分异规律的认识。19 世纪，德国科学家洪堡（Humboldt）经过实地考察，研究了气候与植被的相互关系，提出了植被的地域分异规律。19 世纪末，俄国自然地理学家道库恰耶夫（Dokuchoev）以土壤发生学观点进行土壤分类，并由此创立自然地带学说，同时指出它对地表各种自然现象的普遍意义。随着对陆地表面的分异现象的深入研究，人们发现许多自然地带是不连续的，大的山系、大的高原还存在垂直带现象。这些现象的存在说明除了地带性的地域分异规律外，还有非地带性的地域分异规律在起作用。

对地域分异规律的认识，虽然目前没有取得一致的意见，但研究者们都承认有几种分异规律存在：(1)太阳辐射纬度分布不均引起的纬度地带性；(2)大地构造和大地形引起的地域分异；(3)海陆相互作用引起的从海岸向大陆中心发生变化的干湿度地带性；(4)随山地高度变化而产生的垂直地带性；(5)由地方地形、地面组成物质以及地下水的埋藏深度不同引起的地方性分异。

广义的地域分异规律，还包括在自然地域分异规律的作用下，人类生产、生活的集聚与扩散规律。本节中关于地域规律的探索，主要是从广义的视角展开的。

一、地理学第一定律与距离衰减原理

1. 地理学第一定律

牛顿万有引力定律在区域间、城市间以及其他地理实体之间也有体现，这就是地理学第一定律——任何事物都是与其他事物相关的，相近的事物关联更紧密，只是质量概念有所不同，距离形式也多种多样。其一般表达式为：

$$F < f(d)$$

式中，F 表示两个地理实体之间的相互作用力，d 表示二者之间的距离，f 表示函数。

2. 距离衰减原理

距离衰减原理认为，地理客体（或要素）之间相互影响的强度与它们之间的距离成反比，距离越大，相互影响的强度越小。

导致衰减的原因是：运费随距离的增加而递增，距离越远，要付出的代价越高，接受到的作用力越小；距离越远，便捷程度相对降低，需要的其他费用增加，社会经济效益降低，影响力减小；距离增加，运输所耗费的时间越长，经济效益下降。

在距离衰减原理的基础上，可以推导出很多产业布局规律，如杜能的农业区位论、韦伯的工业区位论、高兹(Kautz)的海港区位论等。

距离衰减原理在实践中的应用有很多，例如产业布局尽可能地靠近原材料产地、消费地，尽可能地靠近交通枢纽和城市，目的就是尽量克服距离造成的效益下降，尽可能地利用交通枢纽和城市，节约生产费用和社会费用。利用这一原理，也可根据交通线的新建引起的空间距离的变化来预测城市和区域经济地理位置的变化。

二、地理学第二定律与空间扩散

(一)空间扩散概述

一个特定地方的技术、发明、新产品、新现象等逐渐被其他地方接受、采纳或应用的空间过程，即空间扩散(spatial diffusion)，它是一个重要的经济现象。自20世纪60年代以来，许多区域经济学家不断进行对不同空间扩散现象的考察。该现象的研究范围十分广泛，例如，工业革命从英格兰向全世界的扩散，电视机从纽约向美国各地的空间扩散，滴灌技术的空间扩散以及制度、语言的空间扩散等，为此研究者们也建立了许多模式用以解释空间扩散现象。空间扩散现象的重要性，在于它改变和加强了不同地区和区位间的空间相互作用。

扩散最典型的空间特点是遵循距离衰减原理，即扩散的强度(空间相关强度)随着空间距离的增加而衰减，因而空间相互作用量与距离成反比。

(二)空间扩散方式

空间扩散有就近扩散、跳跃式扩散、等级扩散和随机扩散四种表现形式。

1. 就近扩散

就近扩散是资源、要素、企业和经济部门由集聚地区向周围地区的扩散。一般而言，与集聚地区相邻的地区，有与集聚地区相似的外部环境，并且与集聚地区联系方便，便于集聚地区获取信息，得到发展。对扩散主体而言，这样的地区扩散容易取得区域认同，可获得较好的经济效益。

2. 跳跃式扩散

跳跃式扩散是资源、要素、企业和经济部门从集聚地区越过周围的地区而直接扩散到其他地区。导致跳跃式扩散的原因有两个：一是接受扩散的地区虽然与集聚地区在空间上不相邻，但是整体发展水平相对较高，具备接受扩散所需的良好条件，因而能够对集聚地区的资源、要素、企业、经济部门产生很大的吸引力，吸引它们直接进入到本地区；二是接受扩散的地区存在某些方面的发展机遇或潜力(如有可开发的资源、有较大的市场、优惠的发展政策等)，在众多的地区中成为集聚地区进行扩散的优选对象。很多外商投资采取这种方式进行空间扩散。

3. 等级扩散

等级扩散是集聚地区的资源、要素、企业和经济部门按照中心地等级体系由上至下地进行扩散。从集聚地区开始的扩散基本上是首先扩散到其他区域的大城市，然后由大城市扩散到中等城市、小城市，并依托这些城市向广大乡村扩散。高新技术的扩散一般采取这种方式。

4. 随机扩散

随机扩散是集聚地区的资源、要素、企业和经济部门的一种无规律的扩散。产生随机扩散的原因有：一是地区之间信息不畅，集聚地区在进行扩散时，已知的可选择范围有限；二是因某些社会因素(如上级意志、亲友关系)和心理因素(如个人偏好)，致使扩散的地区选择偏离经济合理的原则。这种情况在部分资源、要素和企业的扩散中时有发生。

总之，扩散促进资源、要素、企业、经济部门在空间上趋于相对均衡，有利于逐步缩小区域内部的经济水平差异，促进经济协调发展。

(三)非均匀情形下的空间相互作用

前述的扩散速度、扩散方式等，都假定地表空间是无差异的。但在现实中，地表空间并不是无差异的，而是具有"异质性"的，这就是地理学第二定律。

因为空间异质性的存在，地理事物的空间扩散不都是各方向均一的，地理特性也并非越近越相似，空间相互作用也由此有所差异。

1. 空间相互作用的定义

空间相互作用(spatial interaction)是指不同地理事物空间中的相互联系，是区域之间所发生的商品、人口和劳动力、资金、技术、信息等的相互传输过程，是人类跨越空间和时间的各种运动和交换过程的统称，它对区域之间经济关系的建立和变化有很大的影响。一方面，空间相互作用能够使相关区域加强联系、互通有无，拓展发展空间，获得更多的发展机会；另一方面，空间相互作用又会引起区域之间对资源、要素、发展机会的竞争，并有可能对其中某些区域造成损害。

2. 空间相互作用存在的基本条件

20 世纪中叶，美国学者厄尔曼(E. L. Ullman)认为区域之间发生相互作用需要存在以下三个方面的基本条件。

(1)区域之间的互补性。互补性是指相关区域之间存在的对某种商品、技术、资金、信息或劳动力等方面的供求关系。只有区域之间具有互补性，才有建立经济联系的必要。区域之间的互补性是空间相互作用发生的基本条件，空间相互作用量的大小与互补性成正比。区域合作的开展一般以互补性为前提，如京津冀三省区在产业结构、技术结构、职能定位上存在的互补性是该区域实现产业转移、协同发展的基础。

(2)区域之间的可达性。可达是区域之间进行商品、技术、资金、信息等传输的基本条件，是指区域之间存在转移物资的基础设施。空间相互作用是靠交通运输、通信来实现的，没有交通和通信线路，空间相互作用就不可能产生。一般而言，可达性受以下因素的影响。

第一，空间距离和运输时间。区域之间的空间距离和运输时间越长，进行经济联系就越不方便，投入也会增加，因而可达性较差，反之可达性较好。

第二，被传输客体的可运输性。可运输性与被传输客体的经济运距有着密切的关系。由于受经济支付能力、时间、心理等方面的限制，各种商品、人口、技术等的经济运距是不相同的，亦即它们的可运输性存在较大的差异。被传输客体的可运输性越大，则可达性也越大。

第三，区域之间是否存在政治、文化和社会等方面的障碍。若区域之间存在经济保护壁垒、文化隔阂、政治和社会方面的矛盾或冲突，则可达性较差。

第四，区域之间的交通联系。若交通联系方便、通畅，则可达性较好；否则，可达性较差。

总之，区域之间的空间相互作用与可达性是呈正向关联的。同时，只有转移成本低于从互补性中获得的利益时才会发生空间相互作用，所以可达性是区域相互作用发生的关键因素。

(3)干扰机会。这是指两个区域之间发生相互作用的可能性受到了来自其他区域干扰的可能性大小和频率高低。区域之间的互补性是多向的，即一个区域可以在某个方面与多个区域同时存在互补性，它究竟与哪个区域实现这种空间互补，取决于它们之间互补性的强度，强度越大则发生相互作用的可能性也就越大。由于干扰机会的存在，有互补性的两个区域之间不一定就能发生相互作用。在现实中，作为经济实体(如企业)的管理者或区域经济管理的决策者，必须具有敏锐的观察能力和较强的识别能力，在众多备选的空间相互作用区域中选取最有利自身发展的机会，将其转化为区域发展的机遇和契机。

空间相互作用力的大小，与地方规模呈函数关系，也就是说，两地之间的空间相互作用强度与它们自身的规模大小成正比，规模越大，空间相互作用强度越高，反之空间相互作用强度越低。区域之间空间相互作用的强度可以通过对商品、人口、技术、信息等的传输量进行实地调查来测算。测量空间相互作用的基本思想来自牛顿的引力模型，即物体之间的引力与它们的质量成正比，与它们之间距离的平方成反比。后来，这一定理被社会学家特别是区域经济学家用来研究地球表面的各种运动现象，因而被称为"社会物理学"。

第三节　规模经济与产业集聚理论

韦伯工业区位论考虑的区位因子主要是运输、劳动力和集聚。其中运输、劳动力对工业区位选择的作用很好理解，也很容易用数值加以描述。为了进一步了解集聚因子的作用方式及其效果，本节专门展开讨论。

一、规模经济论

(一)集聚因子作用的方式

集聚的经济效益可通过以下两种类型来实现。

1. 生产或技术集聚

生产或技术集聚又称为纯集聚，是由生产过程本身引起的集聚。生产集聚通过两种方式进行：一种是生产规模的扩大，另一种是企业间协作的加强。

生产规模的扩大，即企业由小经营到大经营的过渡，是一个企业由小到大的转化过程。由于企业内部技术流程和经营管理系统化的要求，生产规模扩大会带来经济上的效益。

企业间协作的加强，即企业生产可以在地域上集中而分工序列化，各企业的产品可以互为原料、就近取得，零部件生产亦可就近分工，这种现象称为成组布局。由于将社会运输转变为内部运输，运距大为缩短，手续大为简化。

从分布上看，企业生产规模的扩大表现为点的扩展，而企业间协作的加强表现为地域组合的蔓生，是一个由点到面集聚的过程，二者是相互促进的。

2. 社会集聚

社会集聚又称间接集聚、意外集聚，是由外部原因引起的集聚。社会集聚的经济效益主要表现为一个企业因选择了与其他企业相邻的位置而得到的额外利益，如共同使用专门设备和社会公用设施、交通运输线，共同利用劳动力市场，在已有的当地市场销售产品等从而使成本降低。

(二)集聚因子所导致的地域经济类型

集聚的产生和发展造成了经济活动的地域分异，形成了不同的地域经济类型。

1. 企业规模经济——点的扩展（内部规模经济）

企业规模经济是就单个企业而言的。企业由于扩大生产规模，如增添设备、招聘职工，充分发挥各生产要素的功能，使产量增加，平均单位成本下降，盈利增加，这就是厂内取得的规模经济效益。

设某工厂有三道工序，分别由甲、乙、丙三种机器完成。其中甲种机器的生产能力为 10 单位/日·台，乙种机器的生产能力为 15 单位/日·台，丙种机器的生产能力为 20 单位/日·台。如该厂三种机器各有一台，则其日生产能力只有 10 台，乙、丙两种机器不能全日运转，造成设备和劳动浪费。合理的规模应该是甲种 6 台，乙种 4 台，丙种 3 台（或同时扩大至 10、15、20 的最小公倍数的若干整数倍）。此时，该厂的日生产能力就是 60 台（或 60 的若干整数倍）。当然，也不能盲目地、无限地增加各机器的数量，还要考虑其他因素的限制。

2. 区位规模经济——地域的蔓延（布局规模经济）

区位规模经济是就同一序列行业的一些企业而言的。这些企业根据分工协作原则，利用生产的前向联系和后向联系，在地域上序列化排列，集中邻近布置，从而节约原材料和成品的运费，加强信息反馈。这种地域联合的经济效益称为布局规模经济，亦即区位经济。我国的工业成组布局（吉林三大化工厂、长春行走机械城、哈尔滨动力工业区等），就是根据这一原理建设的。当然，若只注意生产过程的技术经济联系，而忽略工业区的社会和环境条件，则同样会出现布局的规模不经济。

3. 城市化规模经济

城市化规模经济是就不同行业的各种类型的企业而言的。城市化规模经济，其效益靠以下诸方面取得：（1）由于企业和行业的集中配置，加强了它们之间的纵横联系；（2）由于城市往往是大消费中心，缩短了生产和消费领域的距离；（3）由于社会基础设施、服务设施具有一定基础和使用效率，减少了企业支出；（4）由于信息密度加强，促使技术结构和管理方法的改进和更新。所有这一切，都使城市地区较非城市地区的企业更易于扩大生产规模，也易于降低成本。正如恩格斯所说："城市越大，搬到那里就越有利，因为那里有铁路、有运河、有公路，可以挑选的熟练工人越来越多。由于建筑业中和制造业中的竞争，在这种一切都方便的地方开办新企业，比起不仅建筑材料和机器要预先从其他地方运来，而且建筑工人和工厂工人也要预先从其他地方运来的比较遥远的地方，花费较少的钱就行了。这里有顾客云集的市场和交易所，这里跟原料市场和成品销售市场有直接联系，这就决定了城市工厂惊人迅速的成长。"[①]当然，大城市人口的高度集中、原材料的大量运入、经济生活的日益紧张以及土地利用的过分密集等，又直接或间接地引起城市化不经济的出现。至于由此造成的交通拥堵、社会混乱和生态恶化，已超出规模经济范畴了。

(三)规模经济在区域研究中的量度和应用

按照上述规模经济的划分，可以依据代表性指标如产量、产值、就业人数、固定资产保有量等的统计数据，计算出一定地区或全国的规模经济指标，用以分析区域的微观和宏观经济现状与问题，从而为经济的发展战略决策提供依据。用动态分析的方法使三种规模经济的总效益达到最佳配合，是生产布局和区域规划的最后目标。目前，数量经济学、工业经济学和经济地理学都正在朝这方面努力，投入产出表的应用和生产函数与生产要素间的弹性关系的研究，均是这方面的进展[②]。一般而言，区域规模经济的衡量指标 H，应该是内部规模经济 ISE、布局规模经济 LSE 和城市化规模经济 USE 的函数，即：

$$H = f(\text{ISE}，\text{LSE}，\text{USE})$$

1. 内部规模经济

内部规模经济是区域规模经济的细胞和基础，其标志在目前还是实验性的结果。在理论探讨中倾向于淘汰技术参数固定的生产函数，而代之以替代性生产函数；后者考虑了产出需求弹性与劳动力、资本供应弹性的关系，以及后二者的代换关系。在实验数据方面，根据英国工业布局调整的需要，1971 年，英国学者提出了一些工厂的合理规模，如表 3-1 所示。

表 3-1 英国一些工厂的合理规模

工厂类别	合理规模	应占英国总生产能力的比值	规模缩小一半时，单位产品成本增长率
钢厂(高炉铁、顶吹钢)	年产 900×10^4 吨	33%	5%～10%
普通石油精炼厂	年炼原油 $1\,000 \times 10^4$ 吨	10%	5%
汽车厂(多种形式)	年产 100×10^4 辆	50%	6%
汽车厂(一种形式)	年产 50×10^4 辆	25%	6%
硫酸化工厂	年产 $1\,000 \times 10^4$ 吨	30%	1%

---

① 马克思恩格斯选集(第二卷)[M]. 北京：人民出版社，1972.

② 杨吾扬. 区位论原理——产业、城市和区域的区位经济分析[M]. 兰州：甘肃人民出版社，1989.

续表

工厂类别	合理规模	应占英国总生产能力的比值	规模缩小一半时，单位产品成本增长率
乙烯化工厂	年产 $30×10^4$ 吨	25%	9%
合成纤维厂（生产聚合物）	年产 $8×10^4$ 吨	33%	5%
水泥厂（波特兰水泥）	年产 $200×10^4$ 吨	10%	9%
啤酒厂	年产 $100×10^4$ 吨	3%	9%
面包厂	每小时加工 30 袋面粉	1%	15%

2. 布局规模经济

某一行业在特定地区相对集中地进行配置，其经济性不仅是企业内部的，也对同行业其他相邻布局的企业产生影响。衡量某行业在大区或全国范围内集中程度的指标，一般采用区位商或资产（产值）占比[①]。

表 3-2 给出了 2004—2014 年我国各大地区战略性新兴产业资产在全国占比的变化。从表中可以看出：

(1)华北地区是战略性新兴产业扩张的主战场，西北地区是短板。根据七大地理区域的划分，华东地区包括上海、山东、江苏、安徽、江西、浙江、福建、台湾；华南地区包括广西、广东、海南、香港、澳门；华北地区包括北京、天津、河北、山西、内蒙古；华中地区包括河南、湖北、湖南；西南地区包括重庆、四川、贵州、云南、西藏；东北地区包括辽宁、吉林、黑龙江；西北地区包括陕西、甘肃、青海、宁夏、新疆。考虑到数据的可得性和可比性，这里的研究区域不包含港澳台地区。

2004 年区域层面战略性新兴产业资产总额占比由大到小依次是华东地区、华北地区、华南地区、华中地区、东北地区、西南地区、西北地区。

2009 年区域层面战略性新兴产业资产总额占比由大到小依次是华北地区、华东地区、华南地区、西南地区、华中地区、东北地区、西北地区。

2014 年区域层面战略性新兴产业资产总额占比由大到小依次是华北地区、华东地区、华南地区、西南地区、华中地区、东北地区、西北地区。华北地区已成为战略性新兴产业集聚的中心，其次是华东地区。

表 3-2　我国各大片区战略性新兴产业资产总额占比及排名的变化

年份	地区	资产总额占比	排名
2004	华东地区	36.79%	1
	华南地区	11.70%	3

① 汤长安，张丽家，殷强. 中国战略性新兴产业空间格局演变与优化[J]. 经济地理，2018，38(5)：101-107.

续表

年份	地区	资产总额占比	排名
2004	华中地区	8.13%	4
	华北地区	25.27%	2
	西北地区	3.11%	7
	西南地区	7.43%	6
	东北地区	7.57%	5
2009	华东地区	31.68%	2
	华南地区	9.69%	3
	华中地区	6.61%	5
	华北地区	35.31%	1
	西北地区	3.51%	7
	西南地区	6.62%	4
	东北地区	6.58%	6
2014	华东地区	29.34%	2
	华南地区	10.33%	3
	华中地区	6.25%	5
	华北地区	38.18%	1
	西北地区	3.66%	7
	西南地区	6.48%	4
	东北地区	5.76%	6

资料来源：汤长安，张丽家，殷强. 中国战略性新兴产业空间格局演变与优化[J]. 经济地理，2018，38(5)：101-107.

(2)华北地区和华东地区发展效益最好，西北地区发展效益欠佳。根据表 3-3 可知：

2004 年区域战略性新兴产业营业收入占比由大到小依次是华东地区、华北地区、华南地区、东北地区、西南地区、华中地区、西北地区；2009 年区域战略性新兴产业营业收入占比由大到小依次是华北地区、华东地区、华南地区、西南地区、华中地区、东北地区、西北地区；2014 年区域战略性新兴产业营业收入占比由大到小依次是华北地区、华东地区、华南地区、西南地区、华中地区、东北地区、西北地区。

2004 年区域战略性新兴产业利润总额占比由大到小依次是华东地区、华北地区、华中地区、华南地区、东北地区、西南地区、西北地区；2009 年区域战略性新兴产业利润总额占比由大到小依次是华东地区、华北地区、华南地区、华中地区、西南地区、东北地区、西北地区；2014 年区域战略性新兴产业利润总额占比由大到小依次是华东地区、华北地区、华南地区、西南地区、华中地区、东北地区、西北地区。即 2014 年华北地区营业收入高，华东地区利润高。

表 3-3　各大片区战略性新兴产业营业收入、利润总额占比及排名

年份	地区	营业收入占比	排名	利润总额占比	排名
2004	华东地区	34.53%	1	46.48%	1
	华南地区	11.82%	3	9.08%	4
	华中地区	7.19%	6	9.38%	3
	华北地区	29.04%	2	21.59%	2
	西北地区	2.56%	7	2.65%	7
	西南地区	7.25%	5	4.41%	6
	东北地区	7.60%	4	6.42%	5
2009	华东地区	31.30%	2	40.57%	1
	华南地区	10.27%	3	14.97%	3
	华中地区	5.73%	5	5.66%	4
	华北地区	38.18%	1	26.67%	2
	西北地区	3.14%	7	3.11%	7
	西南地区	5.75%	4	4.93%	5
	东北地区	5.62%	6	4.09%	6
2014	华东地区	33.47%	2	37.64%	1
	华南地区	11.24%	3	15.29%	3
	华中地区	5.01%	5	5.05%	5
	华北地区	36.34%	1	30.85%	2
	西北地区	3.36%	7	1.40%	7
	西南地区	6.32%	4	5.80%	4
	东北地区	4.26%	6	3.97%	6

资料来源：同表 3-2。

党的二十大报告明确指出，"推动战略性新兴产业融合集群发展，构建新一代信息技术、人工智能、生物技术、新能源、新材料、高端装备、绿色环保等一批新的增长引擎。"这为我国新征程上战略性新兴产业发展提出了明确要求和重要指引。数据显示，2022 年我国战略性新兴产业增加值占 GDP 的比重超过 13%。战略性新兴产业的持续快速发展，为经济发展注入了强劲动力。战略性新兴产业已成为推动我国产业结构转型升级，引领中国经济向高质量发展阶段迈进的主要动力源。

3. 城市化规模经济

当某一范围内各行业的所有企业总数增加时，城市地域范围的规模经济就会出现，

上述区位商方法对此无法衡量，故人们倾向于选择一种集聚度指标进行描述。衡量城市规模集聚度可采用以下公式：

$$集中度(USE) = \prod_r^w S_i \Big/ \sum_r^w D_r$$

式中，S_i 代表 n 个企业中具有一定规模的企业，D_r 代表各企业间两两相距的距离，这种联系共有 $w\{C_N^2 = [N \times (N-1)/2]\}$ 种路径。

集聚度的相对值越大，说明城市化的水平越高。在一定的集聚限度内，企业和居民可以享受到城市化集聚的经济效益。但是，当城市的集聚度到达一定的阈值后，如人口超过 500 万人，规模的继续增长会导致支出增多，单位产量的平均成本上升，也会使交通费以更快速度增长，这都使城市化规模经济向规模不经济转化。目前关于城市最优规模的研究，实质上就是对上述阈值的探索，但尚未得出确定性结论，只存在各式各样的学说。至于由于城市集聚而造成的生态和社会损失，已是众所周知的，但如何将其同经济得失一起综合考虑，尚缺乏有效的模式。目前的可持续发展概念和循环经济理论，都是从经济、社会、生态(环境)三个方面综合考虑的，是城市发展最经济的理论模式。

(四)城市的合理规模

不但企业、产业有合理规模问题，城市也有合理规模问题。关于城市最佳规模，有人说有，有人说无；有人说几十万人最佳(城市人口不是划分城市规模的唯一标准，但使用最普遍)，有人说几百万人最佳，莫衷一是。下面从技术、经济的角度对此进行讨论。

1. 基本思路

按照经济学的一般理论，"最佳"的概念是指成本与收益的关系，其中包含两层意思：一层是指成本收益率最小，即尽量以较少的成本支出取得尽可能多的相对收益；另一层是指收益最大化，即在成本支出数量增加的情况下，获取尽可能高的绝对收益。例如，成本支出为 100 个单位，得到的收益为 20 个单位，就比成本支出为 200 个单位，得到的收益为 30 个单位更佳，因为成本收益率最高是人们追求的目标，前者的收益率为 20%，显然比后者的 15%高。但是在现实生活中，人们宁可花费 200 个单位的成本支出，去追求 30 个单位的收益，因为虽然花费成本增加了许多，同时收益率也降低了，但收益的绝对额却增加了，收益最大化同样是人们追求的目标。正因如此，薄利多销、批量差价、规模生产等现象的存在具有合理性。由此可以认为，一个城市追求成本收益率最高和收益最大化都是合理的，两者均可作为城市最佳规模的评价依据。

在西方经济学的理论中，有一个"边际效益"的概念，用于考察动态经济活动过程中成本与效益的关系，即考察在既定的条件下，若使成本变动一点，其对收益的影响如何，或者是想再提高一点收益，会引起成本的什么变化。研究城市最佳规模，其实也存在边际成本和边际收益的问题，需要在城市规模发展过程中考察边际成本同边际效益的变化，以及这两者同成本和效益的关系，从城市规模的动态角度确定它的最佳规模。以横坐标代表城市规模，纵坐标代表成本、边际成本、收益、边际收益的数值，建立坐标图，如图 3-4 所示。

a 点是平均成本曲线 AC 与平均收益曲线 AU 的第一个交点，表示平均成本与平均收益相等。城市规模小于 A，则平均成本支出大于平均收益，效益为负数；当城市规模大于 A 以后，平均收益逐渐增加，平均成本逐渐降低，效益增大。A 点是城市的最小规模。

b 点是平均成本曲线 AC 与边际成本曲线 MC 的交点，表示平均成本与边际成本相等。在城市规模小于 B 时，平均成本大于边际成本，

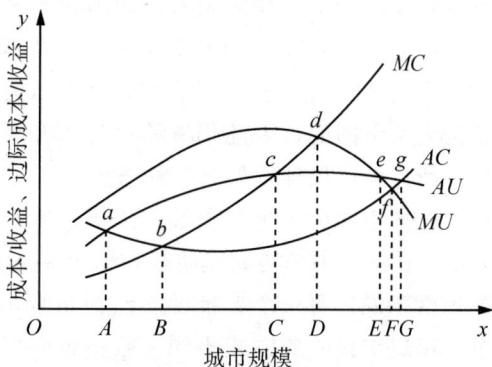

图 3-4 城市规模与成本/效益关系的变化

资料来源：韩士元. 城市最佳规模的技术经济研究[J]. 城市，2004(5)：19-22.

城市规模不经济；只有在城市规模大于 B 时，平均成本才小于边际成本，即随着城市规模的增大，成本相对节约，城市效益提高。B 点是城市的最低成本规模。

c 点是边际成本曲线 MC 与平均收益曲线 AU 的交点。当城市规模小于 C 时，城市收益随成本增加而提高，即城市居民的收益增加；当城市规模大于 C 以后，城市的边际成本上升，支出增多，但收益却相对增长缓慢以至下降，城市居民的收益降低。C 点是城市的人均最大收益规模。

d 点是边际成本曲线 MC 与边际收益曲线 MU 的交点。当城市规模小于 D 点时，投入的成本增加，新增的效益也增加；城市规模超过 D 点，情况相反，投入的成本继续增加，新增的效益则为负数，从社会的角度来看，城市规模就不经济了，不宜再继续投资。因此，D 点可称为社会最大收益规模。

e 点是平均收益曲线 AU 和边际收益曲线 MU 的交点。当城市规模小于 E 时，新增收益增多；当城市规模大于 E 时，新增收益不但不增加反而降低。E 点可称为城市最大收益规模。

f 点是平均成本曲线 AC 与边际收益曲线 MU 的交点。当城市规模小于 F 时，边际收益大于成本，按城市人均摊算的成本支出是有新增收益的，但随着城市规模的扩大、收益稍许增加，就要求支付较多的成本；当城市规模超过 F 时，支付成本再增加，也不会产生新的收益了，应当控制投入和城市规模的扩张。F 点可称为城市人均成本控制规模。

g 点是平均成本曲线 AC 与平均收益曲线 AU 的第二个交点，表示平均成本与平均收益再次相等。城市规模若继续增大，则成本支出大于收益，城市无利可图，效益再次为负。G 点是城市的最大规模。

2. 初步结论

第一，城市最佳规模是存在的，但不是唯一的。通过成本-收益分析得出的 A、B、C、D、E、F、G 七种城市规模，从不同的角度来看，都是最佳规模。例如，从城市自身的角度来看，规模 B 的成本最低，规模 E 的收益最大；从社会的角度来看，规模

D 对社会的贡献最大，国家及各级政府都有理由认为它是最佳城市规模；从原来城市居民的角度来看，规模 C 所获收益最多，得到的经济实惠最大；从城市之外的居民角度考虑，规模 F 是他们追求的目标，他们认为，这样规模的城市成本投入不大于收益，投资还是有利可图的，因此仍有移民迁入和继续投资的需求。可见，判断问题的角度有多种，所以城市最佳规模有多种选择。

第二，城市的最小规模和最大规模是客观存在的，但每一个城市两极规模的数值是不同的。图 3-4 中平均成本曲线和平均收益曲线相交的两点是必然存在的，所以，从经济学角度来说，每一个城市都必然存在最小规模和最大规模的定量标准。但是，由于各个城市成本投入的方式不同，收益也必然不同，因此决定各个城市最小规模和最大规模的数值是不同的。例如，城市空间布局分散，投入巨资建设基础设施，其城市最小规模的"门槛"必然较高；反之，城市布局紧凑，基础设施建设相对节约，若再具有产业结构较轻、利润较高的发达行业等条件，其城市最小规模的"门槛"必然更低。美国学者贝里(Berry)认为，城市最小规模应是 25 万人。这缺乏科学依据，或者说这一"门槛"不是对每一个城市都适用。正如阿隆索(Alonso)等人认为的那样，很难找出这样一个门槛人口规模，因为小型经济比大型经济更具有特殊性。对于小型经济来说，其组成要素简单且相互间的联系程度也低，单一因素的影响就很大。如某一企业的建立或倒闭、资源或区位地位的变化等都可能带来经济的急剧膨胀或萎缩。而对于大型经济来说，由于内部结构与联系复杂，对单一要素的波动产生的阻力很大，经济就不会出现大起大落。所以由于小城市的经济具有很大的增长率变化幅度，人们很难排除其特性而找出共性的规律。

关于城市的最大规模或极限规模，其数值的确定存在着同最小规模一样的问题，很难确定一个共同的标准，也未见有学者提出过此类的研究结论。应该说，城市最大规模或极限规模在理论上虽然存在，但在实践中是否存在值得怀疑，因为目前没有这样的实例。国内外一些大城市似乎没有停止规模增长的脚步，尽管这种增长已变得十分缓慢。当然，也有一些城市的规模萎缩了。许多城市纷纷提出控制规模的发展，但大多是从可持续发展的角度提出来的，如有些城市污染严重、生态失衡，有些城市出现用水危机，还有的城市出于政治、军事、安全的考虑，不得不控制以至削减城市规模，这些都与经济意义上的最大规模、极限规模是两回事。如果城市的规模真的发展到了极限的程度，即再扩张就要使整个城市赔本了，也许城市的扩张就会停止了。

第三，城市规模的适度领域很宽，故城市规模的级配应当多样化。由成本-收益分析中可以看出，城市规模从 A 到 G 是一个很宽的领域，在这个宽领域中的城市规模都应当视为适度规模，即它的规模存在都是合理的。这样，在一个国家或地区，城市规模系列可以由多个等级(如小城市、中等城市、大城市、特大城市、超大城市)组成，形成多样化规模级配。一味地坚持发展哪种规模的城市，或限制哪种规模的城市发展，都是不科学的。只要城市规模在适度范围之内，能发展到什么规模，从经济意义的角度来说都应是允许的。①

---

① 韩士元. 城市最佳规模的技术经济研究[J]. 城市，2004(5)：19-22.

二、产业集群论

(一)产业集群的内涵

产业集群是指在一定区域内，由特定产业的众多具有分工合作关系的不同规模等级的企业，以及与其发展有关的各种机构、组织等行为主体，通过纵横交错的网络关系紧密联系在一起的空间集聚体。首先，集群包括一连串上、中、下游产业以及其他企业或机构。这些产业、企业或机构对于竞争都很重要，它们包括了零件、设备、服务等特殊原料的供应商以及特殊基础建设的提供者。其次，集群通常会向下延伸到下游的销售渠道和客户上，也会延伸到互补性产品的制造商以及与本产业有关的技能、科技或共同原料等方面的公司上。最后，集群还包括政府和其他机构——如大学、制定标准的机构、职业训练中心以及贸易组织等，为集群提供专业的训练、教育、资讯、研究以及技术支援。

集群代表着介于市场和等级制之间的一种新的空间经济组织形式，它是当今世界经济发展的新亮点，不仅可以成为区域经济发展的主导，而且可以成为提高一国产业国际竞争力的新力量。从世界范围来看，集群化已是一个非常普遍的现象，国际上有竞争力的产业大多是集群模式。在经济全球化的今天，产业集群构成了当今世界经济的基本空间构架。

产业集群作为由产业、人口、城镇、信息、基础设施等要素构成的非平衡态、非线性相互作用的开放系统，通过内部要素的相互融合以及与外部系统物质、能量、信息的频繁交换维系着自身的存在。产业集群在横向和纵向的联系中，不断体现出对区域经济系统的影响和作用，即不断体现内部各要素的整合功能，并实现自身结构的自组织及有序化发展。哈佛商学院教授迈克尔·波特（Michael E. Porter）指出，一个集群一旦形成，一种自我强化的过程会促进它的成长。产业集群的演变是所有参与主体谋取生存与发展机遇的自主自发行为相互作用的结果，是由参与竞争的各种力量所决定的。换句话说，产业集群的发展是区域经济系统各要素相互作用和自组织的演变过程。产业集群演变进程中的各种性质、特征及运行机制都与此有直接的关系，集群中各类主体、各个要素在经济活动中既竞争又合作、既开放又封闭，通过相互作用促使整个系统不断分化又不断整合，不断导致无序又不断形成有序，从一种状态到另一种状态，从平衡到打破平衡再到形成新的平衡，不断转化发展。产业集群就是各要素作用力的耦合，各要素系统及系统内诸要素通过直接和间接两种途径影响产业集群的形成，决定产业产出水平和产业竞争力。

(二)产业集群的类型

按照集群的产业性质，可以将产业集群分为三种类型。

1. 传统产业集群

传统产业集群是以传统的手工业或劳动密集型的传统工业部门为主，如纺织、服装、制鞋、家具、五金制品等行业，大量的中小企业在空间上相互集中，形成一个有机联系的市场组织网络。在产业集群内，劳动分工比较精细，专业化程度较高，市场组织网络发达，典型的例子是意大利的特色产业区。

2. 高新技术产业集群

高新技术产业集群主要依托当地的科研力量，如著名大学和科研机构，发展高新技术产业，企业间相互密切合作，具有良好的创新氛围。美国的硅谷和印度的班加罗尔软件产业集群是这方面的典型代表。

3. 资本与技术结合型产业集群

日本的大田、德国南部的巴登-符腾堡等是资本与技术结合型产业集群的典型代表。一般来说，由于存在着不确定性以及研发与生产的日益分离，高新技术企业比传统产业企业更倾向于集聚。研究表明，在美国像计算机、制药等高新技术产业的创新活动明显多于传统产业，与此相对应，高新技术企业更加倾向于以集群的形式存在。目前，世界各地的高新技术产业集群如雨后春笋般涌现，各国政府也往往对这种基于知识或创新的高新技术产业集群给予大力支持。

(三)集群内企业间的合作与创新

集群内企业间的合作与创新具有以下特点。

1. 互惠共生性

单个企业越来越难以依靠自身生产所有有关知识和拥有各种相关资源，去完成知识的经济化过程。为了降低风险、缩短进入市场的时间，创新集群中的每个企业都只能从事创新增值链条上的某一环节性工作，实现专业化分工。

2. 竞争协同性

既专业化分工又相互协作是创新集群的一种主要创新方式。竞争使得产业集群中的企业个体始终保持足够的动力以及高度的警觉性和灵敏性，并依靠协作伙伴关系在竞争中发展壮大。

3. 根植性

产业集群中的企业、机构不仅具有地理邻近性，更重要的是它们之间具有很强的本地联系，这种联系不仅是经济上的，还涉及社会、文化、政治等方面。这是创新集群竞争优势的关键来源，对集群内中小企业技术创新具有极为重要的意义。

4. 资源共享性

众多相关联的产业集聚可以实现资源信息共享，克服单个企业创新资源的不足，并互为创新成果的传播者和使用者。

5. 创新组织的开放性

集群式合作创新网络与集群外的其他组织有着密切的开放性联系，集群内的合作创新网络更是一个错综复杂的组织关系，当其中的一种联系变得无效时，这种联系将会被一种新的联系所取代。

(四)产业集群优势

从纯经济学角度看，产业集群主要着力于外部规模经济和外部范围经济。不同企业分享公共基础设施并伴随垂直一体化与水平一体化利润，大大降低了生产成本，形成产业集群价格竞争的基础。

从社会学角度看，产业集群能够降低交易费用。建立在共同产业文化背景下的、人与人之间信任基础上的经济网络关系，可以维持老顾客，吸引新顾客和生产者前来。

从技术经济学角度看，产业集群可以促进知识和技术的创新与扩散，实现产业和产品创新等。

在世界经济地图上，产业集群区域都显现出异乎寻常的竞争力，其竞争优势来源于生产成本、基于质量基础的产品差异化、区域营销以及市场竞争优势等方面。因此，产业集群是区域竞争力的重要标志。

总之，产业集群是在企业地理集中的基础上发展起来的一种具有更高竞争力的区域内经济组织模式。产业集群主要是通过促进企业的衍生和最大限度地将区域内资源要素组织起来获取正面市场竞争力的，此外又通过简化市场交易对象的办法，即由原本千差万别的众多中小企业参与市场活动，转化为在集群内部按网络关系（非市场机制）来完成各种交易和交流，而在外部则由单纯的一个产业集群来直接面对市场，杜绝了市场失灵或市场低效率的情况，由此从反面获取了市场竞争力。这正是产业集群在世界各地长盛不衰的原因①。我们必须了解产业集群规律，在区域规划中努力培育当地的产业集群，促进地方经济的高质量发展。

第四节　区域分工与合作理论

一、地域分工理论

（一）地域分工的含义

分工是人类社会发展过程中一种固有的现象，也是一种重要的社会经济规律。关于分工的概念，常用的有自然分工、社会分工、部门分工和地域分工。

1. 自然分工

自然分工是指早期原始社会氏族中，以性别、年龄为基础的原始分工。如男耕女织。

2. 社会分工

社会分工也叫社会劳动分工、劳动分工，是指人类社会于自然分工之后所进行的分工的总称。社会分工一般包括企业内部分工、部门分工和地域分工三大部分。但区域规划、经济地理学是关于宏观规律的综合科学，侧重于对部门分工和地域分工的研究。广义的部门分工包括企业内部分工。

3. 部门分工

部门分工也叫产业分工、劳动部门分工、生产部门分工、产业部门分工，主要指人类经济活动过程中按产业部门所进行的分工。

① 陈柳钦．产业发展集群化、融合化和生态化研究[J]．当代经济管理，2006，28（1）：41-46＋49．

4. 地域分工

地域分工也叫劳动地域分工、地理分工、生产地域分工、产业地域分工、区域分工，是指人类经济活动过程中按地域(地理、空间)进行的分工，即各个地域依据各自的条件与优势，着重发展有利的产业部门，以其产品与外区交换，又从其他地区进口其所需要的产品。这种一个地区为另一个地区生产产品并相互交换其产品的现象，即(劳动)地域分工。它是区域之间经济联系的一种形式，发生的前提是资源与要素不能完全、自由流动，分工遵循比较利益的原则。

(二)地域分工的一般理论

1. 亚当·斯密的绝对成本学说

英国古典政治经济学创始人亚当·斯密(Adam Smith)在1776年出版了《国民财富的性质和原因的研究》(即《国富论》)一书，提出了绝对成本学说，又称绝对优势理论。该学说认为，分工可以提高劳动生产率；分工的直接表现是相互交换产品；分工的根本原因是各国(地区)的要素禀赋不同：各国或各地区都存在着某种绝对优势，因而都拥有实际成本即劳动耗费小于其他国家或地区的某种或某些商品。各国为了自身利益，都专业化地生产本国具有优势的商品，即实行地域分工，这样不仅可以使每个国家(或地区)在贸易中获得好处，而且可以使社会总产量提高、总成本降低。亚当·斯密的地域分工和绝对成本学说的贡献在于将国际贸易的理论基础从流通领域转至生产领域。

该学说存在的问题是：绝对优势并不总是存在，但区域分工现象却总是存在。因此，用此学说不能解释所有的分工布局现象。

2. 大卫·李嘉图的比较成本学说

继亚当·斯密之后，英国又一位古典政治经济学家大卫·李嘉图(David Ricardo)在1817年的《政治经济学及赋税原理》一书中，提出了比较成本学说，又称相对成本学说、相对优势理论。该学说可以用一个简单的例子(假想)加以说明。

假定甲、乙两地都需要A、B两种产品，甲地生产这两种产品的生产费用都低于乙地，都具有绝对优势。在此情况下，甲地也没有必要同时大量生产这两种产品，而是在这两种产品中优中取优，多生产两者之中优势更大的产品。乙地则生产劣中取次劣(相对优)的那种产品，用以与甲地交换本地需要、相对生产成本较高的产品，这将使各地区资源得到最有效的利用，使双方获得比较利益。

例：甲地生产一单位A产品，赚100元，一单位B产品赚80元。乙地生产一单位A产品，赚80元，一单位B产品赚70元。

假如生产要素不能流动，甲、乙两地生产能力均有限，市场总需求有限。此时，若不实行交换，则：

$$甲生产A、B各一单位，赚180元；$$
$$\underline{+乙生产A、B各一单位，赚150元}$$
$$甲、乙合赚180+150=330(元)$$

但如果分工合作，市场容量不变，甲具有绝对优势，优中取优，生产两单位A产品，比分工前多赚200-180=20(元)；乙不具有绝对优势，劣中取次劣，生产两单位

B 产品，比分工前少赚 140－150＝－10(元)，虽少赚了 10 元，但比不生产多得 140元。而若不进行分工，除非贸易保护，否则，什么也生产不成。而保护的结果，将使乙地更落后，发展更慢。

分工后，有：

$$甲、乙合赚 200＋140＝340(元)$$

$$分工利益(分工后比分工前收益增加)340－330＝10(元)$$

比较成本说忽视了生产要素的可流动性和商品价格竞争的现象，因而在实践中也有一定的局限性。生产要素流动，就打破了 A 产品、B 产品生产合作的局限性。

3. 赫克歇尔-俄林理论模式

赫克歇尔(Heckscher)于 1919 年提出了要素禀赋学说的有关论点。瑞典经济学家俄林(Ohlin)在 1933 年出版的《区际贸易与国际贸易》一书中，完善了要素禀赋学说，并因此获得 1977 年度诺贝尔经济学奖。后人也把要素禀赋学说称为赫克歇尔-俄林模型或 H-O 学说。俄林以新古典主义经济学作为地域分工和国际贸易理论的基础，放弃了以亚当·斯密、大卫·李嘉图等人为代表的以生产劳动来决定价值的观念，代之以价格差异的分析。

(1)每个区域或国家，生产要素禀赋各不相同，如果暂不考虑需求情况，利用自己相对丰富的生产要素从事商品生产，就会处于比较有利的地位；而利用禀赋差、相对稀少的生产要素来生产，就处于比较不利的地位。因此，各国或各地区在基于地域(国家)分工的国际贸易体系中，应专门生产上述前一类商品，而少生产后一类商品，以发挥各自所拥有的生产要素优势。

(2)地域分工和贸易发生的直接原因是各国家或地区生产要素供给的不同，它决定了生产要素的价格差异。产品中较多地利用这种比较便宜的生产要素，产品成本就会低一些，其价格自然会比外国、外地的同类产品低一些。

(3)国际分工、国际贸易最重要的结果，是各国(地区)能够更有效地利用各种生产要素。如果各种生产要素能在全球范围内自由移动，就可以达到这一点。尽管某些生产要素在全球范围内的流动很困难，但商品的大规模流动在一定程度上可以弥补这一缺陷。国际贸易、地区贸易可以弥补全球范围内诸要素分布不均的缺陷。

例如，有甲、乙两国，甲国地多人少，乙国地少人多，甲国虽不能把土地资源直接转移到乙国，但在两国间开展贸易时，甲国可以更多地开发利用自己的土地资源，把劳动力转移到农业生产上，把多余的农产品输往乙国。乙国则可把劳动力从农业转移到制造业。通过交换，就相当于甲国的土地资源使用了乙国的劳动力，而乙国的劳动力使用了甲国的土地资源。如果两国进一步进行国际经济合作，就更能直接地把生产要素在各国间进行重新分配，全球范围内的生产要素价格和商品价格就可以趋于相对均衡化。

由此理论可以推出：劳动力资源丰富、价格便宜的地区，发展劳动密集型产业，如服装工业、家具业、皮革业、编织业等比较有利；资本丰富的地区，发展资金密集型产业，如钢铁工业、有色冶金、石化、重型机械、航空航天业等比较有利；自然资源丰富的地区，发展资源密集型产业，如煤炭工业、森林工业、畜牧业等比较有利。

4. 新贸易理论

20世纪80年代后期，由赫尔普曼、克鲁格曼(Krugman)、格罗斯曼等人为代表提出的"新贸易理论"大量运用产业组织理论和市场结构理论来解释国际贸易，并用不完全竞争、规模报酬递增、外部性等概念和思想来构筑新的理论，使国际贸易理论取得了新的重大进展①。

现实世界中的贸易，规模报酬并不总是不变的，而且市场并不总是完全竞争的。新贸易理论与传统贸易理论的根本区别在于，它修正了新古典方法中关于固定规模收益的基本假定，为现实世界的贸易提供了一个较完整的理论框架。在此基础上，新贸易理论论证了贸易的原因不仅仅是比较优势，还有规模递增收益；要素禀赋决定着产业间的贸易，而规模经济决定着产业内部的国际(区际)贸易。

新贸易理论还对产业内贸易进行了深入的考察。在不完全竞争的市场结构中，由于规模经济的存在，即使在各国的偏好、技术和要素禀赋都一致的情况下也会产生相异产品之间的"产业内"贸易，并且国家间的差异越大，产业间的贸易量就越大；而国家间越相似，产业内的贸易量就越大。

新贸易理论认为，区域优势是指某一国家或地区能够提供价格低廉、具有市场竞争力的产品生产活动门类。成本上的比较优势才是真正的优势，即产品的生产成本越低，在分工中越具有优势，在产品市场上越具有竞争优势。

新贸易理论还考察了技术对贸易的作用，并将其与经济增长结合起来讨论。新贸易理论认为，技术变动有两种情况：一种是通过贸易等经济行为接受"技术外溢"而获得的，称为"干中学"；另一种是技术革新，通过研究和开发(R&D)而获得的。技术进步在很多情况下表现为通过"技术外溢"学到别人的先进技术(包括思想、管理)。技术进步与国际贸易之间存在一种互动关系。新贸易理论认为，一国要维护和创造竞争优势，必须积极接受"技术外溢"，同时努力促进本国技术革新。新贸易理论对于国际和国内、行业间以及行业内部的技术外溢及其作用进行了系统研究。

新贸易理论在贸易政策方面提出了两个干预贸易的论点：战略贸易论点(或利润转移的论点)和外部经济的论点。根据这两个论点，政府对贸易的干预在某些条件下可能更符合国家利益，这就为战略性贸易政策提供了理论依据。克鲁格曼论证了在许多情况下，比较优势不是源于一国潜在的资源条件，而是来源于自我加强的外部经济。一个国家本来可以建立具有比较优势的产业，但是国际竞争可能使这个国家不能保持应有的比较优势。在这种情况下，政府通过制定和实施适当的产业政策来创造或保持比较优势是必要的。如果政府能够选择正确的产业，给予其适当的支持，则这种"狭窄的、移动的保护带"(the narrow moving bond)政策将有利于一国的贸易发展及长期经济增长。

新贸易理论作为传统贸易理论的补充和发展，使国际贸易的理论解释更接近实际，也的确改变了人们的思维方式。从贸易政策角度来看，新贸易理论家们的观点主要是实证的而不是规范的，其动力来自尝试解释新的贸易形式和填补标准贸易理论的逻辑

① 陈秀山，张可云. 区域经济理论[M]. 北京：商务印书馆，2003.

空白。新贸易理论为解释 20 世纪 60 年代以来国际贸易中出现的新趋势——发达工业国家之间的贸易增长、大规模的产业内贸易提供了理论依据。但由于该理论产生于市场经济高度发达的国家之中，故其未能从发展中国家的视角来解释贸易现象。

5. 国家竞争优势理论

随着当今世界经济自由化和全球化趋势的发展，国际分工与区域分工、国内贸易与国际贸易日益融合。一些新的贸易理论开始注意国内贸易对国际贸易的影响，它们不仅从国家的角度，更重要的是从产业和企业本身竞争的角度来考察国际贸易的原因。迈克尔·波特提出，国家竞争优势的形成关键在于优势产业的建立和创新。与战略性贸易政策相比，波特的"国家竞争优势理论"提出了一些对发展中国家和落后地区更具现实意义的发展思路。

波特认为，一个国家的竞争优势不一定在于整个国民经济，而主要在于该国有无一些独特的产业或产业群。也就是说，国家竞争优势通常寓于某些独特的产业部门中，即所谓的竞争优势产业，对一个区域亦如此。波特所说的国家竞争优势主要取决于"钻石结构"系统中的诸因素，这就是著名的"国家竞争优势四因素理论"。他认为，影响一国开发其产业竞争优势的关键因素有四项，即生产要素、需求状况、相关支撑产业以及企业战略、结构与竞争。这四个方面的条件相互促进、相互制约。在一国的众多行业中，最有可能在国际竞争中取胜的是在该国内部四因素环境中处于有利地位的那些行业。

(1)生产要素。生产要素分为：基本生产要素，如自然资源环境、初级劳动力等；高等生产要素，如现代化通信网络、高素质科技人才、科研机构和高校领先学科等。基本生产要素具有资源禀赋性质，它对某些行业的建立具有决定性作用，但在竞争中的重要性日益下降。高等生产要素是极其稀缺、难以仿效的，只有经过长期的投资和培育才能创造出来，它在竞争中的作用越来越重要。因此，要提升国家竞争优势，最关键的是创造一种有利于高等要素不断生成、发展、提高、升级换代的环境。

(2)需求状况，特别是国内市场的需求状况。国内市场的构成和特点对于厂商觉察和响应国际需求的变化十分重要。国内有经验的、挑剔的购买者有助于该国企业赢得国际竞争优势，因为成熟、苛刻的消费者会迫使本国企业努力达到产品高质量标准和不断进行产品创新。需求状况通过两条途径影响国家竞争力：一是各国需求状况的时间差；二是各国需求结构的规模差。前者决定了一国能否"领导世界新潮流"；后者通过与之相联系的重要因素，即一国的需求偏好，决定了该国能否形成具有特定优势的产业。

(3)相关支撑产业。一个产业获得国家竞争优势，是由于本国具备国际竞争力的相关支撑产业的存在。当有集群存在，而非单个产业存在时，产业的生产率高而且发展速度快。相关产业发展水平对国家竞争优势的影响表现在三个方面：一是产业间紧密合作的可能性。国际竞争不是个别企业和产业的孤立竞争，而是企业集群和产业集群的竞争，相关产业间的紧密合作对形成本国竞争优势尤为重要。二是"互补产品"的需求拉动作用。它会形成"互补产业"发展的良性循环，形成一国的优势产业集群。三是相关产业企业的密集程度和信息环境质量。它们决定着企业和整个产业的创新能力及市场开拓能力。

(4)企业战略、结构与竞争。它包括企业建立、组织和管理的环境以及国内竞争的性质。企业组织与战略涉及企业内部组织、行业内企业间的组织方式、企业经营战略和社会责任等方面，它们对以产业为依托的国家竞争优势具有至关重要的影响。国家竞争优势的获得还取决于国内的竞争程度。激烈的国内竞争是创造和保持竞争优势最有力的刺激因素。波特认为，那种想培养出一两个"国家冠军"企业来参加国际竞争而获得优势的想法是错误的。

此外，机遇和政府的作用，也对国家竞争机制起着辅助作用。竞争优势理论系统地阐述了政府在提高竞争优势中所发挥的作用。波特认为，政府在提高国家竞争优势中应起到一种催化和激发企业创造欲的作用。政府政策成功的关键既不是越俎代庖，也不是无所作为，而在于为企业创造一个有利于公平竞争的外部环境。

波特竞争力钻石模型如图 3-5 所示。

波特竞争优势理论的一个重要发展，就是将竞争优势理论与区位理论(经济地理)结合起来，提出了集群(cluster)的概念，并称之为"新竞争经济学"。集群用来定义在某一特定领域中(通常以一个主导产业为核心)，大量产业联系密切的企业以及相关支撑结构在空间上集聚，从而形成强劲、持续竞争优势的现象。集群能够提高生产率，促使企业持续不断地创新，促进新企业的诞生和企业的衍生，加强竞争。集群是国际竞争优势产业的一个共同特征，它通常集中在特定的地理区域。企业集群通过地理集中和产业组织优化，通过群体协同效应获得经济要素的竞争优势。企业集群现象的普遍存在也说明了经济全球化使一些重要的经济活动日益本地化，区域创新环境日趋重要。波特认为，发展中国家之所以在世界市场上没有摆脱以廉价劳动力和自然资源进行竞争的阶段，主要在于缺乏发展良好的企业集群。

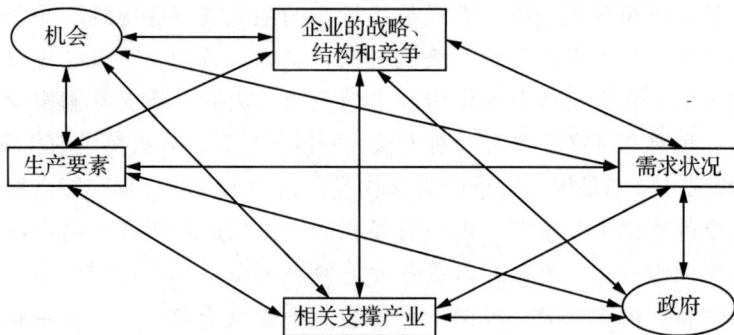

图 3-5　波特竞争力钻石模型

(三)马克思主义劳动地域分工理论

马克思主义劳动地域分工理论集中体现在几位经典作家的论著中，其基本观念可以概括如下。

1. 劳动地域分工是劳动部门分工在地域上的体现与落实

经济活动必须在一定的地域空间中才能进行，因此，部门分工必然要在地域上有所表现。这势必导致一个国家或地区为另一个国家或地区劳动，该劳动成果由一个地区转移到另一个地区，使生产地和消费地分离。

劳动社会分工是由劳动部门分工和劳动地域分工两大部分组成的。劳动部门分工是劳动社会分工的基础，而劳动地域分工则是劳动社会分工（主要指劳动部门分工）在地域上的体现和落实。

劳动部门分工即人类经济活动过程中按部门进行的分工。马克思在《资本论》中把部门分工分为三个层次：将国民经济分为工业、农业、交通运输三大部门，它们的分工称作一般分工；在三大部门分工的基础上又细分为众多部门，它们的分工称作特殊分工；工厂内部的分工称作个别分工。目前，世界各国对众多产业部门的划分方法不一，一般分为第一产业（农业、林业、牧业、渔业等）、第二产业（采掘工业、原材料工业、加工工业和建筑业等）、第三产业（交通运输业、商业贸易业、科技文教业、金融业、通信信息业、旅游业、服务业等）和第四产业（信息咨询产业）。今后，随着生产力的进一步发展，部门分工还将进一步深化。

劳动地域分工是劳动社会分工的空间表现形式。产业的部门分工不是抽象的经济形式，而是与具体的地域相结合的，生产的部门分工必然在不同的空间尺度中表现出来。在人类的社会物质生产过程中，并不是所有地区都生产相同的产品，否则就没有分工了。各个地区依照不同的条件因素，遵循比较利益的原则，把各个产业部门和企业落实在各自有利的地域上，从而实现了地域之间的分工。因此，巴朗斯基提出劳动地域分工（地理分工）是社会（劳动）分工的空间形式，它表现为一个国家和地区为另一个国家和地区劳动，该劳动成果由一个地区转移到另一个地区，使生产和消费不在一个地区。

劳动地域分工与劳动部门分工之间的关系是：劳动部门分工是劳动地域分工的基础，没有劳动部门分工，也就不会有劳动地域分工；有了劳动部门分工，就必然要把各个部门落实在具体地域上，就有了劳动地域分工。随着生产力的不断发展，劳动部门分工将越分越细，而劳动地域分工也将不断深化，从而进一步推动生产力不断向前发展。关于劳动地域分工问题，列宁在《俄国资本主义的发展》一书中提出，同一般分工有直接联系的是地域分工，即各个地区专门生产某种产品，有时是某一类产品，甚至是产品的某一部分。

2. 劳动地域分工的根本动力是经济利益

形成劳动地域分工有三种情况。

（1）由于自然条件和经济技术限制，某一国或地区不能生产某产品，如煤炭、石油等，只在特定地域储存，其他地域无法生产，只能靠区外调入。

（2）由于生产成本很高，不如由区外调入某种产品更有利。这包括两种情况：一是"本地成本＞外地成本＋运费（＋关税＋…）"或"本地价格＞到岸价格"。例如，我国的飞机制造业，在21世纪以前，虽然已有造飞机的技术，但造一架飞机比买一架飞机的费用多得多，故需进口飞机。二是本地生产此种产品不如干别的更能赚钱。例如，日本、韩国均能造船，但如果把劳动力、资金用于造船，不如用于生产电子、汽车等更赚钱，所以他们逐渐放弃了造船业。

（3）规模经济的作用——对条件相同的地区而言，分工协作既可保证需求，又可得到规模经济的利益。例如，除了西藏，目前我国各省都有技术条件开展汽车组装业，但没有必要各省都去开展。

3. 劳动地域分工的发展

生产要求分工，分工反过来推动生产的发展，因而劳动地域分工必然随着生产的发展而不断深化，表现为分工越来越复杂，越来越广泛。

二、区域合作理论

(一)区域合作的意义

区域合作是与地域分工相伴而生的。因为伴随着区域之间竞争的加剧，区域之间相互依赖的程度也逐渐加深。出于各自发展利益的需要，区域之间在分工的基础上就必然要开始寻求合作。

区域合作是现代区域经济发展的普遍现象，它的经济意义在于，区域之间通过要素互补、设施共享或优势叠加等方式，把分散的经济活动有机地组织起来，形成一种合作生产力。区域间通过合作所获得的经济综合优势所产生的经济效益是分散条件下难以取得的。区域间通过合作可以冲破要素区际流动的种种障碍，促进要素向最优区位流动，加强区际经济联系，形成区内和区际复杂的经济网络，提高区域经济的整体性和协调能力①。

(二)区域合作的基本原则

在区域经济发展过程中，相互竞争是主流，合作是获得竞争最终胜利的条件。所以，区域合作必然遵循一定的原则，否则合作就无从产生和继续。具体来说，区域合作需要遵循以下三个原则。

1. 自愿平等，互惠互利

由于各个区域之间进行合作是为了更好地追求和维护自己的经济权益，所以区域合作必须是自愿的、平等的。更重要的是，合作必须给参与的各方都带来比单独发展更多的经济收益。否则，合作就缺乏凝聚力，不可能长期维持。

2. 优势互补，相互协调

区域合作要尽量发挥各个区域的经济优势，相互取长补短，优势互补，扩大经济优势的影响力。这样，才能形成区域经济发展的合力，创造出单个区域所无法创造出的经济效益。

3. 区域之间在空间上尽量相连

空间上相连的区域一般都存在各种各样的传统经济联系，这是促成合作的重要基础。同时，区域之间在空间上相连便于要素流动，有利于开展合作。此外，空间上相连的区域往往具有相同或相似的社会文化背景，这对于开展合作是很有利的。但是，由于现代经济的发展，空间关系对区域合作的影响并不是决定性的。

(三)区域合作的类型

从要素配置的角度来看，区域合作的类型主要包括区域之间的要素自由流动、建立共同市场、建立经济联合组织、协调资源开发、合理保护环境、协调经济发展政策、共同维护经济秩序、保持经济的稳定性、对外采取一致的经济政策和行动以增强竞争

---

① 李小建. 经济地理学(第三版)[M]. 北京：高等教育出版社，2018.

力等。从形式上看，区域合作的类型主要有行业合作、区域全面合作。

1. 行业合作

行业合作是指区域之间同一经济部门或几个经济部门的相关企业按照一定的组织原则与方式相互结合、优势互补、共同发展。行业合作包括了区域性的生产合作、商业合作、运输合作、物资合作、金融合作和综合行业合作。

(1)区域性的生产合作，即把分布于不同区域的生产企业按照相互间的原料、燃料、产品技术、资金、设备等方面的联系组织在一起，开展合作。

(2)区域性的商业合作，即依靠分布于各区域的商业企业与其周围的生产企业的联系，扩大进货渠道，及时了解各地的市场供求信息；同时，在各商业企业之间实行联购分销、分购联销、相互调节、相互委托代办购销业务等，从而有利于各商业企业的发展，也有利于促进区际商品流通。

(3)区域性的运输合作，即区域之间各种运输企业为开展联合运输或综合运输而进行的合作。企业通过相关运输企业开展联运业务，进行合理分工和密切配合，可以减少中转环节，从而保证准时、安全、高效地进行区域之间商品、人员等的流动。

(4)区域性的物资合作，即各物资企业之间互通有无，沟通区域间的物资供求信息，进行物资的合理调配，共同建立物资供应基地。这样既有利于各企业的发展，又有利于建立统一的区域物资市场，促进区域之间的物资流通。

(5)区域性的金融合作，即区域之间各金融机构为加快资金周转、提高资金使用效率、满足区域经济发展对资金的需求而开展的合作。金融合作能够充分利用各区域在资金使用方面的时间差或空间差，通过各金融企业之间的相互合作，沟通信息，融通资金，发展区域金融市场，满足区域经济发展对资金的需求。

(6)区域性的综合行业合作，即区域之间多个部门相关的企业开展的合作。它能够把分散于不同区域的资源开发、产品加工、商品运输、商品销售等经济活动有机地联系在一起，大大增强区域之间的联系，推动区域经济一体化。

2. 区域全面合作

区域全面合作是指区域之间在有关政府的推动下，相互之间开展多方面或全面的经济合作。

(1)区域全面合作的功能。其功能主要表现为以下六个方面：其一，建立区域市场，推动内部各区域之间资源、要素的合理流动。通过举办商品交易活动，建立各种大型交易市场，形成多形式、多层次、多渠道的商品流通网络，互通有无，平抑物价，稳定市场。其二，联合开发资源。对各区域的自然资源、技术、资金、人力等采取联合开发的方式，加工增值，多方受益，提高资源利用效率。其三，联合改善区域交通条件。共同修建跨区域的交通干线和通信设施，方便区际间的要素流动、信息传递。其四，开展资金横向融通。各区域的金融机构联合起来形成多渠道、多形式的金融合作网，在区域之间调节资金余缺，加快资金周转。其五，建立信息网络。通过各区域之间相关行业的横向合作沟通信息，建立综合信息中心来传递信息。其六，共同协调，解决跨区域的环境保护问题。

(2)区域全面合作的类型。从区域的层次看，我国的区域全面合作有三种类型：若干省(区)之间的全面经济合作；省(区)毗邻地区之间的全面经济合作；省(区)内部部分地区之间的全面经济合作。

三、区域一体化

区域一体化始于20世纪中期，活跃于20世纪末期，对世界经济的发展和国际经济关系的变化产生了重要影响。从20世纪90年代至今，区域一体化"斑块"的数量急剧增加，世界范围内形成了诸如北美自由贸易区、欧洲联盟、亚太经济合作组织、南美洲共同体、纽约都市圈、长江三角洲和珠江三角洲等区域经济联合体，来响应经济全球化。

(一)区域一体化的内涵

区域一体化是两个或两个以上的国家和地区，为谋求经济上的共同发展，通过签订经济合作的条约、协议，促使区域内部商品和生产要素流动自由化，形成一个区域经济联合体的过程①。其本质是消除贸易壁垒，减少交易成本，促进生产要素在一体化的区域内部的自由流动。

从空间尺度上看，区域一体化可以分为两个层次：一是空间上相邻的两个或数个国家为开展经济上的深度合作而形成的区域一体化组织；二是在一个主权国家范围内，空间上邻近的地区跨越行政区划，构建统一市场，促进生产要素的自由流动，实现区域经济一体化，如纽约都市圈、东京都市圈、长江三角洲和珠江三角洲等。

从结构层面上看，区域一体化包括经济一体化、制度一体化等。区域经济一体化是指在开放的空间系统中建立生产要素充分自由流动的机制，实现生产要素的优化配置，提高区域整体的经济效率②。其主要包括从产品市场、生产要素市场到经济政策统一的逐步演变。区域制度一体化依靠条约或协议的签订，逐步统一经济政策和发展措施，甚至建立跨地区的统一组织机构，并由该机构制定和实施统一的运行规则③。其实质就是消除区域分割的人为制度障碍，代之以促进要素流动、建立统一市场、优化配置公共资源、提高公共服务、联防共治公共问题的制度安排。区域经济一体化的发展来自市场经济自发的内在要求，当它发展到一定阶段时，必然要求制度一体化为其提供保障和发展动力。因此，区域经济和制度层面的一体化是相互作用、不可分割的，实现区域一体化的高度发展必须在经济和制度上同时达到一体化。

从组织层面上看，区域一体化表现在以下五个方面：区域市场一体化、产业分工一体化、空间发展一体化、基础设施建设一体化、环境资源开发和保护一体化。其中，区域市场一体化是区域一体化的基础，其本质是使资源的配置不断优化；产业分工一体化是区域市场一体化的实现形式；空间发展一体化是区域一体化的空间载体；而基础设施建设一体化与环境资源开发和保护一体化是区域一体化高效率运转的条件和可持续发展的保障④。这五个方面相辅相成，共同组成区域一体化发展的主要内容和目

---

① 李郇，殷江滨. 国外区域一体化对产业影响研究综述[J]. 城市规划，2012，36(5)：91-96.

② 刘焱. 区域一体化进程中的改革与创新——兼论天津滨海新区功能区与行政区联动体制机制[D]. 上海：华东师范大学，2008.

③ 谢宝剑. 基于路径依赖视角的中国区域一体化发展研究[J]. 学术研究，2012(1)：44-48.

④ 赵民，陶小马. 城市发展和城市规划的经济学原理[M]. 北京：高等教育出版社，2001.

标：在科学、合理的空间范围内，实现人口、资源、环境的协调发展，保持区域竞争优势，从而实现区域可持续发展。

(二)区域一体化的正效应

区域一体化的根本特征是"对内自由贸易，对外保护贸易"，这就导致它对多边贸易体制和全球经济的影响必然是双重的，既有一定的积极影响，同时又具有一定的消极影响。

国家或地区间形成经济联合体有助于联合体内部的生产要素得到再配置，实现生产要素的最佳配置，促进劳动地域合理分工和经济结构调整，从而产生规模效应，增强国家或地区的竞争力，提升经济实力，为区域经济发展带来一系列的正效应。

1. 减少贸易壁垒，增加贸易流量

区域一体化的实质是减少贸易壁垒，降低交易成本，促进产品、要素等的自由流动。贸易壁垒的减少降低了一体化内部成员之间的贸易成本，提高了区内的贸易自由度，进而带来贸易流量的增加。维纳(Viner)认为，关税同盟的建立能够产生两种效应：贸易转移效应和贸易创造效应。其中，贸易转移效应是指一个原来从外部世界进口低成本产品的国家加入关税同盟以后变为向同盟内的成员国购买高成本的产品，从而给外部世界成员国带来损失。贸易创造效应是指关税同盟建立后低效率成员国进口高效率成员国的低成本产品，减少低效的国内生产，从而节约生产资源获得利益。由此可以看出，一体化集团建立后产生的贸易转移效应和贸易创造效应会使同盟内贸易流量的大幅增加。

2. 降低交易成本，优化资源配置

巴拉萨(B. Balasa)认为，区域一体化可以理解为商品与生产要素跨国流动"差别待遇"的消除，即其制度性成本等于零或接近于零。区域一体化的过程削弱了人为贸易障碍的存在，降低了产品或要素在一体化的区域内部流动时需要跨越的交易门槛，进而降低成员国的交易成本。交易成本的减少有助于市场调节作用的发挥，有助于资源(劳动力、技术、资金等)在市场的作用下实现优化配置。区域一体化是一个不断降低区域内交易成本的过程，从制度变迁的角度来看，任何一种能够减少交易成本的制度创新都会为资源配置效率的提高和经济增长做出贡献。

3. 产生规模经济效应和竞争效应

一体化的区域内部由于贸易壁垒的减少使得分割的小市场组合成一个较大的统一市场，这个统一市场可以充分整合各种资源要素，实现规模经济。同时，一体化区域形成以后，生产要素可以自由流动，贸易能自由进行，各成员国国内的企业面临的竞争空前激烈。这种竞争效应促使各企业不断优化生产，提高经济效率，在这个过程中，不仅生产资源趋向于最优配置，还能提高整个大市场在国际上的竞争力。

4. 重构空间产业结构

克鲁格曼等人认为，区域一体化会产生生产转移效应和投资转移效应。前者指随着一体化集团的建立，在本地市场放大作用下，部分区外的产业向区内转移；后者指区内贸易壁垒的降低使区外的产业、资本向区内转移。生产转移效应和投资转移效应有助于促进一体化的区域内部形成产业集聚和分工，进而重构一体化集团内原有的产

业结构。此外，区域一体化的过程能促进"虹吸效应"的产生，在该效应作用下，部分产业、生产要素、耐用消费品消费等都会向具有特定区位优势条件的地区转移，这种转移会改变原有生产资源的空间布局，重构区域的产业结构。

(三)区域一体化的负效应

区域一体化是一把双刃剑，虽然可以对世界、国家和地区的经济发展产生积极作用，但同时也会给部分区域的发展带来负效应。

根据维纳的关税同盟理论，区域一体化具有不同程度的贸易转移效应，该效应背离比较优势原则，对内外区域均会造成损害，阻碍地区经济发展。克鲁格曼认为，区域一体化能带来生产转移效应和投资转移效应。在这两种效应的作用下，虽然一体化区域的整体效益提高了，但在一定程度上也会损害部分区域(尤其是生产和投资的迁出地)的相对利益，为其经济发展带来负效应。此外，一体化集团内部产生的虹吸效应使相对落后地区的部分支柱企业、优秀人才和对部分耐用品的消费需求转移到相对先进地区，这不仅为先进地区的发展造成土地、就业、基础设施建设等方面的压力，还使落后地区失去了发展的动力及条件，限制了落后地区的发展。

区域性经济集团一般都实行"对内自由贸易，对外保护贸易"的贸易政策，这种"内外有别"的政策明显背离多边贸易体制的非歧视原则，形成保护主义的贸易壁垒，减弱了区内企业应对国际挑战的能力，也不利于世界经济的协调发展。

(四)区域一体化的阶段性与模式

1. 区域一体化的发展阶段

按照贸易壁垒的强弱，区域一体化的发展可以划分为以下六个阶段：特惠贸易协定、自由贸易区、关税同盟、共同市场、经济联盟、完全经济一体化。

(1)特惠贸易协定，是指在成员国间通过协定或其他形式，对全部商品或一部分商品给予特别的关税优惠，这是经济一体化中最低级和最松散的一种形式。

(2)自由贸易区，是指在区内逐渐减免甚至消除贸易壁垒，实行区内商品的完全自由流动，但保留成员国原有的对区外国家的贸易壁垒。

(3)关税同盟，是指在成员国之间消除贸易壁垒，允许商品自由流动，建立统一的对外关税同盟。

(4)共同市场，是指成员国之间除消除贸易壁垒，允许商品自由流动并实行共同的对外关税之外，也允许生产要素自由流动。

(5)经济联盟，是指在共同市场的基础上，成员国之间在某些经济政策和社会政策上进行统一与协调。

(6)完全经济一体化，这是经济一体化的最高级形式，是在经济联盟的基础上，成员国在经济、金融和财政政策上完全统一，并且这些政策由超国家的经济组织制定和实施。

2. 区域一体化的发展模式

随着区域一体化数量和类型的增多，其发展模式呈现多样化，可从以下四个角度进行划分：一是按照由低级到高级的类型或层级顺序，可分为特别优惠关税区、个别商品的一体化、自由贸易区、关税同盟、共同市场、经济联盟、货币联盟、经济与政治联盟等类型。二是按照成员国的性质来划分，由于发达国家大多位于北半球，发展中国家位于南半球，所以，往往把发达国家之间的区域一体化组织称为北北（NN）型，发达国家和发展中国家之间的称为南北（SN）或北南（NS）型，发展中国家之间的称为南南（SS）型。三是按照成员国是否具有相互之间的排斥性特点，可分为开放性模式和排他性模式。所谓排他性，主要集中在两个问题上，即对其成员国数量或区域的限定和优惠政策的限定。四是按照法源的不同，可分为依照 GATT ⅩⅩⅣ（关贸总协定第 24 条）、GATS Ⅴ（服务贸易总协定第 5 条）、授权条款以及混合条款设立四种类型①。其中，前两种划分方法是比较常见的。

区域一体化是世界各国、各地区为应对经济全球化带来的发展机遇和挑战而作出的回应，是一种旨在消除地区或国家间的贸易壁垒、促进生产要素自由流动、提高经济生产效率、增强国际竞争力的一种经济发展形式。只有科学合理的一体化发展路径才能为区域经济发展带来的正效应远远大于其带来的负效应，才能真正有利于区域经济发展，而科学合理的一体化发展路径的建设是建立在科学理论指导的基础上的。只有科学、全方面地认识区域一体化的产生和作用机制，才能更好地指导区域一体化建设，才能达到促进区域经济发展的目标。因此，对区域一体化进行理论研究十分必要。虽然现已存在许多区域一体化的理论研究成果，但随着区域一体化范围和内容的不断变化，各国、各地区经济基础、文化习俗等差异的存在，使得区域一体化的形式、组织机制等也在发生变化，这就需要更为丰富的、微观化的理论支撑。所以，我们仍需通过实证研究来探索具有地区特色的、符合经济发展现状的新区域一体化理论。

四、区域协同发展

协同发展就是指两个或者两个以上主体，相互协作完成某一目标，使多方达到共同发展的双赢效果。协同发展论已被当今世界许多国家和地区认为是实现社会可持续发展的基础。

区域协同发展是指区域内各地域单元（子区域）和经济组分之间协同共生，自成一体形成高效和高度有序化的整合，实现区域内各地域单元和经济组分"一体化"运作的区域经济发展方式。协同发展的区域体系有统一的联合与合作发展目标和规划，区域之间有高度的协调性和整合度，共同形成统一的区域市场，商品及生产要素可以自由流动与优化组合，具有严谨和高效的组织协调与运作机制，内部各区域之间是平等和开放的，同时也向外部开放，使协同发展的区域体系形成一个协调统一的系统，既有利于内部子系统的发展，又有利于与外部系统（如全国性经济系统或全球经济系统）的对接和互动②。

2014 年 2 月 26 日，习近平总书记在北京主持召开座谈会，强调实现京津冀协同发展、创新驱动，是面向未来打造新的首都经济圈、推进区域发展体制机制创新的需要，是探索完善城市群布局和形态、为优化开发区域发展提供示范和样板的需要，是探索

---

① 马强.世界区域经济一体化发展模式、路径及趋势[J].宏观经济管理，2007(9)：69-71.
② 黎鹏.区域经济协同发展及其理论依据与实施途径[J].地理与地理信息科学，2005(4)：51-55.

生态文明建设有效路径、促进人口经济资源环境相协调的需要，是实现京津冀优势互补、促进环渤海经济区发展、带动北方腹地发展的需要，是一个重大国家战略，要坚持优势互补、互利共赢、扎实推进，加快走出一条科学持续的协同发展路子来。中国区域经济协同发展由此掀起高潮。

第五节　可持续发展理论和循环经济理论

可持续发展是当代人类社会进步的指导原则，是关系到人类文明的延续、直接影响国家最高决策的不可或缺的基本要素。从区域角度研究区域经济要素间的相互衔接与配合，以及区域经济要素与区域自然要素、非经济要素的协调，是可持续发展研究的核心问题。

一、可持续发展理论

1972 年，斯德哥尔摩环境大会提出了"我们只有一个地球"的观点。1992 年 6 月，联合国环境与发展大会在巴西里约热内卢通过了《里约环境与发展宣言》《21 世纪议程》等纲领性文件。1994 年，《中国 21 世纪议程——中国 21 世纪人口、环境与发展的白皮书》的制定，标志着可持续发展已成为中国的既定发展战略。

对"可持续发展"内涵的界定，比较公认的定义来源于 1987 年世界环境与发展委员会出版的《我们共同的未来》报告，报告中将可持续发展定义为"既能满足当代人的需要，又不对后代人满足其需要的能力构成危害的发展"。

具体而言，可持续发展的内涵包括以下九个方面。

(一)可持续发展的系统观

可持续发展把当代人类赖以生存的地球及局部区域，看成是由自然、社会、经济、文化等诸多因素组成的复合系统，它们之间既相互联系，又相互制约，其相互作用因地而异，且处于变化之中。这种系统科学的观点是可持续发展的理论核心。一个可持续发展的社会，有赖于资源持续供给的能力；有赖于其生产、生活和生态功能的协调能力；有赖于自然资源系统的自然调节能力和社会经济系统的自组织、自调节能力；有赖于政府的宏观调控能力，部门间的协调行为，以及民众的监督和参与意识。因而在制定和实施资源战略时，需要打破部门和专业的条块分割以及地区的界限，从全局着眼，从系统的层面进行综合分析和宏观调控。

(二)可持续发展的效益观

经济发展与环境保护是相互联系、互为因果的。忽视对资源的保护，经济发展就会受到限制，没有经济的发展和人民生活质量的改善，特别是人民最基本生活需要没有得到满足，也就无从谈到资源的保护。因此，一个合理的资源管理系统，应该是生态效益、经济效益和社会效益的综合，并把系统的整体效应放在首位。经济效益、生态效益和社会效益是可以而且应该是互相促进的。例如，投入教育和健康保障的钱，可以增加人们的生产能力，而经济的发展又为更多的人提供了接受教育以及医疗服务的良好机会。

（三）可持续发展的人口观

要实现社会的可持续发展，必须把人口保持在可持续发展的水平上。工业化国家人口的总增长率小于1‰，有的国家已达到或接近零增长水平。世界人口的增长主要发生在发展中国家，预计到2025年发展中国家的人口将从1985年的37亿增加到68亿。因此，如何尽快地降低第三世界国家人口的增长率是当前世界面临的又一严峻挑战。

人口急剧增长，资源需求量不断增加，环境质量不断下降，造成了全球范围内的一系列问题。为了资源的可持续发展，一定要把人口控制在一定的水平上，同时要注意提高教育、文化水平，提高人口素质，提高人们的生活质量。

（四）可持续发展的资源观

可持续发展强调人类的生存与发展必须依靠资源基础。保护资源不仅是为了满足当代人的需要，也是为了子孙后代的生存与发展。当人们没有其他生存与发展的路径时，资源的压力就会增加。因此，关键的问题是为人们寻找出路。例如，在山区，可以引导农民把种植粮食作物与种树种草、发展畜牧业结合起来，走可持续农业或生态农业道路。过去渔业和热带森林的经营主要依靠天然资源的开发，从可持续发展的观点出发就要求我们改进生产方法，以取得更多的鱼类、薪材和林产品。

（五）可持续发展的技术观

对于发展中国家来说，必须加强其技术革新的能力，以便能更有效地迎接可持续发展的挑战。同时，技术的发展方向必须改变，并对环境因素给予更多的关注。可持续发展要求注重生产"社会产品"，如要改善空气质量，可以增加产品的寿命，或解决通常企业在计算价格时不会考虑的环境及废物排放的问题。

发展环境友好的技术与对风险的管理有着密切关联。例如，原子反应堆、电力网、通信系统和大量的运输系统，如果超过一定的限度就有一定的脆弱性。为此要采用完善的分析方法，吸取过去的教训，综合进行技术设计、制定标准和安排应急措施等活动，这样才能减轻问题带来的负效应，大大降低意外事件的破坏性。

（六）可持续发展的体制观和法治观

可持续发展要求打破传统的条块分割、信息闭塞和决策失误的管理体制，建立一个能综合调控社会生产、生活和生态功能，信息反馈灵敏，决策管理水平高的管理体制。这是实现社会高效、和谐发展的关键。

应把可持续发展的指导思想体现在政策、立法之中，通过宣传、教育和培训，加强人民的可持续发展意识，建立与可持续发展相适应的政策、法规和道德规范。

（七）可持续发展的群众观

社会发展工作主要依靠广大群众和群众组织来完成。要充分了解群众的意见和要求，动员广大群众参加到可持续发展的全过程中来，要动员决策人员、科技人员、地方各级领导干部和广大群众参加到实现可持续发展的行动中，群策群力，协同完成。

（八）可持续发展的社会平等观

可持续发展主张人与人之间、国家与国家之间互相尊重，平等共处。一个社会或一个团体的发展，不应以牺牲另一个社会或社团的发展利益为代价，这种平等的关系不仅应存在于当代人与人、国家与国家、社团与社团的关系上，同时也应存在于当代人与后代人之间的关系上。

(九)可持续发展的全球观

当前世界上的许多资源与环境问题已超越国界和地区界限，具有全球性效应。我们要实现全球的可持续发展，必须建立起稳固的国际秩序和合作关系，对于发展中国家，发展经济、消除贫困是当前的首要任务，国际社会应给予帮助和支持。保护环境、珍惜资源是全人类的共同任务，经济发达的国家负有更大的责任。对于全球的公物，如大气、海洋和其他生态系统，各国要在统一目标的前提下进行管理。①

二、循环经济理论

从技术上说，近期实现可持续发展最有效的途径就是大力发展循环经济。

(一)循环经济的内涵

20世纪90年代，在可持续发展思想的影响下，人们更加注重从源头进行污染治理，通过改变经济发展模式，提高经济增长效率，降低经济增长的资源、环境和生态成本。循环经济思想逐渐被广为接受。②

有关循环经济的定义不少，但总体上认为循环经济是建立在3R原则之上的，即减量化（reducing，也称减物质化）原则、再利用（reusing，又称反复利用）原则和再循环（recycling，又称资源化或再生利用）原则。其中，减量化原则针对的是输入端，旨在减少进入生产和消费流程的物质和能量流量；再利用原则属于过程性方法，目的是延长产品和服务的时间强度，尽可能多次、多方式使用物品，避免物品过早成为垃圾；再循环原则体现在输出端，要求通过把废弃物再次变为资源的方式，减少最终的废弃物处理量。废弃物资源化有两种途径，一是原级资源化，即将消费者遗弃的废弃物资源化后形成与原来相同的新产品；二是次级资源化，即将废弃物生产成与原来不同类型的产品。循环经济的两大支撑是系统论与生态学，其核心在于要像生态系统一样，建立经济系统中的循环组分。

循环经济和线性经济模式的比较如图3-6所示。

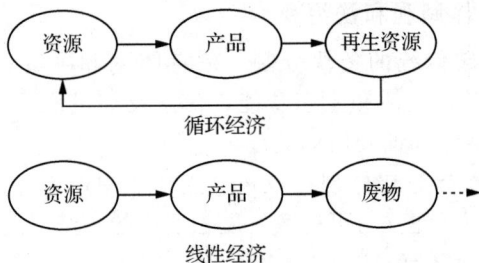

图3-6 循环经济和线性经济模式的比较

(二)循环经济在各产业中的运用

1. 循环型农业

循环型农业通过模拟和遵循自然生态系统物质循环和能量流动的规律，重构农业

---

① 牛文元. 持续发展导论[M]. 北京：科学出版社，1994.
② 黄贤金. 资源经济学读本[M]. 南京：江苏人民出版社，2006.

生产和生态系统，使农业系统能和谐融入自然生态系统的物质和能量循环过程中。

循环型农业的特征有：(1)生产流程的循环化设计；(2)环境目标与经济目标相互依存，实现资源的节约与高效利用；(3)低污染甚至零污染排放。

2. 循环型工业

循环型工业是建立在过去清洁生产和工业生态学等领域的研究和实践的基础上。其中，清洁生产将综合的预防性环境战略持续地应用于工艺、产品和服务中，从根本上提高效率并减少对人类和环境的危害；而工业生态学是一种在可持续基础上对人类活动进行管理的方法。

循环型工业的具体活动主要集中在三个层次上，即企业层次、企业群落层次和国民经济层次。循环型工业系统是由生态工业链、生态工业园（ecological industrial park，EIP）等要素构成的。生态工业链是指一系列企业试图相互利用对方的副产品（能量、水和物质）进行生产，而非把这些副产品作为废物进行处理。生态工业园就是把一些在生产上具有密切联系的产业、企业聚集在一起，通过企业之间的废物交换、清洁生产等手段，把一个企业的副产品或废品作为另一个企业的投入物或原材料，实现物质的闭路循环和能量的多级利用，企业间相互依存，以达到能量利用最大化和废物排放最小化。生态工业园的网状循环如图 3-7 所示。

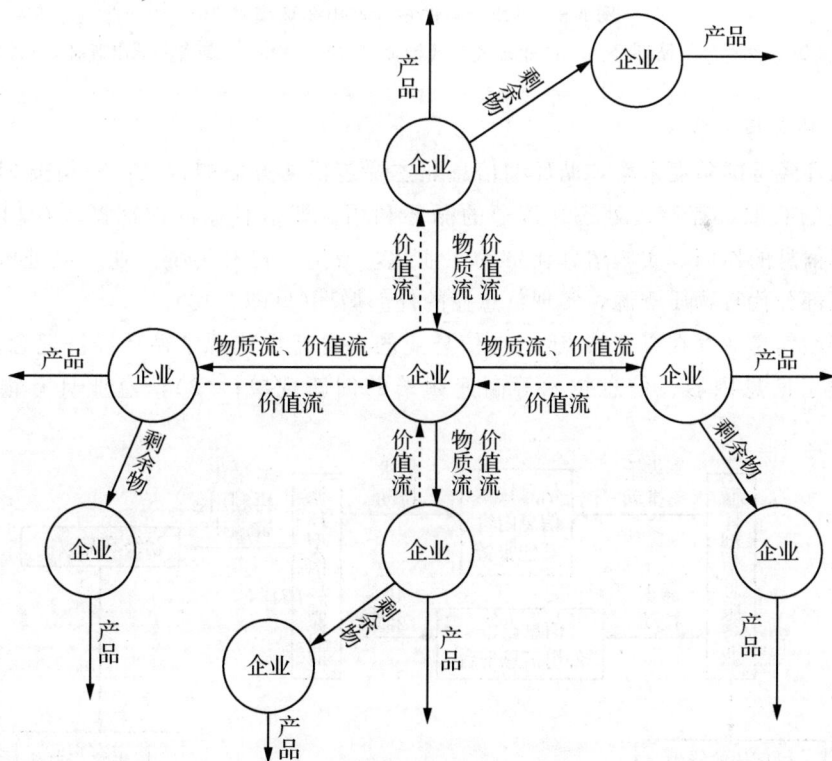

图 3-7 生态工业园网状循环图

图片来源：黄贤金. 循环经济：产业模式与政策体系[M]. 南京：南京大学出版社，2004：420.

以农产品为例,三次产业的投入产出循环模式如图 3-8 所示。

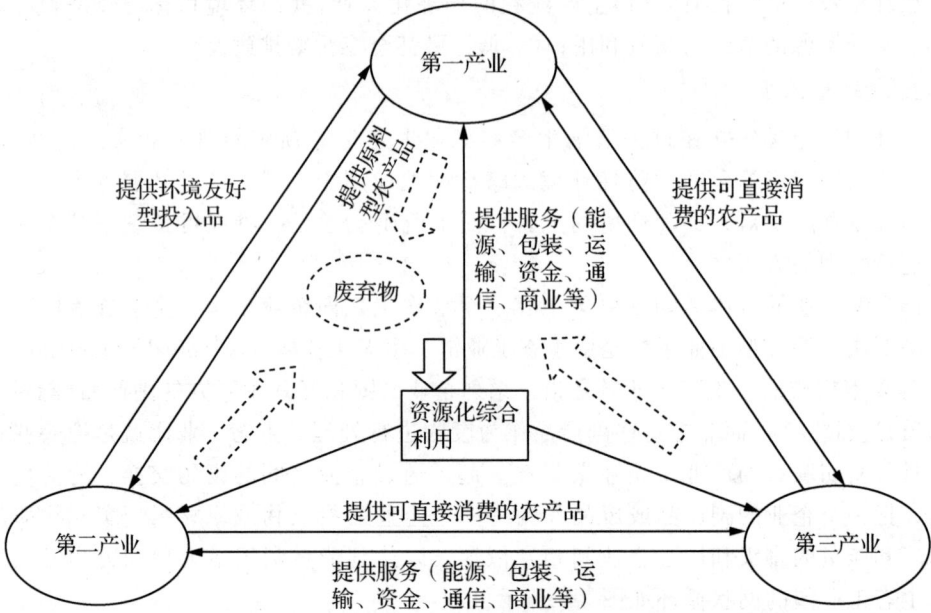

图 3-8　三次产业的投入产出循环模式

图片来源:黄贤金. 循环经济:产业模式与政策体系[M]. 南京:南京大学出版社,2004:199.

3. 循环型信息业

从循环经济的角度来看,循环型信息业主要包括两方面的含义:一是按 3R 原则,实现信息的获取、存储、处理、传递的循环利用,即信息业的内部循环(见图 3-9);二是发挥信息的作用,实施信息化带动工业化,改造、提升传统产业,促进可循环的信息资源部分代替物质资源,实现信息业的外部循环(见图 3-10)。

循环型信息业存在以下特点:(1)信息业的本身特性体现了循环经济理念;(2)信息业体现了信息内容、信息技术等高速频繁的创新现象;(3)信息业具有很强的渗透性。

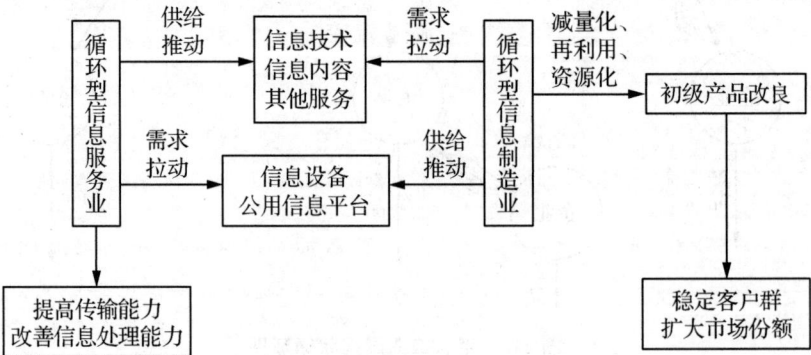

图 3-9　循环型信息业内部循环模型示意图

图片来源:黄贤金. 循环经济:产业模式与政策体系[M]. 南京:南京大学出版社,2004:264.

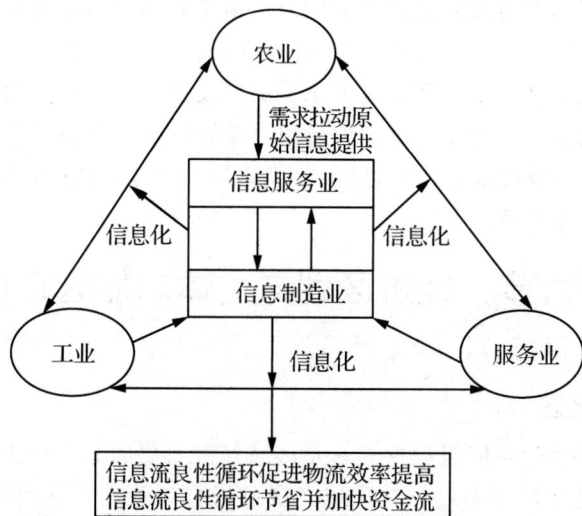

图 3-10　循环型信息业外部循环模型示意图

图片来源：黄贤金. 循环经济：产业模式与政策体系[M]. 南京：南京大学出版社，2004：265.

三、从可持续发展理论到生态文明理论

2005 年 8 月 15 日，时任浙江省委书记的习近平同志在浙江湖州安吉考察时，首次提出了"绿水青山就是金山银山"的科学论断，后来，他又进一步阐述了绿水青山与金山银山之间三个发展阶段的问题。习近平总书记的"两山论"充分体现了马克思主义的辩证观点，系统剖析了经济与生态在演进过程中的相互关系，深刻揭示了经济社会发展的基本规律。这一论断包含三重含义：第一，绿水青山本身就是金山银山——是人类的家园，要像保护自己的眼睛一样保护绿水青山；第二，宁要绿水青山，不要金山银山——当经济发展与生态保护相冲突时，必须首先守住生态环境底线，在此基础上再考虑发展问题，包括发展什么、怎样发展等；第三，在一定条件下，绿水青山可以变成金山银山。位于浙江北部德清县境内的莫干山，历史悠久，景色宜人，是江南避暑胜地。莫干山地界依托"莫干山"名山效应，大力发展精品民宿，形成了以"洋家乐"为代表的多元化度假产业融合发展格局，现已成为全国乡村民宿的建设样板，年接待游客达 260 万人次，旅游收入近 25 亿元。莫干山获得"全国美丽宜居小镇"荣誉称号，并被美国《纽约时报》评为全球最值得去的 45 个地方之一，CNN 则将其评为 15 个你必须要去的中国特色地方之一。① 浙江省安吉县余村更是通过关停矿山实现绿色发展，修复环境带动文旅产业发展，从而为当地老百姓带来丰厚的经济收益。

正是在"两山论"的基础上，党的十八大正式提出了生态文明理论。所谓生态文明，是以人与自然、人与人、人与社会和谐共生、良性循环、全面发展、持续繁荣为基本宗旨的社会形态。生态文明是人类文明发展的一个新的阶段，是继工业文明之后的文明形态。生态文明是人类遵循人、自然、社会和谐发展这一客观规律而取得的物质成果与精神成果的总和。

---

① 产业集聚，其实就是乡村振兴人聚财来的过程[EB/OL]，搜狐网，(2022-03-24)[2023-10-25].

生态文明理论是对可持续发展理论的学习、借鉴和超越，生态文明建设是人类文明发展的历史趋势。要以生态文明建设为引领，协调人与自然关系，解决好工业文明带来的矛盾，把人类活动限制在生态环境能够承受的限度内，对山水林田湖草沙进行一体化保护和系统治理。党的十九大报告进一步强调，要加快推进生态文明体制改革，建设美丽中国。[①] 党的二十大报告指出，要全方位、全地域、全过程加强生态环境保护，让祖国的天更蓝、山更绿、水更清。

第六节 经济区划与主体功能区理论

一、经济区概述

经济区是区域经济的空间组织形式，是区域经济发展的必然产物。对经济区进行科学的划分，是国家进行经济布局、对区域经济进行有效管理的空间依托和手段。因此，对经济区和经济区划进行研究是必要的。

(一)经济区的概念

对于经济区的认识是一个不断发展的过程。过去一般认为经济区是具有全国意义的专业化的地域生产统一体，或者是以大中城市为中心，具有全国意义的专业化的地域生产综合体。但是，这种定义是从区域经济的组织角度来考虑的，实际上只关注了具有较高组织水平的地域生产综合体，也就是综合经济区，而没有包含其他类型的经济区。现在，更多学者认为，经济区是指以劳动地域分工为基础，客观形成的不同层次、各具特色的经济地域，既强调了经济区作为经济活动空间的特性，又指出了经济区形成的原因和多样性。这一认识较好地体现了经济区的本质。

根据学术界对经济区的研究，我们认为，经济区是在地球表层一定空间范围内，由一组经济活动相互关联、组合而形成的经济地域单元，是区域经济的一种空间组织实体。

经济区的产生来自区域经济活动的内在需要。其一，在区域经济的空间组织中，经济活动的开展必须把空间上分散的相关资源、要素、市场组织在一起，形成一个完整的经济系统。任何经济活动都要占据一定的活动空间，出于经济、技术联系的需要，多种经济活动相互关联，形成经济系统或体系。经济系统必须把相关经济活动在空间上连接起来，因而将占据更大的活动空间。无论是某个经济部门，还是经济系统，都必须以一定的空间作为发展的依托。其二，从区域经济空间组织效益角度看，经济活动在空间上发生的联系或扩展要受到来自空间距离成本、交易费用、自然障碍、经济或社会障碍等方面的约束。所以，无论经济部门，还是经济系统，都只能占据有限的空间作为主要的活动范围。由此可见，区域经济活动必须占据相应的空间，但是只能占据有限的空间。在这个有限的空间内，相关的经济活动彼此相连和依赖，表现出明显的同质性或群体性，同时与外部有着比较明确的组织边界和空间边界，从而构成相对独立的经济地域单元，于是就产生了经济区。

---

① 沈满洪. 习近平生态文明思想研究——从"两山"重要思想到生态文明思想体系[J]. 治理研究，2018，34(2)：5-13.

(二)经济区的特征

经济区的特征可以概括为以下四个方面。[①]

1. 组织上的同质性或群体性

经济区的组织方式分两种情况，相应地表现出组织上的同质性或群体性。一种情况是，区内的经济活动属于某一类的经济活动，并且所依赖的主要资源和要素的基础相似，因而经济区内的经济活动具有相对的同质性(均质区)；另一种情况是，区内包含了若干相关联的经济活动，它们依据经济上、技术上的联系而组成经济系统，从而使经济区内的经济活动具有群体性(结节区)。但是，无论哪种情况，经济区在组织上都是一个有机的整体，是区域经济中相对独立的组织单位。

2. 空间上的相对排他性

经济区具有一定的空间边界，就同类同层次的经济区而言，一个经济区在某一时间所占据的地理空间具有排他性。但是，对于不同性质或层次的经济区则有可能在同一时间内部分或完全共享同一个地理空间。

3. 对外联系的开放性

经济区是开放的经济系统，一方面，经济区内部的经济活动需要从区外获得资源和要素，需要利用区外的市场，并经常受到来自外部环境的影响；另一方面，经济区也需要通过对外联系来扩散影响，提高自己的地位，寻找发展机遇。开放性是经济区改善发展条件、获得发展机会和动力的一个重要特征。

4. 组合上的层次性

受经济活动规模的限制，一个经济区所占据的地理空间是有限的。所以，经济区有大小之分。就同类经济区而言，从空间的纵向看，经济区可以分成若干层次，且上下从属或包含，反映出它们之间在规模、经济活动内容等方面的差异和纵向联系；从空间的横向看，每个层次又由若干个规模不一、各具特色、具有横向经济联系的经济区构成。

二、经济区的类型

经济区有一定的结构和功能。经济区的结构主要指其内部经济活动的构成，包括经济活动的部门种类和相互关系。经济区的功能主要指其在区域经济发展中所具有的组织作用，以及在国家经济发展中所具有的分工能力。经济区之间在结构和功能方面存在着差异，并表现出不同的经济特征。因此，经济区可以根据其结构、功能差异及经济特征分成不同的类型。对经济区进行类型划分，有利于深入研究各种类型经济区的结构和功能性状，探索其形成与演变规律；有利于在区域经济发展和国家经济管理中，有针对性地解决不同类型经济区的问题。

常见的经济区分类方法有两种，一种是把经济区分为单一功能经济区和多功能经济区，其中单一功能经济区又分出经济类型区和部门经济区，多功能经济区又分出流域区和综合经济区；另一种是把经济区分为经济类型区、部门经济区和综合经济区。在区域经济发展过程中，新的经济区也在不断地出现，如经济特区、高新技术产业园区、对外

[①] 李小建. 经济地理学(第三版)[M]. 北京：高等教育出版社，2018.

开放区等。其中,有的可以归类于原有的经济区类型,有的则还不能完全按照原来的类型归类,需要进行研究,在这里暂将其称为新型经济区。综合以上分类方法,本书将经济区划分为以下四大类。

(一)经济类型区

经济类型区是指内部经济活动特征相似的经济区。经济类型区的特点是区内经济活动在某个或某些方面相似程度高,而与区外经济活动表现出明显的差异性。

根据经济发展水平,一般可把区域分为发达区、中等发达区和欠发达区(或称为不发达区、落后区)。我国所划分的东部、中部、西部三大经济地带,就是一种经济类型区。如果用人均收入作为反映经济发展水平的指标,经常把区域分为高收入区、上中等收入区、下中等收入区和低收入区等。

依据经济发展所存在的问题,可以划分出贫困、萧条、过密区、过疏区等。这些区域所存在的经济发展问题是不同的。如贫困区、过疏区的主要问题是经济发展不足,或经济发展尚未进入启动阶段,因而导致居民生活贫困。萧条区的主要问题是经济经过高速发展之后,由成熟而进入衰退,经济增长乏力。过密区大多是处于成熟阶段的区域,经济上保持繁荣,但是,由于结构臃肿而积累了许多限制经济进一步发展的因素,经济增长面临下滑的危机。

(二)部门经济区

部门经济区是指由某个经济部门的相关组织在一定地理空间范围内集聚所形成的经济区。部门经济区的特点是区内的经济活动具有生产、经营特征的一致性,相互之间往往存在生产和经营方面的联系。而且,部门经济区的资源基础和发展条件基本相同,内部面临的发展问题也大体相似。常见的部门经济区主要依据不同的经济部门来划分,包括工业区、农业区、商业贸易区、旅游区等。

根据内部的行业构成,部门经济区还可进一步细分。例如,工业区还可以进一步分为原材料工业区、加工工业区,其中加工工业区又可分为机械工业区、电子工业区等;农业区可以分为种植业区、林业区、畜牧业区、水产业区等,其中种植业区可以进一步分成小麦种植区、玉米种植区、大豆种植区等。

部门经济区还可以按其内部行业的数量多寡分为综合性部门经济区和单一部门经济区。综合性部门经济区由一个部门的多个行业组成,单一部门经济区只有一个行业。例如,农业区可以分为综合农业区、部门农业区。此外,部门经济区可以进行层次划分,如农业区可以分出农业地带、农业区、农业基地等层次,农业地带还可以进一步分为农业地带、农业亚地带、农业小地带等层次。

(三)综合经济区

综合经济区是指区内国民经济体系相对完整的经济区。综合经济区具有如下三个特点:第一,在部门结构方面,综合经济区是由若干经济部门所构成。在这些经济部门中,存在着少数主导部门,其他各经济部门均以主导部门为核心,在经济、技术、组织等方面相互联系和相互依赖,从而构成一个相对完整的国民经济体系。第二,在空间结构方面,综合经济区内有一个比较强大的经济中心(少数情况下有两个经济中心)。经济中心对区内经济活动发挥着组织、带动作用,它对周围地区进行经济辐射,并依托其他的城市(也可以称为次级的经济中心)把各地区(它们的吸引腹地)连接成一体,构成空间体系,使综合经济区在空间上成为一个有机整体。第三,在网络联系方面,综合经济区内部存在一个以各种交通网络、通信网络、能源供给网络(主要是电网),以及水资源供给网络等为基础框架,以各个经济部门之间、部门内部,公司之间、公司内部等组织联系为活动链条所构成的复杂经济网络。这个经济网络在区内传输着各种资源和要素,为各种经济活动的开展及整个经济系统的运行创造了条件。一般而言,在产业结构、空间结构、网络联系方面,综合经济区都具有较高的组织水平。

综合经济区在区域和国家的经济发展中具有较强的经济空间组织功能,在制订国民经济的发展计划、规划,进行经济布局和经济管理时,多以综合经济区作为空间依托或空间单元。所以在称谓上,一般所指的经济区即综合经济区。

根据空间尺度规模,综合经济区一般分为大经济区、基本经济区和基层经济区。在我国,如果用行政区作参照,大经济区就是由若干省区的全部或部分组成的综合经济区。大经济区的空间范围广,经济结构相对完整,基本上能够形成一个功能齐备的经济体系,经济实力强,具有相当的独立性,因而,在全国地域分工中具有独特的地位。基本经济区的范围一般与一个省区的大小相似,而且往往是以省区为基础形成的。其原因是,我国各省区在长期发展过程中行政范围相对稳定,受行政、自然、社会、心理等多方面因素的影响,省区内的经济联系较为紧密,从而形成了各自相对独立的经济系统,故基本经济区又被称为经济行政区。基层经济区是省内以县为单位组合的经济区,范围相当于地区或地级市。基层经济区也被称为省内经济区。

在综合经济区中还有一种类型,就是城市经济区。在结构上,城市经济区以大、中、小城市为核心,与其周围的广大地区通过经济联系形成城市地域综合体。在构成要素上,城市经济区是城市经济要素和城市经济活动在特定地理单元上的集中反映。在功能上,城市经济区主要是发挥中心城市作用,合理组织一定地域范围内的城镇群经济,有效地发挥城镇群综合效益,促进城市及其周围地区的发展。

(四)新型经济区

在各国的经济发展过程中,出于对外开放的需要,国家有计划地规划和建设了不同类型的对外开放区和贸易区。同时,为了发展新兴产业,吸引外来投资,各国也规划和建设了许多新型经济区。新型经济区主要有以下七种形式。

1. 经济特区

经济特区是我国特有的一种经济区域。所谓经济特区,是指在中国境内划定的地域范围内,依托内地的经济与技术力量,通过实行特殊优惠政策,引进外资和先进技术,发挥四个窗口(技术窗口、知识窗口、管理窗口和对外政策窗口)与两个扇面(对内与对外)辐射的枢纽作用的特别经济区。1980年,我国设立了深圳、珠海、汕头、厦门四个经济特区。1988年又设立了海南经济特区。

我国的经济特区吸收了国际上自由贸易区、出口加工区等对外开放区的经验,但又有所区别,是一个以工业为主、工贸结合、各业并举的综合性和外向型的经济特区。建设经济特区的目的主要有:利用区位优势和优惠政策,吸引利用外资,引进先进技术,发展对外贸易;开展国际经济技术合作,收集国际经济技术信息,培养对外经贸人才;

引进、学习国外先进的管理模式；发展劳动密集型加工业，积极发展高新技术产业；扩大对外出口；建设成产业结构合理，科学技术先进，生活文明富裕的发达地区。我国经济特区还有一个重要功能，即作为我国进行经济体制改革、对外开放的试验地，在全国率先进行改革开放，积累经验，然后逐步在全国范围内推广。

2. 经济技术开发区

经济技术开发区是我国在经济特区建设经验的基础上，在开放城市划出一块较小的区域，集中力量进行基础设施建设，发展经济服务体系，创建符合国际水准的投资环境，运用优惠政策来吸引利用外资，形成以高新技术产业为主的现代工业结构，开展对外经济贸易，带动所在城市经济发展的经济区。目前，全国经国务院批准设立的经济技术开发区已经达到50多个。

经济技术开发区与经济特区存在着比较明显的区别。就管理体制而言，经济技术开发区是在所处城市管辖下实行特殊政策的开发区域；经济特区则是相对独立的行政区域。在产业结构上，经济技术开发区以先进工业发展和研发为主，经济服务体系主要依托所在城市；经济特区则是以工业为主，是工贸结合的外向型经济区。在优惠政策方面，经济技术开发区的优惠范围及幅度均比经济特区小。例如，经济特区可以在管理权限内对进口的多数生活消费品和市场物资免征或减征关税，而经济技术开发区对这些物品均要征收关税。经济特区对所有的外资企业只征收15%的企业所得税，而经济技术开发区则只对生产型企业和科技型企业实行同样的优惠。

3. 高新技术产业开发区

高新技术产业开发区就是高新技术产业集中分布的地区。它是依托所在城市的大学和科研机构，采取优惠政策，利用国内外的高新技术成果和人才，实现高新技术成果的产业化，发展高新技术产业的地区。截至2023年11月，我国大陆已批准设立了178家国家级高新技术产业开发区。

在国外，高新技术产业开发区有着不同的称谓，常见的有硅谷、硅岛、硅山、科学城、技术城、科学园、技术园、技术开发中心、高新技术创新孵化器、科学生产综合体、高技术园、电子村等。事实上，这些名称都是自由命名的，而不是严格的科学分类。就其实质而言，都是高新技术的研究中心、高新技术产品的开发与生产中心、高新技术产业人才的汇聚地、高新技术产业发展的基地。因此，在我国被统称为高新技术产业开发区。高新技术产业开发区一般分布在城市的边缘或附近，它的地域范围相对于城市而言比较小，是高新技术产业发展所依托的基本空间单元。

一般情况下，高新技术产业开发区由三大部分构成。一是各种高新技术企业，以及大学和科研机构，它们是高新技术的发明者和转化者、高新技术产品的生产者及贸易商。二是开发区的开发、管理机构，负责开发区的基础设施建设，管理开发区的行政事务。这些开发、管理机构在不同的国家具体设置不同，有的是由政府委派或专门设立行政机构，有的是开发区的开发公司，有的则是二者兼有。不过，在部分靠市场力量率先发展起来的开发区里没有行政性管理机构，开发区的管理机构可能是大学（如斯坦福科学园的创办者和管理者就是斯坦福大学）。三是金融、保险、税务、通信、教育与培训、咨询和企业管理、中介机构、治安等，其组成的社会服务与保障体系为开发区内高新技术产业发展提供完善的社会化服务。这三个部分结合在一起形成了高新技术产业特有的发展环境和运行机制。

4. 出口加工区

出口加工区是指在一个地区、城市的对外交通便捷的地方（如港口、机场附近），划出一定的区域，通过建设基础设施和标准厂房等，结合优惠政策，吸引外国投资，发展以制造、加工或装配出口商品为主的出口加工业的经济区。世界上第一个出口加工区是1959年在爱尔兰香农机场附近建立的。1966年，我国台湾建立了高雄出口加工区，这是亚洲的第一个出口加工区。

建立出口加工区的主要目的是吸引外商直接投资，允许生产用的设备、原材料、中间产品自由进出，区内企业对进口的原料、半成品进行加工或装配，然后出口到国际市场。出口加工区的发展，不仅吸引了外资，扩大了出口，增加了就业机会，而且还加强了与所在地区或城市的经济联系，带动了相关产业的发展。

5. 保税区

保税区是在一个国家对外贸易便利的口岸城市，划出一定区域，开展国际贸易和保税业务的经济区。在保税区内，允许外商投资经营国际贸易，发展保税仓储、加工出口等业务。目前，我国已经设立了15个保税区。这些保税区成为我国与世界经济融合的重要连接点。

6. 自由港与自由贸易区

自由港是指一国划定的，位于海关管辖之外，外国船只和人员可以自由进出，对全部或大多数外国商品实行关税豁免的港口。在自由港，实行贸易自由，没有贸易管制；实行金融自由，外汇自由兑换，资金自由进出和经营；实行投资自由，对投资没有行业及经营方式方面的限制；实行运输自由，运输工具可以自由进出。自由港主要发展直接贸易和转口贸易，商品免税进港后，经过储存、分类包装、简单加工，再免税出口。

自由贸易区是以贸易为主，工业和商业同时发展的多功能经济自由区。在自由贸易区内，贸易活动自由，吸引外资发展出口加工业，同时外商还可开展商业、金融、旅游、文化教育等服务业。与自由港相比，自由贸易区的自由度要低一些。如自由港只对很少的商品征收关税或实行不同程度的贸易管制，但自由贸易区对所有的进口生活消费品都征税和实行贸易管制。

2013年8月22日经国务院正式批准设立的"中国（上海）自由贸易试验区"，是中国政府设立在上海的区域性自由贸易园区，属中国自由贸易区范畴。试验区于2013年9月29日正式成立，总面积为28.78平方千米，相当于上海市面积的1/226，范围涵盖上海市外高桥保税区（核心）、外高桥保税物流园区、洋山保税港区和上海浦东机场综合保税区四个海关特殊监管区域。

中国（上海）自由贸易试验区是根据中国法律法规在中国境内设立的区域性经济特区。这种方式属一国（或地区）境内关外的贸易行为，即某一国（或地区）在其辖区内划出一块地盘作为市场对外做买卖（贸易）的区域，对该地盘的买卖活动不过多地插手干预，且对外运入的货物不收取过路费（关税）或给予优惠。

与国际上传统自由贸易区不同的是，传统自由贸易区是多个国家一起"玩"，游戏规则由多国共同制定；而这种方式是一国在自己的地盘"玩"，自己的地盘自己做主，游戏规则由自己制定。

继上海以后，很多地区或城市都提出了建设自由贸易区的要求，天津、广东、重庆、厦门等地自贸区都已相继建设。

7. 边境经济合作区

边境经济合作区是在我国实施沿边开放战略中，在内陆边境开放城市或地区设立的发展边境贸易和加工出口的经济区。边境经济合作区的发展与所对应的国家或地区的经济发展水平，以及双边经济互补性有很大的关系。在发展的初期，边境经济合作区主要是以生活类商品交易、原材料交换等为主，出口加工为辅。1992 年以来，我国共设立了14 个边境经济合作区。这些边境经济合作区在规模和水平上虽然不如经济特区和经济技术开发区，但是，对于发展我国与周边国家的对外贸易，促进边境地区、少数民族地区的发展发挥了重要作用。

三、经济区划

(一)经济区划的概念

关于经济区划的概念，早期的理解是指对客观存在的经济区的划分，包括划分经济区的工作和区划成果。现在学术界普遍认为，经济区划作为一项工作，不仅要划分出经济区的边界，更重要的是分析经济区的发展条件、结构变化、存在问题，并进一步规划其发展方向、战略和对策。经济区划是依据一定的原则和标准对客观存在的经济区的主观认识与划分，以达到组织区际合理分工、有计划地建立与加强区内各部门间、各子区域间经济联系，指导区域经济朝着最有利的方向发展，实现整体经济最优化的目的。还有学者认为，经济区划旨在通过对全国或特定区域进行分区划片，阐明各地区经济发展的条件、特点和问题，指出它在国民经济体系中的地位和发展方向，最终为中央政府对区域经济进行宏观调控、地方政府制定区域发展规划、企业进行区域分析活动提供科学依据。

本书认为，经济区划包括两个方面：一是按照既定的原则、指标，识别客观存在的经济区，并把它们的空间界线划分出来；二是对各经济区的经济发展条件和现状进行分析，找出其经济发展的优势和存在的问题，依据全国或区域经济发展的总体要求，对经济区未来发展方向、目标、经济结构和空间结构调整等进行战略性规划，提出相应的对策。

需要说明的是，下面所讨论的经济区划方法主要着眼于经济区划的第一个方面。至于经济区划的第二个方面，由于涉及本书区域经济学的整体理论和方法，在此不作单独介绍。

(二)经济类型区划

1. 经济类型区划的目的与原则

经济类型区划的目的就是把经济特征相似的经济区划分出来，分析其发展的现状和条件，并根据区域经济发展的总体要求，设计其总体发展方案，采取有针对性、有差别的经济政策及其他相关政策，消除经济区的经济发展障碍，促使其健康发展，并使之与区域经济的整体发展相协调。常见的经济类型区划的具体目的又有所不同。例如，按经济水平划分经济类型区，主要是为了合理规划区域开发的顺序，确定国家经济的宏观布局方针，有针对性地解决不同发展水平区域的问题。根据所存在的经济发展问题而划分经济类型区，主要是为了深入分析这些经济区经济问题产生的原因，进而制定相应的政策措施，通过国家的干预（如援助），结合自身的努力，解决其所面临的经济问题，培育内生的经济发展机制，促进其经济发展步入良性循环。

经济类型区划的基本原则主要是，经济类型区内部必须具有某方面经济特征或与经济发展问题具有相似性或一致性，同时与区外相比又有明显的区别。

2. 经济类型区划的方法

在划分经济类型区时，确定经济区边界的方法因涉及的经济问题不同而有所不同。一般的经济类型区划过程是：首先，根据经济问题的特征选取相应的指标或建立指标体系；其次，确定分类的标准，作为划区的依据；再次，依据所选取的指标或指标体系，收集相关的数据资料和文字资料，并进行实地调研；最后，对资料进行处理、分析，按照不同地区在这些指标或指标体系上的得分进行归类，把特征相似且空间上相连的地区划分为一个经济类型区。

按照经济水平划分经济类型区，通常都是使用人均 GDP 或人均 GNP 指标，或者使用反映经济发展水平的指标体系，评价区域的经济发展水平，并根据评价结果进行分类划区。例如，参照世界银行的做法，使用相对人均 GDP 划分的经济类型区的标准是，低收入区：相对人均 GDP 小于 75%；下中等收入区：相对人均 GDP 为 75%～100%；上中等收入区：相对人均 GDP 为 100%～150%；高收入区：相对人均 GDP 大于或等于 150%。

划分贫困区的方法比较多。一般采用人均收入或者综合人均收入与失业率作为指标。第一步，确定贫困标准。第二步，划定贫困线。地区收入水平和就业水平在贫困线之下的属于贫困区。第三步，划分贫困等级。根据各贫困区的贫困程度将其划分成不同层次的贫困区。在划分贫困等级时，可以使用统计分组的方法对划分出来的贫困区进行分组，然后把空间上相连并处于同一组的贫困区划为一个贫困区域。此外，为了强调某些指标的重要性，还经常采取加权的办法，计算各指标的值。为了更准确地划分贫困区，有时也选取比较多的指标来衡量经济区的综合特征。如美国在划分经济开发区（即贫困区）时，就曾采用了高失业率，低收入，住房、卫生和教育设施落后，主导经济部门处于衰退状况，劳动力或资本大量外流，生产总值增长率低等指标，依据贫困程度由大到小把贫困区分为再开发区、经济开发二级区和经济开发区。

划分出经济类型区的边界，只是完成了经济类型区划的第一项工作。经济类型区划的第二项工作就是深入分析各经济类型区的经济特征或经济问题产生的原因，提出解决问题的对策，制定未来发展方案。

(三)部门经济区划

1. 部门经济区划的目的与原则

部门经济区划的目的是，从产业组织和空间组织的角度，依据经济部门的发展基础和条件，合理进行经济部门内部的地域分工，加强部门内部的联系与合作，通过优势互补，促进该经济部门的合理布局和发展。部门经济区划重点解决两个问题：第一，根据经济部门内部各个生产、经营环节的技术经济特征和区位指向，选择各个生产、经营环节的经济组织的适宜区位；第二，根据各个生产、经营环节的经济组织之间的联系，按照部门整体发展的要求，对其进行空间布局的优化组合，协调好它们相互之间的关系。通过这两个方面，充分利用各种资源，发挥各经济组织的功能，获得集聚经济和规模经济效益，实现整个经济部门发展的优化。

部门经济区划的基本原则是，保证部门经济区内某经济部门的同质性和集聚性。所划分出的部门经济区必须是一个经济部门的某类经济活动的集聚区，在经济活动的性质、特征等方面与区外存在明显区别。部门经济区在一个经济部门的发展中承担着产业分工或专业化生产、生产基地等方面的作用，同时也是区域经济发展的重要组成部分。所以，部门经济区的产业特色和专业化特征突出。由此也可看出，部门经济区内的各地区之间在该部门的发展条件、存在问题等方面必然表现出一定的相似性。

2. 部门经济区划的方法

部门经济区的边界划分主要从两个方面进行，并配合使用。一是分析某个经济部门在空间上的集聚程度，找出该经济部门的主要分布区域；二是确定该经济部门在资源利用、生产或经营活动方面所涉及的主要空间范围。

首先，经济部门的空间集聚程度可以用区位商、集中化指数等来衡量。对所研究的各个地区，计算某个经济部门的区位商或集中化指数，然后把该经济部门集聚程度高且空间上又相连的地区都划入同一个部门经济区。

其次，确定经济部门的资源利用、生产或经营所涉及的主要空间范围，主要依据经济组织的空间分布和有关的数据资料，结合实地调查来确定。一般来讲，一个经济部门的组织机构分布和所发生的经济、技术联系所能达到的主要地域边界大体上就是该部门经济区的界线所在。

把上述两个方面的分析加以综合，基本上可以比较准确地划分出部门经济区的边界。

此外，从部门经济区未来发展的角度考虑，还应该把当前与某经济部门关联性小，但在发展中将与该部门集聚区建立密切联系的地域划入该部门经济区。在这方面，需要重点分析部门经济区的发展所依赖的新资源供给地、新的市场，以及其他对部门经济区发展有重要支持或限制作用的地区。如果存在这样的地区，一般需要将其划入该部门经济区。

完成部门经济区的边界划分后，接下来的区划工作包括，深入分析该经济部门发展的条件、现状、优势和制约因素。在此基础上，确定该部门经济区的发展方向以及发展重点和途径，制定促进该部门经济区发展的对策。

(四)综合经济区划

1. 综合经济区划的目的与原则

综合经济区划的主要目的是，遵循劳动地域分工规律，建立彼此联系紧密、优势互补且具有一定独立性和完整性的经济空间体系，使综合经济区成为国家经济发展中或区域经济发展中结构比较完整的，既有经济特色，又有相当规模和经济实力的经济系统，以及进行经济战略布局与宏观经济管理的地域单元。

综合经济区划是区域经济发展的重要依据。区域经济的空间组织必须以综合经济区为对象，进行经济布局，实施经济发展的计划和规划，以便发挥综合经济区的独特优势，提高区域资源的综合利用效率和经济整体效益。

综合经济区划是制订国民经济计划、区域经济发展战略，开展不同层次的区域规划、国土规划、城市规划的依据和空间框架。综合经济区划也是企业进行跨区域扩张、设置分支机构、制订市场开发和竞争策略等的科学依据。

由于各个国家的经济体制、社会环境、区划的具体目的等并不完全相同，所以不同国家在综合经济区划方面所遵循的原则存在一定的差异。

在西方国家，综合经济区划的基本原则主要有三条。第一，综合经济区划服从国家经济发展的总体需要。也就是说，综合经济区在全国或区域的经济发展中必须具有独特的作用。就其本身而言，综合经济区要形成专业化与综合发展相协调的产业结构，在相当程度上形成满足区内经济和社会发展需要的生产能力。第二，在空间上，综合经济区由经济中心城市与其吸引腹地共同组成。在综合经济区内，以经济中心城市为核心、经济网络为纽带，构建城乡一体化空间体系。第三，综合经济区的界线应与一定级别的行政区界线一致。这样做的目的主要是有利于依靠区内的行政机构执行综合经济区的发展战略及政策，并相应地照顾到行政区中所包含的民族和乡土因素，促进经济发展与社会发展协调。

我国在长期进行综合经济区划的实践中，一方面吸收了国外的有关理论和原则；另一方面也充分考虑了我国的国情，总结出了我国的综合经济区划原则。尽管具体的提法有所不同，但以下几条原则得到了公认。第一，经济中心与吸引范围相结合。这一原则要求把主要经济中心的吸引范围划入同一个综合经济区，以发挥经济中心的组织作用。第二，专业化与综合发展相结合。这一原则要求把专业化和综合发展的经济部门所涉及的地域都划入同一个综合经济区，以利于建立有特色的经济体系。第三，资源相关性。这一原则要求把在开发利用上相关联的各种资源所占据的地域尽量划入同一个综合经济区，以便合理利用资源，提高资源配置的综合效率，为综合经济区发展提供可靠的资源保障，同时，也有利于综合经济区获得在经济发展方面的相对独立性。第四，经济发展方向的一致性。这一原则要求把未来经济发展方向相同的地域划入同一个综合经济区，以便于采取统一的经济发展政策，协调区内经济发展，增强经济发展的整体优势。第五，按照国家或区域经济发展的整体需要，使所划分的综合经济区在地域分工中具有独特分工任务。第六，适当考虑一定行政区界线的完整性。该原则要求在划分综合经济区边界时，把某一级别的行政区完整地划入同一个综合经济区，以便于经济发展中的行政协调。有学者认为，除这些原则外，综合经济区划还要考虑以下原则：民族原则，区划边界必须保持民族自治区的相对完整性，有利于促进民族地区的经济发展；国防原则，从国防战略的角度考虑，注意使综合经济区特别是大经济区在战争时期有条件保持经济体系的完整性，以利于支持战争的胜利；生态原则，尽量把在生态上有密切联系的地域划在同一个综合经济区内，以便合理利用自然资源和保护环境。

由于具体的出发点有所不同，上述综合经济区划的部分原则之间存在一定的交叉和矛盾,所以,开展综合经济区划,需要以某个或少数几个原则为主,兼顾其他的原则。一般而言,经济中心与吸引范围相结合、专业化与综合发展相结合是综合经济区划的主要原则,同时,还需根据情况考虑其他原则的要求,有主有次,划分出综合经济区的边界。

2. 综合经济区划的方法

划分综合经济区边界主要有四种方法,即统计分类法、经济中心分析法、经济联系法和动力生产体系法。统计分类法是指先选择反映资源分布、经济和社会方面内在联系的一系列指标,通过进行数据分析,把指标得分近似且空间上相连的地域划为同一个综合经济区。经济中心分析法是指先确定主要的经济中心,把每个经济中心的吸引范围找出来。然后,按各经济中心之间的等级与层次关系,把它们的吸引范围组合起来,就形成了一个综合经济区。经济联系法主要根据专业化生产部门、重要的生产基地与其他经济部门所形成的经济、技术等方面的联系在地理空间上延伸所能达到的地域来划分综合经济区的边界。一是把与专业化生产部门、重要的生产基地有着密切联系的地域均划入同一个综合经济区。二是根据各地区之间交通联系的紧密程度、方便程度,把相互联系程度高的地区划为同一个综合经济区。动力生产体系法是先确定生产过程,从燃料动力、原料生产开始,沿着生产顺序,直到最终制成品的生产,形成一个生产体系。然后,按照生产体系各个生产阶段的空间分布和扩大再生产的要求,把相关的地域划入同一个综合经济区。

我国划分综合经济区主要按照以下步骤进行。

第一步,调查研究。对各地区的资源分布、生产布局、城市体系、交通网络、社会发展、历史演变等进行广泛、深入的调查,分析各地区的经济发展现状、特点及它们之间的差异。然后,根据各地区之间的经济联系、发展方向和空间关系,把经济联系紧密、发展方向相同、空间上相连的地区划分出来,得到一个综合经济区的雏形。

第二步,划分综合经济区的界线。根据自然界限、专业化部门、主要的经济中心、交通网络的现状与未来变化趋势、发展的需要,按照经济区划的基本原则,初步划分出综合经济区的边界。

第三步,规划综合经济区的内部结构,分析其在国家或区域分工中的地位与作用。主要工作包括,明确国家或区域经济发展对综合经济区的要求;分析综合经济区经济发展的优势与限制因素;设计综合经济区的专业化与综合发展方向及经济结构;设计经济总体布局,规划城市体系等。同时,根据这些方面发展、变化的需要,修订第二步所划出的综合经济区界线。

第四步,划分综合经济区内的次一级经济区,并指出次级经济区的发展方向,构建经济区内部分工格局。

第五步,编制综合经济区划方案。根据上述研究,撰写综合经济区划方案。综合经济区划方案的主要内容由以下七个方面依次组成。

(1)综合经济区的现状、经济发展条件和问题;

(2)综合经济区的功能和发展方向;

(3)综合经济区的经济结构与空间布局;

(4)综合经济区的经济中心体系建设;

(5)综合经济区内的次级经济区划分与发展设想；

(6)综合经济区与其他经济区的关系；

(7)综合经济区的发展措施与建议①。

四、主体功能区及其划分

2006年，《国民经济和社会发展第十一个五年规划纲要》明确提出：各地区要根据资源环境承载能力和发展潜力，按照优化开发、重点开发、限制开发和禁止开发的不同要求，明确不同区域的功能定位，并制定相应的政策和评价指标，逐步形成各具特色的区域发展格局。《国民经济和社会发展第十二个五年规划纲要》(以下简称"'十二五'规划")提出要继续实施主体功能区战略，国家"十四五"规划强调要完善和落实主体功能区制度，细化主体功能区划分，按照主体功能定位划分政策单元，对重点开发地区、生态脆弱地区、能源资源富集地区等制定差异化政策，分类精准施策。

(一)主体功能区划分的基本范畴

主体功能区是指根据不同区域的资源环境承载能力和发展潜力，按区域分工和协调发展的原则划分的具有某种主体功能的规划区域。划分主体功能区是国家实施可持续发展战略，实现空间科学发展的重大战略部署。

1. 主体功能区的功能

功能，即区域的功能、土地的功能，包括生产、生活、生态及其服务等，可以简单地归结为生产生活和生态两大类功能。主体功能区划以地球表层和国土空间(包括陆地和水面)为对象，区划的目的在于空间管制，引导开发方向，控制土地利用方式(方向和强度)，提高国土利用的效益和可持续性。明确主体功能区的功能是进行主体功能区划的基本前提。

如图3-11所示，目前我国主体功能区规划中提出了以下四类主体功能区。

(1)优化开发区域，即经济比较发达、人口比较密集、开发强度较高、资源环境问题较突出，从而应该优化进行工业化、城镇化开发的城市化地区。

(2)重点开发区域，即有一定经济基础、资源环境承载能力较强、发展潜力较大、集聚人口和经济的条件较好，从而应该重点进行工业化、城镇化开发的城市化地区。优化开发区域和重点开发区域都属于城市化地区，开发内容总体上相同，但开发强度和开发方式不同。

(3)限制开发区域，该功能区分为两类：一类是农产品主产区，即耕地较多、农业发展条件较好，尽管适宜工业化、城镇化开发，但从保障国家农产品安全以及中华民族永续发展的需要出发，必须把增强农业综合生产能力作为发展的首要任务，从而应该限制进行大规模高强度的工业化、城镇化开发的地区；另一类是重点生态功能区，即生态系统脆弱或生态功能重要，资源环境承载能力较低，不具备大规模高强度工业化城镇化开发的条件，必须把增强生态产品生产能力作为首要任务，从而应该限制进行大规模高强度的工业化、城镇化开发的地区。

(4)禁止开发区域，即依法设立的各级各类自然文化资源保护区域，以及其他禁止

---

① 吴殿廷. 区域经济学(第四版)[M]. 北京：科学出版社，2019.

进行工业化、城镇化开发，需要特殊保护的重点生态功能区。国家层面禁止开发区域，包括国家级自然保护区、世界文化自然遗产、国家级风景名胜区、国家森林公园和国家地质公园。省级层面的禁止开发区域，包括省级及以下各级各类自然文化资源保护区域、重要水源地以及其他省级人民政府根据需要确定的禁止开发区域。

主体功能区分类及其功能

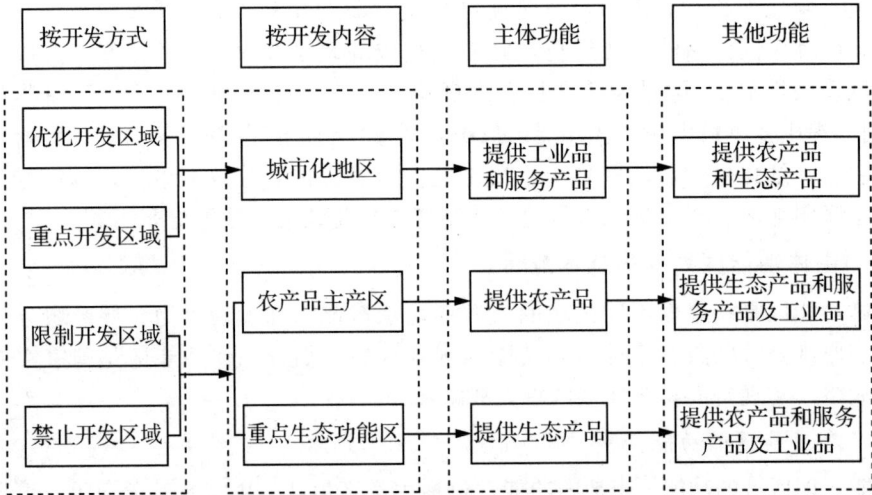

图 3-11 我国主体功能区分类及其功能定位

2. 主体功能区中"区"的形状

主体功能区中的"区"包括点、线、面三种形状。其中禁止开发区域和重点开发区域以点状为主，兼有条带；优化开发区域和限制开发区域以面状为主。因此，"区"不一定集中连片，特别是禁止开发区域、重点开发区域，全国范围、一省范围都不可能集中连片。因此，较大范围的地区不是仅划分以上四大块即可，而是要嵌套式进行区划。

3. 主体功能区的开发

主体功能区的开发，主要指产业非农化(主要是指工业化)和人口城镇化(包括产业集聚、工业集聚、人口集聚等)。无论产业非农化还是人口城镇化，都涉及土地利用方式的非农化、非生态化。因此，控制了土地利用方式及强度，就实现了主体功能区的管制。

(二)主体功能区的特点

(1)主体功能区是政策性区域，既具有宏观战略引导性，也要考虑实际操作性；主体功能区不是行政区，不要陷入行政区误区。所有的政策性区域都是针对类型区而言的，少有针对行政的。主体功能区也不是自然区域，因而不能以资源和环境承载力为基础进行区划。

(2)主体功能区是类型区而不是方位性区域；是均质区而不是结节区。

(3)主体功能区兼具稳定性和可变性。主体功能区应相对稳定，但也不是一成不变的，在不同时期(如"十三五"时期、"十四五"时期等)，重点开发区域、优化开发区域等区域是变化的。例如，有的重点开发区域经过一段时间的开发，资源环境约束将增加，应将其转变为优化开发区域。限制开发区域和禁止开发区域可能也是变化的。但禁止开发区域不能越来越小，重点开发区域也不能无限扩大。

（4）主体功能区的地域性。不同地域，四类区域的划分标准有所不同。中央政府根据目前国土空间开发的现状及问题、未来的发展趋势以及各区域在全国的战略分工定位，提出确定国家级主体功能区的全国统一标准。各省依照中央政府确定国家级主体功能区的标准，结合自身的实际情况，提出确立省级主体功能区的标准。中央政府制定的国家统一标准和省级政府制定的省级标准在指导思想和原则上应该是一致的，但是在标准的内容、阈值高低方面不一定完全一致。

第七节　中国特色区域发展理论

党的十九大以来，习近平总书记在领导推进新时代治国理政的实践中，提出了许多具有原创性、时代性、指导性的重大思想观点，进一步丰富和发展了党的理论创新成果，《习近平谈治国理政》第三卷将这些理论创新成果概括为"习近平新时代中国特色社会主义思想"，并深刻系统地阐释了它的丰富内涵，即明确坚持和发展中国特色社会主义，实现社会主义现代化和中华民族伟大复兴，在全面建成小康社会的基础上，分两步走在本世纪中叶建成富强民主文明和谐美丽的社会主义现代化强国。[①] 党的二十大报告特别强调要加快构建新发展格局，着力推动高质量发展。深入实施区域协调发展战略、区域重大战略、主体功能区战略、新型城镇化战略，优化重大生产力布局，构建优势互补、高质量发展的区域经济布局和国土空间体系。

一、发展与区域发展观的演变

（一）发展的概念

从哲学层面看，发展是指事物由小到大、由简单到复杂、由低级到高级、由旧结构到新结构的运动变化过程。唯物辩证法认为，物质是运动的物质，运动是物质的根本属性，而向前的、上升的、进步的运动即是发展。发展的过程就是从一种状态向另一种更好状态的转变。

从国家经济层面看，发展大致包括八个方面[②]；而从区域角度看，有意义的发展基本上表现在如下五个方面，即生产增长、技术进步、结构改进、资本积累和对外关系改善。这就是说，区域发展不完全等同于区域经济增长，区域发展的表现是多方面的，而且这些方面是相辅相成的。

（二）中国特色的区域发展观

发展观是一定时期经济与社会发展的需求在思想观念层面的聚焦和反映，是一个国家或地区在发展进程中对发展什么及怎样发展的系统看法。确立什么样的发展观，是世界各国面临的共同课题。发展观伴随着各国经济社会的演变进程而不断完善，其

---

① 吴传毅. 习近平治国理政的基本框架与核心思想[J]. 求索，2014(9)：4-8.
② 方甲，吴春波，彭世元，等. 西方经济发展理论[M]. 北京：中国人民大学出版社，1989.

核心问题包括为什么发展，发展什么，怎样发展等。

中国特色的区域发展观，是立足区域发展所处阶段的区情，总结区域发展实践，借鉴区外发展经验，适应新形势下的发展战略思想。要求坚持以人民为中心，牢固树立创新、协调、绿色、开放、共享的新发展理念，按照"统筹城乡发展、统筹区域发展、统筹经济社会发展、统筹人与自然和谐发展、统筹国内发展和对外开放"的要求推进各项事业的改革和发展。

(三)区域发展观的演变

区域发展观大体经历了以实物生产为主、以财富(GDP)生产为主和以人为本三个不同的阶段，可分别称作实物崇拜的发展观、财富(GDP)崇拜的发展观和以人为本的发展观。

改革开放前，我国的国民经济管理采取的是物质产品平衡体系(system of material product balance，MPS)。制定 MPS 的基本依据是马克思主义的再生产理论，它根据劳动的性质将国民经济划分为物质生产领域(农、工、建、运、商)和非物质生产领域；非物质生产领域投入的社会劳动，不增加供社会支配使用的物质产品总量，所以不创造国民收入。[1]

可以看出，该体系是典型的以实物生产为主的发展观，即简单、直接追求物质财富，比如以粮为纲、以钢为纲等。我国从"一五"计划到"七五"计划，都把粮食产量、钢铁产量或工农业总产值、社会总产值等物质生产规模作为经济社会发展的最主要目标。

不仅当时的经互会(经济互助委员会，the council for mutual economic assistance，简称 Comecon，是由苏联组织建立的一个由社会主义国家组成的政治经济合作组织)国家如此，联合国发展研究所及经济学家哈根、里维罗斯基等提出的区域规划目标也都非常重视人均钢产量、人均电视机拥有量等物质指标。实物崇拜，即以实物产量为主的发展，是当时主导的经济发展观念。

改革开放后，我国引入联合国"国民经济核算体系(the system of national accounts，SNA)"，经济发展观转向以国内生产总值即 GDP 为核心。国内生产总值常被公认为衡量国家经济状况的最佳指标。它不但可以反映一个国家的经济表现，更可以反映一国的国力与财富。正因如此，人们越来越重视 GDP，越来越追求 GDP，逐渐形成了 GDP崇拜，以致片面追求 GDP 绝对值的增长而忽略了其他因素，比如经济结构的平衡、环境成本、社会福利等。对于 GDP 增长率的片面追求曾经是世界上一些新兴市场经济体制国家或者向市场经济体制转型国家的"共发症"[2]。我国国内也曾出现了盲目追求GDP 的热潮，各地方政府热衷于基础设施和经济项目的大投入、大建设，甚至不惜牺牲生态环境、民生福祉为 GDP 让路[3]。而统计数据造假或"注水"，用地方发展绑架中央调控，更是"GDP 崇拜"的直接恶果[4]。

---

① 苏德宣. 现阶段两种核算体系并存的必要性[J]. 统计，1986(9)：21-22.
② 贺善侃. 精神财富：财富哲学的一个重要视角[J]. 上海财经大学学报，2011，13(1)：10-17.
③ 唐兴霖，唐琪. 中国政府绩效评估研究综述[J]. 学术研究，2010(11)：75-80.
④ 尹志明. 科学发展需要走出"GDP 崇拜"的误区[J]. 长白学刊，2005(5)：107-108.

实际上，GDP不是万能的。GDP不能充分反映公共服务在经济发展中的重要作用，不能反映经济发展的质量差异，不能准确地反映财富的真正增长——财富的损失未计入其中，战争、自然灾害反而可以扩大GDP，不能反映非市场性家务劳动①，不能体现生活质量的提高和社会的进步。

党的十五大把可持续发展战略确定为我国"现代化建设中必须实施"的战略，党的十六大把"可持续发展能力不断增强"作为全面建设小康社会的目标之一。坚持可持续发展就是统筹人与自然和谐发展，处理好经济建设、人口增长与资源利用、生态环境保护之间的关系，建设资源节约型和生态保护型社会。国家可持续发展战略的整体构想，涵盖了"自然、经济、社会"复杂巨系统的运行规则和"人口、资源、环境、发展"四位一体的辩证关系②。

党的十六大和国家"十一五"规划提出以人为本的科学发展观，党的十七大和十八大进一步强调生态文明和"五位一体"总体布局，使我国的区域发展观念自此进入新阶段，即以人为本（以人民为中心）。所谓以人为本，就是改变传统的以物质生产为中心的经济增长模式，发展的目的是人（人的全面发展），发展的过程要依靠人（而不是过度地消耗自然资源和污染环境），发展的成果要惠及大多数人（而不是由少数利益集团瓜分），特别关注弱势群体③。要坚持创新、协调、绿色、开放、共享的新发展理念。其中：

创新是引领发展的第一动力。必须把创新摆在国家发展全局的核心位置，不断推进理论、制度、科技、文化等各方面创新，让创新贯穿党和国家一切工作，让创新在全社会蔚然成风。

协调是持续健康发展的内在要求。必须牢牢把握中国特色社会主义事业总体布局，正确处理发展中的重大关系，重点促进城乡区域协调发展，促进经济社会协调发展，促进新型工业化、信息化、城镇化、农业现代化同步发展，在增强国家硬实力的同时注重提升国家软实力，不断增强发展整体性。

绿色是永续发展的必要条件和人民对美好生活追求的重要体现。必须坚持节约资源和保护环境的基本国策，坚持可持续发展，坚定走生产发展、生活富裕、生态良好的文明发展道路，加快建设资源节约型、环境友好型社会，形成人与自然和谐发展现代化建设新格局，推进美丽中国建设，为全球生态安全做出新贡献。

开放是国家繁荣发展的必由之路。必须顺应我国经济深度融入世界经济的趋势，奉行互利共赢的开放战略，坚持内外需协调、进出口平衡、引进来和走出去并重、引资和引技引智并举，发展更高层次的开放型经济，积极参与全球经济治理和公共产品供给，提高我国在全球经济治理中的制度性话语权，构建广泛的利益共同体。

共享是中国特色社会主义的本质要求。必须坚持发展为了人民、发展依靠人民、

---

① 许宪春. GDP：作用与局限[J]. 求是，2010(9)：24-26.

② 牛文元. 可持续发展理论的内涵认知——纪念联合国里约环发大会20周年[J]. 中国人口·资源与环境，2012，22(5)：9-14.

③ 吴殿廷，李东方，郭谦，等. 区域科学发展的内涵和途径——兼论鸡西市科学发展问题[J]. 中国区域经济，2012(5)：85-93.

发展成果由人民共享，作出更有效的制度安排，使全体人民在共建共享发展中有更多获得感，增强发展动力，增进人民团结，朝着共同富裕方向稳步前进。[①]

二、区域科学发展的途径：统筹兼顾

党的十七大报告强调："中国特色社会主义伟大旗帜，是当代中国发展进步的旗帜，是全党全国各族人民团结奋斗的旗帜。"这就从理论、旗帜和道路相统一的高度，阐释了科学发展观与中国特色社会主义理论体系在主题上的一脉相承和与时俱进，两者都是围绕建设中国特色社会主义这个主题来展开的[②]。科学发展观是中国特色社会主义理论体系的创新和发展。科学发展观是党中央在新世纪新阶段发展理论的创造性发展和运用。从区域科学的角度来看，中国特色社会主义理论体系主要体现于科学发展观的五个统筹，即统筹城乡发展、统筹区域发展、统筹经济社会发展、统筹人与自然和谐发展、统筹国内发展和对外开放。在此基础上，还要坚持统筹海陆和平发展。

因此，区域科学发展可从以下六大"统筹"展开。

(一)统筹城乡发展

统筹城乡发展，是指要站在国民经济和社会发展的全局高度，把城市和农村的经济社会发展作为整体统一筹划，通盘考虑，把城市和农村存在的问题及其相互关系综合起来研究，统筹解决。既要发挥城市对农村的辐射作用，发挥工业对农业的带动作用，又要发挥农村对城市、农业对工业的促进作用，实现城乡良性互动；以改变城乡二元结构为目的，建立起社会主义市场经济体制下的平等、和谐、协调发展的工农关系和城乡关系，实现城乡经济社会一体化。

统筹城乡协调发展有着特殊的必然性和紧迫性，它是打破城乡二元结构，纠正城市偏向的必然选择；是全面建设小康社会和我国进入工业化中期的必然要求；是解决我国"三农"问题的根本途径；是扩大内需、启动农村市场及农业大省建设经济强省的必然需要。

城乡协调发展的最终目标是实现城乡一体化，它是生产力发展到一定水平时，城市和乡村成为一个相互依存、相互促进的统一体，充分发挥城市和乡村各自的优势和作用，城乡的劳动力、技术、资金、资源等可以进行自由交流和组合，实现城乡共同繁荣、共同富裕。

(二)统筹区域发展

统筹区域发展，是指中央政府从区域经济发展全局的高度，运用宏观调控手段使不断扩大的区域差距重新回归到民众能够普遍接受的范围，从而逐步实现区域经济协调发展目标。包括：缩小区域发展差距，促进区域协调发展；优化区域产业结构，优势互补，共同发展；合理规划人口、经济、国土利用、城镇化格局，引导生产要素合理流动。

① 中华人民共和国国民经济和社会发展第十三个五年规划纲要[EB/OL]. 中国政府网. (2016-03-17)[2023-10-25].

② 潘绍龙，王伟娜，刘真. 论科学发展观与中国特色社会主义理论体系的一脉相承[J]. 南京政治学院学报，2007(6)：8-13.

1. 统筹区域发展的基本内涵

统筹区域发展的目标是实现区域之间协调发展。实现区域协调发展，至少要解决三个方面的主要问题：一是要发挥各地区的比较优势，形成合理的区域分工；二是要帮助、扶持贫困地区和欠发达地区发展，逐步缩小地区发展差距；三是要形成全国统一市场，实现各种商品和要素在空间上的合理有序流动。

统筹区域发展的主体是中央政府及地方各级政府。中央政府统筹全国性的区域协调发展，地方政府统筹局部性区域协调发展。

统筹区域发展应根据不同的目标采用不同的区域划分。统筹区域发展至少可以采取四种区域划分方法：一是划分为西部地区、东北地区、中部地区和东部地区；二是划分为保护区、控制区和发展区；三是划分为东部和中西部地区；四是以省、自治区和直辖市为单元划分。

总之，统筹区域发展就是中央政府和地方各级政府，依托市场机制，运用能够掌握的各种资源，发挥各地区的比较优势，形成合理的区域分工，帮助和扶持弱势地区发展，缓解地区差距扩大的趋势，形成全国统一市场，促进商品和要素在空间上的合理有序流动和合理配置。

2. 统筹区域发展的主要内容

统筹区域发展有两个核心内容：一是对各地区在全国现代化建设中的地位和作用要进行统筹考虑；二是对各地区人民生活要进行统筹考虑。

统筹考虑各地区在全国现代化建设中的地位和作用。从"六五"时期至"十五"时期，我国是分沿海地区与内陆地区，或分东部、中部与西部，来阐述各地区在全国发展中的地位和作用的。

党的十六届三中全会提出统筹区域发展，是在实施西部大开发战略和振兴东北地区等老工业基地战略的新形势下对我国区域发展战略的新认识，因此将全国分成西部地区、东北地区、中部地区和东部地区四大区域，进而深刻认识这四大区域各自的优势和劣势，正确认识这四大区域在全国现代化建设中的地位和作用，正确把握这四大区域在我国推进全面建设小康进程中的相互关系。

为了引导各地区的发展和正确评价各地区的发展业绩，除了统筹考虑西部地区、东北地区、中部地区、东部地区四大区域的发展外，我们还需要从保护与发展、适度发展与重点发展的角度对全国进行区域划分，在此基础上来统筹考虑保护区、控制区、发展区之间的关系。

统筹考虑各地区人民生活。统筹区域发展是对地区协调发展的继承和深化。地区协调发展要求抑制东、西部发展差距扩大的趋势，将东、西部发展差距控制在一定的幅度内。由此可见，地区协调发展是将着眼点放在发展差距方面，尤其是关注东、西部之间的发展差距。统筹区域发展同样要关注地区差距问题，这是对地区协调发展的继承。但是，统筹区域发展，关注地区差距的角度要调整，要由过去注重地区间的发展差距调整为关注地区间居民生活差距，这样才能真正体现"以人为本"的思想。因为，发展的最终目的就是要提高广大人民群众的生活水平，也只有全国各地区居民生活水平都有了较大改善，并且各地区居民生活差距在人们可承受的范围之内，社会才能保持稳定。当然，考察各地区居民生活差距，可以以东、中、西部为地域划分单元，也可以以省、自治区、直辖市为地域划分单元，但从管理和调控的角度考虑，后者更合适一些。另外，还需对两类特殊类型区的居民生活给予特别的关注：一类是自然条件较为恶劣、经济社会发展水平低的贫困地区；另一类是经济结构老化、经济处于衰退状态的老工业基地。

3. 统筹区域发展的途径：推进形成主体功能区

根据资源环境承载能力、现有开发密度和发展潜力，统筹考虑未来我国人口分布、经济布局、国土利用和城镇化格局，可以将国土空间划分为优化开发、重点开发、限制开发和禁止开发四类主体功能区，按照主体功能定位，调整完善区域政策和绩效评价制度，规范空间开发秩序，形成合理的空间开发结构。

(三)统筹经济社会发展

要在大力推进经济发展的同时，更加注重社会发展，加快科技、教育、文化、卫生、体育、社会保障、社会管理等社会事业的发展，不断满足人民群众在精神文化、健康安全等方面的需求，提高人的素质和人力资源能力，实现经济发展与社会进步的有机统一。当前，中国社会发展滞后于经济发展，影响经济发展的相关因素中，社会因素也就是人们常说的经济发展的非经济动力因素，已占到70%～80%。

(四)统筹人与自然和谐发展

在全面建设小康社会和整个现代化进程中，必须更加重视处理好经济建设、人口增长与资源利用、生态环境保护的关系，使经济发展与人口、资源、环境相协调。然而近些年，由于我们不重视人与自然之间的和谐相处，肆意掠夺自然资源和破坏生态环境，人与自然间的不和谐严重影响了我国经济社会发展。改革开放以来，我国经济增长速度加快，综合国力大为增强。但同时，代价也让人触目惊心：初步估算，将我国所有污染对经济造成的损失汇总起来，每年污染造成的损失占GDP的7%左右，刚好接近我们近些年经济增长速度。中国三分之一的田地被酸雨侵害；被监测的343个城市中，四分之三的居民呼吸着不洁净的空气；全球污染最严重的10个城市，我国占一半。因此，我国必须统筹人与自然和谐发展，走科学发展之路。

习近平生态文明思想坚持马克思主义世界观和方法论，从中国特色社会主义事业全面发展的战略高度，从中国绝大多数人长远利益、人类共同利益的唯物主义立场出发，倡导"人类命运共同体意识"，强调"生态环境保护是功在当代、利在千秋的事业""建设生态文明，关系人民福祉，关乎民族未来"，提出"绿水青山就是金山银山"，深刻论述了生态文明建设的重大意义、目标任务、方针原则，丰富了中国特色社会主义生态文明建设理论，这一发展理念为人与自然由冲突走向和谐指明了发展方向[①]。我国在生态文明建设理论的践行过程中，取得了令人瞩目的成就。2013—2017年，全国新增造林面积约30万平方千米，治理沙化土地8.4万平方千米，荒漠化沙化呈现整体遏制、重点治理区明显改善的态势，沙化土地面积年均缩减1 980平方千米，地表水国控

---

① 赵建军，杨博."绿水青山就是金山银山"的哲学意蕴与时代价值[J]. 自然辩证法研究，2015，31(12)：104-109.

断面Ⅰ-Ⅲ类水体比例增加到67.9%，劣Ⅴ类水体比例下降到8.3%，大江大河干流水质稳步改善。同2013年相比，2017年全国地级及以上城市可吸入颗粒物平均浓度下降22.7%，京津冀、长江三角洲、珠江三角洲等重点区域PM2.5平均浓度分别下降39.6%、34.3%、27.7%。

要坚持把建设资源节约型、环境友好型社会作为加快转变经济发展方式的重要着力点。深入贯彻节约资源和保护环境基本国策，节约能源，降低温室气体排放强度，发展循环经济，推广低碳技术，积极应对气候变化，促进经济社会发展与人口资源环境相协调，走可持续发展之路。

2021年7月，经国务院同意，国家发展和改革委员会印发了《"十四五"循环经济发展规划》。发展循环经济是我国经济社会发展的一项重大战略。"十四五"时期我国进入新发展阶段，开启全面建设社会主义现代化国家新征程。大力发展循环经济，推进资源节约集约利用，构建资源循环型产业体系和废旧物资循环利用体系，对保障国家资源安全，推动实现碳达峰、碳中和，促进生态文明建设具有重大意义。循环经济的中心含义是"循环"，强调资源在利用过程中的循环，其目的是既实现环境友好，又促进经济的良性循环与发展。"循环"的意义不是指经济循环，而是指经济赖以存在的物质基础——资源在国民经济生产体系中各个环节的不断循环利用（包括消费与使用）。资源循环利用是指：自然资源的合理开发；能源原材料在生产加工过程中通过适当的先进技术尽量将其加工为环境友好的产品并且实现现场回用（不断回用）；在流通和消费过程中的最终产品的理性消费；最后又回到生产加工过程中的资源回用——实现以上环节的反复循环。[①]

（五）统筹国内发展和对外开放

随着我国经济发展和对外开放的不断扩大，中国经济的快速增长正在改变着世界经济版图。但同时也要看到，我国经济发展对国外贸易的依赖程度越来越大，特别是一些重要的战略性资源对国际市场的依存度很高。例如，我国每年所需原油的40%、铁矿石的30%、铜资源的60%、氧化铝的50%都依靠进口解决。我国加入WTO以后，经济发展既有更多机遇，也有新的压力和挑战。这都要求我们必须统筹好国内发展和对外开放。

要深刻认识国内大局和国际大局、内政和外交的紧密联系，善于从国际形势和国际条件的发展变化中把握发展方向，抓住发展机遇，创造发展条件，掌握发展全局，做到审时度势、因势利导、内外兼顾、趋利避害，为我国经济社会发展营造良好的国际环境。

（六）统筹海陆和平发展

21世纪是海洋世纪。海洋是世界各国经济社会发展的宝贵财富和最后空间，是人类可持续发展所需要的能源、矿物、食物、淡水和重要稀有金属的战略资源基地。当前世界经济中心正向太平洋转移，而太平洋西岸更是世界经济中增长速度最快的区域。为了迎接海洋开发新世纪，全面贯彻落实科学发展观，实现我国经济社会的全面协调

---

① 李兆前，齐建国. 循环经济理论与实践综述[J]. 数量经济技术经济研究，2004（9）：145-154.

可持续发展，除了大力做好现有的"五个统筹"之外，还应该再加上"海陆统筹"。"海陆统筹"也应该是科学发展观的题中之义。

如图3-12所示，海陆统筹就是对陆地和海洋区域系统的统一筹划，是国家陆地战略与海洋战略的整合与衔接，在涉及全球、国家、区域、地方不同尺度的海陆地域单元上，面对社会、经济、生态区域复杂的系统问题，其战略重点在海洋国土部分以及沿海地区(主要指沿海各省市)，其影响涉及国家整个领土范围，并拓展到国际上与我国战略利益有密切联系的区域，其战略目标是促进国家安全及社会经济生态的全面进步。[①]

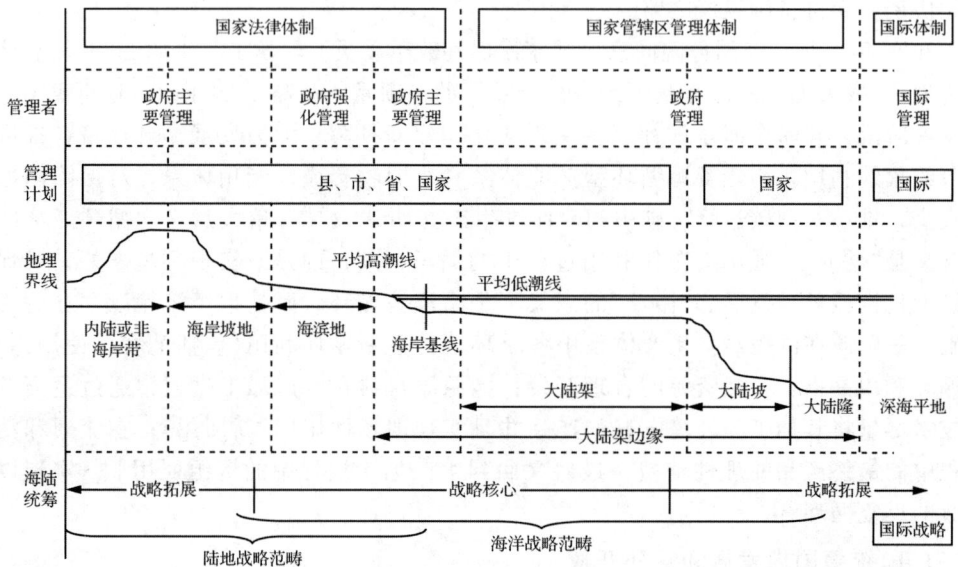

图 3-12　海陆统筹的内涵及地理空间范围

图片来源：[意]阿戴尔伯特·瓦勒格. 海洋可持续管理——地理学视角[M]. 张耀光，孙才志，译. 北京：海洋出版社，2007，略有修改。

三、推动区域经济高质量发展

党的十九大提出，中国经济已由高速增长阶段转向高质量发展阶段。实现区域高质量发展的根本途径是统筹兼顾和综合协调，特别要处理好速度与质量、效率与公平之间的关系。党的二十大报告进一步强调，要推动绿色发展，促进人与自然和谐共生；健全基本公共服务体系，提高公共服务水平，增强均衡性和可及性。

(一)坚持"以人为本"与"人地协调"的统一

从实物崇拜到GDP崇拜，再到"以人为本"，这是区域发展观的重大飞跃。但是，"以人为本"是有条件的，也是相对的。在人与自然的关系上，不能片面强调"以人为本"，而应该在尊重自然规律的基础上争取"以人为本"。

人类不能没有朋友，不能为了人的发展，尤其是为了少数人，为了现在人的物质

---

① 鲍捷，吴殿廷，蔡安宁，等. 基于地理学视角的"十二五"期间我国海陆统筹方略[J]. 中国软科学，2011(5)：1-11.

需求，就竭泽而渔。当自然规律与社会规律发生冲突时，起决定作用的是自然规律而不是社会规律。善待自然不仅是人类的美德，也是人类长期可持续发展所必须遵守的规则。如果地球上只剩人类，那么人类终将不复存在；区域发展中若只考虑人类自己，尤其是现代居民自身，那就是自掘坟墓。因此，"以人为本"的原则只能在"人与自然和谐"的前提下发挥作用。习近平总书记提出的"绿水青山就是金山银山"，实质上就是"以人为本"与"人地协调"的统一，指明了马克思主义生态自然观下人类生存、发展的前提基础与价值归宿的关系。[①]

(二)处理好全面发展与重点发展之间的关系

依据比较优势原理、基本-非基本原理和蓝海战略理论，对于一个不大的地区来说，什么都要发展就可能什么也发展不起来。因此，必须注意发挥比较优势，强化自身特色，与周边地区错位发展，而不是简单地、直接地进行竞争或全面发展。这个原则也适合于一般的企业和行业。国家的特色看实力，民族的特色在习俗，城市的特色是文化，区域的特色是产业，行业的特色是产业链和服务，企业的特色是产品和技术。有特色才能实现发展，有重点才能加快发展，这是我们在区域发展过程中应该注意的一个原则。因此，不能简单地追求全面发展。当然，较大的国家和地区，在其高级发展阶段，也不能过分地强调单方面的发展，而要注意综合发展和协调发展。大公司和大企业也是如此。

一般情况下，事物的发展总是从某一侧面开始，然后逐渐推开，这就是不平衡运动的真谛，增长极原理即是如此。特别是不大的对象(如较小的区域或企业)的发展，总是先强调比较优势和自身特色。例如，日本和韩国新农村建设中实行"一村一品""一乡一业"；浙江县域经济发展得好，也得益于产业的特色化、专业化和集群化。企业也是如此，如海尔集团就是最先做好家用电冰箱，然后才向其他家电行业进军，进而再向其他产业发展的。如果一开始就要全面发展，则必然导致全面却不发展。产品生产、市场竞争，都必须有核心竞争力，这个核心竞争力就是特色和特长——没有特色就没有竞争力，地方经济发展也是如此。

任何一个区域，都存在整体利益和局部利益之间的矛盾，也都存在经济效益和生态效益及社会效益的冲突问题。按照系统科学原理的要求，要在保证整体利益的基础上，兼顾局部利益，努力实现经济、社会、生态三大效益的最优化。在发展的早期以经济效益为主，到了发展的高级阶段，则要注意转变观念，创新理念，大胆谋划，谨慎落地；不再简单地追求数量、规模的扩张，而是从结构、技术和效益上追求利益极大化，同时兼顾好社会效益和生态效益，实现协调发展、可持续发展。

(三)统筹处理好近期发展与长远发展之间的关系

1. 区域发展符合 S 形曲线规律

按照辩证唯物主义和历史唯物主义的观点，事物发展的客观规律总是从量变到质变的螺旋式上升过程，基本上都符合生长曲线模型所描述的情形，即发展的早期阶段，

---

① 赵建军，杨博."绿水青山就是金山银山"的哲学意蕴与时代价值[J].自然辩证法研究，2015，31(12)：104-109.

以量的扩张为主，速度快，发展的高级阶段，以质量改进和结构完善为主，速度下降。总的量(流量和累积量)则表现为 S 形曲线，速度曲线则呈倒 V 字形①。

2. 从"多快好省"到"高质量发展"符合事物发展的自身规律

根据生长曲线规律可知，中华人民共和国成立初期强调的经济发展"多快好省"和当前强调的"高质量发展"是不矛盾的，也是符合经济社会发展规律的。

随着我国社会主义的发展，"多快好省"的发展理念逐渐脱离中国生产发展的实际，造成急于求成和盲目冒进，阻碍了社会主义建设。20 世纪末以来，我国经济发展一直以"快"为主，"快"在"好"之前。依据"又快又好发展"要求，中国经济 1990—2005 年的平均增速为 9.7%，经济总量从 1990 年的全球第 11 位上升到 2005 年的第 4 位，2010 年跃居全球第二大经济体(GDP 超过日本，仅次于美国)。但是，我们也为多年来的"粗放型"快速增长方式付出了代价。能源的高消耗以及由此造成的环境污染和生态破坏，成为制约经济社会发展的突出问题。

党的十九大报告作出了"我国经济已由高速增长阶段转入高质量发展阶段"的科学论断。从经济高速增长向高质量发展转型，表明从强调发展的速度到注重发展的效益和增长的质量，反映了中国经济发展理念的重大转变。发展速度应当是经济效益比较好、人民群众得到实惠的速度，是资源消耗比较少、环境得到保护的速度，是经济波动比较小、增长得以持续的速度。我们不仅要求保持经济平稳增长，防止大起大落，更要注重优化结构，努力提高质量和效益。高质量发展是党中央对我国当前社会主义经济发展阶段的科学判断，是引领中国经济发展的指导思想，也是指导大多数地区经济发展的基本要求。

2023 年 12 月召开的中央经济工作会议进一步强调，必须把坚持高质量发展作为新时代的硬道理，完整、准确、全面贯彻新发展理念，推动经济实现质的有效提升和量的合理增长。

(3)加快培育新质生产力，推动区域经济高质量发展

所谓新质生产力，是以科技创新为主的生产力，是摆脱了传统增长路径、符合高质量发展要求的生产力，是数字时代更具融合性、更体现新内涵的生产力。当前，我国经济已经进入高质量发展阶段，加快培育新质生产力，推动区域协调发展是实现区域经济高质量发展的必由之路。习近平总书记从我国经济发展的基本特征出发，提出了新时代区域协调发展要"尊重客观规律、发挥比较优势、完善空间治理、保障民生底线"②的总思路，为充分发挥各地区比较优势，构建优势互补、高质量发展的区域经济布局提供了根本遵循和战略指引。

(四)处理好效率与公平的关系

实现区域科学发展的根本途径是统筹兼顾和综合协调，特别要处理好速度与质量、效率与公平之间的关系。关于速度与质量，前已述及，即"好"与"快"的关系，这里着重探讨效率与公平的问题。

---

① 史东明. 试析发展中国家经济增长的 S 型曲线[J]. 世界经济，1995(2)：36-40.
② 习近平. 推动形成优势互补高质量发展的区域经济布局[J]. 奋斗，2019(24)：4-8.

1. 找准效率与公平的平衡点

统筹区域协调发展好比做蛋糕，必须兼顾效率与公平。首先要把蛋糕做大，然后再把蛋糕分好，进而把蛋糕做得更大、分得更好。

对于一个国家或较大地区而言，科学发展的过程，依次经历了"效率＞公平""效率＝公平""效率＜公平"三个阶段。如果一开始就强调公平，那就只能共同贫穷，城乡之间、区域之间、群体之间，都是如此。必须允许一部分人、一部分地区先富、先发展，然后先富带后富，先发展带动后发展，最终走向共同富裕。也就是说，在区域发展的初期，先以效率为重，到了高级阶段时要以公平为主。

2. 区域开发过程中的协商和共赢

按照统筹协调推进的要求，区域发展应突破传统的模式，处理好利益相关者之间的关系。在区域发展过程中，涉及四个利益相关者：当地居民、政府、企业和当地产品及服务的购买者(统称为"客户")。其实，资源环境系统也应该看作一个相关者——虽然这个系统不能直接表达其利益诉求，但可以由有良知的科学家、规划师或非政府组织及社会媒体代言。这五个利益相关者在区域发展过程中都要有收获，实现互利共赢。他们之间的相互关系是一种网络结构。

先把蛋糕做大，再把蛋糕分好，进一步把蛋糕做得更大、分得更好，由此实现良性循环和可持续发展，是处理不同利益相关者共赢的基本过程的准则。① 区域发展利益相关者"五赢"目标的实现，需要政府主动、全面地协调，制定科学的规划，守住生态环境底线，打造独特的产品体系，加强营销和品牌建设。

(1)用科学的规划协调各方矛盾

要实现区域的科学发展，必须要以科学的规划为指导，既要注意规划理念的先进性，也要注重规划措施落地的操作性，跳出经济看发展，跳出规划区域看发展。区域规划者不应是区域发展过程中的直接利益相关者，不应受到利益主体的思维限制，而是要能够代表资源与环境保护的需求。要用科学的规划协调各方矛盾，规范各利益主体的责权利。在此基础上，用反规划的方法守住资源与环境本底②，国外区域规划常称其为区域管制或空间管制③。

(2)建立和完善利益相关者协商与协议机制保证"五赢"

明确产权关系，签订契约合同并严格履行，是保证各方利益的基本前提。一是要明确各利益相关者的角色定位，比如，政府管理部门的责任就是调控、协调、引导、规范其他利益相关者的目标和行为，而不是去干涉企业生产等日常工作，这样就能够更好地协调政府管理部门和企业经营者之间的冲突，甚至化解他们之间的矛盾。我国正在酝酿的大部制改革，其核心就是转变政府职能，以市场经济宏观调控、社会服务与管理为主。二是完善利益相关者参与区域规划的机制。首先，为利益相关者参与经

---

① 陈志永，李乐京. 乡村居民参与旅游发展的多维价值及完善建议——以贵州安顺天龙屯堡文化村为个案研究[J]. 旅游学刊，2007(7)：40-46.

② 俞孔坚，李迪华等. "反规划"途径[M]. 北京：中国建筑工业出版社，2005.

③ Albreehts L，Healey P，Kunzmann K R. Strategies spatial planning and regional governance in Europe[J]. Journal of the America Planning Association，2003(2)：113-229.

济决策提供制度保障，要强调与利益相关者进行充分的信息沟通，从法律制度上保证利益相关者参与决策。其次，应该使区域利益相关者明确其在区域开发与治理中的地位，加强自身合法权益的保护意识，主动参与区域开发及治理。最后，应建立激励机制使利益相关者为区域长期可持续发展能力的提高而努力，只有各利益相关者充分履行其职责，才能实现共同治理，推动区域长期绩效的实现①。

实现"五赢"的关键是"五协"，即"协调、协商、协议、协作、协同"②，由政府主导，通过编制规划、检查监督等方式，协调各方矛盾，建立协商机制，通过协议管理，促使各方加强协作，实现协同共赢。

复习思考题

1. 解释概念：区位因子、主体功能区、新发展理念、生态文明。
2. 举例说明距离衰减和空间扩散的基本规律。
3. 简述马克思主义劳动地域分工理论的基本内容。
4. 简述你对区域可持续发展的理解。
5. 简述循环经济理论的基本内容和主要模式。
6. 分析说明规模经济与产业集群之间的关系。
7. 阐释区域发展观的演变。
8. 简述你对习近平总书记"两山论"的理解或认识。
9. 结合具体案例说明在实践中如何实现统筹区域协调发展和高质量发展。

学习、阅读文献

1. 安虎森. 区域经济学通论[M]. 北京：经济科学出版社，2004.
2. 黄贤金. 循环经济：产业模式与政策体系[M]. 南京：南京大学出版社，2004.
3. 牛文元. 中国科学发展报告2009[M]. 北京：科学出版社，2009.
4. 孙久文. 区域规划原理[M]. 北京：商务出版社，2022.
5. 杨伟民，袁喜禄，张耕田，等. 实施主体功能区战略，构建高效、协调、可持续的美好家园——主体功能区战略研究总报告[J]. 管理世界，2012(10)：1-17＋30.
6. 詹新宇. 区域经济发展战略转变与中国宏观经济波动[J]. 中国人口·资源与环境，2014，24(9)：141-146.
7. 毛汉英，方创琳. 新时期区域发展规划的基本思路及完善途径[J]. 地理学报，1997(1)：1-9.
8. 孙久文，邢晓旭. 国土空间体系和区域经济布局的协同路径和优化方向[J]. 经济学家，2023(8)：54-64.
9. 张可云. 区域协调发展新机制的成效与发展趋势[J]. 人民论坛，2024(3)：40-44.

---

① 姚远. 旅游景区开发中利益相关者的利益冲突与协调[J]. 现代企业教育，2009(1)：72-73.
② 吴殿廷，朱桃杏，王瑜，等. 乡村旅游开发中的"五赢模型"——以海南毛感景区规划为例[J]，北京第二外国语学院学报，2012.34(5)：1-8.

第四章 区域发展的战略和策略

在现代社会，区域发展已不再是自发的、偶然的现象，而是有组织、有计划、大规模的人为努力的过程。区域发展的规模和速度也是空前的、日新月异的，特别是对广大的发展中国家和地区而言，区域发展得好不好，有赖于区域发展战略的设计与区域发展策略的落实。要保障区域的科学发展和可持续发展，就必须有科学的发展战略作指导，并通过系统的科学规划来落实。

第一节 区域开发概述

一、区域开发的概念

"区域开发"和"区域发展"在英文中是同一个词（regional development），所以，从广义的角度来理解，"区域开发"等同于"区域发展"。具体而言，二者在观察问题的角度或所强调的重点上略有差别。

（1）"区域开发"所涉及的对象和过程是物质的、有形的，因而是具体的，其结果是产量和产值的增加、技术的进步等。"区域发展"除了这些内涵外，还包括区域内社会和经济及产业总量的增长，内部结构与对外经济、技术、社会联系的合理化，社会、经济要素的空间流动以及社会经济发展水平的地区均衡化、人口城镇化和教育文化水平的提高等。

（2）"区域开发"概念较多地表现国家和地区在工业化发展的初期及中期的经济活动，而"区域发展"则全面体现各个发展阶段的社会经济活动，尤其能确切表述工业化高级阶段和后工业化阶段的社会经济活动，是使地区的社会经济发展更加完善、更加高级的发展活动。两者在层次上略有差别，而且"区域发展"概念的外延更为广泛。

（3）"区域开发"更强调人的主观能动性，狭义的"区域开发"可以理解为"人类社会有意识、有组织地促进区域发展的大规模行为或过程"。区域开发是促进区域发展的直接有效手段。

二、区域开发的目的和任务

(一)促进地区的经济发展

区域发展表现在很多方面，如生产的增长、技术的进步、产业结构的改进、资本的积累、与外界经济关系的改善等，既包括量的增加，也包括质的改善和结构的优化。

区域开发的最主要目的是促进地区经济的发展，经济发展不完全等同于区域经济增长，区域经济发展的表现是多方面的，而且这些方面是相辅相成的。

(二)协调好区域内经济、社会、生态三方面的关系

区域的发展不单纯是经济问题，尤其不应是单项经济指标的增长问题。区域是一个有机的整体，在这个整体内，经济、社会、生态等因素是相互联系、相互制约的，

没有一个安定团结的社会环境，没有一个良性循环的生态环境，区域经济是不可能持续稳定地向前发展的。所以，对于像我国这样的发展中国家或地区来说，区域开发应在以经济效益为中心的前提下，兼顾社会效益和生态效益；对于发达国家或地区来说，区域开发则往往把生态效益和社会效益放在首位。我国改革开放时期提出"以经济建设为中心"，习近平新时代中国特色社会主义思想强调"以人民为中心"，注重高质量发展和共同富裕，原因就在于此。

区域开发的生态效益包括降低水和空气的污染指数，提高森林覆盖率和加强资源保护等，进而强调绿色、低碳甚至碳中和。需要特别指出的是，区域开发的一个重要方面就是对资源的开发，而对资源的开发利用从来都是同资源的保护以及整个区域环境的整治联系在一起的。不合理的开发利用，不仅会造成资源本身的浪费或过早枯竭，而且会导致生态系统的失调，环境状况的恶化。恶劣的环境条件，无论是原生的还是人类活动造成的，都会影响资源的开发利用和社会生产与生活的正常进行。所以，区域开发必须把资源的开发与保护以及整个社会环境的整治联系起来全面考察，在保护的基础上开发，在开发的过程中进行区域环境的有效治理。绿水青山就是金山银山，绿水青山也能变成金山银山。

区域开发的社会效益主要体现在提高区域内人民的生活质量和区域未来发展能力等方面。生活质量是一个综合的概念，既包括吃，又包括穿、住和娱乐。在现代社会，人们不仅要求吃得饱、穿得好、住得舒服，还要求文化生活丰富多彩。而要做到这一点，除了要大力发展经济、确保人们的财富来源外，还要注意精神文明的建设。区域的未来发展能力主要取决于区内人民的受教育程度，特别是青少年一代的文化科技教育程度，这也是不能用单纯发展经济来加以替代的。

区域开发的对象往往是某些方面不协调的区域，这些区域既可能是经济、社会、生态三方面之一有问题，也可能是三方面的问题都很严重。对不同问题区域进行开发，其中心任务可能差别很大，但都要协调好经济、社会、生态三方面的效益。

(三)确保国家或上级经济区宏观目标的实现

区域是国家的重要组成部分，区域发展目标是国家宏观目标的一部分，国家的发展就是通过各个区域的发展来实现的。因此，要实现国家的宏观发展目标，各区域就要采取恰当措施，通过区域开发实现国家赋予本区域的任务。

我国是一个幅员辽阔的国家，不同区域的自然条件和社会经济基础差别明显，各个区域在国家经济分工中的地位和作用不同，应根据各区的实际情况，按照国家整体利益的要求，扬长避短，发挥优势，通过发展本区的经济来为全国的经济发展做出贡献。作为促进区域经济发展的重要手段之一，区域开发也要自觉考虑国家的宏观目标，在区域开发的内容、方式、规模等方面，都要考虑到国家宏观经济发展对本区域的要求，确保国家宏观目标的顺利实现。

三、区域开发的主要类型和途径

区域开发按照不同分类方法有不同的类型①。

---

① 张敦富. 区域经济学导论[M]. 北京：中国轻工业出版社，2013.

依区域开发的程度，区域开发可分为初期开发和再开发两类。所谓初期开发即指在经济发展较落后的地区为利用某些资源而实施的开发。这些地区缺乏必要的工农业基础，开发形成的产业也多属初级产业，如采掘业等。而再开发是指在发达地区为实现产业的升级换代，进行环境治理、老城重新规划及企业集团拓展等而进行的开发，这种开发常具有较强的规划性及前瞻性，开发目标也常是多方向的。

依区域开发的规模，区域开发可分为宏观地域开发和微观地域开发。前者如我国的西部大开发，后者如我国各地设立的各类老城经济技术开发区等。二者的开发范围有很大的差异，开发资源及拟定的开发目标大不相同，开发主体、行为、方式等也各不相同。

依区域开发的行为主体，区域开发可分为国家开发、地方开发、企业开发等。如我国设立的各类经济开发区，有国家级的，也有省级的和县级的。区域开发的主体不同，其开发力度、项目安排、资金供给、政策优惠等也不同。

依区域开发的目标，区域开发可分为单目标区域开发和综合性区域开发两类。前者如某一矿产资源的开发，后者如流域开发等。

依区域开发的对象，区域开发又可分为流域开发、工业资源开发、农业区域开发、旅游区开发及特殊区域开发等。

综上所述，结合本章主题，本节将从流域开发、矿产资源开发、农业综合开发、旅游区开发、各级各类经济区开发五大类别进行阐述。

(一)流域开发

流域开发是依据流域内自然状况、资源条件、社会经济等各方面的主要因素，按照自然规律、技术规律、生态规律和经济规律的客观要求，制定出的以水资源开发利用和流域开发整治为中心的流域经济发展的总体规划和总体布局。它的主要任务是对流域内水资源的开发利用及流域经济发展进行综合研究，协调好二者的关系。

流域是个复杂的系统，流域开发规划的内容和范围十分广泛。从内容上讲，它既包括流域内水资源开发利用各个方面的专业规划，也包括与水资源开发利用有关的工业、农业、交通运输、城乡布局等各个方面的经济发展规划；从范围上讲，它既包括干流及整个水系的规划，也包括重要支流以及中小支流的流域规划。这些从不同方面、不同范围、不同角度编制的规划，都有它们各自的侧重点和特点，它们纵横交错，相互制约，组成一个流域开发规划体系。

(二)矿产资源开发

矿产资源的开发及与之密切相关的原材料工业和能源工业，既是资源和资金密集型产业，又是主要的基础工业。合理安排这些资源开发与建设的布局，对发展我国的工业和经济具有重要的意义。作为不可更新的资源，矿产资源开发要注意以下几个方面。

1. 开源与节流并举，把节约放在首位

由于不可更新资源的种类和数量将随着人类社会的开发利用而不断减少，质量不断降低，因此，对于不可更新资源应采取开源与节流并举的原则，把节约放在首位。首先，应把区域产业结构的调整与不可更新资源的开发结合起来，建立资源节约型社

会经济体系;其次,应适当开源,如加强基础地质调查和矿山普查工作,加快找矿进程,增加后备资源,甚至走出去在区外建立资源供应基地;最后,坚持不可更新资源的勘查开发与挖掘资源潜力并举,对伴生矿、共生矿进行综合开采利用,合理利用贫富资源等。

2. 强化法治思维,加强区域统一管理

在不可更新资源开发利用的过程中,由于管理体制不健全,没有统一的规划,许多资源开采率降低,整体结构也遭到破坏,不能有计划地规模开发。因此,今后应加强资源立法工作,加大执法力度,切实保证对不可更新资源进行依法管理,依法开发,强化不可更新资源的统一管理和统一规划,尽可能地避免开发过程中造成的人为浪费和生态破坏。

3. 适当增加资金投入,加强勘查力度,提高资源保证程度

地质找矿是一项长周期、高风险的事业。随着地表、近地表易找矿的不断被发现,在技术条件不变的情况下,找矿难度将越来越大,成功率将随之降低。而且,目前我国许多资源储量属于预探储量,而不是探明储量,更不是保有储量或可采储量。因此,应较大幅度地增加资金投入,加强不可更新资源的勘探工作,提高不可更新资源的保证程度,为区域发展提供持续的资源供给。

4. 依靠科技进步,推动不可更新资源的开发利用向集约型转变

在对不可更新资源的开发利用中,首先,应积极引进和开发新技术、新工艺、新设备,不断加强不可更新资源的回收率,提高资源的综合利用水平;其次,大力发展资源的精、深加工工业,提高产品附加值,增强在国内、国际市场的竞争能力;再次,积极开展"三废"综合开发利用研究,努力做到废气、废水、废渣的"资源化"和"无害化";最后,加强不可更新资源开发的政策研究,调整企业结构,走规模化、集约化道路,使资源的合理开发与资源保护、环境保护相结合。

5. 加强资源深加工及综合利用的研究,促进不可更新资源高效利用

我国资源产品的加工层次比较低,产品的附加值低,大部分以销售原煤、原油或粗加工产品为主,效益差,浪费严重。因此,今后应加强对不可更新资源的深度开发和高效利用的研究。产品加工层次越高,涉及的行业越多,社会分工越细,对地方工业结构和产品结构的优化产生的影响越深刻。同时,随着加工程度的深化,资源的综合利用率相应提高,形成相同产品所消耗的资源就越少,从而实现资源的最佳利用。

6. 强化有序开发

在新的发展阶段,对不可更新资源的开发,必须树立长期、持续发展的观念,把急功近利的盲目、无序开发,转变为科学、合理的有序开发。首先,对已探明储量的不可更新资源,遵循资源开发产业的成长规律,确定其合理的开发模式;其次,对已经形成规模的开发能力,要保持其后续发展能力,及时提供后备资源的保证;最后,在生产过程中,要保持各生产环节合理的比例关系等。

(三)农业综合开发

农业综合开发,是指在一定的时间里和确定的区域内,为全面开发利用农业资源、

发展地区农村经济而进行的综合性生产建设活动。它的最终目标是合理配置、科学利用农业生产要素，提高农业综合生产能力和市场竞争力，推动传统农业向现代农业转变。它通常的做法是根据长期发展规划，从多种途径对某一地区的农业资源进行合理的开发利用，以达到经济效益、社会效益和生态效益共同提高的要求。

农业综合开发的主要内容包括开垦荒地、平整土地、兴修水利、改良土壤、植树造林、装备机械、改进生产技术、发展多种经营等。从狭义的角度看，农业综合开发是以农业自然资源为开发对象的一种投入产出活动，如改造中低产田、改良草场、植树造林等。而从广义的角度看，农业综合开发不仅包括农业资源的开发，还包括农副产品的综合利用和加工；不仅包括农业生产领域的开发，还包括农产品流通领域的市场建设。

农业综合开发要以国家扶持农业产业化经营的方针政策为指导，以壮大龙头企业和农民专业合作社、促进农民持续增收为目标，扶持具有明显竞争优势和辐射带动作用的产业化经营项目，促进优势农产品基地建设和农产品加工业结构升级，提高农业生产的专业化、规模化、集约化和标准化水平，逐步形成优势突出和特色鲜明的主导产业，推进现代农业产业体系建设。

（四）旅游区开发

旅游区是一种独特的区域类型，它有自然景观区和人文景观区两种，前者如高山大川、奇洞险谷，后者如古迹寺庙、微缩景观等。

2009年，《国务院关于加快旅游业发展的意见》发布，提出要把旅游业建设成为战略性支柱产业。旅游区开发的启动性强，投资少，见效快，且对招商引资及其他产业的发展有极大的带动作用。因此，不少落后地区的开发以旅游业为龙头，实施产业发展滚动，创出了旅工贸、旅贸工等一体化发展模式。国家"十四五"规划要求坚持以文塑旅、以旅彰文，打造独具魅力的中华文化旅游体验；深入发展大众旅游、智慧旅游，创新旅游产品体系，改善旅游消费体验；加强区域旅游品牌和服务整合，建设一批富有文化底蕴的世界级旅游景区和度假区，打造一批文化特色鲜明的国家级旅游休闲城市和街区。

旅游区开发一般应注意如下几个方面的问题。

（1）要找准自己的优势。旅游区的旅游资源具有独特性，它决定着自身的发展潜力，如果其他地区也有类似的旅游资源，则游客的分流就会抑制该旅游区的发展。

（2）要搞好交通建设。考虑到游客的收入及心理特点，旅游区应做好交通建设规划。因不同交通运输方式可以吸引不同距离及不同收入阶层的游客，这是旅游区发展的关键所在。

（3）要设计好旅游资源的开发规模。因不同距离来的游客对旅游区开发规模的要求程度不同，如果第一旅游点只能游玩半天或一天时间，则其对游客的吸引力将大大削弱，这主要是由于旅费利用率左右了游客心理。

（4）要注意相关第三产业的发展。如商贸、餐饮、旅馆、彩扩及其他服务业等都应分层次上规模，即第三产业的发展规模应与游客数量及构成相适应。

（5）要提高旅游景点的知名度。旅游生产和消费在时空上是统一的，要把游客吸引来就必须不断提高旅游地的知名度。同时，旅游区的开发应注意优化成本构成。

(6)要组织好特色旅游纪念品及当地土特产品的生产与营销工作，发展"后备厢经济"。

(五)各级各类经济区开发

改革开放后，我国各类经济开发区蓬勃发展，目前已经设立国家级经济技术开发区 232 家、高新技术产业开发区 160 家、保税区 29 家、出口加工区 63 家、边境经济合作区 15 家、其他国家级开发区 50 多家。除了国家级的以外，还有数以千计的其他级别、类别的开发区。

这些特殊类型的开发区在布局上均有依城设置的特征，从而构成城镇开发的特有形式。如高新技术产业开发区(包括工业园区)对环境质量要求高，对科研、技术开发依赖性强，一般设在科研单位和高等院校集聚区和环境质量高的地段；经济技术开发区主要发展加工工业，对环境质量要求不高，一般设在城市近郊或市区边缘；保税区重点是发展转口贸易，一般设在海陆交通方便、对外联系通畅的沿海港口城市或沿边城市。

开发区建设应更多地考虑母城产业结构的合理化和高度化，为母城企业产品的更新换代和老企业技术改造提供技术先导和技术配套。考虑母城及其所在区域的相对优势产业，切忌对进入开发区的项目来者不拒，造成低水平重复建设。应尽量利用母城已有的基础设施(如能源、交通、通信、住房等)、科技人员与管理人才和具有一定科技文化素质的劳动力。这是开发区在开发活动中必须利用的有价值的、有形的和无形的资本，是有效改善投资环境、提高投资效益的一条捷径，也是适应外来投资者投资心理和投资要求的有效方法。

四、国内外区域开发的经典案例

(一)美国田纳西河流域开发

美国田纳西河流域从 19 世纪后期以来，由于传统农业和牧场的发展以及人口的增多，耕地面积不断扩大，森林被大片砍伐，水土流失加剧，自然植被遭到严重破坏，造成洪水泛滥。到了 20 世纪 30 年代，该流域的 5.26 万平方千米耕地中就有 85% 遭受洪水破坏。由于自然环境恶化和严重的洪灾，到 1933 年，田纳西河流域人均年收入仅163 美元，只有美国平均数的 45%，成为美国最贫困的地区之一。

如何解决该地区的贫困落后问题已成为摆在美国政府面前的重要问题。1933 年4 月 10 日，美国总统罗斯福开始重视田纳西河流域的治理和开发。在治理和开发田纳西河流域的问题上，罗斯福政府确定了从综合开发利用入手、实现全面发展的目标。

田纳西河流域水力资源极其丰富，开发潜力巨大，兴修电站可以发电，筑坝建水库既可以发展水上交通，又能防洪减灾和发展旅游。抓住了水利开发这个重点，自然就抓住了田纳西河流域开发的龙头，从而带动全流域各项事业的发展。

田纳西河流域的治理和开发之所以能顺利进行，是因为政府制定的开发法律和政策发挥了重要的保障作用。美国对田纳西河流域进行开发的法律和政策主要有：

——田纳西河流域管理局的双重职能。按照政府制定的政策，田纳西河流域管理局一方面是总统领导下的政府职能机构，董事会直接向总统和国会负责，董事会下设若干机构专门负责流域的综合开发利用；另一方面田纳西河流域管理局又是一个独立核算的大企业，同时具有独立法人资格，独立行使人事权，直接从事全流域各种开发项目的营运。这种双重职能的政策使田纳西河流域管理局既能作为联邦政府机构行使流域内经济发展及综合治理和管理的职能，又能够利用市场机制充分发挥流域内各种生产要素的作用，促进全流域经济的发展。

——财政自主的政策。田纳西河流域的开发耗资巨大，巨额资金从哪里来？政府的财政政策增加了田纳西河流域管理局资金来源的主渠道：水利水电项目建设资金全部由政府拨款；堤防建设和维护管理费用由地方政府负责；在其他开发项目上，如资金不足可由田纳西河流域管理局通过申请银行贷款、发行公债等多种渠道筹集。这一政策为筹集巨额的开发资金大开绿灯。田纳西河流域管理局能根据开发的需要，通过各种渠道筹集到流域的建设项目尤其是高新技术产业的开发引进项目所需要的巨额资金，为流域的开发与发展提供了经费保证。

——购买和征收、转让与租赁财产的政策。美国是私有制社会，社会财富的个人所有必然会给田纳西河流域的开发带来一定影响。美国政府针对这种情况，赋予了田纳西河流域管理局对流域范围内所有财产的购买权、征收权、转让权和租赁权。这一政策使得田纳西河流域管理局有权以美国政府的名义征收土地，以征收或购买的方式占用不动产，在法律许可的情况下，有权将其所有或管辖的不动产予以转让或出租。这样就保证了在流域开发的过程中田纳西河流域管理局具有调配资源和财富的权力，能推动开发工作顺利进行。

——电力开发和售电自主权的政策。美国政府规定，田纳西河流域管理局不仅有权在流域范围内修建水电站、火电站、核电站、输变电设施，建立电网、开发电力，而且还有销售电力的自主权。政府把这些权力交给了田纳西河流域管理局，这对于调动田纳西河流域管理局电力开发的积极性、促进全流域电力事业的发展提供了法律上的保障。水电事业的大发展有力地带动了流域内其他事业的发展。电力开发和售电自主权的政策产生了良好的经济效益和社会效益。①

（二）中国的西部大开发

改革开放初期，中国的经济发展政策向东部倾斜，西部暂时处于落后地位。20世纪90年代以来，经济全球化和"新经济"使中国西部企业获得重新参与全球竞争和缩小区间差异的机会，国家"十五"规划提出的西部大开发战略，正是基于这一客观背景的考虑。经过"十五"规划的积累，2000年，国家开始全面实施西部大开发战略，其主要任务包括：加大解决"三农"问题的力度；认真搞好生态环境保护和建设；继续加强基础设施建设；积极发展特色经济和优势产业；大力发展教育、卫生等各项社会事业；加快改革开放步伐。

西部大开发是一项规模宏大的系统工程，也是一项艰巨的历史任务，它的主要对策和措施包括以下几个方面。

---

① 宗莱. 田纳西流域的嬗变之路[N]. 西部时报，2006-12-19.

1. 加快基础设施建设

从战略眼光出发，下更大的决心，以更大的投入，先行建设，适当超前。要以公路建设为重点，加强铁路、机场、天然气管道等干线建设；加强电网、通信和广播电视等基础设施建设；加强水利基础设施建设，特别是要坚持把水资源的合理开发和节约利用放在突出位置。要在做好充分论证的基础上，着力抓好一批重大骨干工程。

2. 切实加强生态环境保护和建设

这是推进西部大开发重要而紧迫的任务。要加大天然林保护工程实施力度，同时采取"退耕还林（草）、封山绿化、以粮代赈、个体承包"的政策措施，由国家无偿向农民提供粮食和苗木，对陡坡耕地有计划、分步骤地退耕还林还草。坚持"全面规划、分步实施，突出重点、先易后难，先行试点、稳步推进"，因地制宜，分类指导，做到生态效益和经济效益相统一。坚持先搞好实施规划和试点示范，试点的规模要适当，不宜铺得太大，防止一哄而起，同时要加强政策引导，尊重群众意愿，不能搞强迫命令。

3. 积极调整产业结构

实施西部大开发战略，起点要高，不能搞重复建设。要抓住我国产业结构进行战略性调整的时机，根据国内外市场的变化，从各地资源特点和自身优势出发，依靠科技进步，发展有市场前景的特色经济和优势产业，培育和形成新的经济增长点；要加强农业基础，调整和优化农业结构，增加农民收入，合理开发和保护资源，促进资源优势转化为经济优势；要加快工业调整、改组和改造步伐；要大力发展旅游业等第三产业。

4. 发展科技和教育，加快人才培养

要充分发挥老工业基地、军工企业、科研机构和高等院校现有科技力量的作用，加快科技成果的转化和推广应用，积极引进国内外先进技术。要确保教育优先发展，在办好高等教育的同时，特别要加快少数民族地区和贫困地区教育的发展，提高劳动者素质。要千方百计使用好现有人才，采取积极措施从国内外引进人才，大力培养各类人才。

5. 加大改革开放力度

实施西部大开发，不能沿用传统的发展模式，必须研究适应新形势的新思路、新方法、新机制，特别是要采取一些重大政策措施，加快西部地区改革开放的步伐。要转变观念，面向市场，大力改善投资环境，采取多种形式，更多地吸引国内外资金、技术、管理经验。要深化国有企业改革，大力发展城乡集体、个体、私营等多种所有制经济，积极发展城乡商品市场，逐步把企业培育为西部大开发的主体。

经过20多年的持续发力，西部大开发战略取得了显著的成绩：2000年西部地区生产总值为16 654.6亿元，占全国的17.1%，2019年这个比重超过了20.71%；2000年西部地区人均生产总值为4 601.7元，不到东部地区的50%，2019年增加到53 742元，达到了东部地区的57%以上。①

---

① 高云虹，张彦淑，杨明婕. 西部大开发20年：西北地区与西南地区的对比[J]. 区域经济评论，2020(5)：36-51.

第二节　区域开发的理论模式

一、区域开发的产业模式

区域开发的产业模式,也就是区域产业结构组建模式。依靠支柱产业,发展主导产业,扶持先导产业,是区域开发的一般原则;大力发展主导产业,配套发展相关产业,优先发展基础产业,是各国和各地方政府在区域开发过程中的一般做法。

(一)区域发展的基本-非基本原理

区域经济的发展过程可以看作区域经济内部循环过程与外部循环过程的统一。现代区域经济总体上可以分为两部分:一部分是为区外生产的,即产品主要用于输出,称为"基本生产",相当于区域产业结构中的优势层;另一部分主要是为输出生产企业提供服务和配套协作的,产品在区内销售,或是为区内社会、生活服务的产业部门,称为"非基本生产",相当于区域产业结构中的辅助层和基础层。

区域经济的发展,应力求扶持优势层的发展,增加输出产品,并使这些产品的竞争力不断提升,以开拓、占领越来越广阔的区外市场。由于区域内产业关联网络的存在,优势层的发展通过连锁效应迅速波及辅助层和基础层,能够带动区域所有产业部门的发展。在空间上,由于优势层往往位于区域的中心节点,优势层的发展必然引起中心节点的极化效应和扩散效应加强,这两种效应便通过网络传递到其他节点和域面,促进区域内各部门、各地域经济的发展。在这一机制的作用下,区域经济发展的总效果可以是区域出口收入的若干倍,这就是所谓的区域出口乘数效应。

当不考虑优势层的输出收入时,区域经济的运行机制称为内部循环机制。对区域内的任何一个产业增加投资,扩大再生产,这一产业便通过关联网络把连锁效应传递到各节点和域面,从而带动区域内的各个产业和地区经济的发展。在这一机制的作用下,对某一产业进行投资,区域可以获得的总经济效益可能是该投资的若干倍,这就是所谓的区域投资乘数效应。

事实上,区域经济发展正是由这两种效应相互交织在一起所推动的。但根据区域经济的基本-非基本原理,一个区域的经济增长,特别是范围不大的区域的早期经济增长,主要取决于该区域的基本生产即输出产业的增长,基本生产的发展将增加该地区的收入并带动非基本生产的发展。换言之,区域的优势层是区域生产力发展的关键,优势层往往就是主导产业或主导产业部门。这一原理说明,对于一个规模不大的区域来说,区域经济发展的外部循环机制是区域经济发展的主要机制,基本-非基本原理是区域开发中确定主导产业的理论基础之一。

(二)"先导产业→主导产业→支柱产业"开发模式

1. 特定产业在区域发展过程中地位的变化

产品与产业的发展和人的成长过程相似,有一个从幼稚到成熟,从成熟到衰老的过程。在市场经济条件下,由于资源供给、技术进步和市场竞争等因素的作用,每种产品都有一个"研制→开发→进入市场→大批量生产→市场饱和→利润下降→衰退"的过程，而这个过程还未结束，某种类似功能的新产品已在研制、开发中。与此类似，一个产业由出现到衰落也有这样的过程，这就是产品和产业的生命周期理论。产业生命周期可分为以下五个阶段。

(1)新兴阶段，是指由于在某一科学技术领域内出现重大突破，围绕着该项科技成果出现了一个新产品群而导致一个新的产业部门的出现。此阶段对应的产业是先(潜)导产业，目前在我国政府文件中使用的"战略性新兴产业"与此相似。战略性新兴产业是以重大技术突破和重大发展需求为基础，对经济社会全局和长远发展具有重大引领带动作用，是知识技术密集、物质资源消耗少、成长潜力大、综合效益好的产业，代表着未来科技和产业发展的新方向。

(2)朝阳时期，是指该产业的产品经过试销后开始为顾客所接受并进入成批生产、扩大销售的阶段。随着销售量的增加，利润不断增长。此阶段对应的产业是主导产业。

(3)支柱时期，是指产业的主导产品已稳定进入市场并达到畅销阶段。此时，产品的市场销售量大而稳定，但增长率已不如朝阳时期。此阶段对应的产业是支柱产业。

(4)夕阳时期，是指产业主导产品的销售量增长停滞，甚至趋于下降的阶段。

(5)衰落时期，是指产业主导产品由于技术、经济特别是市场的原因，无论是销售额还是利润都大幅度下降，产业发展呈现萎缩的趋势。

后两个阶段对应的产业是夕阳产业。例如，制造业在区域经济发展过程中地位的变化，即上述产业生命周期的体现，如图 4-1 所示。

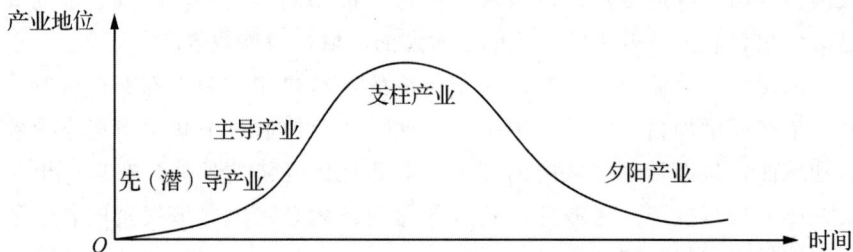

图 4-1　制造业在区域经济发展过程中地位的变化

上述分析说明，从动态过程考察，先(潜)导产业(目前在我国统称为战略性新兴产业)、主导产业、支柱产业等是一个产业在区域经济中发展变化的阶段，它们相互联系、前后衔接。从横断面看，它们的作用截然不同，构成了区域产业结构的一种系列。

2. 基于产业生命周期理论的区域开发战略

(1)先导产业是政府投资的重点。先导产业还未打开市场，还未实现规模经济，靠自身的力量难以做大，社会也不会给予更大的投入，其前途未卜。因此，对于先导产业，政府不仅要制定优惠的政策，还要给予必要的财政支持，以确保本地区能够有后续的主导产业形成，使区域经济得以持续发展。目前各国对高新技术给予扶持、建设各种各样的孵化机制，原因就在于此。我国大力发展战略性新兴产业，也是这个道理——2010 年国务院出台文件，提出要立足我国国情和科技、产业基础，重点培育和发展节能环保、新一代信息技术、生物、高端装备制造、新能源、新材料、新能源汽车等战略性新兴产业①。我国目前重点培育和发展的战略性新兴产业如图 4-2 所示。《山东省"十四五"战略性新兴产业发展规划》提出，2021—2025 年，要立足全省新旧动能转换取得突破、塑成优势的坚实基础和巨大潜力，充分发挥"十强"产业中新一代信息技术、高端装备、新能源新材料、现代海洋、医养健康"五强"新兴产业的引领作用，加快培育壮大新能源汽车、航空航天、绿色环保、新兴服务等新兴产业的规模和实力，努力构建形成"5＋N"的战略性新兴产业发展新格局。②

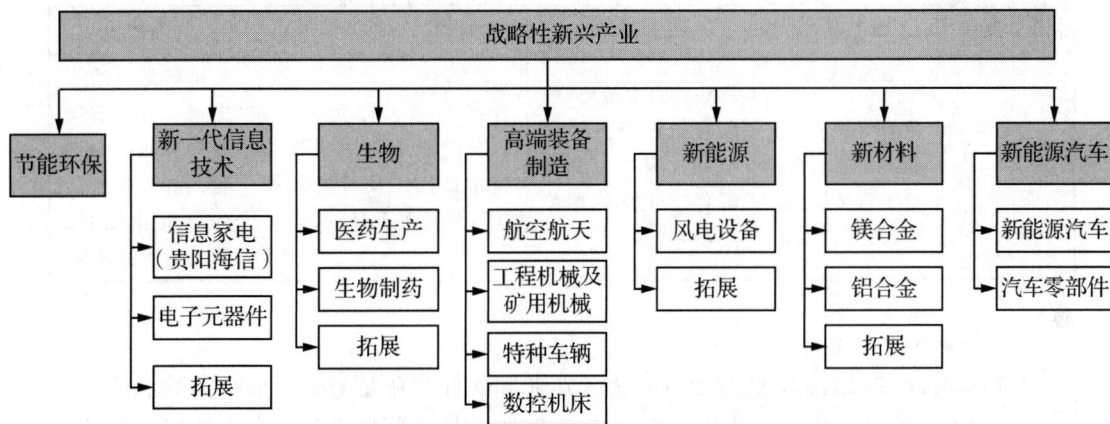

图 4-2　我国目前重点培育和发展的战略性新兴产业

（2）主导产业是引导社会投入的重点。政府针对主导产业的相关工作主要包括三个方面：一是给予一定的优惠政策，让它（们）有很好的发展环境；二是引导社会投资，使其能够及时地获得足够的投入；三是鼓励、扶持、协调基础产业及其相关产业的发展，以保证主导产业所蕴含的巨大增长带动潜力得到充分发挥。也就是说，主导产业不是政府财政扶持的重点，主导产业的发展主要靠社会（包括区外）资金。

（3）支柱产业主要靠自我发展。对于支柱产业，政府的工作包括两个方面：一是创造宽松的环境，让支柱产业本身实现自我积累、自我发展；二是提供必要的技术帮助，使其能够及时进行技术改造和产业升级，延长支柱产业寿命，维持区域经济的繁荣。这就是说，支柱产业也不是政府财政扶持的重点，支柱产业的发展主要靠自身。

（4）对于夕阳产业来说，政府至少要做这样两项工作：一是鼓励搬迁、适当促退（发达地区的夕阳产业可能变成待开发地区的朝阳产业）；二是处理好善后工作——帮助下岗职工再就业，建立最低生活保障，确保特困职工的基本生活条件。

表 4-1 列出了不同产业的特点及其政策取向。

---

① 国务院关于加快培育和发展战略性新兴产业的决定（国发〔2010〕32 号）[EB/OL]. 中国政府网.（2010-10-18）[2023-06-25].
② 关于印发《山东省"十四五"战略性新兴产业发展规划》的通知（鲁发改高技〔2021〕575 号）[EB/OL]. 山东省政府网.（2021-07-30）[2023-06-25].

表 4-1　不同产业的特点及其政策取向

项目	先导产业	主导产业	支柱产业	夕阳产业
规模	小	较大	大	由大到小
速度	不一定快于 GDP	明显快于 GDP	初期略快于 GDP 后期略慢于 GDP	明显慢于 GDP
效益	不一定好	较好→很好	很好→一般	差
当前地位	低	较高	高	由高到低
未来影响	逐渐增大	越来越大	大而稳，后期开始减小	逐渐减小
政策取向	政府大力扶持；制定优惠政策，给予资金扶持	依靠社会力量建设；政府的作用主要是引导、服务，发展配套产业及其相关产业	自我积累、自我发展；政府的作用是适当提供技术援助，及时更新换代以延长黄金时间	鼓励转移；适当促退，但要解决好有关的社会问题，诸如失业后的再就业安排、最低生活保障等

3.总结说明

(1)从时间过程上看，先导产业、主导产业和支柱产业是一个产业在区域经济中地位变化的不同阶段。从横向作用上看，先导产业、主导产业和支柱产业等构成区域的产业结构体系：支柱产业是当前经济的支撑；主导产业是经济增长的主力；先导产业是未来的希望。区域开发的关键是要依靠支柱产业，扶持先导产业，建设主导产业。对于先导产业，政府不仅要给予优惠的政策，还需提供必要的财政援助；主导产业的建设主要靠社会，靠招商引资，政府的作用主要是引导、服务，发展配套产业及其相关产业；支柱产业的发展主要靠自身，政府的作用是适当提供技术援助，及时更新换代以延长黄金时间；对于夕阳产业，要鼓励转移，适当促退，但要解决好有关的社会问题，诸如失业后的再就业安排、最低生活保障等。

(2)从理论上说，第一、第二、第三产业中的很多行业都有可能成为先导产业、主导产业或支柱产业，但第一、第二、第三产业之间不可比，即使第二产业中的工业与建筑业之间也不可比。因此，在具体实践中，必须分别考察第一、第二、第三产业。事实上，在我国，除了工业各部门之外，第一产业、建筑业和第三产业的各部门，统计很不全面，技术水平很难度量。因此，要识别哪些部门是先导产业、主导产业或支柱产业，只能采取定性与定量相结合的方法。

(三)"基础产业-主导产业-关联产业"开发模式

区域产业结构除了先导产业、主导产业、支柱产业系列外，还可以从产业关联的角度划分为基础产业、主导产业、关联产业系列。努力建立以主导产业为主体的产业结构，促进区域经济协调发展，也构成区域产业开发的一种模式。

1.基础产业

基础设施是区域内一切经济社会活动赖以进行的基本条件，是衡量区域投资环境硬件的主要指标。任何地区都需要努力发展基础产业，尽可能提高基础设施的技术水平和服务质量，使地区基础设施与全国甚至与世界基础设施的发展水平接轨。

2. 主导产业与主导产业群

与主导产业直接产生生产性和非生产性联系的产业，包括为主导产业直接提供原材料及其他发展条件的产业，利用主导产业产品进行深加工的产业，为主导产业技术进步进行研究与开发的产业，为主导产业发展提供人才培训的教育产业以及金融业、广告业等，这些产业与主导产业一起构成地区主导产业群，主导产业群在区域经济中所占份额不低于50%。

3. 服务业

服务业是为地方生产和生活提供服务的产业，包括商业、饮食、卫生、教育等传统的服务业以及旅游、娱乐、保健、保险等新兴服务业。这些产业为中小企业提供广阔的发展空间，对于扩大就业、丰富生活、活跃地方经济具有重要的作用。

这样，区域产业结构如图4-3所示。从这个角度来说，区域产业开发战略应该是：大力发展主导产业，配套发展相关产业，优先发展基础产业，这是我国各地区产业发展的基本思路。

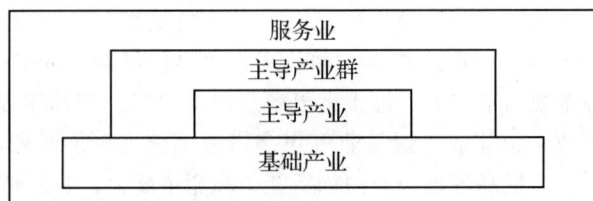

图 4-3　区域产业结构示意图

(四)产业群开发模式

基于产业集群理论的产业群开发模式，把关注和扶持的重点定位于中小企业，努力培养企业网络，发展企业合作、协作，以此推动区域发展。

1. 培育产业群的基本思路

发展产业群所采用的方法很多，如为企业提供信息，包括一般信息和为特定产业群中的企业提供特殊信息、培训、基础设施等。要不断完善机制体制，使产业群中的企业、地方政府和非政府组织之间融合互动，以提高企业间合作的效率，例如共同营销、共同设计、共同负责培训等。政府可以在产业群内成立供应商协会和其他组织学会，以促进转包业务的发展，提高服务效率。区域内所有的企业、公共机构和居民都是产业群发展的受益者，因此应该使他们有机会关心和参与产业群的决策。要使企业认识到产业群成员能获得比分散的企业更好的经济效益，从而积极加入产业群。

发展中国家工业化历史不长的、基础和结构不算发达的传统产业群，与那些发达国家的富裕的高技术产业群相比，在政策上的需求是不一样的。要避免对地方产业群的概念进行过分严格的规定，因为产业群的实力是建立在各地特殊性的基础之上的，各地的产业群需要特殊的区域政策，组织不同的活动。

不能仅仅把目光局限于本地已有的、已经形成规模的产业上，还要透过现象，把握本地产业发展的独特优势所在，以灵活务实的态度对待产业群的培养和调整问题。

产业群的发展需要运用信息与通信技术，例如微信朋友圈、网络会议、电子数据库、互联网和企业内部网络等，还要不断培养人才。具有高技术劳动力、雄厚技术基础和公司网络的产业群更具有竞争力。

2. 我国实施产业群开发战略的特殊意义

在我国，无论是农村民营企业创造的特色产业区，例如浙江的温州、诸暨等地出现的"一镇一品"现象，还是城市民营科技企业创造的高新技术产业区，例如中关村现象，都与产业群现象十分类似。北京、上海、浙江、广东、江苏、福建、山东、河北、河南等省(市)都出现了大量的专业化区域，仅温州附近就发展了30余个专业化产业区。可见，产业群现象在我国非常普遍。一些地方政府在产业群的发展中起到了积极的作用，例如规划和建设特色工业园区、专业化市场，设立专业网站等。但是，还有很多地方政府对产业群机制没有认识，或知之甚少，通常对一些正在成长的或者正在出现的产业群视而不见，没有加以培育，使它们发挥活力，成为具有竞争力的区域，有些地方甚至陷入盲目搞开发区的误区中。

产业群几乎在所有部门都可以发展，关键是要发展具有竞争优势的特色产业。十几年来，我国往往把高新技术产业片面地定义为那些生产高新技术产品的产业，即那些产品技术处于当代技术尖端的产业，例如信息技术、生物工程和新材料等产业，创新也往往定义为在高新技术领域的创新。基于这种认识，很多传统制造业的创新和高新技术的应用却没有受到充分重视。事实上，加入世界贸易组织之后，我国不仅在高新技术产业，而且在服装业、制鞋业、织袜业、玩具业等很多产业都面临更加激烈的国际竞争，发展这些产业的企业集群，以提高各地产业的创新能力和竞争能力，非常必要。

还应注意，在政策中需要减少对大企业的偏爱，提高对中小企业集群重要性的重视。对中小企业创业的帮助不仅要体现在要素的供给方面，更重要的是要在提供市场需求信息方面，帮助它们认识如何抓住机会，如何选择生产或服务于什么特色产品，如何参与劳动分工[①]。国家"十四五"规划提出，要实施领航企业培育工程，培育一批具有生态主导力和核心竞争力的龙头企业；推动中小企业提升专业化优势，培育专精特新"小巨人"企业和制造业单项冠军企业；加强技术经济安全评估，实施产业竞争力调查和评价工程。

(五)新型产业化战略

差异化的地域结构为幅员辽阔、产业发展复杂多样的地区提供了丰富多彩的生存环境。由于区域内部或区域之间产业发展的不平衡，使得经济差距加大、资源环境矛盾突出等一系列问题层出不穷，甚至越演越烈。在产业发展的过程中，存在区域产业规划相似、主导产业冲突、产业雷同、原料争夺等现象，并由此引发重复建设、市场竞争激烈等问题，新型产业化战略是解决以上问题、改变产业无序竞争的有效措施。

1. 新型产业化战略的内涵

我国正处在工业化、城镇化的关键时期，推进产业转型与跨越发展意义重大。根据党的十八大提出的要促进新型城镇化、新型工业化、农业现代化与信息化互动融合齐步发展的要求，面对世界产业发展融合化、低碳化、集群化三大趋势，中国有必要提出和研究新型产业化问题。

---

① 王缉慈. 地方产业群战略[J]. 中国工业经济，2002(3)：47-54.

　　传统产业化强调专业化分工、市场化运作和规模化发展。和传统产业化相比，新型产业化在坚持以人为本、全面协调与可持续发展的基础上，更加注重产业链分工、三产融合、产城互动、品牌化和智能化。新型产业化战略就是用信息化改造提升传统产业，打破产业与事业之间的界限，推进第一、第二、第三产业之间的融合，实现产业发展与聚落建设之间的良性互动，注重产业链分工和新业态塑造，确保产业与区域的绿色、低碳和可持续发展，提高产业的经济、社会及生态综合效益，如图4-4、图4-5所示。

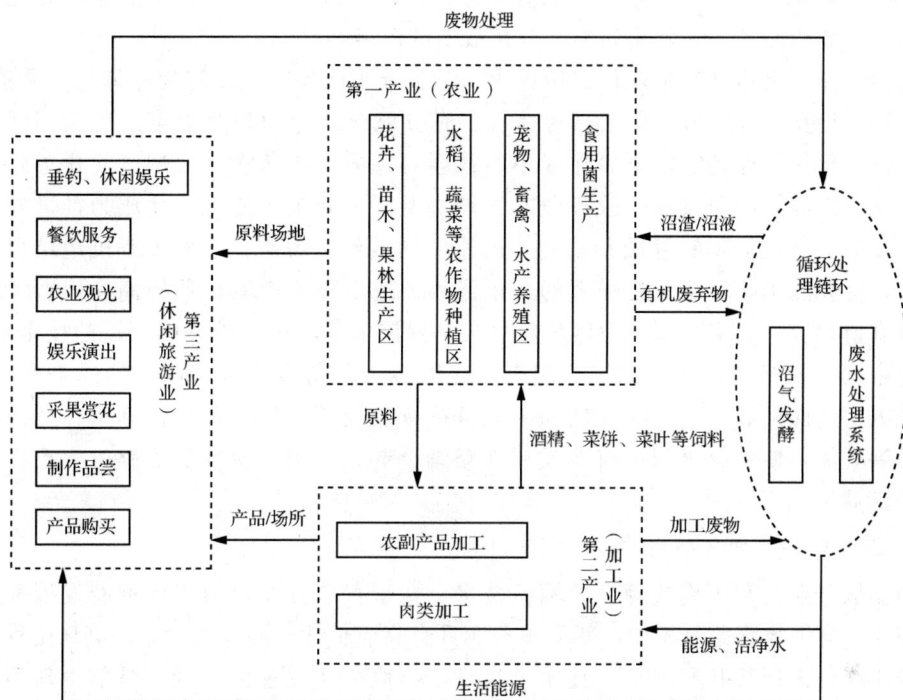

图 4-4　新型产业化(1)：三产融合示意图

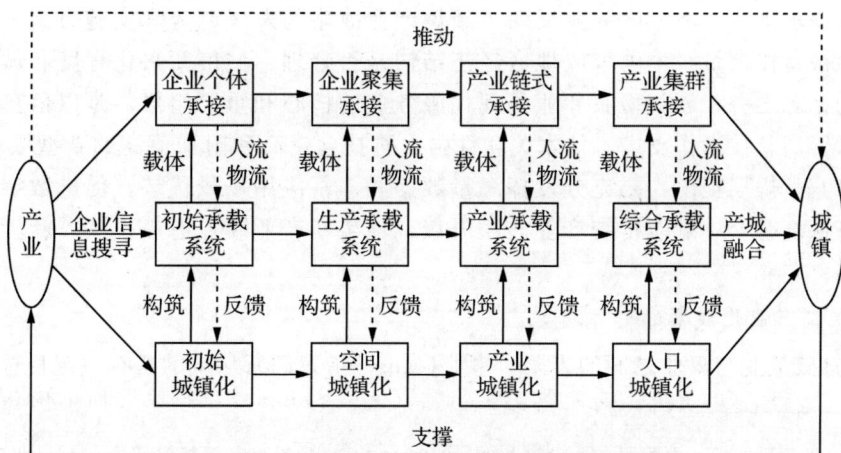

图 4-5　新型产业化(2)：产城互动示意图

　　资料来源：曾祥炎，刘友金. 基于地域产业承载系统适配性的"产-城"互动规律研究——兼论中西部地区新型城镇化对策[J]. 区域经济评论，2014(1)：48-54.

2. 新型农业产业化战略

新型农业产业化战略是对传统农业生产经营方式和组织制度的创新和改造，在更大范围和更高层次上实现区域农业资源的合理配置和生产要素的优化组合。

3. 新型工业化战略

党的十六大报告指出，要坚持以信息化带动工业化，以工业化促进信息化，走出一条科技含量高、经济效益好、资源消耗低、环境污染少、人力资源优势得到充分发挥的新型工业化路子。这就是新型工业化战略的内涵。

新型工业化道路是融工业化、信息化、农业产业化和知识经济为一体的发展道路，是追求科技创新、农村城市化、高速增长、充分就业、劳动和要素生产率大幅度提高的全面发展途径，也是实现全面建成小康社会目标的核心所在。新型工业化道路要求我们必须把工业发展和农业、服务业的发展协调统一起来，使工业化成为推进农业现代化和现代服务业发展的基础和动力；把速度同质量、效益、结构等有机地结合和统一起来，使我国工业真正具有强大的竞争优势；把工业生产能力的提高和消费需求能力的提高协调统一起来，把工业增长建立在消费需求不断扩大的基础上；把技术进步、提高效率同实现充分就业协调统一起来，使更多的人能够分享工业化的成果和利益，并实现人的全面发展；把当前发展和未来可持续发展衔接统一起来，尊重自然规律和经济发展规律，使工业化与可持续发展战略结合起来，走文明发展之路，实现人与自然的和谐共生。

4. 新型服务业发展战略

新型服务业是利用现代理念、网络技术、新型营销方式以及服务创新发展起来的服务业[1]。与传统服务业相比，新型服务业具有高成长性、高技术含量、高风险性、高人力资本及低消耗等基本特征。技术进步是新型服务业发展的基础，是催生新型服务业最主要的原因。社会分工深化和消费升级促进新型服务业的发展。现代的产业政策为新型服务业的发展营造了良好的环境条件，而消费结构的快速升级是新型服务业发展的市场需求动力。新型服务业反映了新型产业战略的发展趋势和实施方式，其发达程度普遍被看作衡量一个国家或地区经济结构是否合理、城市新兴化程度和城市综合竞争力的标志之一。创新型服务业是现代服务业的核心和重要组成，是以信息技术和网络技术等高新技术作支撑、技术关联性强、科技含量高和附加值高的新型服务业[2]。国家"十四五"规划提出，要充分发挥海量数据和丰富应用场景优势，促进数字技术与实体经济深度融合，赋能传统产业转型升级，催生新产业新业态新模式，壮大经济发展新引擎。

5. 新型产业化战略的具体措施

(1)打破产业与事业之间的界限。事业(cause)指人们所从事的具有一定目标、规模

---

[1] 史丹，夏杰长. 中国服务业发展报告 2012——新兴服务业发展战略研究[M]. 北京：社会科学文献出版社，2012.

[2] 傅正华，王媛，牛芳，等. 北京创新型服务业研究[M]. 北京：社会科学文献出版社，2008.

和系统的对社会发展有影响的经常性活动，因此，事业强调公益性、社会性和责任（义务）。产业（industry）是指具有某种同类属性的经济活动的集合或系统。在传统社会主义经济学理论中，产业主要是指经济社会的物质生产部门，一般而言，每个部门都专门生产和制造某种独立的产品。在某种意义上，每个部门就是一个相对独立的产业部门，如农业、工业、交通运输业等。由此可见，产业作为经济学概念，其内涵与外延的复杂性。从本质上说，产业是以营利为主的活动，属于经济活动，一系列经济活动的集合称为产业。

从社会经济体制上看，在市场经济条件下，大多数的社会活动都可以归结为产业；而在计划经济条件下，大部分社会活动都属于事业。

从产品生命周期看，一般弱小的产业，"事业性"强，需要社会扶持；而发展成为支柱产业，它本身的发展就体现了"产业性"。若其外部性很大，其外部性就涉及事业性了。这就是说，一个具体的产业，其事业性通常呈现正"V"字形发展规律（战略性新兴产业、夕阳产业，其事业性更值得关注，而主导产业、支柱产业，其产业性更强一些）；反之，一个具体的产业，其产业性的变化则呈倒"V"字形。

在中国特色社会主义市场经济体制下，从地域层次看，国家层面、高级区域，更多地强调事业性；地方层面，则更多地强调产业性。

具体来说，小企业可以说属于企业家，大企业则属于社会。所以说，任何产业，当其规模较大时，都有一定的社会性、公益性和事业性；当事业规模小时，只能靠社会支持和公益资助，而当事业规模大时也可以采取社会招标或公益购买的方式委托经营。因此，任何事业也都有产业化的潜力。产业和事业之间的区别是相对的，也是因时因地而变化的。如图4-6和图4-7所示。

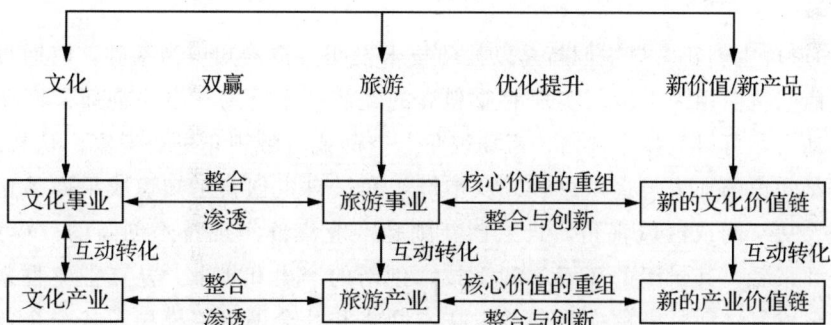

图4-6　产业与事业融合示意图（1）：以文化事业与文化旅游产业之间的融合互动为例

资料来源：明庆忠，张瑞才. 推动文化产业与旅游产业融合提升[N]. 人民日报，2009-08-14.

（2）促进产业组织升级。纵观产业发展史，产业组织的企业形态经历了"单体企业→现代企业→复合型一体化大企业→企业网络组织"的动态发展演变过程，预示着产业优化升级由萌芽阶段至成熟阶段再到稳定阶段的转变过程。产业的市场集中与空间集聚是现代产业组织优化升级的两条基本路径，大企业与产业集群是新型产业化战略的组织载体。新型产业化战略可依据市场集中和空间集聚的思路来优化升级产业组织，

149

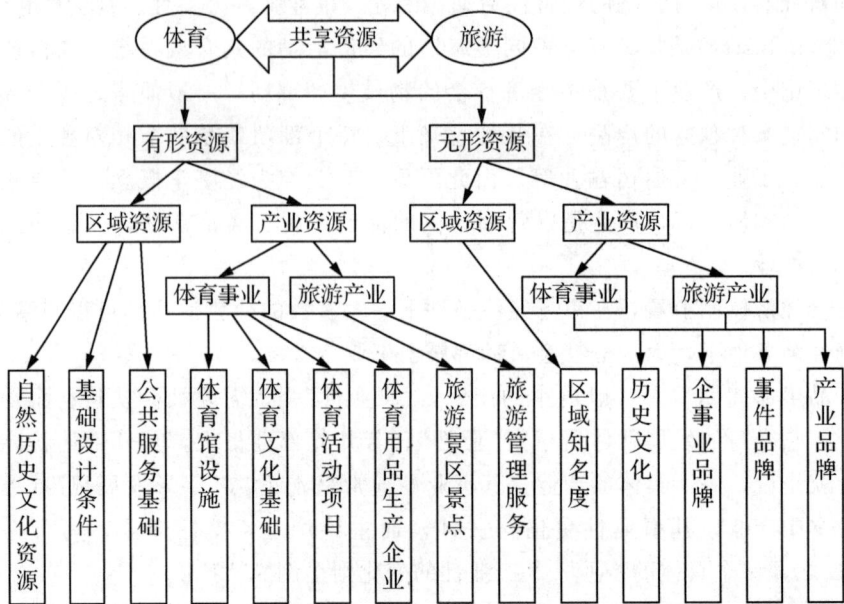

图 4-7　产业与事业融合示意图(2)：以体育事业与体育旅游产业之间的融合互动为例

资料来源：康保苓. 产业融合背景下旅游与体育的互动研究[J]. 旅游论坛，2011，4：45-48.

且市场集中与空间集聚呈现出并行发展、协同推进的态势。产业的市场集中主要表现为从分散竞争的市场结构向集中型市场结构转变，空间集聚在我国则主要表现为大量的专业镇或"块状经济"。现阶段，在区域内部促进产业市场的集中与空间集聚融合发展，形成以大企业为主体的产业集群与产业组织体系，是我国实施新型产业化战略的重要举措。

(3)加速自主创新。自主创新是以某项技术发明、技术知识为基础，以通过技术知识的首次商业化应用为手段，实现商业利润的经济技术行为。自主创新是产业发展的内在根本动力，可以从技术视角、市场视角、空间或区域视角进行考察。从技术视角，自主创新是知识的加工与运用过程；从市场视角，自主创新是知识成果商品化或市场化的过程；从空间或区域视角，自主创新则是产业集群实现技术创新的效应和机理。从单个企业来看，其封闭的环境不利于技术创新的产生和扩散。从产业集群来看，在企业内部形成复杂而紧密的交易网络、技术网络和社会网络，模糊了各个企业之间的边界，促进了人才和知识在企业间的流动，有利于自主创新的产生和扩散。

(4)强化产业分工与融合。产业分工经历了两个阶段，传统的产业分工与新型的产业分工。前者侧重于部门分工或产业间分工，是农业、工业和商业之间的分工；后者是以产业链分工的形式表现出来的，依据各个环节的不同要求，将生产活动分散到不同的区域进行，每个环节可以作为某区域内的最终产品，也可视为整个产业链环节中的中间产品。新型的产业分工发生在产品的设计、生产制造、营销服务等环节的分解之上，是分工不断深化、生产经营环节纵向分离与专业化集中相结合的过程。市场范围的扩展、生产方式的改进以及交易效率的提高，在促进产业链发生纵向分离的过程中起着关键性作用。资源禀赋、规模经济和集聚经济，在促进产业链同类或相似进而形成专业化区域的过程中具有一定的影响。

二、区域开发的空间模式

任何区域开发都必须在一定的区域内展开，同一时期的不同空间和同一空间的不同发展阶段，应根据不同的需要尽可能采取不同的区域开发布局模式。从形态上说，这些模式一般有增长极开发模式、点轴开发模式、网络（或块状）开发模式，以及作为区域产业结构与区域产业布局统一的地域生产综合体开发模式等。

(一)增长极开发模式

增长极（growth pole）理论从物理学的"磁极"概念引申而来，认为受力场的经济空间中存在着若干个中心或极，产生类似"磁极"作用的各种离心力和向心力，每一个中心的吸引力和排斥力都会产生相互交汇的一定范围的"场"。这个增长极可以是部门的，也可以是区域的。地理学界认为，一国或一地区经济的增长，在地理空间上不是均匀发生的，它以不同程度呈点状分布，通过各种渠道影响区域经济。把推动性工业嵌入某地区后，将形成集聚经济，产生增长中心，从而推动整个区域经济的发展，这就是增长极开发模式。增长极开发模式适用于区域经济的初始阶段，或经济稀疏区、经济不发达地区。

增长极的建设与改造，须加强推动工业与地方工业的融合，增强前后向关联效应，建立增长极体系或增长极系统，不断拓展增长极的吸引范围。一方面有助于全面振兴区域经济，另一方面也为下一个时期的点轴开发打下基础。

(二)点轴开发模式

点轴开发模式即以点轴为主线的条带式开发模式，如图 4-8 所示。此处所谓的"点"是一定区域内的各级中心城市或产业集聚区，所谓的"线"则是指线状基础设施（包括各类交通线、动力供应线、水源供应线等）。凭借"线"把各个"点"有机地联系起来，便形成了点轴系统。实际上，中心城市与其吸引范围内的次级城市相互影响、相互作用，形成了一个有机系统——城市经济系统，有效地带动着区域经济的发展。点轴贯穿于这些复杂的城市系统之间，构成了以点轴为主线的条带式开发系统。由于分布于轴线上的各个中心城市的能量不同，对周围地区的吸引力也存在差异，往往造成条带不规则性。从点轴系统中"点"的密集程度及条带的宽度上，我们还可以看出这个条带开发系统在不同地段上辐射力的强弱。由于区域内的中心城市是可以分级的，同样，我们也可以把全国或某个区域内的"发展轴"分成若干等级，根据经济实力，对以点轴为主线的条带系统及不同级别的点轴系统进行梯度开发。例如，我国国土规划纲要中所制定的总体布局思路是"T"形轴线模式，即一级轴线由东部沿海地带和长江沿岸组成。在这个总骨架的基础上，又可以分别安排次级点轴系统，如哈大经济带、京广经济走廊等，以此对我国的区域开发进行具体的宏观指导。这种开发模式主要适用于区域经济发展的中期阶段，或经济相对密集区及发展中地区。

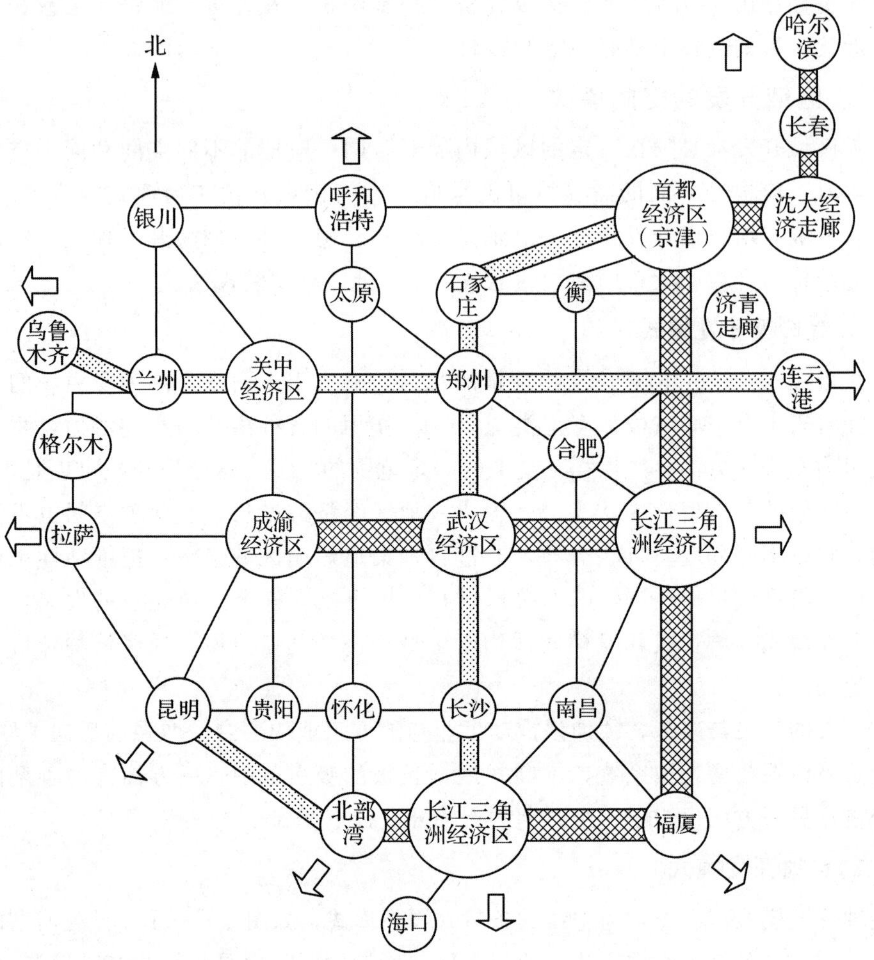

图 4-8　我国 20 世纪末点轴开发模式示意图

资料来源：方创琳. 区域发展战略论［M］. 北京：科学出版社，2002.

(三)网络(或块状)开发模式

在较发达地区或经济核心区，交通发达，城市密集度较大，农村经济活跃，中心城市外围地区的经济发展速度快于核心部位，"点""线""面"组成了一个有机的整体，从而使整个区域得到了有效的开发。例如，我国最大的经济核心区——长江三角洲地区，经过长期的建设和发展，区域整体经济发展已达到相当高的水平。要获得进一步发展，一方面要缩小区域内经济发展水平的地区差异；另一方面则需要高度发达的区域经济实力为全面开发各个区域提供可能。同时，也由于区域经济在上海、南京、无锡、常州、苏州等区域内少数大工业城市，以及沪宁、沪杭、杭甬等铁路干线沿线过度集中，导致长江三角洲地区出现了一系列所谓的"膨胀病"，产生了交通紧张，能源、电力短缺，用地、用水困难，生态环境质量下降等一系列问题，于是，又迫切要求由原先的点状开发、轴线开发，适时地转向以分散化为特征的网络开发。网络开发一方面要对老区进行整治，对部分传统工业实行扩散、转移；另一方面要全面开发区内尚处于滞后发展状态的新区，促进区域的均衡发展。

以上三种区域开发的空间模式可以用表 4-2 予以总结。

表 4-2 区域开发的空间模式对比

开发模式	内涵	优点	缺点	适合阶段
增长极开发模式	优先开发某个或某几个城市、交通枢纽或资源富集地	节省投资	能动作用小	开发的早期阶段
网络开发模式	以交通网络为基础，全面开发	需要大量投资	带动作用大	开发的高级阶段
点轴开发模式	优先开发交通线、海岸带或沿河地区，构筑产业带	介于上述两者之间		

（四）区域开发的其他空间模式

1. 地域生产综合体开发模式

地域生产综合体（territorial production complex，TPC）是一种按照一定地域范围组织生产的理论（模式）。这一理论源于苏联，后来被传入东欧和中国，在 20 世纪六七十年代被介绍到美国、英国等西方国家。TPC 理论对各国产生了重大影响并被地理学、经济学、计划与管理学研究者所重视，我国曾在 20 世纪 50—80 年代广泛宣传过这一理论，并在大庆石油会战、包钢基地建设过程中应用了这一开发模式。

地域生产综合体（也称"生产地域综合体"）开发模式的内涵，大体可以理解为：作为国家经济综合体的一部分（子部分），它是一些企业或经济部门（包括非生产部门）以及一些经济分区和经济中心，按计划形成的稳定和活跃的地区性或地方性的组合。它们在合理的生产专业化、适当地利用部门和全区的资源和条件的基础上，按比例地发展并相互联系，由此保证劳动生产率的增长和居民福利的提高①。

TPC 理论是苏联经济系统工作者在区域开发特别是在新区开发中对如何合理发展区域经济提炼总结出来的一种科学规律。这种理论的一些合理内核，如生产结构理论、专业化与综合发展理论及动态理论都是从计划经济体制的土壤中诞生的，但一经抽象而上升到理论高度，具有相对广泛的适应性。该理论有以下几个优点：第一，以有限的空间为核心，集中投入资源，形成生产要素的地域性集中，这是与经济学中成本最小化和集聚化经济原则相吻合的。第二，注重产业之间发展的和谐性。TPC 原理主要是从产业结构角度来探讨区域经济发展的规律性的，因而注重产业之间结构上的比例关系，无论是从产业之间的联系链条上，还是从生产性产业与服务性产业之间的配置上都能看出这种规律性。第三，从动态变动的角度看待区域经济发展。

建立 TPC 的一个初衷就是消除部门分割与地区分割，但在执行中，不仅部门与地区的分割封锁依旧，而且又增加了新的管理层次。事实证明，在集中计划体制未被打破、市场体制没有有效运转时，试图楔入一块新的区域单元来协调、融合部门与区域

---

① 周民良. 地域生产综合体理论：概念、原理及评价[J]. 大自然探索，1994(3)：93-98.

关系是不可能成功的。此外，地域生产综合体的建立依赖于大量、精确复杂的数学模型计算，而在信息不完备的情况下，不可能建立起实用的数学模型。所以，地域生产综合体的建立过程，难免主观、武断，很难取得良好效果。

地域生产综合体开发模式可以纳入增长极开发模式范畴。

2. 梯度推移模式

梯度推移模式的基础是美国的跨国企业问题专家雷蒙德·弗农（Raymond Vernon）等人的工业生产生命循环阶段论。该理论认为，工业各部门甚至各种工业产品都处在不同的生命循环阶段，在发展中必须经历创新、发展、成熟、衰老四个阶段，并且在不同阶段，将由兴旺部门转为停滞部门，最后成为衰退部门。区域经济学者把生命循环论引用到区域经济学中，创造了区域经济梯度推移理论。根据该理论，每个国家或地区都处在一定的经济发展梯度上，世界上出现的每一个新行业、新产品，每一项新技术都会随时间推移由高梯度区向低梯度区传递，威尔伯（Wilber）等人形象地称之为"工业区位向下渗透"现象[①]。

我国在改革开放初期提出了三大地带梯度推移理论，主张从我国经济技术发展不平衡的特点出发，根据东、中、西三大地带的差别，特别是"先进技术""中间技术"和"传统技术"的差别，以效率目标为主，通过非均衡发展的途径和技术梯度的逐次转移，来逐步实现均衡布局和平衡发展的最终目标。

梯度推移模式在我国改革开放初期取得了一定的成效。但现在回头看，也确实存在一些问题。例如，三大地带的划分过于粗略，三大地带并非均质区，只是地区发展状况的相对平均数和总体水平的概念；三大地带的划分并不构成一个经济区域（区划）以及区内外的合理分工和联系；从产业结构和区域结构的关系上看，仅有地带（包括区域与区位）选择是不够的；设想技术转移能按梯度方向进行并借以缩小地区之间差异的想法过于简单，也缺乏足够的证据；在我国这样一个发展中大国，梯度理论未能说明不同区域所应选择的开发方式；等等。[②]

3. 中心-外围开发模式

"中心-外围"开发模式是由阿根廷经济学家劳尔·普雷维什（Raúl Prebisch）提出的一种理论模式。它将资本主义世界划分成两个部分：一个是生产结构同质性和多样化的"中心"；一个是生产结构异质性和专业化的"外围"。前者主要由西方发达国家构成，后者则包括广大的发展中国家。"中心"与"外围"之间的这种结构性差异并不说明它们是彼此独立存在的体系，恰恰相反，它们是作为相互联系、互为条件的两极存在的，构成了一个统一的、动态的世界经济体系。

考虑到区际不平衡较长期的演变趋势，该模式将经济系统空间结构划分为中心和外围两部分，二者共同构成一个完整的二元空间结构。中心区发展条件较优越，经济效益较高，处于支配地位；而外围区发展条件较差，经济效益较低，处于被支配地位。

---

① 高志刚. 区域经济差异理论述评及研究新进展[J]. 经济师，2002(2)：38-39.

② 刘廉生. 地带梯度推移理论评析[J]. 当代经济科学，1990(4)：50-53.

因此，经济发展必然伴随着各生产要素从外围区向中心区的净转移。在经济发展初始阶段，二元结构十分明显，最初表现为一种单核结构；随着经济进入起飞阶段，单核结构逐渐被多核结构所替代；当经济进入持续增长阶段，随着政府政策干预，中心和外围的界限会逐渐消失，经济在全国范围内实现一体化，各区域优势充分发挥，经济获得全面发展。该理论对制定区域发展政策具有指导意义，但其关于二元区域结构会随经济进入持续增长阶段而消失的观点有待商榷。

4. 都市圈开发模式

(1)都市圈的内涵。国内外对都市圈有不同的界定，但大体上可以理解为：都市圈是由一个或多个核心城市，以及与这个核心城市在空间上密切联系，在功能上有机分工、相互依存，并且具有一体化倾向的邻接城镇与地区组成的圈层式结构。

(2)都市圈开发模式的要点。一是打破行政界限；二是按经济与环境功能的整合需求及发展趋势，构筑相对完善的城镇群体空间单元，并以此作为更广阔空间组织的基础，增强区域的整体竞争力；三是构筑一体化的基础设施及网络化联系。都市圈开发模式实际上是城市经济区开发模式，也是区域一体化在城市经济区层面上的另一种说法。

(3)都市圈开发模式的实施。具体表现在以下两个方面。

①产业整合、融合与协同。一是产业集群，即生产某些产品的同类企业在一定区域集聚在一起，产业集聚度越高，产业集群优势越强，都市圈产业的竞争力就越强。二是产业融合，即高新技术向传统产业渗透，第一、第二、第三产业的互相交叉、互相融合，在具体的发展取向上，注重都市圈特色园区建设、技术创新体系培育和圈域本土产业集群增长。三是产业协同，即在区域一体化发展的要求下，都市圈内的产业要形成互动互补的关系，突出协同。产业之间既存在竞争还要取得共赢，因此竞争各方必须积极地进行调整和协同，尽量形成差异性市场和错位发展。在企业自行整合协同的运作过程中，行政之"手"不只是扶持和营造环境，也有引导、规范的作用，例如各个城市的整体规划、产业布局、产业政策、生态建设等。

②依据都市圈发展过程及时调整空间结构。参照前述的增长极开发模式、点轴开发模式和网络开发模式，在都市圈不同发展阶段应采取不同的空间战略。

首先是核心-放射空间模式。大都市初期的扩散往往沿主要轴线扩展，一般不具备圈层扩展的能力，但在区域中具有明显的区位优势、规模优势和功能优势。通过重点培育核心城市，构建放射通道来带动整个区域的发展。这是都市圈空间结构的初级阶段。

其次是核心-圈层空间模式。随着城市经济的发展，核心城市扩散作用明显，从轴向扩展为主转向圈层扩展为主。一些在区域中有明显核心地位的大都市，如首都、省会城市和一些重要的经济中心城市，其功能除了作为区域的政治经济中心和管理决策中心外，还具备商业中心、研究与革新活动、大银行、大型公司或集团总部所在地的功能，城市综合功能突出，区域交通基本围绕这些城市向外围腹地组织扩展，由此构建核心-圈层空间结构，这是核心-放射结构的发展。

最后是多中心网络化空间模式。区域经济在向高级阶段演变的过程中，借助高度发达的通信和一体化快速交通网络，区域城镇群体空间必然向多中心网络化的空间结构演变。这是都市圈空间结构的高级阶段①。

5. 主体功能区开发模式

《中共中央关于制定国民经济和社会发展第十一个五年规划的建议》提出划分主体功能区的要求，《国民经济和社会发展第十一个五年规划纲要》明确将国土空间划分为优化开发、重点开发、限制开发和禁止开发四类主体功能区，并对不同的功能区实施不同的区域政策。国家"十四五"规划进一步强调，要深入实施区域重大战略、区域协调发展战略、主体功能区战略，健全区域协调发展体制机制，构建优势互补、高质量发展的区域经济布局和国土空间支撑体系。

主体功能区是主体功能区划的结果。对主体功能区进行科学规划、制定科学政策、实施科学管理与建设，既是区域发展对科学发展观的响应，也是统筹区域协调发展战略在空间上的落实。

主体功能区是指根据不同区域的资源环境承载能力和发展潜力，按区域分工和协调发展的原则划定的具有某种主体功能的规划区域。它的作用主要是解决人与自然的和谐发展问题，并可作为国家区域调控的地域单元。主体功能区主要分为四种类型。

(1)优化开发区域，是指开发密度已经较高、资源环境承载能力有所减弱的区域。它是我国强大的经济密集区和较高的人口密集区，是参与国内分工和竞争的主体，也是我国参与经济全球化的核心区域。从全国层面看，包括以珠江三角洲、长江三角洲、京津冀三大都市圈为代表的沿海经济核心区，如广州、深圳、东莞、上海、北京、天津等沿海城市地区；中西部及东北开发密度较大的一些超大城市中心区，如武汉、哈尔滨、西安、成都等内陆超大城市中心区；亟待产业转型的资源型城市，如阜新、大庆等结构单一、缺乏接续产业的资源型城市等。

(2)重点开发区域，是指资源环境承载能力较强、经济和人口集聚条件较好的区域。从全国层面看，具体可分为三种情况：一是中西部及东北的中心城市及交通干道沿线地区，如长株潭-岳阳地区、马芜铜-合肥地区、昌九景地区、中原城市群、南北钦防地区、成渝地区、关中地区、长吉地区、哈大齐地区等；二是中西部具备大规模开发条件的资源富集地区，如攀西-六盘水地区、格尔木地区、包头-鄂尔多斯-榆林地区等；三是东部沿海发展潜力较大的地区，如山东半岛、辽东半岛、福建沿海地区等。

(3)限制开发区域，是指资源环境承载能力较弱、大规模集聚经济和人口、条件不够好并关系到全国或较大区域范围生态安全的区域。这一区域主要包括退耕还林还草地区、天然林保护地区、草原"三化"地区、重要水源保护地区、水资源严重短缺地区、自然灾害频发地区、污染物不易排放地区、生态环境脆弱地区，如东北的兴安岭、长白山林地、三江平原湿地等，西北的新疆阿尔泰、青海的三江源等地，内蒙古的部分沙漠化防治区，西南等地的一些干热河谷、喀斯特石漠化防治区，黄土高原水土流失防治区，大别山土壤侵蚀防治区等。

---

① 刘晓荣，石培基. 都市圈规划与管理研究[J]. 世界地理研究，2006(4)：54-60.

（4）禁止开发区域，是指依法设立的各类自然保护区域。具体包括国家级自然保护区、世界文化自然遗产、国家重点风景名胜区、国家森林公园、国家地质公园等。

推动形成主体功能区，是按照新时代中国特色社会主义实践经验提出的一种区域发展新思路，其重要意义在于：第一，加强主体功能区建设，有利于促进人与自然和谐发展，协调经济、社会、人口、资源和环境之间的关系，引导经济布局、人口分布与资源环境承载力相适应；第二，划分不同类型的主体功能区，有利于强化空间管制，规范和优化空间开发秩序，逐步形成合理的空间开发结构；第三，在做好主体功能区划的基础上，明确各区域的主体功能定位和发展方向，有利于优化资源的空间配置，提高资源空间配置效率，推动形成各具特色的区域结构和分工格局，促进各区域协调发展；第四，对不同主体功能区实行分类的区域政策，有利于根据不同区域的实际情况实行分类管理和调控。

对人口密集、开发强度偏高、资源环境负荷过重的部分城市化地区要优化开发；对资源环境承载能力较强、集聚人口和经济条件较好的城市化地区要重点开发；对具备较好的农业生产条件、以提供农产品为主体功能的农产品主产区，要着力保障农产品供给安全；对影响全局生态安全的重点生态功能区，要限制大规模、高强度的工业化城镇化开发；对依法设立的各级各类自然文化资源保护区和其他需要特殊保护的区域要禁止开发。

以上各种空间开发模式，包括增长极开发模式、点轴开发模式、网络开发模式、梯度推移模式、"中心-外围"开发模式、都市圈开发模式以及主体功能区开发模式等，都是依据区域经济发展不平衡的特点，追求区域利益极大化的模式，因此它们是一脉相承的。

第三节　区域发展战略

从广义上看，发展战略、发展规划和计划都是对未来发展的筹划与部署；从狭义上看，发展战略较宏观，发展规划和计划较具体；发展战略是制订发展规划和计划的大思路，是发展规划和计划的灵魂与精髓。从工作程序来看，战略研究是基础，应当首先有战略研究，再编制发展规划和计划。[①] 区域发展战略与发展规划之间的关系如图 4-9 所示。

一、发展战略的含义

"战略"一词最早起源于军事科学，是同"战术"相对而言的，常和"韬略"一词并用；在英文中，"战略"一词是"strategy"，源自希腊语的"指挥官"一词，意为"指挥军队的才干""将军的艺术"。"战略"一词的另一种解释源于古希腊语的"诡计"，同我国古代《孙子兵法》中"兵者，诡道也"的含义相近。时至 19 世纪，德国杰出的军事理论家克劳塞维茨（Clausewitz）认为，"战略是为了战争的目的运用战斗的学问"，它包括适应战争

---

① 何炼成. 中国发展经济学[M]. 西安：陕西人民出版社，1999.

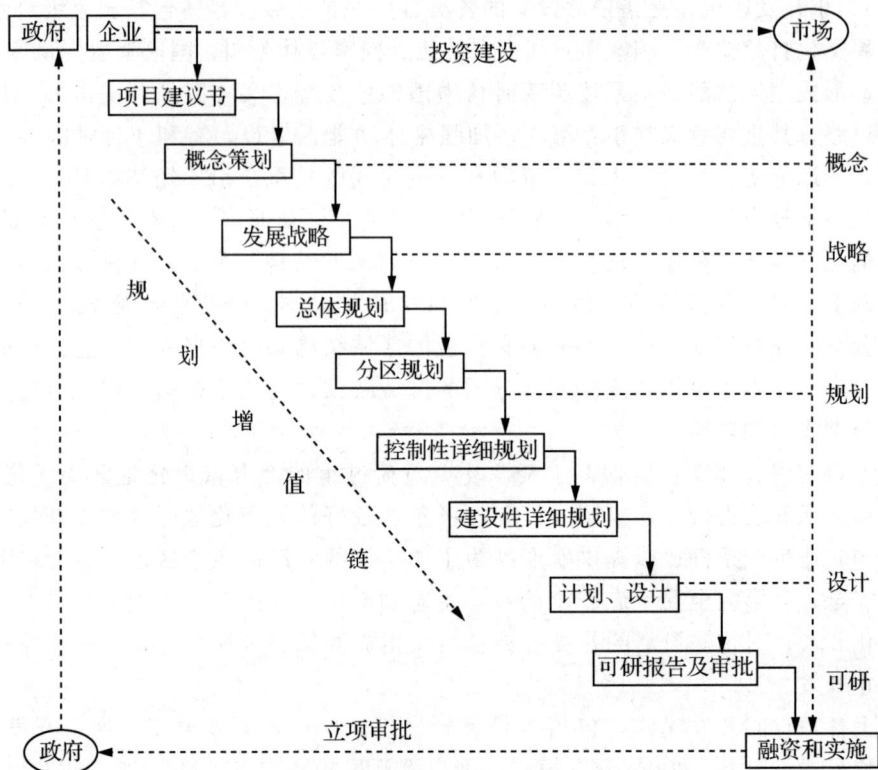

图 4-9　区域发展战略与发展规划之间的关系示意图

资料来源：方创琳. 区域规划与空间管治论[M]. 北京：商务印书馆，2007：图 3-1，有改动。

目的的战略目标和战争计划，达到这一目标的行动措施、战局方案和战斗部署①。《毛泽东选集》指出："战略问题是研究战争全局的规律的东西。"第二次世界大战后，"战略"一词被扩展并广泛应用于政治、经济、科技、教育等经济社会各领域，其含义相应地更为普通化了。《辞海》对战略的定义是："战略是重大的、带全局性的或决定全局的谋划。"与此相对应，区域发展战略就是根据区域发展条件、进一步发展要求和发展目标所做的高层次、全局性的宏观谋划。其核心内容是根据区域现实发展条件和进一步发展可能面临的机遇与挑战，提出在一定时期内的战略目标和为实现战略目标而制定的战略指导思想、方针、重点、步骤及对策等，它融经济、科技、社会、人口、资源、环境发展于一体，高瞻远瞩，运筹帷幄，把握全局，成为一门高层次、高品位的决策科学。②

最早把发展与战略组合起来构成"发展战略"概念的人，是美国著名经济学家艾伯特·赫希曼（Albert O. Hirschman）。他于 1958 年在《经济发展战略》一书中，首先使用了"发展战略"的概念，首次把经济发展提到战略的高度，并把经济发展与社会发展紧密联系起来，重点探讨发展中国家如何利用自己的潜力、资源与环境，谋求区域经济

① 夏禹龙，刘吉，冯之浚，等. 论战略研究[M]. 北京：光明日报出版社，1987.
② 方创琳. 区域发展战略论[M]. 北京：科学出版社，2002.

社会发展的宏观策略。

此后，西方经济学者基于对发展中国家的研究形成的"发展经济学"，或发展中国家学者对本国本地区发展中面临问题的研究，都把发展战略研究放在非常重要的位置。在我国，20世纪70年代末，一些从事世界经济与地理研究的学者从国外引入了"发展战略"的概念。20世纪80年代初，我国著名经济学家于光远提出研究"经济社会发展战略"的倡议，得到了各方面的响应，逐渐掀起了我国发展战略研究的热潮。实践证明，战略的制定和实施对特定区域的经济社会发展起到了积极的指导作用，在某种程度上成了区域或企业发展的投资指南。地方政府之所以热衷于制定发展战略，一是因为富民强国的需要；二是因为这是解决当时区域所面临的重大问题的迫切要求；三是保障区域卓有成效发展的需要。

二、区域发展战略的本质特征

根据区域发展战略的基本定义，其本质特征可归结为全局性、系统综合性、长期性和阶段性、地域性、层次性五大方面。

1. 全局性

发展战略是把握全局总体的蓝图描绘，研究的是决定全局的关键问题和影响全局的主要方面，包括所研究的系统在各个发展时期存在和发展的环境。它是发展目标和实现目标的方针、政策、途径、措施、步骤的高度概括，对国家、地区或城市的发展具有方向性、长远性、总体性的指导作用。

2. 系统综合性

发展战略面对的是许多要素相互联系、相互依存、相互作用、相互制约构成的复杂系统。发展战略研究不仅要弄清楚系统内部的结构、层次和功能，而且要弄清楚系统与周围环境的各种联系，搞清系统存在和发展的外部条件。同时发展战略研究又是综合性课题，涉及人口、资源、环境、经济、社会、科技等各个领域，要从复杂的研究对象中抽取其整体联系，得到决定全局的谋划，一定要用系统科学的方法，统一组织各领域、各行业的专家和人才进行综合性研究，在综合性研究中得到全局认识。区域发展战略主要是确定经济发展的指导思想和基本原则，而不是对经济发展作出具体安排，因此是务虚的，不是务实的，但同样要考虑可行性和合理性。

3. 长期性和阶段性

区域发展战略的着眼点不是当前的具体条件，而是未来，因而要适用于一个较长的时期，比起那些只在短期内起作用的活动和措施来说，更具深远意义。因此，具有战略眼光的领导者绝不会只顾眼前而不顾及长远。当然，未来是以当前为出发点的，未来发展趋势的推测要以过去和当前作为依据，立足当前，放眼未来。照顾当前和未来的关系，是战略考虑的要点。战略制定的长期性和持久性，要求战略目标与对策应保持一定程度的弹性，越远的战略目标越要粗略一些，弹性要大一些。而且，在战略制定过程中，一定要处理好近中期战略同长远战略的关系，使战略保持相对的稳定性和连续性。

区域发展战略是为在某一特定的时间范围内实现某种目标而设立的，因此不是一成不变的。当某一阶段的战略完成了它的历史使命，或与战略对象的新情况不相适应时,它必然要被新的战略所取代。

4.地域性

受空间范围的限定,区域发展战略也必然具有明显的地域性。不同的地域范围、层次、地点,不同的区情、不同的主体,所制定的区域开发战略不尽相同。

5.层次性

战略具有全局性,而全局的范围是有大小之分的。任何系统,都可以看作一个全局。所谓系统,是由互相作用的若干元素组成的具有一定功能的复合体。系统是有层次的,有大系统、小系统,也有母系统、子系统。对于不同层次的系统,就有不同层次的战略。全国有全国的战略,各个地区、各个部门有各个地区、各个部门的战略,一个相对独立的基层企业、事业单位也都有自己的战略。全局和局部的划分是相对的,子系统的全局相对于母系统来说,只是后者的一个局部,局部应该服从全局。因此,制定某一层次区域的战略时,应该同上一层次区域的战略要求相符合,而不能相背离。各个地区在制定自己的经济发展战略时,都应服从于全国的战略布局。就现阶段来说,不管哪个行业,它们所制定的各个层次的战略,都必须服从于国家的宏伟战略目标,即党的十九大提出的两阶段目标:从 2020 年到 2035 年基本实现社会主义现代化,从 2035 年到 21 世纪中叶把我国建成社会主义现代化强国。

区域高层领导要想推动区域发展、想在别人未曾想到之前、干在别人未干之先、出奇制胜,就必须根据区域发展的内外部条件,审时度势地对区域发展作出战略决策。战略决策是区域或企业得以迅速发展、处于竞争优势的最重要的决策,战略决策的失误往往会导致全局性的灾难。由于战略决策涉及全局性、长期性的决策,因此决策的主要依据就是战略预测。而战略预测又具有长期性和潜在性,必须同时考虑各种隐蔽的和突变的因素,对这些因素的考虑又必须借助战略决策支持系统方法来完成,即引入人工智能技术、专家系统、一体化建模仿真环境、虚拟现实、计算机网络技术等,充分利用专家、决策者的成功经验、战略决策知识以及现代信息技术和知识经济技术,使科学决策与民主决策互动融合。

三、区域经济发展战略的主要内容

(一)区域发展的指导方针

正确的指导方针和指导思想是制订区域经济发展战略的出发点,全国应有一个总的全国性的指导方针。指导思想是对战略目标、战略重点和战略对策的系统概括。作为某一特定地区经济发展的指导方针,不能简单地照搬照套其他地区发展的指导方针,而是要立足于本地区的特点,将全国性的指导方针同本区的实际结合起来,找到制约本区发展的症结所在,看清本区面临的形势,抓紧推进本区经济"更上一层楼"的关键环节与契机。

20 世纪 90 年代,我国提出的关于上海的发展方针是"振兴上海,开发浦东,服务全国,面向世界,把上海建设成外向型、多功能、产业结构合理、科技先进、具有高度文明的社会主义现代化国际城市"。上述方针充分反映了上海作为全国最大经济中心的地位与特点。上海的地位与特点决定了其经济发展绝不能局限于以自身产值增长快慢论成败,而是要看它作为全国最大经济中心的作用发挥得如何。鉴于当时市区(浦西)经济与人口密度过高等现实矛盾,以开发浦东作为振兴上海的契机,自然就成为战略指导方针的重要内容。北京市的发展方向同样是建设成现代化的国际城市,但依据其首都的地位,在指导方针上强调的是"政治中心、文化中心、科技创新中心和国际国内交往中心的功能进一步增强"。两者的异同,准确地反映了两个特大城市各自的特点。

(二)区域经济发展的方向和目标

1. 方向定位

根据区域发展的现实基础、内外部联系和在全国或大区劳动地域分工中的作用与地位、进一步发展地位的转变等因素,对区域发展在大区发展、国家发展,甚至国际发展中所占据的地位、所起的作用、所承担的功能作出准确判断和勾画,这是制定区域发展战略的关键所在和难点所在。如北京发展战略中的方向定位是:北京市是中华人民共和国的首都,是全国的政治中心和文化中心,是一个拥有 2 000 多万人口的综合性大城市,是有 3 000 多年建城史和 800 年建都史的历史文化名城和世界著名古都,是一个即将在 21 世纪中叶建成的现代化国际大都市。其功能主要体现为服务功能(为中央党、政、军领导机关的工作服务,为国家的国际交往服务,为科技和教育发展服务,为改善人民群众生活服务)、产业功能(高新技术产业创新园)、承载功能、集散功能(国际交往中心)和示范功能(改革创新)。

在确定区域发展方向时,一定要注意以下几点:

(1)方向定位一定要有层次性,要以劳动地域分工理论为基础,由大到小层层定位,从大处着想,从小处落实;

(2)方向定位一定要以市场为导向,以最大限度发挥区域综合竞争优势为重点,以提高区域整体发展实力和核心竞争能力为目标;

(3)方向定位的内容应包括经济定位、社会定位、交通定位、政治定位、科技文化定位等;

(4)方向定位的类型应包括经济发展性质定位、经济发展功能定位和经济发展阶段定位等;

(5)定位力求准确、精练、全面、通俗、顺口、直观,且易于理解、记忆和贯彻实施。

2. 发展目标

区域发展的战略目标包括三大部分:一是经济发展目标,包括经济总量目标、经济增长目标、经济结构目标、经济运行质量目标等;二是社会发展目标,包括基础设施建设目标、人口发展目标、科技教育发展目标、生活质量目标、社会保障目标等;三是资源环境发展目标,包括资源开发利用目标、环境保护目标等。每一项目标都可以通过一系列具体指标来量度,如经济总量指标可用 GDP、财政收入、社会消费品零售总额、人均收入等指标来反映;经济结构目标可用三大产业结构比例、外贸依存度等来量度;生活质量指标可用恩格尔系数、受教育程度、平均预期寿命等反映。区域发展战略中的目标一般多是综合性、原则性目标,操作性、翔实性目标则属于"区域规划"的内容。当然,区域发展战略和区域规划之间的差别是相对的,大区域的规划目标很可能成为低层次区域的战略目标。

按照时间尺度分析,每一方面的战略目标又包括近期目标、中期目标和远期目标。战略目标更关注中长期目标,近中期目标主要通过第五章的区域规划来分解和部署。

(三)区域经济发展的战略重点、战略布局和战略步骤

战略重点、战略布局和战略步骤,是分别从产业结构、空间配置和时序安排上保证区域发展战略目标顺利实现的三个重要方面。

1. 战略重点

一个时期内地区发展的重点产业如何安排?重点产业一般来说主要可以分为两类:一类是瓶颈产业,另一类是战略产业。重点抓瓶颈产业,旨在满足产业之间平衡和协调发展的要求,通过拉长短线,克服瓶颈,使长线产业的闲置能力得到充分发挥。战略产业是指对一国或一地区经济长期发展,即对产业结构的升级转换和经济持续增长起根本性、全局性作用的产业。战略产业主要指先导产业、主导产业和支柱产业。其中先导产业是规模不大、技术水平高、对区域经济将来发展有重要作用的产业或产业群;主导产业即在经济起飞或产业结构转换时期起主要推动作用的产业或产业群;支柱产业即在较长时期内支撑国民经济发展的产业或产业群,是国民经济的主体和国民收入的主要承担者。先导产业、主导产业和支柱产业不是固定不变的,如主导产业更替现象和近代耐用消费品产业的兴起就是例子。另外,资源禀赋情况也对支柱产业的形成有一定影响,如中东盛产石油,采油业自然成为该地区各国家的支柱产业[1]。

产业结构的战略安排既要有重点,又要倾斜适度而不过度,并适时调节,协调发展。

2. 战略布局

战略布局旨在安排经济发展的空间配置问题。对于不发达地区,首先要培植增长极,提高增长极的实力与功能,形成支撑与带动整个地区经济发展的据点与核心区。在核心区已具相当实力后,要充分依托核心区向外围区扩展推进,使经济布局有序展开。对于产业和人口过分密集的地区,战略布局的重点应考虑发挥其扩散效应,促使中心区传统产业和部分人口向外围地区扩散,实现产业和空间重组,形成有序的城镇体系,既可以缓解中心区"过密"引起的诸多矛盾,又可以推进外围地区的发展。2015年2月10日中央财经领导小组审议通过的《京津冀协同发展规划纲要》提出,要严控增量、疏解存量、疏堵结合调控北京市人口规模;要在京津冀交通一体化、生态环境保护、产业升级转移等重点领域率先取得突破;要大力促进创新驱动发展,增强资源能源保障能力,统筹社会事业发展,扩大对内对外开放;要加快破除体制机制障碍,推动要素市场一体化,构建京津冀协同发展的体制机制,加快公共服务一体化改革。

3. 战略步骤

战略步骤是从时间过程方面对战略目标进行的阶段划分,重点安排不同时期战略

---

① 方甲. 产业结构问题研究[M]. 北京:中国人民大学出版社,1997.

目标、战略重点的转移与衔接。一般来说，对于不发达地区，首先要注意在启动阶段形成自身积累的初步能力，再逐步转入正常增长阶段。对于其他地区，第一步通常是理顺各种经济关系，实现产业结构协调化，焕发区域经济的活力；第二步是在协调化的基础上，进一步实现结构升级和优化。

四、区域经济发展战略的主要类型

区域经济发展战略按研究的内容、目标、侧重点等可分为不同的组合类型，这些组合类型共同构成区域发展战略体系。

(一)按研究层次划分的组合类型

1. 全球或世界级发展战略

例如，美国麻省理工学院米都斯(Meadows)等人提交给罗马俱乐部的《增长的极限》，提出了"零增长"下的"全球均衡"战略。著名经济学家瓦西里·里昂惕夫(Wassily Leontief)接受联合国委托建立的《联合国里昂惕夫模型》，把世界分为15个地区，并对1990年、2000年世界人口、经济与环境状况做了投入-产出模型预测。中国正在推进的"一带一路"倡议[①]等，也具有世界性影响。

2. 国家级发展战略

著名的国家级发展战略有印度的"甘地式发展战略"、日本与韩国的"国民收入倍增计划"等。我国改革开放的总设计师邓小平同志提出的"三步走战略"也是国家级发展战略，并且收到了很好的效果。"三步走战略"即第一步，到1990年GDP比1980年翻一番，解决温饱；第二步，到2000年人均GDP达到1 000美元，进入小康社会；第三步，到2049年，初步建成社会主义现代化强国。党的十八大提出的"两个一百年"奋斗目标，即到2020年(中国共产党成立100周年)，全面建成小康社会；到2049年(中华人民共和国成立100周年)，建成富强民主文明和谐美丽的社会主义现代化强国。此外，西部大开发战略、东北等老工业基地振兴战略、中部地区崛起战略等，也都是我国重要的国家战略。

3. 地区级发展战略

如中原经济区发展战略、重庆市跨世纪发展战略、江苏沿海地区发展战略等。

4. 小区域发展战略

如经济特区发展战略、高新技术产业区发展战略、科技工业园发展战略、知识创新园发展战略、农业开发区发展战略等。

(二)按行业层次划分的组合类型

按行业分类的发展战略，包括人口发展战略、资源开发战略、农业发展战略、工业发展战略、对外贸易发展战略、商业发展战略、金融业发展战略、科技教育发展战

---

① "一带一路"即"丝绸之路经济带"和"21世纪海上丝绸之路"的简称。国家主席习近平2013年9月5日在哈萨克斯坦访问时提出，为了使欧亚各国经济联系更加紧密、相互合作更加深入、发展空间更加广阔，我们可以用创新的合作模式，共同建设"丝绸之路经济带"，以点带面，从线到片，逐步形成区域大合作。

略、旅游业发展战略、社会发展战略、环境保护战略、基础设施发展战略等。

(三)按战略目标划分的组合类型

发展战略按战略目标的不同可分为:(1)传统发展战略——高投资增长战略;(2)变通发展战略——在传统发展战略失败之后提出,其目标是人类基本需求的满足,强调"小的就是好的"和"适用技术";(3)新发展战略——从发展中国家实际情况出发,以满足人们的"基本需要"为至上目标,并积极探索衡量经济发展的新尺度;(4)激进自主的发展战略——要摆脱不发达国家和地区对发达国家和地区的依附关系,强调摆脱"宗主-卫星结构"这种不发达的发展模式,等等。

(四)按区际经济关系划分的组合类型

1. 内向型发展战略

内向型发展战略强调依靠本区资源和市场发展经济,通过贸易保护政策保护本区经济,特别是保护幼小工业的发展以形成较完整的工业体系。在区际市场不利于初级产品输出时,面向区内市场生产替代输入的制成品以保护本区经济利益。

2. 外向型发展战略

外向型发展战略强调利用区际市场引进技术,以区际资源开发弥补本区资源的不足,形成具有区际竞争力的产业结构。

3. 进口替代战略

进口替代战略强调发展本区工业制成品的生产,主要是轻工业产品,以代替原来需要从区外进口的同类产品,其目的在于通过限制进口制成品节省外汇,保护区内市场,促进地方工业的发展。

4. 出口导向战略

出口导向战略强调将以初级产品输出为主转变为以制造业及加工产品输出为主,将本国产品推销到国际市场。它是以发展中地区的廉价劳动力和发达地区的资金、技术相结合取得的依附性的经济发展。

第二次世界大战后,日本经济发展总体战略经历了"进口替代→出口导向→海外投资→科技立国"的演变,我国改革开放后的经历与此相似,目前正在倡导"一带一路",注重人才强国与创新国家建设。这些事例从一个侧面说明了区域发展战略的演变规律,即从初始的封闭(自给自足、自力更生)策略到全面融入世界、参与全球经济竞争进而引导世界发展的过程。

(五)按战略内容侧重导向划分的组合类型

1. 资源导向型战略

资源导向型战略主要侧重于制定以开发区域内部自然资源为主要目的的发展战略。一般在区域经济社会发展初期多采用这种战略,如甘肃金昌市矿产资源开发利用战略、敦煌市旅游资源开发战略等。

2. 市场导向型战略

市场导向型战略主要侧重于制定以充分利用区域内外部广阔巨大的市场为特征的

发展战略，即经济发展、产业结构调整必须以市场供求状况为标准进行调节。一般在资源短缺地区、市场经济发育欠佳的地区多采用此种战略。

3. 资源与市场双导向型战略

资源与市场双导向型战略是上述两种战略的有机结合，即资源开发以市场需求为前提，市场容量决定资源开发规模和产品及产业组织规模的发展战略。这种战略曾在有计划的市场经济国家里，在经济发展中期阶段被采用得比较多。

4. 出口导向型战略

出口导向型战略即资源产品和制成品的生产主要面向国外市场的发展战略。如日本的加工贸易型战略、新加坡的转口贸易型战略、瑞士的过境贸易型战略等。再如我国长江三角洲地区20世纪90年代实施的"两头（原材料和市场）在外、大进大出"战略，有力地推进了该地区经济的起飞。

5. 技术导向型战略

技术导向型战略即主要依靠引进、消化、吸收、创新科学技术，提高产业与产品的科技含量，提高科技进步对经济增长贡献率的发展战略。如我国的"科技兴国""科技兴省""科技兴市""科技兴海""科技兴企"战略等。

6. 科技导向型战略

在知识经济时代，主要依靠知识和高素质人才发展经济，实现区域经济的信息化、知识化和高新技术产业化。

除上述战略组合类型外，还有以下几种发展战略：以部门发展顺序划分的平衡发展战略与非平衡发展战略；以战略布局形态划分的点状发展战略、轴线发展战略、"T"字形、"X"字形、"H"字形、弓箭形、飞鸟形、"井"字形、"开"字形、"网络"型等各种几何图形的发展战略。

（六）处于不同发展阶段的区域发展战略

1. 处于待开发（不发育）阶段的地区

首先，资金投入的产业方面，要立足本地资源，技术层次要适合本地区劳动力素质，同时选择有发展潜力的产业。西昌、酒泉航天技术并没有带动本地区经济的大发展，一是因为军事管理，二是本地没有能力与之配套。这说明处于待开发阶段的地域不宜简单地追求产业结构的高级化。

其次，资金投入的空间方面，要集中培育区内增长极以带动整个地区的发展，切忌平均分散使用力量。

再次，治穷先治愚，要重视人口素质的提高和观念的转变，大力发展教育，打破封闭状况，促进市场发展。在起步阶段，可向外输出劳务，减轻区内压力，发挥其积累初始资金的作用。

最后，善于招商引资，吸引创新型人才，使自然资源和劳动力丰富的有利条件与外部输入要素相结合，转化为经济优势。

2. 处于成长阶段的地区

首先，进一步巩固和扩大优势产业部门，充分发挥规模经济优势，降低产品成本，不断开拓市场，扩大优势产品的国内外市场占有率。

其次，围绕优势产业，形成结构效益良好的关联产业系列。

再次，不断培植新产业，发展第三产业，特别是金融、贸易、信息、咨询、科技教育等，提高地区经济的结构弹性。

最后，沿若干开发轴线培植新的或次级增长极，以增加"区域储备"，促进区域经济向纵深发展。

3. 处于成熟阶段的地区

首先，在产业结构上，要果断淘汰已经丧失比较优势的产品和产业，着力发展新兴产业，并引进和运用新技术，改造传统产业，实现产业结构的优化组合，保证产业结构动态化。

其次，在市场结构上，要大力发展外向型经济，进行跨国经营，接受国际市场的挑战，促进区域经济走向世界。

再次，在空间结构上，要以城市为中心，加快向外围地区的产业扩散，组成城乡一体化的大城市经济圈。以资本为纽带，实现资产重组，跨部门跨行业集团化经营，走立体化道路。

最后，在发展目标上，更重视社会目标和生态目标，即使是经济目标，也要强调经济增长的质量和效益①。我国各地区目前正在推进高质量发展，浙江省正在谋划促进共同富裕，就是因为遵循了这个规律。

五、区域经济发展战略的制定和实施

依据战略研究、制定和实施的时间过程，区域发展战略的制定和实施可分为系统设计阶段、系统调研阶段、系统诊断阶段、系统开发阶段、系统优化与综合阶段、战略审查确定阶段、战略追踪实施与监控预警阶段七大阶段②。

(一)系统设计阶段

这一阶段也叫前期准备阶段。具体设计内容包括：确定战略的空间范围、时间范围，熟悉区域区情，编制战略任务合同书、编写战略提纲与调研提纲，成立战略领导机构和课题组，落实物质与资金准备工作及技术设备，组织区内外专家对系统环境建立感性认识，等等。

这一阶段一开始就必须注意干部与群众相结合，决策者与咨询者相结合。部门决策者应畅谈他们任职期间的打算，把制定战略的要求、目的动机、需要提供的数据资料等都向战略制定人员和专家们讲清楚，把"底牌"亮给专家们；各部门各行业负责人、业务骨干和各企事业单位负责人应大摆本系统(本行业、企业)未来发展的前景；战略专家们听取汇报后，一定要吃透决策者的意图，深入掌握基础情况，要为科学制定战略负责，不能"唯上"。决策者、规划者与群众三方的密切协作是制定好战略的重要保证。

---

① 何炼成. 中国发展经济学[M]. 西安：陕西人民出版社，1999.
② 方创琳. 区域发展战略论[M]. 北京：科学出版社，2002.

（二）系统调研阶段

这一阶段也叫野外调查阶段，工作量大，持续时间长，消耗人力、物力、财力多，且经常反复，关键要得到地方政府的通力协作和支持。没有调查就没有发言权，更没有决策权。调研成功与否，直接决定着战略可行度和可信度的高低。调查内容包括系统内部要素和系统外部要素两大部分，系统内部要素主要指自然资源类，人口与生态环境类，国民经济各行业经济技术指标类，部门结构、产品结构与空间结构类，基础设施类等；外部要素主要指区域位置与相邻区域的比较、区域发展实力与相邻区域的比较、主要协作行业、外资与外向型经济发展状况、横向经济技术联合、国家指令性指标及上一级的计划安排等。调查资料一部分取自各地农业区划报告、资源调查报告、国土资源报告、历年统计年鉴、以往的规划文本、经济普查与人口普查报告，各局年报及五年计划、专题论证及年度工作总结、文史资料、会议论文集、档案资料等；另一部分取自上级或国家文字与统计资料；还有一部分资料必须通过深入基层召开专题论证会议、各行业专家干部讨论会议、战略研究会议，或者采用推导法、抽样调查法、德尔菲法等途径获得。特别要注意在数据调查时务求真实性、权威性、统计口径一致性和计量单位的统一规范性。

（三）系统诊断阶段

这一阶段在对区域发展历史与现状进行系统调查的基础上，对区域发展进行状态、趋势、优劣势、实力与潜力、限制条件与有利因素、机遇与挑战等方面的系统分析与诊断，去伪存真，由表及里，由个体到综合地提出区域总体发展设想，以及各行业发展现状和未来发展思路，进而编制出区域发展战略总报告详细提纲和各行业发展战略分报告详细提纲。从过去的战略实践来看，系统分析诊断的主要内容一般包括以下几个方面。

(1)区域在全国劳动地域分工和国际分工中的地位与作用分析；

(2)区域人口、资源与环境状况分析诊断；

(3)区域发展优劣势、有利条件与制约因素及潜力分析；

(4)区域经济发展规模、速度与效益分析；

(5)区域产业结构、产品结构与空间结构现状诊断和进一步优化调整的趋向分析；

(6)区域经济和社会发展水平与发展实力的综合评估；

(7)区域进一步发展面临的机遇与挑战分析。

通过系统分析诊断，一方面能够对区域发展的过去和现在有一个本质的了解，另一方面又能根据人们对区域未来发展的愿望提出针对性的预见，为下一步战略制定提供更高层次的信息，因而这一阶段是连接系统调研与系统开发的桥梁。此阶段也可以称作 SWOT 分析阶段，其中 SWOT 是英文字母 strengths（优势、强项）、weaknesses（弱项、不足）、opportunities（机遇）和 threats（威胁、挑战）的缩写。SWOT 分析的步骤如下：①用横向比较等方法列出区域的优势和劣势；②通过预测等方法把握区域未来发展的可能机会与不得不面对的威胁；③优势、劣势与机会、威胁相组合，形成 SO、ST、WO、WT 战略，构成 SWOT 矩阵（见表 4-3）；④对 SO、ST、WO、WT 战略进行甄别和选择，确定区域应该采取的具体战略与策略。

表 4-3　SWOT 矩阵

	内部优势	内部劣势
外部机会	SO 战略(增长型战略)	WO 战略(扭转型战略)
外部威胁	ST 战略(多元化战略)	WT 战略(防御型战略)

第一，优势-机会战略(SO 战略)，即增长型战略。状态：外部有机遇，内部有优势；策略：充分发挥产业内部优势，抓住机遇谋发展。

第二，劣势-机会战略(WO 战略)，即扭转型战略。状态：存在一些外部机遇，但有一些内部的劣势妨碍着这些外部机遇的利用；策略：利用外部资源来弥补产业内部劣势，由稳定型向发展型战略过渡。

第三，优势-威胁战略(ST 战略)，即多元化战略。状态：外部有威胁，内部有优势；策略：利用内部的优势回避或减轻外部威胁的影响，最终将威胁转化为机遇，开展多元化经营。

第四，劣势-威胁战略(WT 战略)，即防御型战略，也称紧缩型战略。状态：外部有威胁，内部有劣势；策略：减少内部劣势同时回避外部环境威胁，即不正面迎接威胁，最终置之死地而后生。

(四)系统开发阶段

这一阶段也叫区域发展战略目标和战略布局开发阶段。主要内容包括在对各子系统进行调研分析诊断的基础上，提出本区域发展的战略目标、战略重点、战略布局与战略对策，这是战略工作的核心或灵魂。如果说系统调研与系统诊断是为了做到"心中有数"，那么系统开发阶段则是为了"承上启下""继往开来"。这就是说，既要立足于踏踏实实的基础，又要以创新的态度放眼未来；既要有冷静、科学的求实精神，又要有积极开拓的美好设想。之所以要"继往"，是因为新战略必须依据区域发展的成就和经验，而不能成为无根之木、无源之水；之所以要"开来"，是因为要看到区域发展的症结与希望，以及新形势、新环境、新希望。因此，这一阶段是战略的重中之重，是决策者经验、智慧、认识、判断最活跃的时段，必须广泛发动群众、专家，做到群策群力，知识组装，智力放大，数次磨合，多层面、多方位提出可供选择的战略方案。为此需要采取以下四种方法：

①召开全区域甚至更大范围的区域发展战略研讨会。

②采取"请进来"的办法，邀请上级部门和专家学者促膝长谈；采取"走出去"的办法，开展大范围、多渠道、广角度的战略咨询活动。

③通过"几放几收""几出几进"，达到对发展战略方案的综合筛选，并对筛选方案进行深刻的可行性分析和论证。

④定性分析与定量分析有机结合，对敏感、重要的指标、指数，进行科学的模拟和预测。

即便如此，战略规划方案还不能最后定音，仍需在实施中调整，在调整中完善，直至磨合成功为止。

(五)系统优化与综合阶段

这一阶段也叫子系统优化设计和大系统综合平衡阶段。主要任务是对总体发展目标及各种可行性方案进行详细分析，选择区域主导产业，优化区域产业结构，做好重要行业发展战略和重大问题专题论证报告，建立反映大系统和周围环境、大系统内部各子系统之间、大系统同各子系统之间各种复杂关系的数学模型，对战略总方案和各行业战略方案进行优化协调，比较选优，搞好总战略方案与分行业战略方案之间的纵向衔接以及各分行业战略之间的横向协调。纵横协调综合平衡的主要方法是投入产出法，运用这种方法建立按大系统分级的目标树，将多种数学手段与经验判断相结合，形成由主到次、由产业结构到部门结构、由生产系统到消费系统、由经济系统到社会系统的区域发展战略总体方案，并将战略成果汇编成册，作为评审和实施战略的依据。

(六)战略审查确定阶段

区域发展战略经过了系统优化与综合阶段之后，将形成如下战略研究成果：①区域发展战略总报告；②区域主要行业发展战略报告；③区域重大问题专题论证报告；④区域发展战略计算机程序库和多媒体演示系统软件包；⑤其他附件。

将这些战略成果分别送至上级甚至国家党政领导、业务骨干、高等院校和科研院所专家学者手中，请他们预评审后，提出进一步修改调整意见，在几个来回的反复切磋修正之后打印定稿。由战略委员会和课题组协商，组织战略鉴定评审委员会验收通过之后，再度补充修订定稿，将定稿交付地方人民代表大会通过，并以立法的形式保证战略实施。

(七)战略追踪实施与监控预警阶段

编制区域发展战略的最终目的在于实施战略，并实现战略目标。因此，完成战略的编制只是第一步，要把战略目标变为现实，总体战略部门、各行业还必须制定相应的战略实施方案，把战略的基本思路、内容和主要指标体系分解成年度计划或五年计划，并使各方面年度计划与规划有机协调，以保证战略的系统性和科学性。在实施过程中，要使战略编制部门与实施部门、专家学者与地方领导和业务骨干之间继续保持密切合作关系，及时反馈战略实施中存在的主要问题，及时提出解决问题的对策。这就要求建立区域发展战略追踪监控与预警系统，通过这一系统的运转，保证区域发展战略在动态调整中日臻完善，以便更加有效地发挥其在区域经济和社会发展中的重要作用。

第四节 我国当前区域发展的主要战略和策略

我国当前区域发展的主要战略和策略包括：深入推进西部大开发、东北全面振兴、中部地区崛起、东部率先发展，支持特殊类型地区加快发展，在发展中促进相对平衡。① 同时，坚持陆海统筹，积极拓展海洋经济发展空间。

一、推进西部大开发形成新格局

强化举措推进西部大开发，切实提高政策精准性和有效性。深入实施一批重大生

---

① 中华人民共和国国民经济和社会发展第十四个五年规划和 2035 年远景目标纲要[EB/OL].
中国政府网.（2021-03-13）[2023-06-20].

态工程，开展重点区域综合治理。积极融入"一带一路"建设，强化开放大通道建设，构建内陆多层次开放平台。加大西部地区基础设施投入，支持发展特色优势产业，集中力量巩固脱贫攻坚成果，补齐教育、医疗卫生等民生领域短板。推进成渝地区双城经济圈建设，打造具有全国影响力的重要经济中心、科技创新中心、改革开放新高地、高品质生活宜居地，提升关中平原城市群建设水平，促进西北地区与西南地区合作互动。支持新疆建设国家"三基地一通道"，支持西藏打造面向南亚开放的重要通道。促进400毫米降水线西侧区域保护发展。

二、推动东北振兴取得新突破

从维护国家国防、粮食、生态、能源、产业安全的战略高度，加强政策统筹，实现重点突破。加快转变政府职能，深化国有企业改革攻坚，着力优化营商环境，大力发展民营经济。打造辽宁沿海经济带，建设长吉图开发开放先导区，提升哈尔滨对俄合作开放能级。加快发展现代农业，打造保障国家粮食安全的"压舱石"。加大生态资源保护力度，筑牢祖国北疆生态安全屏障。改造提升装备制造等传统优势产业，培育发展新兴产业，大力发展寒地冰雪、生态旅游等特色产业，打造具有国际影响力的冰雪旅游带，形成新的均衡发展产业结构和竞争优势。实施更具吸引力的人才集聚措施。深化与东部地区对口合作。

三、开创中部地区崛起新局面

着力打造重要先进制造业基地、提高关键领域自主创新能力、建设内陆地区开放高地、巩固生态绿色发展格局，推动中部地区加快崛起。做大做强先进制造业，在长江、京广、陇海、京九等沿线建设一批中高端产业集群，积极承接新兴产业布局和转移。推动长江中游城市群协同发展，加快武汉、长株潭都市圈建设，打造全国重要增长极。夯实粮食生产基础，不断提高农业综合效益和竞争力，加快发展现代农业。加强生态环境共保联治，着力构筑生态安全屏障。支持淮河、汉江生态经济带上下游合作联动发展。加快对外开放通道建设，高标准高水平建设内陆地区开放平台。提升公共服务保障特别是应对公共卫生等重大突发事件能力。

四、鼓励东部地区加快推进现代化

发挥创新要素集聚优势，加快在创新引领上实现突破，推动东部地区率先实现高质量发展。加快培育世界级先进制造业集群，引领新兴产业和现代服务业发展，提升要素产出效率，率先实现产业升级。更高层次参与国际经济合作和竞争，打造对外开放新优势，率先建立全方位开放型经济体系。支持深圳建设中国特色社会主义先行示范区、浦东打造社会主义现代化建设引领区、浙江高质量发展建设共同富裕示范区。深入推进山东新旧动能转换综合试验区建设。

五、支持特殊类型地区发展

统筹推进革命老区振兴，因地制宜发展特色产业，传承弘扬红色文化，支持赣闽粤原中央苏区高质量发展示范，推进陕甘宁、大别山、左右江、川陕、沂蒙等革命老区绿色创新发展。推进生态退化地区综合治理和生态脆弱地区保护修复，支持毕节试验区建设。推动资源型地区可持续发展示范区和转型创新试验区建设，实施采煤沉陷区综合治理和独立工矿区改造提升工程。推进老工业基地制造业竞争优势重构，建设产业转型升级示范区。改善国有林场林区基础设施。多措并举解决高海拔地区群众生产生活困难。推进兴边富民、稳边固边，大力改善边境地区生产生活条件，完善沿边城镇体系，支持边境口岸建设，加快抵边村镇和抵边通道建设。推动边境贸易创新发展。加大对重点边境地区发展精准支持力度。

六、健全区域协调发展体制机制

建立健全区域战略统筹、市场一体化发展、区域合作互助、区际利益补偿等机制，更好促进发达地区和欠发达地区、东中西部和东北地区共同发展。提升区域合作层次和水平，支持省际交界地区探索建立统一规划、统一管理、合作共建、利益共享的合作新机制。完善财政转移支付支持欠发达地区的机制，逐步实现基本公共服务均等化，引导人才向西部和艰苦边远地区流动。完善区域合作与利益调节机制，支持流域上下游、粮食主产区主销区、资源输出地输入地之间开展多种形式的利益补偿，鼓励探索共建园区、飞地经济等利益共享模式。聚焦铸牢中华民族共同体意识，加大对民族地区发展支持力度，全面深入持久开展民族团结进步宣传教育和创建，促进各民族交往交流交融。

七、积极拓展海洋经济发展空间

坚持陆海统筹、人海和谐、合作共赢，协同推进海洋生态保护、海洋经济发展和海洋权益维护，加快建设海洋强国。

（一）建设现代海洋产业体系

围绕海洋工程、海洋资源、海洋环境等领域突破一批关键核心技术。培育壮大海洋工程装备、海洋生物医药产业，推进海水淡化和海洋能规模化利用，提高海洋文化旅游开发水平。优化近海绿色养殖布局，建设海洋牧场，发展可持续远洋渔业。建设一批高质量海洋经济发展示范区和特色化海洋产业集群，全面提高北部、东部、南部三大海洋经济圈发展水平。以沿海经济带为支撑，深化与周边国家涉海合作。

（二）打造可持续海洋生态环境

探索建立沿海、流域、海域协同一体的综合治理体系。严格围填海管控，加强海岸带综合管理与滨海湿地保护。拓展入海污染物排放总量控制范围，保障入海河流断面水质。加快推进重点海域综合治理，构建流域—河口—近岸海域污染防治联动机制，推进美丽海湾保护与建设。防范海上溢油、危险化学品泄露等重大环境风险，提升应对海洋自然灾害和突发环境事件能力。完善海岸线保护、海域和无居民海岛有偿使用制度，探索海岸建筑退缩线制度和海洋生态环境损害赔偿制度，自然岸线保有率不低于35％。

（三）深度参与全球海洋治理

积极发展蓝色伙伴关系，深度参与国际海洋治理机制和相关规则制定与实施，推动建设公正合理的国际海洋秩序，推动构建海洋命运共同体。深化与沿海国家在海洋环境监测和保护、科学研究和海上搜救等领域务实合作，加强深海战略性资源和生物多样性调查评价。参与北极务实合作，建设"冰上丝绸之路"。提高参与南极保护和利用能力。加强形势研判、风险防范和法理斗争，加强海事司法建设，坚决维护国家海洋权益，有序推进海洋基本法立法。

复习思考题

1. 解释概念：增长极开发模式、点轴开发模式、地域生产综合体开发模式、中心-外围开发模式、新型产业化战略。
2. 简述区域开发的目的和任务。
3. 简述区域开发的产业模式。
4. 简述区域开发的空间模式。
5. 简述我国当前区域发展的主要战略和策略。
6. 分析说明处于不同发展阶段的区域，其发展战略的主要内容。
7. 结合实际，谈谈"十四五"期间你的家乡经济发展的基本思路。

学习、阅读文献

1. Peter Hall. Urban and Regional Planning（4th edition）［M］. London：Routledge，2002.
2. 车维汉. 发展经济学［M］. 北京：清华大学出版社，2006.
3. 方创琳. 区域发展战略论［M］. 北京：科学出版社，2002.
4. 李军，胡云锋. 中国区域科学发展评价研究［M］. 北京：科学出版社，2013.
5. 孙海燕. 区域协调发展理论与实证研究［M］. 北京：科学出版社，2008.
6. 吴殿廷，宋金平，姜晔. 区域发展战略规划：理论、方法与实践［M］. 北京：中国农业大学出版社，2010.
7. 杨开忠. 改革开放以来中国区域发展的理论与实践［M］. 北京：科学出版社，2010.
8. 李娜. 新时代下区域协调发展战略研究［M］. 上海：上海社会科学院出版社，2019.
9. 陆大道. 论区域的最佳结构与最佳发展——提出"点-轴系统"和"T"型结构以来的回顾与再分析［J］. 地理学报，2001(2)：127-135.
10. 李婷，张灿. 比较视角下中国区域发展与区域政策研究［J］. 哈尔滨工业大学学报(社会科学版)，2022，24(6)：155-160.
11. 谢里，吴诗丽，樊君欢. 中国区域发展战略演变与驱动因素研究［J］. 人文地理，2015，30(2)：103-109.
12. 杨小军，何京玲. 基于公平与效率视角的我国区域经济发展战略演进［J］. 商业研究，2009(5)：36-38.
13. 魏后凯，年猛，李玏. "十四五"时期中国区域发展战略与政策［J］. 中国工业经济，2020(5)：5-22.
14. 中共中央 国务院关于建立更加有效的区域协调发展新机制的意见［EB/OL］. 中国政府网. (2018-11-18)[2023-12-18].
15. 习近平：高举中国特色社会主义伟大旗帜 为全面建设社会主义现代化国家而团结奋斗——在中国共产党第二十次全国代表大会上的报告［EB/OL］. 中国政府网. (2022-10-16)[2024-01-15].

第五章　区域发展规划

　　区域发展规划，简称区域规划，是在科学认识区域系统发展变化规律的基础上，从地域角度出发，综合协调区内经济与资源、环境和社会等要素的关系，以谋求建立和谐的人地关系系统的过程。这是一项庞大而复杂的系统工程，涉及农业、工业、建筑业、交通运输业、商业服务业等各个产业，涉及工程技术、农学、经济学、社会学、科学学等许多学科，因此必须有一个总体规划来协调各方面的行动才能取得良好的效果。

第一节　区域规划概述

一、区域规划的任务和内容

（一）区域规划的任务

　　区域规划的主要任务是：有效地开发利用资源，合理布局生产力和城镇居民点体系，使各项建设在地域分布上相互协调配合，提高社会经济效益，保持良好的生态环境，顺利地进行地区开发、整治与建设。区域规划具有战略性、地域性和综合性等特点。它要对整个规划地区的国民经济与社会发展中的建设布局问题作出战略决策，把同区域开发与整治有关的各项重大建设落实到具体地域，进行各部门综合协调的总体布局，为编制中长期部门规划和城市建设规划提供重要依据。

（二）区域规划的内容

　　区域规划包括的内容比较广泛，诸如明确区域规划的任务和类型、区域规划编制程序、与其他规划的关联、区域发展方向、区域发展定位，确定区域发展的目标，并将规划目标进一步细化为可落实和操作的发展指标，选择区域发展的重点，组织合理的区域产业结构，进行总体布局等。不同层面的区域，发展规划的内容体系不尽相同——层次越高，宏观性越强，总体规划覆盖的内容就越丰富，指导性越强，操作性越弱；不同发展阶段的区域，规划的侧重点也不同。表5-1列出了辽宁省和瓦房店市的"十四五"规划内容体系。

　　区域规划有广义和狭义之分。广义的区域规划包括：自然规划（包括自然地理规划、土壤改良规划、水资源开发利用规划、动植物资源开发利用和环境保护规划、能源和矿产资源的采掘规划等）、人口规划（包括出生率，未来人口的数量，人才的需求、培养、引进、输送等）、社会规划（包括文化、教育、卫生、社会福利、政府管理等）、城乡建设规划（包括城市的数量、规模、功能，乡村与城市之间的分工与合作等）、基础设施规划（包括水、路、电、通信设施建设等）、经济规划（包括农业、工业等的发展规划，产业结构调整与生产布局规划等）和科技规划（包括科研、技术推广等）。狭义的区域规划一般指经济社会发展规划、产业规划、空间布局规划等。如图5-1所示为中国区域规划的层次和类型划分示意图。本书内容以狭义的区域规划为主。

表5-1 辽宁省"十四五"规划内容体系和瓦房店市"十四五"规划内容体系

辽宁省"十四五"规划(章目录)	瓦房店市"十四五"规划(章目录)
1. 编制依据和发展基础	1. 规划背景
2. "十四五"时期面临的形势	2. 发展机遇
3. "十四五"时期经济社会发展指导思想和主要目标	3. 总体要求
4. 优化营商环境　全面深化改革	4. 总体构想
5. 坚持创新驱动发展　着力提升核心竞争力	4.1 发展思路
6. 全力打造数字辽宁　助力产业转型升级	4.2 发展定位
7. 加快推进智造强省　着力构建现代产业体系	4.3 发展战略
8. 优先发展农业农村　全面推进乡村振兴	4.4 发展目标
9. 发展现代服务业　推动服务业提质升级	4.5 2035年远景目标
10. 扩大有效需求　畅通双循环	5. 重点任务
11. 优化区域布局　促进协调发展	5.1 着力做优发展空间
12. 坚持以人为核心　推进新型城镇化	5.2 着力壮大实体经济
13. 加强基础设施建设　提升发展保障能力	5.3 着力做强财经运营
14. 推进能源革命　完善能源产供储销体系	5.4 着力深化创新改革
15. 提升文化软实力　建设文化强省	5.5 着力推进开放合作
16. 推进绿色发展　建设美丽辽宁	5.6 着力提升城市品质
17. 推动更高水平开放　打造对外开放新前沿	5.7 着力提升文化实力
18. 共享振兴成果　建设幸福辽宁	5.8 着力保护生态环境
19. 立足国家战略定位　全面推进"五大安全"建设	5.9 着力推进乡村振兴
20. 统筹发展和安全　建设更高水平的平安辽宁	5.10 着力改善社会民生
21. 发挥党的领导核心作用	5.11 着力夯实平安建设
22. 保障规划实施　实现发展蓝图	6. 战略举措
	7. 实施保障

二、区域规划的产生与发展

现代意义上的区域规划产生于19世纪末20世纪初,其发展与地理学、经济学、社会学、工程学等学科的发展密不可分。在实践上,区域规划经历过几次发展高峰期。21世纪以来,中外各国都进入了区域规划发展的新时期,涌现出不少新的动向与理念,各国都在进行大规模的区域规划实践。

(一)国外区域规划的发展概况

1. 区域规划的起步阶段

区域规划是在城市区规划和工矿区规划的基础上发展起来的。霍华德(Howard)在其《明日的花园城市》(1898)中提出的"城市应与乡村相结合"的思想,克鲁泡特金(Kropotkin)在《田野、工厂与作坊》(1899)中提出的从区域角度看待工业问题,格迪斯(Geddes)在《演变中的城市》(1915)中强调的城市的发展要同周围地区的环境联系起来进行规划的观点,为区域规划的产生奠定了思想基础。1930年美国城市学家芒福德(Mumford)提出了区域整体发展理论,1933年国际现代建筑协会(CIAM)颁布的《雅典宪章》指出城市要与周围受其影响的地区作为一个整体来研究,这是区域规划思想在20世纪上半叶的进一步发展。

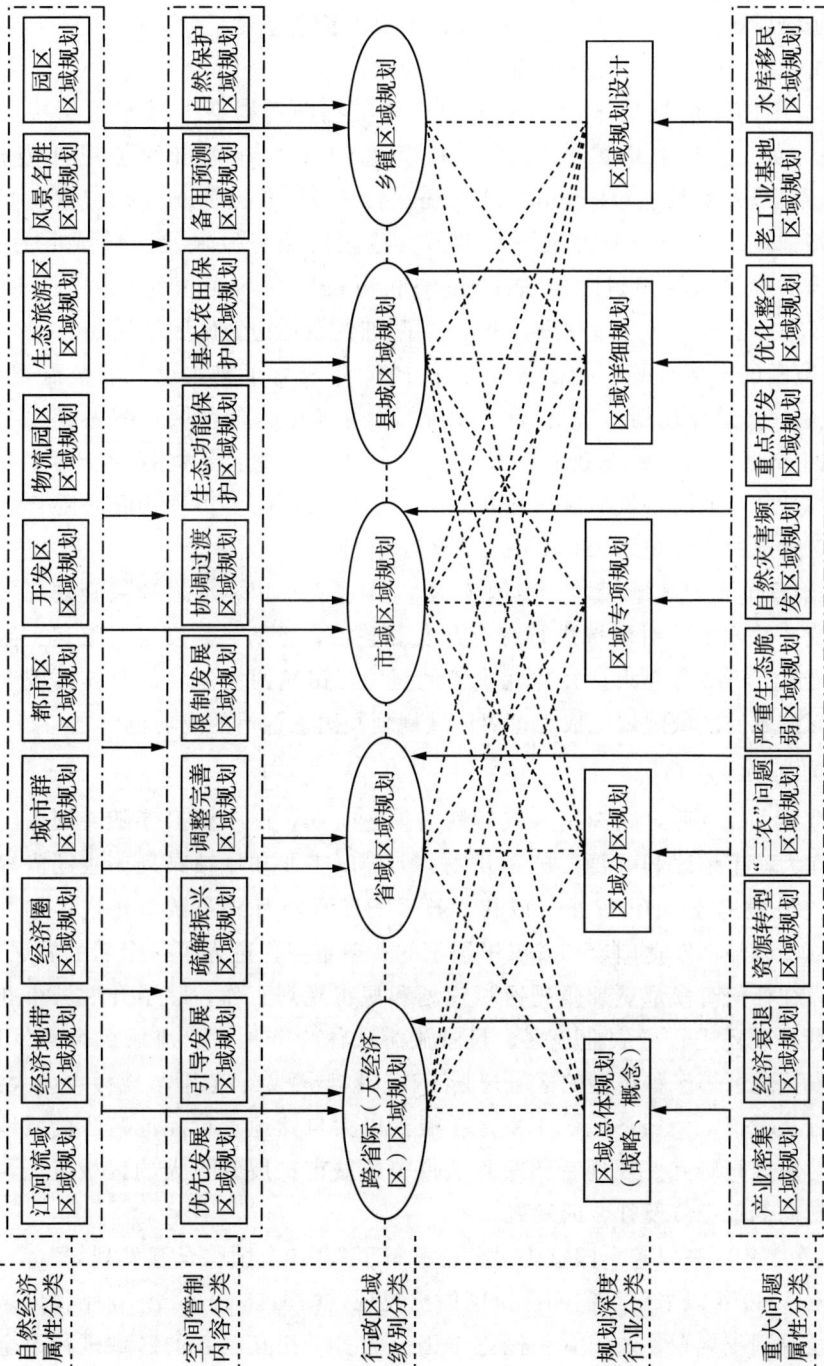

图5-1 中国区域规划的层次划分和类型划分示意图

资料来源：方创琳. 区域规划与空间管治论 [M].北京：商务印书馆，2007：图3-2.

在规划手段与方法上，20世纪上半叶苏联的国民经济计划体制，特别是部门之间、区域之间的平衡核算体系的广泛实行，以及美国田纳西河流域治理的成功经验，大大地扩展了区域规划的实践领域。投入产出模型和运筹学模型的研制以及计算机的广泛应用，则使区域规划在方法体系和实用性建设上取得长足进展。

该阶段比较重要的区域规划实践有以下方面。

(1)城市范围的区域规划。19世纪末由德国工程师詹姆斯·霍布雷希特(James Hobrecht)设计的《首都柏林扩展规划》，成为德国大部分城市的扩展计划模板。1923年，美国区域规划协会(Regional Planning Association of America)成立，主要遵循霍华德与格迪斯的思想，考虑第一次世界大战之后住房短缺及区域城市的问题。1921—1929年，纽约区域规划协会(Regional Planning Association of New York)对纽约大都市地区进行了第一次区域规划，并编制了《纽约及周边地区区域规划》。

(2)矿区范围的区域规划。德国鲁尔区于1920年成立了鲁尔煤矿居民点委员会，制定了《区域居民点总体规划》，1923年又编制了鲁尔工业区的区域总体规划，1935年成立了"帝国主义居住和区域规划工作部"，负责全国国土整治、规划和交通建设等工作。此外还有英国当卡斯特煤矿区区域规划(1922—1923年)，苏联为开采阿普歇伦半岛石油资源而制定的综合规划(20世纪二三十年代)等。

(3)自然地理单元的区域规划。美国于1933年成立了田纳西河流域管理局，制定田纳西河流域区域规划，对流域进行综合开发和整治，把防洪、发电、航运、治穷致富建工厂等措施有机结合起来。经过几十年的努力，田纳西河流域的总体面貌大为改观，田纳西河流域的区域规划也成为世界区域规划和国土整治的成功范例之一。

2. 区域规划的发展期

第二次世界大战以后，欧洲步入战后恢复重建时期，许多国家伴随着国内经济的复苏，先后在大城市地区和重要工矿区开展了大量以工业和城镇布局为主题内容的区域规划工作。20世纪60年代以来，以科学技术发展日新月异及城市化进程加剧为背景，区域规划受到经济发达国家和发展中国家的普遍重视，进入了一个新的发展阶段。许多国家比以往任何时候都更加重视区域规划和城市规划工作，除了开展城市和工矿区的区域规划外，还进行了农业地区、风景旅游和休疗养地区、流域综合开发地区，以及经济不发达地区等多种类型的区域规划工作。区域规划的范围与规模也大大扩大，研究地域范围从城市、大经济区、工矿区扩展到以大自然地理单元地区、流域地区和整个国家为对象进行研究。规划者的眼界从市镇或城市扩展到更大的区域范围，从侧重建设规划转向侧重经济及社会的发展。

日本自1962年以来以整个国家为对象已进行了六次"全国综合开发规划"(简称"全综")，荷兰自1960年以来已编制四次全国国土规划，韩国自20世纪70年代以来先后编制了四次全国国土规划，法国和德国把全国分为若干相互联系的区域进行了全面规划(在法国称为"地区整治")。

区域规划的理论研究不断深化，佩鲁(Perroux)的增长极理论、弗里德曼(Friedmann)的核心-边缘模式、以理性主义为核心思想的理性综合规划模型、过程规划理论等都是该时期对区域规划工作影响较大的理论。此阶段的主要规划类型包括两个方面。

（1）以城市为核心的区域规划。1944年在艾伯克隆比爵士主持下的大伦敦规划采取了"绿带＋新城"的模式，在伦敦外围地区建设卫星城镇，并相互以绿带隔开，计划将伦敦中心区人口减少60%。该规划计划在伦敦周围建成一个新城带，这些城镇具有"自给自足"和"社会安定"的特点，围绕伦敦外围绿带而建，这样就形成了四个圈层，中心是伦敦城，外围即第二层是郊区，第三层是绿带，第四层是外围郡县。此后，英国所有城镇集聚地区基本上都做了类似的区域规划。

哥本哈根于1948年制定了著名的"指状规划"（finger plan）。为了增加到中心城区的可通达性，哥本哈根规划了几条从城市核心延伸出去的高速交通线路，由于它们像手指一样伸展，规划由此得名。在交通轴线之间是绿地。至1960年，整个哥本哈根城市地区的人口已从1948年的100万人增长到150万人，即1948年规划的远期目标上限，规划因此必须进行修订。新的区域规划采取在从"指状规划区"伸展出去的远端设置"城市区"（city section）的方式，城市区里既提供制造业的就业机会，也提供服务业的就业机会。主要城市区的服务人口为25万人，相当于丹麦当时最大省份的人口数量。这样，人们既可以在家附近找到工作，如果必须要通勤到中心城区，也有高速的指状交通轴线提供便捷的交通条件。经哥本哈根区域规划局（Copenhagen Regional Planning Office）计算，这种非集中化的规划布局每年能为政府节省5亿英镑的通勤费用。

斯德哥尔摩1952年的区域规划，把城市中心视为一个巨大的交通交换中心，从中心放射出去许多地下交通轴，轴线上每隔0.8千米设一个站。在郊区范围内，围绕地铁站设置组团，组团的密度遵循金字塔式的密度模式，由地铁站向周围递减。地铁站同时也是商业及服务业的中心，服务地上步行人群1.5万～3万人，以及地下公共交通和私人汽车人群5万～10万人。周围的次一级中心服务1万～1.5万人。规划也采取了以绿带作为自然分界线及隔离带的做法。

巴黎1966年的区域规划，在预期人口在未来35年内（即1965—2000年）会从900万人增长到1 400万人的前提下，提议在塞纳河南北两条主轴线上建设8座新城，然而由于实际人口增长远低于预期，最后计划缩减到5座。20世纪90年代，巴黎人口为1 035万人，预计未来25年内将稳定在这一数字。为此而做的区域规划将重点放在以知识为基础的经济发展上，希望通过在教育、交通和通信设施等领域的投资，把巴黎建设成为顶级世界城市，在欧洲经济一体化后，能与欧洲其他大城市相抗衡。规划将坚持平衡性大都市区的原则，发展省级城镇与大巴黎地区（Ile-de-France）之间的连锁关系。

荷兰兰斯塔德地区是荷兰的大都市区域，也是欧洲本土最重要的城市区域之一，其密集程度超过英、法等国。兰斯塔德地区奉行多中心的区域规划策略。该地区中心一直靠区域规划强制政策保持着以农业种植业为主的"绿心"（green heart），使地区的城市化部分呈马蹄铁状。地区的每一部分分别承担不同的功能，海牙是政府及行政中心所在地，鹿特丹是贸易中心，而阿姆斯特丹则是商业与文化的中心。轻工业及地方级服务业则分布在小一些的地区中心，如乌得勒支、哈勒姆、莱顿等。

此外，华沙、莫斯科、华盛顿、东京、汉堡等大城市也相继编制了以大都市为核心、覆盖其周边城市影响区域的区域规划。

(2)重要工矿区的区域规划。第二次世界大战后,苏联的顿巴斯地区、伊尔库茨克-契列姆霍夫工业区、古比雪夫水电站和伏尔加格勒水电站地区、布古尔马及图依马兹石油地区、卡拉干达工业区、爱沙尼亚油页岩地区、克拉斯诺亚尔斯克和阿巴根-米努辛斯克地区,德国的鲁尔区以及若干新建大型水电站的重要工矿区也进行了区域规划实践。

3. 区域规划的繁荣与新的变化

20世纪90年代以来,区域规划的发展方向是综合考虑全球性的人口、资源、环境与经济社会发展等的可持续发展问题。经济全球化趋势下的区域一体化进程和新区域主义的兴起,是20世纪90年代以来世界范围内尤其是欧洲国家掀起新一轮区域规划高潮的主要原因。区域规划的定位也发生转变,由物质建设规划逐渐转为社会发展规划,由蓝图设计转变为公共政策。大尺度空间越来越成为区域规划关注的对象,规划的空间范围从国家进一步扩大到跨国乃至洲际,开展了欧洲空间展望计划、拉美安第斯山脉周围地区区域规划、东欧八国空间规划等跨国、跨地区的区域规划实践。生态最佳化与发展循环经济成为未来区域规划的新方向,例如,美国区域规划协会把表征生活质量的"3E"(经济,economy;环境,environment;公平,equity)作为构成区域竞争力的新内容①。与此同时,还强调区域规划中的灵活弹性,以多目标、多方案为特征,以指导性的柔性规划纲要替代了指令性的强制性规划;倡导规划中的互助合作,重视协商机制及多方参与等。

近年来,西欧各国的区域规划还对经济的地域结构变化及不同的结构所引起的环境变化作出经济预测,使区域规划能与实际发展相吻合。同时注重方法与技术经济的研究,采用了系统分析、运筹学、博弈论及大型模拟技术等计量经济学的手法。运用电子计算机、模拟模型、系统工程分析方法,通过体系内部结构相互依存关系的定性定量分析,来帮助认识和预测国民经济的发展趋势,以及应用系统工程方法求得最优的综合规划方案。

(二)日本国土(区域)规划及其变化剖析

日本先后七次进行了全国国土综合开发规划,如表5-2所示。这些规划每次都有明确的目标和针对目标制定的主要开发部署。

第一次国土规划的基本目标是促进地区间的均衡发展,是以"开发"为基调、以量的扩大为目标的规划,所采取的开发方式为据点式开发。这种开发方式适用于区域开发的早期阶段(对日本而言是指战后恢复时期)。

第二次国土规划的基本目标是创造丰富的环境,采取通过大型开发项目带动的开发方式,主要是基础设施项目如通过整备新干线、高速道路等网络通道带动,实质上是一种点轴式开发。这种开发方式适合处于经济起飞阶段的国家或地区。

第三次国土规划的主要目标是整治人类居住综合环境,所采取的开发方式是建设定居圈,从空间战略看属于都市圈开发模式。

---

① 殷为华. 20世纪90年代以来中外区域规划研究的对比分析[J]. 世界地理研究,2006(4):30-34+47.

第四次国土规划的基本目标是构建多极分散型国土，采取的主要措施是打造交流网络，属于网络式开发模式。

第五次国土规划（又称"21世纪的国土宏伟蓝图"）的基本目标是形成多极型国土结构，采取的开发方式是实施四大战略（革新大城市、建设多自然居住区域、建设地区协作轴、打造广域国际交流圈）等，类似于网络式开发模式。

日本前五次国土规划都取得了显著的成效，加上其他方面的努力，使日本成为当时世界上第二大经济实体、人与自然和谐发展的国度。但也存在一定的问题，如人口过度向东京集聚的态势仍未扭转、社区逐渐崩溃等。为此，日本从2007年开始实施第六次国土规划（称作"国土形成规划"），努力建设安全、安心、安定的宜居环境。2015年，日本出台第七次国土规划（又称"对流促进型国土形成规划"），提出了未来10年经济社会、产业布局以及在世界及亚洲的定位等发展战略，以应对人口减少和地域消失危机。

表5-2　日本历次国土开发规划（国家层面）的剖析

序次	背景	目标	开发方式
1962，全国综合开发规划（"全综"）	经济发展进入高速增长；城市过大化问题，收入差距的扩大；收入倍增计划（太平洋带状地带构想）	促进地区间的均衡发展	据点式开发构想：为了达到目标需要分散工业，使开发据点与东京等既有大集聚地相连接，通过交通通信设施使之有机地相互联络、互相影响，在充分发挥周边地区特性的同时，促进连锁性开发，实现地区间的均衡发展
1969，新全国综合开发规划（"新全综"）	高速经济增长；人口产业的大城市集中；信息化、国际化，技术的发展	创造丰富的环境	大型开发项目方式：通过整备新干线、高速道路等网络通道，推进大型开发项目，纠正国土利用的错误倾向，解决过密化、过疏化以及地区差距问题
1977，第三次全国综合开发规划（"三全综"）	稳定的经济增长；人口产业出现向地方分散的迹象；国土资源、能量等的有限性的凸显	整治人类居住综合环境	定居圈构想：在抑制人口和产业向大城市集中的同时，振兴地方，应对过密化、过疏化问题，在努力谋求全国国土均衡利用的同时，营造适合人类居住的综合环境
1987，第四次全国综合开发规划（"四全综"）	人口及各种功能的东京"一极集中"；由于产业构造的急速变化等而引起的地方圈雇佣问题的严重化；真正意义上的国际化的进展	构建多极分散型国土	交流网络构想：为了构建多极分散型国土，在充分发挥地区特性的同时，通过创意和努力推进地区发展；在国家或国家指导方针的指引下，在全国推进骨干交通、信息、通信体系的构建；通过国家、地方、民间主体的多方合作形成多样的交流机会

续表

序次	背景	目标	开发方式
1998,21世纪的国土宏伟蓝图("五全综")	地球时代(地球环境问题、大竞争、与亚洲各国的交流);人口减少,老龄化时代;高度信息化时代	形成多极型国土结构	参与和协作——通过多样主体的参加和地区联合,构建和实施国土开发的四大战略:革新大城市;建设多自然居住区域;建设地区协作轴;打造广域国际交流圈
2007,国土形成规划("六全综")	日本国际竞争力排名下降;边远地区过疏、区域差距大的问题仍没有得到根本改变	缩小全国地区差距,打造新国土轴	从注重"国土开发"到强调"国土形成和培育";以人为本建设宜居环境;设立国土审议会,强调规划的协议式、协商式与参与性结合;更重视东亚的背景、重视可持续发展、重视柔性国土
2015,对流促进型国土形成规划("七全综")	人口急剧减少、出生率低、老龄化加剧,面临地域消失危机;城市间竞争激化、全球化进程加快;基础设施老化,难以应对超级灾害;食物、淡水、能源等资源和环境问题严峻;信息通信技术革命发展迅猛	实现地方与地方之间全方位的独立自主、互助合作、交流创新、共同发展	促进地域间的流动,提倡八个广域地区要"因地制宜"推动创新,以人口、资源、文化、知识、技能等多要素在广域地区间的流动为经济增长动力

资料来源:吴殿廷,刘睿文,吴铮争,等. 日本新国土规划考察和辽宁省新一轮国土规划的初步设计[J]. 地理研究,2009,28(3):761-770;姜雅,闫卫东,黎晓言,等. 日本最新国土规划("七全综")分析[J]. 中国矿业,2017,26(12):70-79.

(三)我国区域规划的发展

中国自20世纪50年代中期起,结合新工业基地和新工业城市的规划建设,广泛开展区域规划工作。1956年国家基本建设委员会设立了区域规划与城市规划管理局,拟订了《区域规划编制与审批暂行办法》。1980年中共中央(13号文件)作出了开展区域规划工作的决定:"(区域规划是)为了搞好工业的合理布局,落实国民经济的长远计划,使城市规划有充分的依据。"1985年国务院再次发文,要求编制全国和各省、市、区的国土总体规划。在国土规划工作的推动下,以综合开发整治为特征的不同层次的区域规划在全国范围内全面展开。1990年国家计划委员会在总结全国各地经验及借鉴国外经验的基础上,组织编制了《全国国土总体规划纲要(草案)》,内容包括国土资源的基本状况、国土开发整治的目标、国土开发的地域总体布局、综合开发的重点地区、基础产业布局、国土整治与保护、国土开发中的几个问题的对策(耕地问题、水资源供需平衡问题、人口的地域分布和劳动就业问题、城市化问题等)、有待进一步研究的若干问题和规划纲要的实施。在1990年开始实施的《城市规划法》中,以城镇体系规划为标志的区域规划被作为法定内容。此后,为适应社会经济形势的变化,我国的区域规划得到了新的发展[①]。自 2012 年党的十八大开始,我国进入以国家发展规划为引领、以国土空间规划为基础的空间规划体系建设时期,以行政区域和城市群为对象的发展、建设规划,以及跨行政区的统筹、协调和协同发展规划,成为新时代区域规划的热点。

三、区域规划的编制

(一)区域规划编制的具体工作

1. 前期阶段

该阶段的工作包括基础资料的收集、与相关人员座谈,以及规划现场的踏勘与技术经济调查。该阶段的任务是全面了解区域发展历史及区域的自然、社会、经济、文化状况、过往规划的成果及未解决的问题、发展潜力及约束因素等。

2. 规划阶段

在这一阶段,首先要根据上一阶段获知的区域现状条件,对区域的发展进行预测,明确区域发展的目标与方向。接下来按照目标与方向确立的原则,拟定区域总体规划及各种专项规划方案。要提出几种可供选择的规划草案,最后对每个草案进行评估。

3. 实施阶段

规划方案最终确定后,要报送有关部门进行审批,批准后进入规划的实施阶段。实施过程中要建立有效的监督管理和反馈机制,根据实施中出现的问题,对原规划方案进行必要的补充、调整与修改,增强规划的弹性和可调节性,使规划成为一个动态过程[②]。

(二)区域规划编制的技术流程

根据系统开发规划理论,区域规划的编制过程也可以划分成"系统分析、模拟预测、规划发展、协调决策、跟踪调控"五个主要工作阶段,其工作流程框架如图 5-2 所示。

四、区域规划的特点与方向

(一)由自上而下强制型规划转向双向互动互求、协商型规划

从编制过程和实施特点看,目前世界上的区域规划数不胜数,但不外乎三种类型。

1. 自上而下强制型

在存在东方集权色彩的某些资本主义国家(如日本、新加坡),规划基本是计划的代名词,国家具有完善的区域规划编制体系及保障体系。区域规划的强烈指令性使其成为一种绝对的政府行为,区域规划成为国家干预、调控地方发展的有力工具。实际情况是除了少数国家较为成功外,这些规划虽然表面上具有强大的权威,但由于难以调动地方的主动性,往往缺乏可操作性。

---

① 武廷海. 中国近现代区域规划[M]. 北京:清华大学出版社,2006.
② 张京祥,芮富宏,崔功豪. 国外区域规划的编制与实施管理[J]. 国外城市规划,2002(2):30-33.

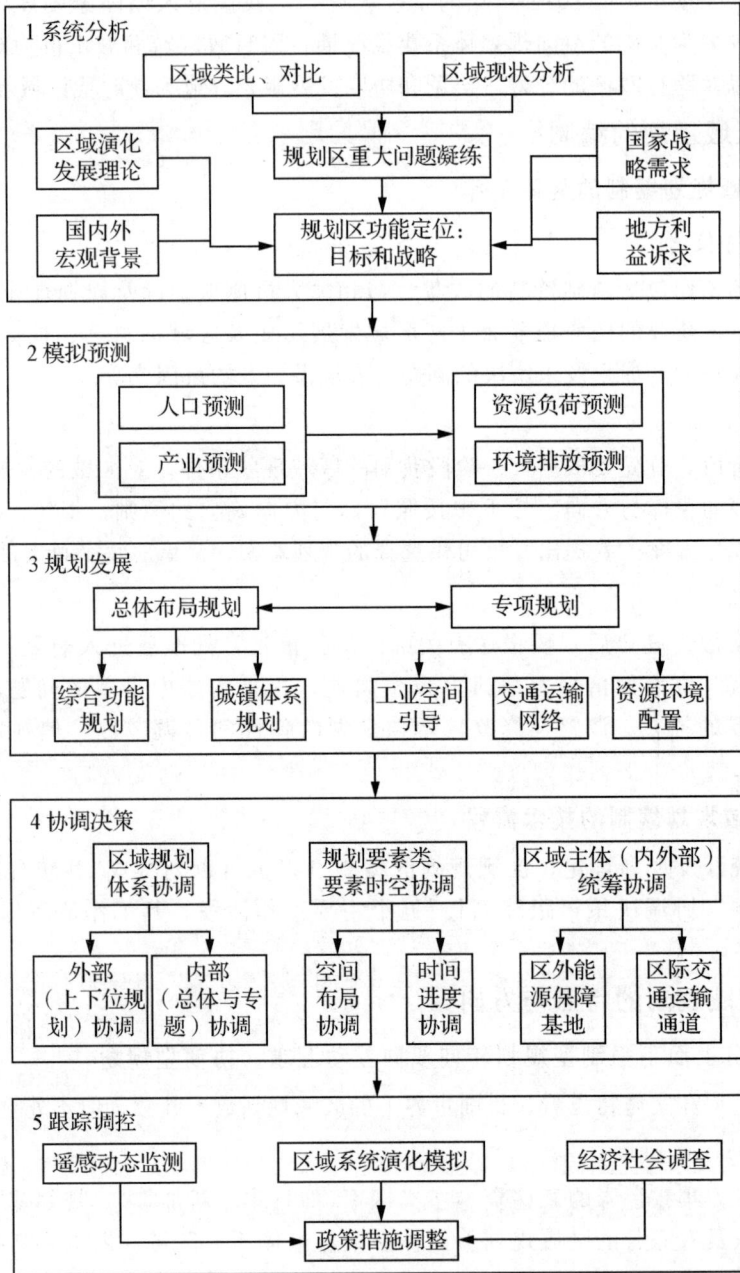

图 5-2　区域规划的编制过程(框架)图

资料来源：胡云锋，曾澜，李军，等. 新时期区域规划的基本任务与工作框架[J]. 地域研究与开发，2010，29(4)：6-9＋60.

2. 自下而上放任型

由于自由经济意识形态在政治、文化领域的全面渗透，"控制"的观念在一些国家并不受欢迎。市场的盲动性和生产的无政府状态使规划缺乏稳定的地位，时而被政府当作防止市场失效的工具，时而被视为避免经济危机、政治危机发生的权宜之计。综合性区域规划在这些国家(如美国)基本不能真正开展。"区域性的规划"实际被无数单项的规划、契约或法规所取代。美国国家级规划管理机构的主要职能是通过制定全国或全区的立法和分配国家对区域建设的财政补助(联邦基金)来干预影响地方,因此美国对区域物质环境发展和变化的管理能力要比许多欧洲国家薄弱得多。

3. 控制与引导双轨型

在奉行"第三条道路"的西欧国家,其相对集权的价值观及并不宽裕的生存空间,使得区域规划不仅成为政府的一项重要工作,亦能基本得到整个社会的认同。政府通过权威的规划、完备的法规、开放的规划体系、市场化的经济手段等,将控制与引导较好地结合起来,基本保证了区域规划由编制到实施的一致性,如德国的区域规划。

我们既不能重蹈绝对强制的计划模式的覆辙,也不能采用自由放任的市场模式。新的区域规划要求在自上而下与自下而上的力量之间进行磨合、平衡,转向双向互动互求、协商型规划。这在西方国家称为"非正式规划",即利用咨询、讨论、谈判、交流、参与等措施,在正式的规划途径之外,开辟一条不完全是官方意见交流和协商行动的渠道,通过制定公平准则,建立公开的规划体系,广泛吸收各种利益集团(政府部门、社团、企业等)参与规划的全过程,以寻求解决区域发展中的各种利益冲突的方法和途径,制定出一个透明度高、可信度强、满足全社会愿望的区域规划(契约)。因而这样的区域规划将被区域成员视作"我们的规划"而自觉去履行。这一点对我国传统的区域规划编制思维的改造具有重要意义,虽然这个过程可能意味着需要耗费大量的时间与精力,但却是使区域规划由图纸走向实施的重要保障。这种协商式的规划可以处理包括经济结构的调整、就业市场的开拓、环境污染的防治、土地资源的需求、开敞空间的建设和区域基础设施的共享等问题,也可运用在目前已经频繁出现的有关争夺城市发展机遇和信息共享处理等方面。这在我国的"珠江三角洲城镇群协调发展规划""京津冀协同发展规划"和"长江三角洲区域一体化发展规划纲要"中已有较明显的体现。

(二)由经济单目标型规划转向综合目标型规划

传统的区域规划尤其是城镇体系规划以生产力的布局为核心任务,"本质上讲,城镇体系为我们提供了一个区域经济投入与产出组织的视角""(在计划经济时代)城镇体系规划的根本目的就是要使国家的资本得到均衡的配置,甚至还带有限制资源、资本'计划外'流动的企图"。在以经济目标为根本内在驱动的情况下,区域规划内容虽然对社会发展、生态环境保护等方面也有一定的涉及,但大多是作为一种"标签",无论是规划者还是执行者,都没有将其放到真正重要的地位。

粗放型的经济增长模式是用国内生产总值和国民收入的总量与速度的增加掩盖自然资源衰竭、环境功能退化所代表的真正经济成本。一方面,我们已经直接感受到了漠视环境成本所付出的昂贵代价;另一方面,人们越来越认识到,"经济增长"与"社会发展"是两个完全不同的概念,由社会极化发展、文化冲突、权力分割、社会需求多元化等引发的社会问题,许多必须在区域规划中找到解决或缓和的途径。20 世纪 90 年代以来,为解决日益突出的人口、资源、环境与经济社会发展问题,区域规划在内容、范围、理论研究与方法技术等方面都发生了巨大的变化。区域规划从内容上看,由单目标的物质建设规划或经济布局规划为主开始转向综合的区域发展目标规划,规划中的社会因素与生态环境因素越来越受到重视，生态最佳化成了未来区域规划的新方向。美国区域规划协会指出：表征生活质量的"3E"正日益成为评判区域在国内外竞争力大小的标准。总之，一个基本的规划理念是，社会与生态环境尺度必须同时作为衡量最佳规划方案的重要标准。

(三)由以城镇为规划重点转向区域、城乡整体规划

传统的区域规划由于将规划视野过多囿于经济生产领域，因而将区域的经济中心——城镇作为规划研究的重点，而将区域中的其他基质地域(生态地域、农村地域)作为一种支撑城镇发展的成本。在区域规划中，"二元分割"的规划思维特征非常明显。

但是经济和社会的发展不仅创造了越来越多城乡界限日益模糊的城镇密集区、都市连绵区、城乡混合区等表象的空间形态，而且从更为深刻的层面将城镇与区域、乡村的发展紧密地联系到了一起。以创新为第一生产力的知识型经济将从根本上改变城市与乡村的关系：乡村不再是为城市提供生产要素的依附地，而是实现了多种要素的相互组合流动；乡村的经济、社会、生态价值被重新发现和理解，城市的持续发展是以乡村的健康成长为基础的；经济成长的创新机制，有可能使传统城市地域以外的空间得到优先发展，从而改变由城市至乡村的单一扩散方向。城镇以外的区域基质空间不再是单向被动地承受城镇的资源耗费和经济、社会成本，城镇的发展越来越表现为依赖与制约并存、支持与竞争并存的格局。"城乡一体化"虽然仍有词意表达上的争议，但作为一个区域城乡整体规划、整合发展的目标理念，正日益被广泛接受。

(四)由面面俱到型规划转向问题导向型规划

在经济模式由计划经济向市场经济转轨的过程中，我国区域规划依然延续了无所不包的庞杂色彩。由于对市场环境中的许多变动因素无法把握，规划了许多无法调控的经济生产内容，如此面面俱到的规划，不仅耗费了大量的规划精力与财力，影响了有关各界包括规划人员自身对区域规划实际效果的看法，实际上也削弱了区域规划的权威性、科学性。

区域是一个处于时代变化中的复杂综合体，区域规划只能是对有限目标的规划。区域规划必须抓住真正能发挥作用的内容进行规划，针对每个规划的特定区域、特定时段、特定背景的要求，进行针对性的"重点问题"规划，提高区域规划的编制效率与效果，力戒面面俱到、泛而无物。在此方面，日本的历次国土综合规划是非常有代表性的：日本第一次国土规划主要是为了实现生产力的最优经济布局；第二、第三次国土规划主要是为了逐步解决全国经济发展的不均衡问题；第四次国土规划针对老龄化、信息化和国际化趋势，把建设舒适开放的安居社会，形成安全而富饶的国土，整顿充实长寿社会中的生活空间，构建交通、信息和通信体系作为主要议题；第五次国土规划则将提高日本在全球经济社会发展中的竞争地位与能力，以及建立高水平的地域文化目标作为规划的主题。

(五)由单方案刚性规划转向多方案弹性规划

今天我们面对的是一个多变的环境、网络化的社会，但正如法国第八个国民经济计划所指出的那样："未来越是朦胧，计划(规划)越有必要。"多变的环境对规划也提出

了更高和更为现实的要求——实现规划的灵活性与弹性。

保证弹性和调控程度的平衡是衡量区域规划有效性的标准。必须将原来以行政手段为主的计划型规划转变为以价值手段为主的计划与市场兼容型规划，将原来过于具体的刚性规划转变为应变能力较强的弹性规划。当然，区域规划更应体现出多目标、多方案的弹性特征，在全球化过程中使区域发展具备更大的应变性，防范面临各种风险与被动的境况。

(六)由虚调控型规划转向以空间管制为手段的实调控型规划

传统区域规划效果低下，且难以对区域发展起到真正的调控与引导作用，其中一个重要原因是尚未找到其真正赖以调控区域发展的"权力砝码"。区域规划不同于其他综合的区域经济社会发展规划(计划)的根本之处是：区域规划是一种以空间资源分配为主要调控手段的地域空间规划，即制定"空间准入"的规则、实施"空间管制"，是实现其由虚调控型规划转向实调控型规划的关键"砝码"。在市场经济环境中，空间管制同法规、税收等一样，是政府握有的为数不多而行之有效的调节经济、社会、环境可持续发展的重要手段。在当今环境中，区域规划作为一种空间地域规划，不再仅仅是被动地对社会经济发展计划进行地域上的落实，更重要的是通过"空间准入"规则(空间供给的多少、分区发展的限制等)主动对社会经济发展进行必要的调控，修正其中不合理的部分。即区域规划既要把国家和地区经济发展政策和社会改造意图综合反映在空间环境建设上，也要通过规划对有关社会经济政策及意图提出建议和补充。

区域规划必须由以前的以生产力布局和城镇体系布局为重点转向以空间资源配置为重点，划定各种用途管制区域，并制定相应的空间使用要求，在区域中划定鼓励发展地域、引导发展地域、限制发展地域、禁止发展地域等多种不同的空间类型。被誉为"新加坡规划之父"的刘太格先生将新加坡的成功规划经验概括为："由大到小、由远到近、由不可开发到可开发。"在各种空间类型中，最为首要的是划定非发展地域的界线和制定保护的要求。"优势区"是德国在区域规划中作为生态平衡的一种规划理念和手段提出来的，其是指区域中一些具有单一职能或多种职能的农村地区或具有自然保护功能的大空间。从土地保养的角度看，优势区意味着在社会和自然环境之间达成有机的平衡。优势区一般具有五种职能：农业和林业生产、闲暇和休养、长期保障用水供应、特殊的生态平衡功能、原料和矿产的采集。莱茵兰-普法尔兹州的规划就规定了一系列非开发地域作为"地区的首要用途"。这一点对我国目前西部大开发具有非常深远的意义。

(七)由单模式规划转向多模式规划

"区域"表达的是按某种目的划分出的空间地域概念，因而区域具有类型、层次之分。编制不同的区域规划应当采取不同的模式，因为不同层次的区域规划要解决的是不同层次的问题。目前我国已经出现了以资源开发为重点的区域开发型规划，以城镇体系布局为核心的市、县域规划，以及城镇群规划、城乡一体化规划等相关规划，不同类型、不同层次、不同地域尺度的区域规划相互促进，区域规划也由过去单纯的物质实体的形态规划扩大到包括非物质实体规划在内的综合性规划。

(八)由目标终极型规划转向过程实施型规划

相较于其他类型的规划，区域规划更具有宏观性、长远性、战略性的特征。因此，如何将区域规划的种种"终极合理目标"转化为具体可行的"行动过程"，是关系到区域规划实际成败的关键。这就要求我们必须强化对实施步骤、实施措施等的研究，而这正是我们以前较为忽略的内容。"空间管制"是一种实现由目标到过程的措施，而区域建设资金的分配或政策的倾斜、基础设施的建设引导，也是实施区域规划的重要手段，这在市场经济环境中尤其具有现实的意义。

在美国高度私有化的商业为导向的社会环境中，坚实的基础设施和环境是私人企业发展的必要条件，国家、州和地方政府可以通过提供基础设施服务，引导和限制私人企业的发展，大都市地区规划成为应付市场力量的一种工具。在我国社会主义市场经济条件下，如果明智地使用规划工具和选择性地进行基础设施投资，引导形成合理的空间形式，促进生产力集聚，节省时间与空间的耗费，保存脆弱的生态环境，我们也可以创造出更适合人类生存、更易管理的各种区域①。

(九)区域发展战略规划应运而生

自 2008 年以来，国务院、国家发展和改革委员会先后批准或批复了数十项区域发展规划，包括京津冀都市圈区域规划、长江三角洲区域规划、东北振兴规划、关中-天水经济区发展规划、江苏沿海地区发展规划、横琴总体发展规划、辽宁沿海经济带发展规划、中部地区崛起规划和中国图们江区域合作开发规划纲要等。这些规划都不是典型的区域规划，也不是传统意义上的"发展战略"，而是一种既高瞻远瞩、又有一定操作意义的战略规划。区域发展战略规划及其研究的高潮正在到来。

从工作深度、指导性与操作性之间的关系来看，区域发展决策在纵向上应该按照这样的思路进行：先编制高级区域的经济社会发展战略，在此基础上按照"区域发展战略→区域发展概念性规划→区域总体规划→区域详细规划→分区设计"的思路，将区域经济社会发展与空间协调发展有机结合起来，进行不同尺度区域规划的编制。

战略研究强调宏观性、长远性和指导性，规划强调系统性、操作性，区域发展战略规划是介于区域发展战略与区域规划之间的一种决策形式，要解决的主要问题是找准区域定位、打造区域形象、明确区域发展方向和目标、确定区域发展重点。

农业社会重视过去，工业社会重视现在，信息社会重视未来。战略规划既高瞻远瞩又有一定的操作性(目标明确，重点落实)，因而不像一般战略那样"虚无缥缈"，但又不像普通规划那样面面俱到，"只见树不见林"。战略规划迎合了时代的要求，成为不可替代的一种思维方式和决策过程，它是区域发展决策人员必须了解和掌握的一种知识能力。

五、与区域规划相关、相似的规划

与区域发展相关、与空间治理有关的规划，包括国土空间规划、城乡规划、环境规划和土地利用规划等。我国在全面推进国土空间规划之前，曾组织、推进过主体功

① 张京祥，吴启焰. 试论新时期区域规划的编制与实施[J]. 经济地理，2001，21(5)：513-517＋526.

能区规划，关于主体功能区规划的内容可参见第三章。

（一）国土空间规划

1. 国土空间规划的含义

国土空间规划是对一定区域内国土空间开发保护在空间和时间上作出的安排，包括总体规划、详细规划和相关专项规划，是各类开发保护建设活动的基本依据。建立国土空间规划体系并监督实施，将主体功能区规划、土地利用规划、城乡规划等空间规划融合为统一的国土空间规划，实现"多规合一"，强化国土空间规划对各专项规划的指导约束作用，是党中央、国务院作出的重大部署。

全国国土空间规划是对全国国土空间作出的全局安排，是全国国土空间保护、开发、利用、修复的政策和总纲，侧重战略性，由自然资源部会同相关部门组织编制，由党中央、国务院审定后印发。省级国土空间规划是对全国国土空间规划的落实，指导市县国土空间规划编制，侧重协调性，由省级政府组织编制，经同级人大常委会审议后报国务院审批。市县和乡镇国土空间规划是本级政府对上级国土空间规划要求的细化落实，是对本行政区域开发保护作出的具体安排，侧重实施性。需报国务院审批的城市国土空间总体规划，由市政府组织编制，经同级人大常委会审议后，由省级政府报国务院审批。其他市县及乡镇国土空间规划由省级政府根据当地实际明确规划编制审批内容和程序要求。各地可因地制宜，将市县与乡镇国土空间规划合并编制，也可以几个乡镇为单元编制乡镇级国土空间规划。

2. 国土空间规划的要求

国土空间规划编制要努力做到以下几点。

（1）体现战略性。全面落实党中央、国务院重大决策部署，体现国家意志和国家发展规划的战略性，自上而下编制各级国土空间规划，对空间发展作出战略性、系统性安排。落实国家安全战略、区域协调发展战略和主体功能区战略，明确空间发展目标，优化城镇化格局、农业生产格局、生态保护格局，确定空间发展策略，转变国土空间开发保护方式，提升国土空间开发保护质量和效率。

（2）提高科学性。坚持生态优先、绿色发展，尊重自然规律、经济规律、社会规律和城乡发展规律，因地制宜开展规划编制工作；坚持节约优先、保护优先、自然恢复为主的方针，在资源环境承载能力和国土空间开发适宜性评价的基础上，科学有序统筹布局生态、农业、城镇等功能空间，划定生态保护红线、永久基本农田、城镇开发边界等空间管控边界以及各类海域保护线，强化底线约束，为可持续发展预留空间。坚持山水林田湖草生命共同体理念，加强生态环境分区管治，量水而行，保护生态屏障，构建生态廊道和生态网络，推进生态系统保护和修复，依法开展环境影响评价。坚持陆海统筹、区域协调、城乡融合，优化国土空间结构和布局，统筹地上地下空间综合利用，着力完善交通、水利等基础设施和公共服务设施，延续历史文脉，加强风貌管控，突出地域特色。坚持上下结合、社会协同，完善公众参与制度，发挥不同领域专家的作用。运用城市设计、乡村营造、大数据等手段，改进规划方法，提高规划编制水平。

（3）加强协调性。强化国家发展规划的统领作用，强化国土空间规划的基础作用。

国土空间总体规划要统筹和综合平衡各相关专项领域的空间需求。详细规划要依据批准的国土空间总体规划进行编制和修改。相关专项规划要遵循国土空间总体规划,不得违背总体规划强制性内容,其主要内容要纳入详细规划。

(4)注重操作性。按照谁组织编制、谁负责实施的原则,明确各级各类国土空间规划编制和管理的要点。明确规划约束性指标和刚性管控要求,同时提出指导性要求。制定实施规划的政策措施,提出下级国土空间总体规划和相关专项规划、详细规划的分解落实要求,健全规划实施传导机制,确保规划能用、管用、好用。①

(二)城乡规划

1. 城乡规划的含义

根据《中华人民共和国城乡规划法》,城乡规划是以促进城乡经济社会全面协调可持续发展为根本任务、促进土地科学使用为基础、促进人居环境根本改善为目的,涵盖城乡居民点的空间布局规划。城乡规划包括城镇体系规划、城市规划、镇规划、乡规划和村庄规划。城市规划、城镇规划分为总体规划和详细规划,详细规划又分为控制性详细规划和修建性详细规划。

城乡规划编制是指各级人民政府根据一定时期城市的经济和社会发展目标,依法编制规划文件,以确定城市性质、规模和发展方向,合理利用城市土地,协调城市空间功能布局,综合部署各项建设的过程。

2. 城乡规划的原则

(1)城乡规划要为社会、经济、文化综合发展服务。城乡规划、建设的根本目的就是促进社会、经济、文化的综合发展,不断优化城乡人居环境。实施城乡规划与城乡综合发展是相辅相成、互为依据的。没有城乡的不断发展就不可能为实施城乡规划提供物质基础。城乡规划是否有利于区域综合发展、长远发展,应当成为我们考虑问题的出发点,也是检验城乡规划工作的根本标准。

(2)城乡规划必须从实际出发、因地制宜。从实际出发就是从我国的国情出发,从城市的市情出发。一切城乡规划的编制,包括规划中指标选用、建设标准的确定、分期建设目标的拟定,都必须从国情、区情、市情出发。我国幅员辽阔,城市众多,各地自然、区域乃至经济、社会发展程度差别很大,城乡规划不能简单地采用统一的模式,必须针对市情提出切实可行的规划方案。

城乡规划的目的是用最少的资金投入取得城市建设合理化的最大成果,对于国外的先进经验和优秀的规划设计范例,也应从我国的实际情况出发,吸收其精髓实质,而不是盲目追求它的标准和形式。要把坚持实用、经济的原则和美的要求有机地结合起来,力争少花钱多办事、办好事。

(3)城乡规划应当贯彻建设节约型社会的要求,处理好人口、资源、环境的关系。我国人口多,土地资源不足,合理使用土地、节约用地是我国的基本国策,也是我国的长远利益所在。城乡规划必须贯彻中央关于建设节约型社会的要求,对每项城市用

---

① 中共中央 国务院关于建立国土空间规划体系并监督实施的若干意见[EB/OL]. 中国政府网(2019-05-23)[2023-05-28].

地必须认真核算，在服从城市功能上的合理性、建设运行上的经济性的前提下，各项发展用地，要尽量选择荒地、劣地，严格保护基本农田。要以水资源供给能力为基本出发点，考虑产业发展和建设规模，落实各项节水措施。要大力促进城市综合节能，鼓励发展新能源和可再生能源，完善城市供热体制，重点推进节能降耗。

(4)城乡规划应当贯彻建设人居环境的要求，构建环境友好型城市。衡量现代城市的综合竞争力和可持续发展能力的重要因素之一是城市人居环境的建设水平。从特定意义上讲，城乡规划是城市的环境规划，城市建设是为市民的工作、生活创造良好环境的建设。城市的发展，尤其是工业、商业项目，对生态环境的保护是有一定的影响的。但产业发展与人居环境建设的关系，绝不是对立的、不可调和的。城市的合理功能布局是保护城市环境的基础，城市自然生态环境和各项特定的环境要求，都可以通过适当的规划方法和环境门槛的提高来达到，把建设开发和环境保护有机地结合起来，力求取得经济效益、社会效益的统一。

(5)城乡规划应当贯彻城乡统筹、建设和谐社会的原则。树立和落实新发展理念，构建社会主义和谐社会，是全面建设社会主义现代化强国的一项重大任务。城市是人类社会、经济活动和时代文明的集中体现。城乡规划不仅要考虑城市设施的逐步现代化，而且要根据市场经济条件下社会利益主体多元化、复杂化的趋势，深入研究日益增长的城市居民各种层面的利益需求和矛盾关系，为建设和谐社会创造条件。要建设和谐社会，还必须处理好继承优秀传统文化与现代化建设的关系。在编制城乡规划时，必须注意保护当地的优秀历史文化遗产，对具有纪念意义、教育意义和科学艺术价值的文化古迹，要把开发和保护、继承和发扬结合起来。少数民族地区的城乡规划应当适应少数民族风俗习惯的需要，并努力创造具有民族特色的城市风貌。

(三)环境规划

1.环境规划的含义

环境规划是人类为使环境与经济、社会协调发展而对自身活动和环境所做的空间和时间上的合理安排，其目的是指导人们进行各项环境保护活动，按既定的目标和措施合理分配排污削减量，约束排污者的行为，改善生态环境，防止资源破坏，保障环境保护活动纳入国民经济和社会发展计划，以最小的投资获取最佳的环境效益，促进环境、经济和社会的可持续发展。

2.环境规划的类型

(1)按环境要素划分，环境规划包括大气污染控制规划、水污染控制规划、固体废物污染控制规划和噪声污染控制规划等。

(2)按行政区划和管理层次划分，环境规划包括国家环境规划、省(自治区、直辖市)环境规划、部门环境规划、县区环境规划、农村环境综合整治规划、自然保护区建设与管理规划、城市环境综合整治规划、重点污染源(企业)污染防治规划等。

3.环境规划的特点

(1)整体性。环境规划的整体性反映在，环境的要素和各个组成部分之间构成一个有机整体，虽然各要素之间也有一定的联系，但各要素自身的环境问题特征和规律则十分突出，有其相对确定的分布结构和相互作用关系，从而各自形成独立的、整体性强和关联度高的体系。

（2）综合性。环境规划的理论基础是"生态经济学""人类经济学"，涉及环境化学、环境物理学、环境工程学、环境系统工程学、环境经济学和环境法等多门学科。

（3）地域性。环境问题的地域性特征十分明显，因此环境规划必须注重"因地制宜"。所谓地方特色，主要体现为排污环境及其污染控制系统的结构不同，主要污染物的特征不同，社会经济发展方向和发展速度不同，控制方案评论指标体系的构成及指标权重不同，各地的技术条件和基础数据条件不同。环境规划的基本原则、规律、程序和方法必须融入地方特征才是有效的。各地区的环境规划在内容、要求和类型上都不同，具有明显的地区性特点。这是因为各地区的自然环境背景、社会经济状况及发展水平不同，环境管理水平、各地区的主要环境问题也不相同。

（4）动态综合性。环境规划具有较强的动态综合性。它的影响因素在不断变化，无论是环境问题（包括现存的和潜在的）还是社会经济条件等，都在随时间发生着难以预料的变动。由于环境规划的复杂性，其涉及的问题多且广泛。制定环境规划仅从单一问题、单一目标和单一措施上考虑是不够的，需要进行全面分析。环境规划的制定和执行涉及各行各业和各部门，涉及地区和全体人民的利益。

（5）政策敏感性。在环境规划的每一个技术环节中，经常会面临从各种可能性中进行选择的问题。完成选择的重要依据和准绳是现行的有关环境的政策、法规、制度、条例和标准。环境规划的制定过程也是环境政策的分析和应用过程。

4. 环境规划的基本原则

（1）以生态理论和社会主义经济规律为依据，正确处理开发建设与环境保护的辩证关系。

（2）以经济建设为中心，以经济、社会发展战略思想为指导。

（3）提供合理的环境保护方案，实现经济效益、社会效益、环境效益的统一。

（4）实事求是，因地制宜，突出重点，兼顾一般[①]。

（四）土地利用规划

1. 土地利用规划的含义

土地利用规划是在一定区域内，根据国家社会经济可持续发展的要求和当地自然、经济、社会条件对土地开发、利用、治理、保护在空间上、时间上所做的总体的战略性布局和统筹安排。土地利用规划是从全局和长远利益出发，以区域内全部土地为对象，合理调整土地利用结构和布局；以利用为中心，对土地开发、利用、整治、保护等方面作出的统筹安排和长远规划，其目的在于加强土地利用的宏观控制和计划管理，合理利用土地资源，促进国民经济协调发展，它是实行土地用途管制的依据。

《中华人民共和国土地管理法》规定，"国家实行土地用途管制制度"，并规定"国家编制土地利用总体规划，规定土地用途，将土地分为农用地、建设用地和未利用地。严格限制农用地转为建设用地，控制建设用地总量，对耕地实行特殊保护"。我国土地利用规划体系按等级层次分为土地利用总体规划、土地利用详细规划和土地利用专项

---

① 杨志峰，刘静玲. 环境科学概论(第二版)[M]. 北京：高等教育出版社，2010.

规划。各级人民政府依据国民经济和社会发展规划、国土整治和资源环境保护的要求、土地供给能力以及各项建设对土地的需求，组织编制土地利用规划。全国和省级土地利用规划为宏观控制性规划，主要任务是在确保耕地总量动态平衡的前提下，统筹安排各类用地，控制城镇建设用地规模。县乡土地利用规划为实施性规划，特别是乡镇土地利用规划，要具体确定每一块土地的用途，并通过报纸公告、张贴布告、设立公告牌等方式向社会公告，公告的内容包括规划目标、规划期限、规划范围、地块用途和批准机关及批准日期。

2. 土地利用规划的四种典型模式

(1)美国模式。主要通过法律法规形式制定土地利用目标和规划；其规划形式包括城市和大都市规划、联邦州和区域规划以及农村土地利用规划；从规划体系来看，可以分为三大类(总体规划、专项规划和用地增长管理规划)和六个层次(国家级、区域级、州级、亚区域级、县级和市级)；从规划内容看，一般包括七个要素：土地利用形式(公有地、农业用地、林业用地、城市用地和乡村用地)、交通、居住地、空旷地(绿地)、保护地、安全设施和防噪声污染。规划思想有三种：保护农业用地、控制大城市扩大用地规模、保护森林及生态系统。

(2)日本模式。规划分为全国规划、都道府县规划和市镇村规划三级，在都道府县范围内，还要制定"土地利用基本规划"。主要内容有：确定土地利用的基本方向、按照城市、农业、森林、自然公园、自然保护区五种地域类型进行土地利用区划。除了上述两个规划外，还通过法律和行政手段，使宏观管理和微观管理结合起来，形成一个比较完整的体系，以土地私有制和市场经济为基础，通过土地利用规划和土地利用基本规划对土地资源进行宏观调控，以法律和行政手段实现土地利用的微观调控。

(3)英国模式。规划分为四级：国家级规划(规划政策指南)、区域规划(区域规划指南)、郡级规划(结构规划)和区级规划(地方规划)。土地利用规划的实施大多依靠制定专门的法律，主要控制手段为土地用途管制或规划许可。

(4)苏联模式。国民经济计划和土地规划两个体系共同发生作用，有计划地利用土地；国民经济计划分为五年计划和年度计划两种；土地规划分为企业间土地规划和企业内土地规划，以适宜土地国家所有制和高度集权的计划经济为基础；对土地利用活动的具体组织比较详细，着重为微观管理提供良好的基础，但在宏观调控上缺乏目标，土地利用结构和方式被详细的规划所固定，难以适应不断变化的社会经济发展的要求。

我国的土地利用规划是在苏联模式的基础上，结合中国具体实际和改革创新发展需要，落实国土空间规划的专项规划。编制土地利用规划要遵循以下原则：一是严格保护基本农田，控制非农业建设占用农用地；二是提高土地利用率；三是统筹安排各类、各区域用地；四是保护和改善生态环境，保障土地的可持续利用；五是占用耕地与开发复垦耕地相平衡。和主体功能区规划一样，自新一轮国土空间规划全面推进后，各地区就不再单独编制土地利用规划了。

六、建立以区域发展规划为引领、以国土空间规划为基础的规划体系

2018年11月中共中央、国务院发布的《关于统一规划体系，更好发挥国家发展规划战略导向作用的意见》中提出，要立足新形势新任务新要求，明确各类规划功能定

位，理顺国家发展规划和国家级专项规划、(重点地区)区域规划、空间规划的相互关系，避免交叉重复和矛盾冲突。

1. 明确各类规划的功能定位及相互关系

(1)国家发展规划(国家层面的区域规划)，即《中华人民共和国国民经济和社会发展五年规划纲要》，是社会主义现代化战略在规划期内的阶段性部署和安排，主要阐明国家战略意图、明确政府工作重点、引导规范市场主体行为，是经济社会发展的宏伟蓝图，是全国各族人民共同的行动纲领，是政府履行经济调节、市场监管、社会管理、公共服务、生态环境保护等职能的重要依据。国家发展规划居于规划体系最上位，是其他各级各类规划的总遵循。国家级专项规划、空间规划，均须依据国家发展规划编制。

(2)国家级空间规划要细化落实国家发展规划提出的国土空间开发保护要求，规划期与国家发展规划不一致的，应根据同期国家发展规划的战略安排对规划目标任务适时进行调整或修编。

(3)国家层面的国土空间规划，其上位规划是国家发展规划；不同层级的空间规划可以参照国家层面的要求和做法依次类推，即省级的国土空间规划以该省的发展规划(国民经济和社会发展五年规划，即区域规划)为上位规划；地市级、县市级乃至乡镇级也应如此，即以区域规划为引领，以国土空间规划为基础。

2. 建立"1+1+X"空间规划体系

第一个"1"即区域发展规划(区域规划)，是指导本区域内其他各级各类规划的纲领性上位规划；第二个"1"即国土空间规划，是本区域内其他各项规划的"宪法"性基本规划，以专统筹；"X"即保留现有城乡规划、环境保护规划等规划。新时代空间规划主要内容包括以下四方面。

第一，从保护珍稀战略资源、建设生态文明等角度，评判并吸纳各项现有规划的"底线"并将其落在空间，形成各项规划都必须遵守的红线。

第二，从落实国家战略、实现区域统筹发展、促进精明增长与发展转型等角度，明确各项规划所应遵守的价值理念、布局导向、调控原则与关键指标，化解各项规划之间的潜在恶性冲突。

第三，从完善各项规划管理、执行、凝聚各项规划手段的角度，制定相应的管理配套机制，发挥多规合力，优化政府治理机制。

第四，统一现行各类规划的规划年限、用地分类、数据标准、技术平台，各类规划的编制、执行与修改等必须与空间规划保持一致，保证空间规划的权威性和严肃性。应当依照不同层级、不同类型规划间的关系和功能界定，明确边界、配置资源、提高效能，同时允许专项规划之间出现一定程度的冲突，实现"相互制衡"，倒逼空间规划的政策协调和政府治理功能，进一步体现空间规划统筹城乡发展、推进新型城镇化、实现生态文明、完善政府治理机制、保障社会经济可持续发展的高位战略指导作用①。

---

① 严金明，陈昊，夏方舟. "多规合一"与空间规划：认知、导向与路径[J]. 中国土地科学，2017，31(1)：21-27+87.

第二节　区域发展方向和定位

一、区域发展方向的确定

区域发展方向是指未来一定时期内人们对区域系统发展的总的设想，因为经济是区域系统的核心，所以在实际工作中，区域发展方向主要是指区域资源发展与经济建设总的设想。如山西省今后要大力发展煤炭资源，建设成为我国的能源、重化工业基地；上海市今后要充分发挥其技术优势和经济优势，建设成为我国的出口加工工业基地；等等。

区域发展方向的确定是总体规划工作的第一步，是确定区域发展目标、重点和进行总体布局等其他工作的前提和基础。不明确区域发展的方向，则整个区域发展规划工作就是"无源之水、无本之木"；如果区域发展方向确定错了，其他规划工作再认真细致也难免会失误。因此，必须把区域发展方向的确定摆在首要位置上，予以认真对待。[①]

(一)确定区域发展方向的依据

确定区域发展方向必须有充分的依据，至少应考虑以下两个依据。

1. 理论依据

任何区域发展都存在一些基本规律，若政府部门能依据这些基本规律确定区域发展方向，则既可促进区域本身的发展，还可通过协调区域间的关系，增强整个国民经济的实力与竞争力。运用区域生命周期理论，能从理论上充分说明确定区域发展方向的必要性。

从时间角度来分析区域发展方向的变化可以体现为主导部门的变动及其与其他部门关联方式的变化，区域发展方向变化的过程可看作主导部门更替的过程。区域主导部门的更替是遵循一定规律的，从第一、第二、第三产业的分类框架来看，一般遵循"配第-克拉克定理"。

从工业结构来看，表现为由以轻工业为中心的发展向以重化学工业为中心的发展转变；在重工业化过程中，工业结构又表现为从以原材料工业为中心向以加工组装工业为中心的方向发展；在工业结构高度化的过程中，工业结构又表现为向技术集约化方向发展，科学技术成为工业资源最重要的组成部分。

从具体区域来看，随着区域发展水平的提高而呈现出以下四个阶段：(1)初级阶段，农业、采矿业、手工业占区域的主导地位；(2)迅速发展阶段，在区域人均收入达到一定水平时(一般认为该值为人均300美元左右)，采矿业、农副产品加工业尤其是其中的纺织业成为主导部门；(3)稳定发展阶段，原材料工业、化学工业和机械制造工业往往成为发展的重心；(4)成熟发展阶段，主导部门以高技术产业和信息服务业为主。

上述演替规律虽然是从国外发达国家工业化的过程中总结出来的，但对我国研究

[①]　黄以柱. 区域开发与规划[M]. 广州：广东教育出版社，1991.

区域发展方向、选择主导部门仍具有重要的参考价值。

2. 实践依据

(1)国家或高层次区域的宏观背景。国家或高层次区域是由一个个低层次区域所组成的有机整体,作为其组成部分的低层次区域的发展方向,必然受整体系统的深刻影响。例如,全国劳动地域分工的基本格局、区域发展的总体部署、建设投资的地区分配以及一定时期的产业政策等,在很大程度上决定着各地区在全国经济发展中的地位,决定着各地区主导产业部门的选择。所以在确定区域发展方向时,必须考虑到高层次区域乃至全国宏观经济社会发展的要求,使该区域的发展方向与全国及高层次区域的发展战略相吻合。只有这样,才有利于本区域规划的顺利实施,有利于国家总目标的实现。

(2)区域发展的实际情况。区域发展方向的确定不能脱离本区域的自然、经济、技术、社会等方面的情况,不能不顾区域发展的历史与现状,而应当遵从马克思主义的劳动地域分工理论,注意集聚规律过程和比较优势,因地制宜,扬长避短,发挥优势,根据区域的实际情况确定发展方向,这是因为区域发展过程是人类社会与大自然相互作用的过程,时时、事事、处处都受到自然规律和社会经济规律的制约。离开了区域的自然、社会、经济实际,就等于脱离了自然规律和社会经济规律,会受到客观规律的惩罚,这一点已为古今中外无数事例所证明。

(3)周围区域的发展现状与趋势。确定区域发展时应当注意周围地区的发展现状与趋势。每一个区域,都是全国或上一级区域的一个局部。随着我国改革开放的不断深入,区域与区域之间不断进行着产品交换与产品竞争。因此,确定区域的发展方向就不能只考虑本区的情况,还必须考虑周围地区的情况,例如,本区生产的产品在区内外有多大市场;若其他区域生产同种产品,本区产品是否有竞争力;若本区生产的产品需要外区部分原料,外区是否能保证供应等。"知己知彼,百战不殆",这也是确定区域发展方向必要的依据之一。

(4)市场需求情况及其变化趋势。在商品经济条件下,每个区域的经济发展都离不开市场,所以市场需求的现状和发展趋势,也是确定区域发展方向的重要依据之一。若不顾市场的现状,不考虑市场需求的发展趋势,盲目确定区域发展方向,只会给区域经济发展带来不良后果。例如,某地区认为种西瓜比种粮食作物更有利可图,就不问市场需求情况,盲目扩大西瓜种植面积,结果新种植的西瓜的质量不如老西瓜基地的西瓜质量好,在市场上缺乏竞争力,加之生产过多,销售困难,导致种瓜效益反不如种粮食的效益。

(5)科学技术发展的趋势。当今世界是科学技术发展突飞猛进的时代,科技进步对区域发展的影响日益显著,主要表现在:①区域科学技术水平及结构状况基本决定了一个区域发展的水平和所处的阶段;②区域科学技术水平及结构决定着资源、环境系统和经济、社会系统间联系的方式、强度和效率;③区域科学技术在各部门的发展水平影响着资源在各部门的分配状况和各部门的生产效率、发展速度,进而制约着主导部门的选择。因此,确定区域发展方向必须认真分析区域科学技术发展现状及其变化趋势,以保证区域发展建立在可靠的技术基础上。

(二)确定区域发展方向的原则

由于区域区位条件不同，经济基础不同，在不同空间尺度经济发展的速度上存在着显著差距，因此，为了合理确定区域发展的方向，使各区域经济发展速度加快和水平提高，实际工作中要遵循以下原则。

1. 客观性原则

因为区域系统是客观存在的，有其自身运动的客观规律，所以确定区域发展方向就只能从区域的实际情况出发，绝不能脱离实际，主观臆断，并针对不同区域实际，一切从实际出发，正视客观存在的多样性，因地制宜，发展区域经济。在政策导向上，应鼓励有条件的区域率先发展，加大对地区的扶持力度。在发展路径的选择上，应从不同区域的实际出发，合理确定战略定位，明确发展方向，发挥比较优势，走出一条具有地方特色的发展道路。在工作方法上，要"抓住两头，促进中间"，壮大和提升一批中等发展水平的区域，帮扶一批经济欠发达的地区。

2. 综合性原则

区域发展方向是在多种因素相互作用下共同决定的。因此，确定区域发展方向时应始终贯彻综合性原则。在具体工作中，应特别重视以下四个方面：

(1)综合分析自然因素与人文因素；

(2)综合分析区域系统现状与未来发展趋势；

(3)综合分析区域资源优势与市场变化；

(4)综合分析区域之间的关联。

3. 最佳效益原则

区域是一个由自然、生态环境与社会、经济有机结合而成的整体。区域发展的目标不仅要考虑经济效益，而且要考虑社会效益和生态环境效益。所以，确定区域发展方向时，也必须坚持经济效益与社会效益和生态环境效益的统一，即综合效益最佳的原则。

4. 竞争优势原则

区域经济的发展，关键是要发挥市场经济条件下诸生产要素的优势，克服比较劣势，依托本区域生产要素的比较优势，参与市场交换和市场竞争，形成具有地域特色的产业和产品体系。各区域要依托本地自然条件、资源和产业基础，选择特色优势项目，培育出一批小产品大群体、小商品大市场的特色产业群，重点扶持一批把潜在特色资源转化为现实增长点的项目，立足市场导向发展特色产业项目，牢固树立市场经济观念，强化市场导向原则。发挥市场机制的基础性调节作用，实现各种经济资源的有效配置，促进要素市场的优化组合，培育有利于要素合理流动的发展环境。

(三)确定区域发展方向的程序

确定区域发展方向一般包括如图5-3所示的四个步骤。

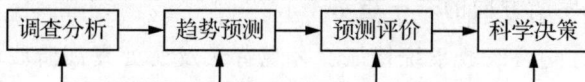

图5-3　确定区域发展方向的程序

1. 调查分析

区域发展历史与现状调查分析主要是总结历史上，尤其是近代区域发展过程中的经验和教训，以供制订新的区域发展方向参考与借鉴。其分析重点包括：(1)在各种客观背景和区域资源因素作用下，经济结构尤其是产业结构的变化规律；(2)区域发展模式的演变轨迹。

区域发展现状分析主要侧重于：(1)区域资源、环境及其结构特征；(2)区域经济社会系统结构及其功能现状；(3)资源、环境结构与经济系统结构的关联程度；(4)有无形成稳定的主导部门和发展模式等。

除分析区内状况外，区域发展现状分析还应重点分析区域的各种外部环境现状，如区域在全国劳动地域分工中的地位，国家计划对该区发展的基本要求，区域之间的联系和协作状况，市场占有及竞争状况等。

2. 趋势预测

区域系统在时间维度上的演变具有自发性，可视为自组织过程。在一定程度上它同时受决定论和机会论的作用，是自然选择过程。因此，要科学地确定区域发展方向，必然要进行趋势预测。预测区域发展方向首先要求对区域系统演变机制进行分析，该机制包括以下内容。

(1)区域系统内部结构所规定的演变规律，主要分析各子系统的稳定性和增长速度，有无形成取代结构的可能性、结构内部的累积因果效应对原结构的突破概率等；

(2)外部宏观环境对区域系统演变方向的诱导，主要分析国家经济发展战略总体部署及有关政策，区域之间尤其是区域与中心城市之间社会、经济联系的强度、方式和格局。

在科学分析区域系统演变机制的基础上，可借助各种预测模型来估测各子系统的发展规模及其相互关联方式、程度和组织形态的变化，从而选择区域发展中的主导部门，概括发展的基本模式。

3. 预测评价

通过预测得到的区域发展方向可能有数个方案，需要从技术上的可能性和经济上的合理性加以对比分析，对不同方案作出客观的技术经济评价，并择优以备决策参考。这项工作应邀请有关专业技术人员参加。

4. 科学决策

现实中，技术、经济及其他方面都令人满意的方案并不多见。在开展预测评价工作之后，要借助于决策科学原理与方法对初选方案进行决策，从中选出比较令人满意的方案，即代表该区域发展方向的方案。此项工作应由区域内有关领导参加主持，采取领导、专家、技术人员三结合的方式进行。

(四)当前区域发展方向的若干趋势

当代区域发展方向因区域系统特征、客观背景及所处发展阶段的不同，在不同区域表现出显著的差异，形成不同的主导部门和发展模式。例如，山西省选择的是以煤炭资源综合发展利用为基础的能源重化工模式，沿海各经济特区则采用的是充分利用优越的地理位置和特殊政策，发展两头在外、大进大出的外向型经济模式；河南省平顶山经济区以煤炭工业为主导部门，选择多核心发展的模式，河南省尉氏县却以农副产品加工业为主导部门，选择加工业-农业综合发展模式。上述区域发展方向的差异是必然的，也是各区域发展综合规划所致力解决的根本问题。但上述差异中蕴含着区域发展方向变化的共同性规律，是设计具体区域发展方向时所必须遵循的理论指导。

1. 开放性、技术性、市场性和未来性

开放性主要表现在，区域发展在考察区内实际的同时，要面向市场、面向区外。区内生产除考虑满足区内需求外，还应考虑供应区外，同时不排斥外来产品的输入和竞争。区域发展提倡冲破区域和部门的界限，实现横向和纵向联合，即强调发展区域之间的协作和联合，同时要注意运用经济手段而不是单纯依靠行政手段调节区域经济运行。区域间的上下级关系也不是完全的行政隶属关系。

技术性是指区域发展模式应强调科学技术的作用，不能就资源论资源，局限于资源经济，一定要致力于发展技术，使区域经济从资源型逐步向技术型转变。区域资源总是有限的，从长远看，任何区域都必须坚持走"技术型"的道路。

市场性强调市场需求，即区域发展什么产品、生产规模多大，都应根据市场的需求情况而定，既不能仅仅依据该区域的生产条件而定，更不能依靠人们的主观意志来确定。采用市场性区域发展模式，其设计的基本思路不同于产品性区域发展模式的"产品生产→市场需求"，而是"市场需求→产品生产"。这是一种"后向联系"性发展模式，有利于区内资源的合理发展和利用。这里说的发展"市场型"经济是相对于"产品型"经济而言的，它同我国"计划经济与市场调节相结合"的总方针是不矛盾的。

未来性强调区域发展模式是一种远景设计，应充分考虑到各种因素的变化，而绝不能只是在现状基础上的修修补补或用"传统的"眼光看待现代经济的发展。不能不顾及人民生活而单纯发展经济；不能片面开发自然资源，而忽视环境保护等。事实上，区域发展必须着眼于未来，使区域发展的方向符合整个时代发展的潮流，跟上时代前进的步伐。

2. 可持续发展对区域发展方向的多重要求

（1）全局性和科学性。可持续发展概念的提出使区域发展不再"就区域论区域"，开始重视区域对全局的影响以及全局对区域的制约，使开发战略逐渐上升到"高屋建瓴"的高度。在传统的发展模式中，区域要么遵照"全国一盘棋"原则，完全听从上级区域指令；要么完全"眼光向内"，仅仅"靠山吃山，靠林伐木"。而可持续发展则强调不同层次区域间和同层次不同区域间的协调，实现更大区域的长期可持续发展。

（2）前瞻性和先进性。知识经济的发展扩大了人类的生存空间，为人类提供了新的发展机遇。知识经济需求与可持续发展在本质上是一致的。首先，知识本身具有非磨损、可共享、无限增值的特征，使以知识为基础的经济形态脱离了对资源耗竭的担忧，从根本上与可持续发展的要求相吻合。其次，知识和技术的发展不断拓展人类的生存空间，开发出新的可供利用的资源，提高了现有资源的利用效率和能源转化率，并大大提高人类治理环境问题的能力。再次，知识经济赋予经济发展以新的动力，促进产业结构的提升，推动经济增长方式从粗放型向集约型转变，从而提高经济发展的可持续性。最后,知识经济时代人类对自然界物质资源的依赖性减轻,更多转向对人力资源尤其是智力资源的使用,人的主体性、自主性和创造性得到充分体现,进而带动社会各方面的整体发展,这与社会可持续发展的目标与要求是一致的。总之,知识经济在客观上谋求自然资源、环境资源、资本资源、智力资源和社会资源的相互补充、综合平衡及整体水平的提高,使自然可持续性、经济可持续性和社会可持续性彼此结合,保证整个系统的可持续发展。

(3)系统性和稳定性。可持续发展除经济学、社会学、生态学三个方向以外,还应有系统学的方向,以综合协同的观点有序地演绎发展度、协调度和持续度的时空耦合以及三者互相制约、互相作用的关系。

以此为基础,区域可持续发展中,经济、社会、生态子系统的目标应按系统论的观点加以协调。这种协调不是各子系统目标的简单相加,而是强调各目标之间相互作用部分的相互依存和有机统一。因此,经济发展目标和社会公正目标通过就业、收入再分配而关联;经济发展目标和生态管理目标通过资源、环境价值的成本内在化而关联;社会公正目标和生态管理目标通过不同利益群体的公众参与和民主协商而关联。各目标的相互联系和最终统一保证了区域开发模式的整体性和系统性①。

二、区域发展功能定位

区域发展功能定位,是指在社会经济发展的坐标系中综合地确定区域坐标的过程,区域定位对于区域发展具有重大的影响作用。区域定位具有鲜明的战略性、综合性、地域性和动态性。战略性要求定位工作做到高屋建瓴、高瞻远瞩,立足未来发展,把握区域和相关区域的发展方向和走向,洞悉社会经济发展的总体演进趋势;综合性要求定位工作全面、系统地分析与区域发展有关的各种条件和影响因素,并能够从总体上抓住关键问题和主导因素;地域性要求定位工作突出区域及其所在上一级区域的特色,把区域放到大背景中去分析,把能够代表区域自身的内在的东西发掘出来,强化区域自身的个性化发展特征;动态性要求定位工作遵循区域发展的历史演进规律和总体趋向,注重区域发展的阶段性变化,赋予其时限性和时效性。

(一)区域发展功能定位的影响因素

区域发展功能定位是一项复杂的工作,需要对若干重要的影响因素进行综合分析。影响区域发展功能定位的主要因素有:区域的历史基础及地位、区域的经济地理位置、区域发展的国际背景和国内背景、区域的发展条件和基础、区域的产业现状、区域人口和经济规模、区域的职能分工和发展方向、区域与其他相关区域的关系、区域的影响力及地位、国家或经济区对区域发展建设的要求和区域分工任务等。

区域发展功能定位不是简单地提出一个区域发展的口号,或者就区域发展的具体问题提出解决方案。它事关区域未来的前途和命运,事关区域的地位和形象,事关区域的发展目标与方向,因此不是对发展特征和规划指标的机械罗列和烦琐陈述。区域发展功能定位与区域发展目标、区域性质、区域发展战略、区域形象既有联系,也有区别。相对而言,区域发展功能定位比之其他的工作更具综合性、科学性和战略性,

---

① 衣保中.论可持续发展原则与区域开发[J].人口学刊,2003(4):3-8.

应当在一个合理的定位框架下，明确其基本组成要素，运用规范的科学术语将区域的方向、特色、精神内涵高度地凝练和概括出来。

（二）区域发展功能定位的基本要素

根据区域经济学、区域地理学、区域规划学等相关学科的基本理论，参考国内外有关地区开展区域定位的工作经验和研究文献可知，区域发展功能定位大致可以归纳为七个基本要素，即空间定位、产业定位、区域特色、区域功能和性能、区域形象、区域规模、区域发展策略。

区域发展功能定位是一个主观与客观一体化的过程。一般来说，区域发展功能定位工作着眼于区域未来的地位、类型、形象，必然受制于区域的自然条件、资源条件、产业基础、社会文化现状、腹地区域特征等因素，需要遵循区域发展的客观规律。但是，区域发展功能定位又是一个规范性很强的工作，它是对区域发展的预测和设计，所以不可避免地受到理论思想、研究方法、兴趣偏好和其他主观因素的影响。故而，定位过程必须把主观与客观有机结合起来，过分拘泥于当前的条件和基础的行为不可取，不顾条件盲目拔高的行为也不可取。对于区域形象设计的主观良好愿望，对于区域性质的综合判断预测，若能建立在区域发展条件、基础、机遇以及相关区域的深入分析基础之上，区域发展功能定位也就基本做到了科学、合理、可靠。

总之，区域发展功能定位是一项复杂的社会经济系统工程，既要有理论依托，又要立足现实，还应有综合战略眼光。这项工作，应当在整体分析各种影响因素的基础上，按照区域发展定位的组成要素，运用规范的学术语言，进行高度概括和浓缩凝练，最终作出合理、严谨、准确的表述，只有这样才能真正发挥对区域发展的重大指导作用。

第三节　区域发展目标和指标

一、区域发展目标的内涵、性质和分类

（一）区域发展目标的内涵

区域发展目标是指通过实施区域发展战略或发展规划，预期在一定时期内可以达到或实现的区域发展目的和状态，是制定区域发展战略和区域发展规划的主要依据。在区域发展战略（规划）研究中，对战略（规划）依据和战略（规划）思想的研究是为了制定发展目标，而对战略（规划）重点、战略（规划）措施（即实现目标的方法、途径）的研究是围绕如何实现目标来展开的。可见，区域发展目标是区域发展方向的具体化和进一步落实。

区域发展目标是一个动态的概念，在不同发展阶段其内涵也不尽相同。长期以来，区域发展的目标局限于经济发展，主要以生产总值的增长、就业规模的扩大乃至经济实物产量的增加作为区域发展的目标，这种做法失之偏颇。随着经济的发展，生产力水平的提高，人们开始追求生活质量的提高，认识到了社会进步对区域发展的作用，区域发展逐渐转向以社会的发展为中心，人们的文化生活水平得以提高，人们的价值

取向得以实现。

20世纪80年代以来，可持续发展成为区域发展的主导思想，在区域发展中也提出了可持续发展的目标体系，该体系旨在通过动态的、适当的平衡过程，求得连接社会、经济、环境系统的最佳结合点。

区域发展目标是一个涵盖经济、社会、环境等多方面的总体目标，是包括一系列相应的二级、三级分目标的多层次体系。其中，区域经济发展目标应涉及经济总量、结构、效益、分配等方面；社会发展目标随着生产力水平的提高日益受到重视，涉及就业、教育、卫生保健、社会公平等方面；环境发展目标是区域发展目标中不可或缺的重要组成部分，随着区域社会经济的不断发展，有关水土流失、"三废"污染、荒漠化等环境问题日趋严重，为实现区域持续健康发展，以生态环境改善为中心的环境发展目标的制定与实施至关重要。

(二)区域发展目标的性质

一般来说，区域发展目标具有如下特性。

1. 层次性

区域发展目标是由总目标及各级分目标所构成的多层次目标体系。总目标指出了区域发展的战略方向和期望达到的总体水平，是特定时期区域发展的总纲。二、三级分目标是围绕总目标建立的、以实现总目标或上一级目标为目的的、由一系列具体的标准或指标组成的手段或控制体系。没有二、三级甚至更多层次的分目标支持，总目标对发展计划或规划的指导就没有可操作性、可控制性。当然，各层次分目标是总目标的分解和具体化，必须服从区域总体发展目标。

2. 融合性

区域发展的各级分目标是彼此关联、相互协调且互为支持的整体，各个部门在制定本部门目标的同时，要处理好与其他部门的协调关系，制定的各种目标也必须与许多约束条件相协调。

3. 可接受性和挑战性

维克多·弗鲁姆(Victor Vroom)的期望理论表明，人们在工作中的积极性或努力程度是效价和期望值的乘积。一个目标对其接受者要产生激励作用，这个目标必须是接受者可接受的、可以完成的，即通过一定的努力可以达到的；假如一项工作很容易完成，那么接受者也没有动力去很好地完成这项工作，最好的目标是经过一番艰苦努力就能达到的。

4. 可观测性

所确定的目标要便于观察、测量、辨识、检查、比较、判断等。为此，在阐述目标时，要力求避免使用诸如生产有所提高、成本明显下降、人民生活有所改善等模糊语言，而应尽可能使用数学语言。

5. 多维性

区域发展目标是一个涵盖经济、社会、环境等方面的多维目标体系。人类社会的需求具有多样性，在内容上包括物质财富、精神文化、环境健康等，在水平上存在着初、中、高等不同层次。事物之间具有关联性，使得任何一种人类需求的满足都需要其他经济、社会和资源环境条件的配合，也不可避免地将受到其他条件的制约。

6. 地域性

不同(子)区域具有不同的资源、环境、人口、经济基础和社会背景，其发展的道路或模式不尽相同。同一区域的发展目标可以分解给若干个子区域并通过其发展来实现，如陕西省分为关中、陕南、陕北三大地理区，为实现全省发展的总目标，每个区域应承担不同的任务(即分目标)。不同区域在特定时期内的发展总目标和相应的各级分目标亦不同，也存在着各目标的主次之分、不同组合等。可见，因地制宜地制定区域发展目标，是实现区域稳定健康发展的关键。

除此之外，区域发展目标还具有包容性、概括性、全局性、约束性、动态性等①。

(三)区域发展目标的分类

区域发展的目标是多种多样的。区域发展目标按目标包容客体的大小可分为总体目标和局部目标、宏观目标和微观目标、战略目标和战术目标等；按目标包容客体的性质可分为经济发展目标、人民生活提高目标、社会安定目标等；按限定的时间可分为长远目标、中期目标、短期目标等；按目标的数量关系可分为定性目标和定量目标；按目标的约束性强弱可以分为约束性目标和导向性目标等。在研究中，更多的情况下是把区域发展目标分成总体目标和具体目标两大类。

总体目标是区域发展战略方案的高度概括，一般只用一两个具体的指标，加上适当的描述来表达。有些地区在制定总体发展战略方案时，只提出方向和奋斗目标，不出现具体的经济指标或其他指标。制定总体目标的目的在于明确区域的发展方向，概括追求区域"理想模式"或"理想状态"的总体面貌，动员和组织各方面的力量为实现理想而努力。

区域规划的具体目标包括经济发展目标、社会发展目标和资源与环境发展目标，这些具体目标又可细分为次一级的类别，形成一个多层次的目标系统②。

二、确定区域发展目标的依据

区域规划的宗旨是落实和体现以人为本的科学发展观。对于一个具体区域，制定什么样的区域发展目标，需要有全面综合的思想基础，既要考虑到区域经济发展，又应重视社会进步和生态环境效益的提高。同时还要考虑目标的类型，如计划目标要求基本准确，要具体、可落实、可考核；而规划目标要求较宏观，侧重于整体方向性的把握。结合区域发展的理论和实践要求，制定区域发展目标的基本依据主要有以下几个方面。

(一)客观评价区域发展条件

任何区域都有其不同于其他区域的发展条件，区域发展目标的制定必须突出区域

---

① 刘科伟，刘玉亭，张贵凯. 关于区域发展目标问题的探讨[J]. 西北大学学报(自然科学版)，2002，32(5)：541-544.

② 崔功豪，魏清泉，刘科伟，等. 区域分析与区域规划(第三版)[M]. 北京：高等教育出版社，2018.

本身所具有的特性。区域发展条件的评价必须从宏观、中观、微观多层次进行，重点放在地区发展优、劣势分析及某一阶段内区域可能用于发展的人力、物力和财力的正确估量上，以便量入为出，为制定符合实际且合理可行的区域发展目标提供基础。这里尤其强调区域发展条件评价的客观性，不但要正确评价其有利条件，更要充分估计其不利影响。

(二)准确分析区域发展现势与趋势

区域经济、社会发展水平及环境质量状况反映某地在地区或全国发展中的地位和作用，是制定区域发展目标的起点，进而影响到区域发展目标的终点与实现模式。因此，有必要对区域发展现势进行评价，以明确区域发展的地位、作用与目标起点。在此基础上，根据区域发展的内外环境因素对发展趋势作出预测，确定区域发展方向及可能达到的水平，并通过对未来区域发展中资源供求平衡的计算，权衡利弊得失，确立资源约束下区域发展的基本目标框架。

(三)解决区域发展的重大社会、经济、环境等问题

区域发展各层次的目标是相互关联的，尤其是区域发展的关键目标，它对区域发展总目标的实现起重要作用，是其他目标实现的前提。它所代表的一般是区域发展中迫切需要解决的重大社会、经济、环境问题，如贫困、劳动力与就业、城市化与社会经济转型、生态环境治理保护、基础设施建设、政策体制等问题。这些问题的有效解决是实现区域发展规划的关键所在。

(四)坚持可持续发展和协调发展

满足人类社会的基本需求，创造持久富裕、舒适、优美、和谐的人类生存环境是现阶段区域发展的基本要求，而满足这个基本要求的基本前提是可持续的区域发展方向。坚持可持续发展要求处理好人与人、人与自然的关系；要求代内和代际之间公平地分配有限资源，使其不仅满足当代人的需求，又不损害子孙后代的利益，既符合本区域的利益，又不损害其他区域的利益；在技术可能与经济合理的前提下，节约并有效地利用资源，保护地球的生态环境，使人类的经济和社会发展限定于区域资源和环境承载能力范围之内，使地球保持永久的生命力。由于地球的整体性和相互依存性，可持续发展还要求地球上不同的人群或区域相互协作。

(五)以区域发展理论为指导

区域发展理论是区域发展实践的概括与总结抽象，其来源于实践，必将成为指导实践的有力工具。相关的区域发展理论主要有：均衡与非均衡发展理论、经济起飞理论、区域联合与分工理论、区域发展阶段理论、环境效益论、社区发展论及可持续发展理论等。以上理论总结了过去许多国家和地区发展的经验教训，具有典型性和代表性，对现在和未来的区域发展及其目标的制定具有重要的指导意义[①]。

(六)落实和体现以人民为中心的区域治理理念

现代区域发展不再单纯追求经济增长，而更多地注重促进人的发展。20 世纪 90 年

---

① 刘玉亭，刘科伟. 论区域发展目标[J]. 经济地理，2002，22(4)：394-398.

代以来，联合国在《人类发展报告》中多次指出，在发展过程中，对人的关心应当占据中心地位；发展的目的是增加人的各种选择的可能性，而不只是增加收入；人的发展过程既包括扩大人的能力，也包括确保充分实现这些能力的可能性等[①]。1992 年成立的联合国世界文化发展委员会也认为，脱离人和文化背景的发展是一种没有灵魂的发展。发展不仅包括得到商品和服务，而且包括过上充实的、满意的、有价值的和值得珍惜的生活。习近平新时代中国特色社会主义思想提出了以人民为中心的发展理念，以人为本的全面、协调、可持续发展是当今区域发展的潮流和终极目标，反映了世界文明进步的方向。正因如此，"和谐社会"建设、"幸福指数"理念越来越受到重视。

三、确定区域发展目标的一般程序

确定区域发展目标的程序，即确定区域发展目标的先后顺序或步骤。一般来说有以下几个步骤。

(一)明确初始目标

确定区域开发目标，首先需要了解各方面对区域发展的最终要求，即区域在未来时期需要达到的目标。通常包括：目标的种类、期望值或达到的程度。具体做法是：一般由总体设计人员通过走访、专家会议、德尔菲法等方式，广泛收集各方意见，全面研究有关背景材料，提出自己对开发区域目标的看法，亦即确定一个目标的初始方案。这个方案虽然较粗略，但它反映了各方面对区域开发目标的看法与要求，是最终确定目标体系的基础，是不可或缺的。

(二)搞好目标预测

该阶段的任务是对初始目标实现的可能性程度予以科学预测，可按以下步骤进行。

(1)确定预测内容与任务，包括预测的期限、范围及其要求。

(2)收集预测资料，包括初始目标确定所依据的基础资料。

(3)选择预测方法。方法的选择应以资料的掌握情况、预测精度要求、预测费用承担能力及预测技术手段的可能性为依据，并坚持定性分析与定量分析相结合的原则。对于同一目标的预测，最好能采用几种不同的预测方法，提出多个不同的预测方案。即使是同一预测方法，也要采取不同的假设条件，提出不同的预测结果，以便择优选择。

(4)评审预测结果。主要是分析误差，修正结果。预测中难免出现误差，但如果误差太大，就会失去预测的意义。对预测结果我们要认真审查，找出误差所在，并计算误差程度，分析误差成因，采取适当措施予以纠正。

(三)进行目标优化

采用各种预测方法确定的各指标数值尚不能作为规划目标。因为该指标值只是各预测对象自然演变状态下的数值，且没有考虑到各指标值间的相互关联与制约。因此，要进行优化研究，以把各指标值作为统一整体，在各种约束条件下，寻求各指标发展的最优值。除采用综合平衡等传统方法外，多采用投入产出优化模型，即在投入产出

---

① 海燕. 联合国人类发展报告(1999)[J]. 国外社会科学，2001(1)：115-116.

平衡的约束条件下，利用线性规划解决各指标的优化发展问题。这里仅说明两点。

(1)约束条件的选择问题。除考虑投入产出平衡这一组基本约束条件之外，还应考虑到区域资源总量、上级规划与市场需求、技术进步要求、生态平衡约束等方面。

(2)目标函数和决策选择问题。目标函数一般选择总产出最大，如各部门产值最大、最终产品产值之和最大、净产值最大等，也可选择总成本最小等。决策变量选择时应突出区域优势部门和主导部门以及为二者服务的部门，也应重视基础产业部门和基础设施部门。在优化目标的基础上，可改变各种约束条件，模拟未来各种环境因素变化对目标的影响，从而得出不同的目标优化方案。在此基础上利用各种目标决策的方法，确定本区域开发目标的实施方案。

(四)建立目标体系

建立目标体系，即要将优化后的目标指标，依据其内在联系，编制成目标实施方案。一般需满足下述要求。

(1)完整性。即目标体系要能反映区域开发所要达到的总体要求。

(2)有机联系性。目标体系不是几个目标的拼凑或机械组合，而是相互联系、彼此制约的统一整体。

(3)综合效益最佳。目标体系不能仅表明区域开发的某个(几)方面的效益最佳，而更应表明在经济、社会、生态等各方面都能取得比较满意的结果。做好此项工作的关键在于协调好目标的需求值与预测值之间的关系，使之保持合理的比例。

另外，需要指出的是，通过以上步骤所确定的目标体系并不意味着区域开发目标研究工作的最终完成。因为，随着区域开发总体规划工作的全面展开，总体规划目标还可能遇到许多新的情况，如通过重点部门的选择、产业结构的组织与调整等，都可能发现原定目标体系的不完善、不理想等问题。此时，必须修正目标体系。修正可从第一步开始，也可从中间某个步骤开始，这要视具体情况而定。

四、区域发展评价指标体系

对区域发展的衡量多通过设立系统的指标体系来进行。从已有文献看，区域发展指标的研究经历了从单一的经济指标向经济、社会、资源和生态等众多指标的转变。

早期的区域发展目标主要以经济增长为主，所依赖的衡量标准也主要是各种经济指标。长期以来以经济增长为目标导向的区域发展所引发的社会问题逐渐增多，新问题的出现也引起了人们对区域发展目标的重新审视和定位，更多研究组织和学者在衡量区域发展水平时加入了社会指标，开启了对区域经济社会发展的综合评价时代。

随着生产力的不断进步和相关社会问题的出现，人类社会的发展目标从效率优先逐步向兼顾公平和效率的方面转变，不仅强调不同阶层和区域的公平，更加强调人类社会与生态的公平。尤其是随着可持续发展理念越来越深入人心，可持续发展指标在以往关注经济与社会发展的基础上，更多地关注生态环境的永续性以及资源利用的长久性和可持续性，并且合理地加入了生态保护与资源消耗等衡量指标。中国学者以和谐发展观和科学发展观为目标导向，设计了区域发展的评价指标体系。如《人民论坛》杂志以经济、社会、文化、政治、生态文明和公众满意度为目标导向设计的中国县域科学发展评价体系①等。

总的来看，随着区域发展目标的不断演进，与之相应的区域发展评价指标体系也越来越全面化、系统化。从转变历程来看，由于对区域发展目标的依赖性，区域发展评价指标的完善存在滞后性。区域发展的各个方面相互影响，是一个复杂的系统，要想客观真实地反映区域发展水平绝非易事，因此要从指标的设置与选取入手，既要兼顾全面又要尽量排除相互影响，既要系统又要简便易行，指标的选取还要根据所研究区域的尺度大小、发展程度等因素的不同进行调整，不可盲目套用。

下面介绍几个经典的区域发展评价指标体系。

(一)PLA(population＋location＋activities)指标体系

该体系划分成六个指标范畴。

1. 人口与社会特征

人口与社会特征指标具体包括人口规模、年龄分布、家庭特征，教育、工作经历、收入和财富，人口收入和支出模式、就业和失业、就业和总人口、劳动力构成，健康、生活条件，福利，少数民族、农村人口、城市人口等。

2. 区位特征

区位特征指标具体包括自然资源、其他自然地理、区位、气候特征，社会资本基本设施、投资率和来源，政府外部和内在倾向性的空间关系，运输和通信的组合与联系等。

3. 经济活动

经济活动指标具体包括企业规模，积聚程度，附加价值，区域总产出、生产率、销售额，农业特征，主要经济活动的详细特征，投资和资本积累，资本-产出比率，工业组合特征等。

4. 人口和区位关系的特征

人口和区位关系的特征指标具体包括人口分布、密度和频度，中心的位置和范围、积聚的规模等级，旅行模式、外出模式、迁移模式，土地所有制模式等。

5. 人口活动关系特征

人口活动关系特征指标具体包括产业的就业状况、分产业的收入和工资、分产业的失业状况、劳动资本比率、分产业的劳动资本比率等。

6. 区域活动关系特征

区域活动关系特征指标具体包括商业和工业区位，区际流、区内流和联系，贸易区，劳动力市场区，以及与其他区域的特殊关系②。

(二)联合国可持续发展委员会的可持续发展指标体系

该指标体系于 1996 年创建，由社会、经济、环境、制度四大系统按驱动力

---

① 人民论坛课题组. 县域发展评价的核心问题——"中国县域科学发展评价体系"一至三稿构建始末[J]. 人民论坛，2009(16)：12-13.

② 黄以柱. 区域开发与规划[M]. 广州：广东教育出版社，1991.

(driving force)、状态(state)、响应(response)模型设计的 142 个指标构成。社会系统主要有 5 个子系统:清除贫困、人口动态和可持续发展能力、教育培训及公众认识、人类健康、人类住区可持续发展;经济系统由 3 个子系统构成:国际经济合作及有关政策、消费和生产模式、财政金融;环境系统反映以下 12 个侧面:淡水资源、海洋资源、陆地资源、防沙治旱、山区状况、农业和农村可持续发展、森林资源、生物多样性、生物技术、大气层保护、固体废物处理、有毒有害物质安排;制度系统体现在科学研究和发展、信息利用以及有关环境、可持续立法、地方代表等方面的民意调查上。

(三)世界银行的可持续发展指标体系

该指标体系公布于 1995 年,被称为新国家财富指标,由四组要素组成。

(1)自然资本,又称自然资源、天然资源,是指各种自然资源的价值含量,包括农业用地、牧场、森林、保护区、金属和矿产、石油、天然气等;

(2)生产资本,又称人造资本、产品资本,是指为人类生产所提供的设备或基础设施,如厂房、公路、管道等;

(3)人力资本,是指一个区域的民众所具备的知识、经验、技能等能力的总和;

(4)社会资本,是指以集体形式出现的家庭和社会人员、组织和机构所产生的价值含量,该指标体系首次将无形资本纳入可持续发展度量要素之内。

五、确定区域发展目标和指标应注意的几个问题

(一)目标的确定既要考虑先进性,又要保证实用性

先进性是指确定目标时,必须充分考虑现代经济、社会发展的要求,体现科学技术进步在未来区域开发中的巨大作用,绝不能在传统经济观念和现有技术水平上就事论事。实用性是确定的目标,必须符合当时当地的发展实际。

(二)评价指标应积极而留有余地

积极是指指标不能过低,过低的指标轻而易举就能达到,不利于调动各方面的积极性,从而影响区域发展。留有余地是指指标不能过高。指标太高,经过努力也达不到,也不利于调动各方面的积极性。区域的未来实际情况和规划往往存在一定的出入,只有在确定目标指标时适当留有余地,才能应对未来变化。

(三)处理好不同阶段目标之间的关系

区域开发考虑的时限较长,其总体目标需要分阶段完成。在确定阶段目标时,要注意不同阶段目标的区别和衔接。

(四)协调不同目标之间的关系

在确定区域开发目标时,应在综合效益最大化的原则下,协调好各种目标之间的关系。要特别注意,本区域的开发,应明确其总体目标是以追求收入均衡为主,还是以效率最高、地区生产总值最大为主;是以发展经济为主,还是以保护环境为主。区域发展的综合性决定了区域发展目标的多样性,其中主要的目标一般包括经济增长、公平分配、基本需求的满足、生态环境的改善等。这些目标既相互促进,又存在差异,差异产生相互矛盾,这种相互矛盾即为目标冲突。区域发展中,各种发展目标的实现都需要一定的投入作保障。在发展的一定阶段内,区域开发总投入量是既定的,或者

说是有限的，各目标的实现有赖于分配到的投入量的多少，分配的过程就是一个矛盾的过程，这种矛盾是目标冲突产生的根本原因。

(五)要防止区域开发目标产生消极作用

尽管规划者主观上都希望目标能起到积极作用，但若考虑不周，目标对区域发展也可能起消极作用。例如，前几年，在执行全国经济社会发展规划时，某些区域的领导片面追求 GDP，盲目扩大加工业和房地产规模，忽视了资源、环境、能源、交通运输业的发展，结果导致国民经济后劲不足，此举应引以为戒。

第四节　区域发展重点的选择

一、选择区域发展重点的必要性

区域发展重点实质上是为了实现区域发展目标所寻找的突破口，主要包括重点发展部门(行业)和重点发展地域。

区域发展重点的选择对区域发展来说有着重大的理论和现实意义。首先，选择发展重点是区域发展规划的核心之一，对于推进区域高质量发展具有重要意义。这是因为，区域发展无论是在部门还是在地区都表现为一个非均衡的过程，各部门和各地区在不同发展阶段均有不同的地位和作用。其次，区域发展还是一项庞大的系统工程，只有抓住重点，即抓住影响系统运行的关键部门、关键地区，才能有效地推进整个区域的发展，取得事半功倍的效果。另外，地区资源，包括自然资源、财力、物力、人力和技术等，具有特定的组合结构和一定量的限制，客观上也要求把有限的资源集中到效益较好的部门和地区，靠重点部门、重点地区的发展带动全区域的振兴与发展。

二、区域重点发展部门的选择

(一)区域重点发展部门选择的一般考虑

在一定时期内，区域开发应该选择哪些重点部门和怎样选择，没有固定的模式，只能根据当时当地的具体情况来具体分析。但从前述产业开发模式可以看出，区域发展过程中的重点，一般包括战略产业(先导产业、主导产业和支柱产业)和瓶颈产业。

先导产业是区域发展的重点，尤其是政府投资的重点。因为它是区域未来的希望。若不把它作为重点，区域未来将没有主导产业、支柱产业，区域的可持续发展就难以为继。

主导产业是区域发展的重点。因为它发展速度快，对区域经济增长的贡献大；技术水平高，代表了区域未来的发展方向；辐射带动作用强，是区域经济增长的火车头。主导产业的技术日趋成熟，产品市场占有率正在扩大，因此完全可以依靠社会的力量来发展。也就是说，主导产业是社会投资的重点而不一定是政府扶持的重点。政府可以给予一定的优惠政策，让它(们)有很好的发展环境；引导社会投资，使其能够及时地获得足够的投入；鼓励、扶持、协调基础产业、相关产业的发展，以保证主导产业所蕴含的巨大增长带动潜力得到充分发挥。

支柱产业是区域发展的重点。因为它规模大，容纳的就业人数多，支撑着区域经济的繁荣。但是，支柱产业也不一定是政府扶持的重点，因为它的规模已经足够大了，再扶持也没有多少扩张的余地(否则它就不是支柱产业而是主导产业了)，因为它已经进入自我积累、自我发展的状态，外界也不大有可能进入和投资。政府可以为其创造宽松的环境，让支柱产业本身实现自我积累、自我发展；提供必要的技术帮助，使其能够及时进行技术改造和产业升级，延长支柱产业寿命，维持区域经济的繁荣。

瓶颈产业又称短线产业，以瓶颈产业为重点，旨在体现和实现产业之间的平衡和协调发展，通过拉长短线，克服瓶颈，可以充分发挥长线产业的闲置能力。

区域产业结构的战略安排既要有重点，又要倾斜适度，利用区域发展规律，适时调节，协调发展。

(二)先导产业、主导产业和支柱产业的识别

1. 不同产业的初步判断

先导产业、主导产业、支柱产业等是产业所处的不同状态。先导产业强调的是潜在的、未来的作用，是指较长时期内经济发展不至于出现方向性偏离而起带头作用的产业；支柱产业强调现状规模，现状已经很大、增长速度比 GDP 慢的产业是支柱产业；而主导产业强调的是对经济增长的作用，增长作用甚微的产业不可能成为主导产业。

以上级区域或全国为背景，以本区域 GDP 增长速度 V_0、全区平均劳动生产率 P_0 为比较对象，考察先导产业、主导产业、支柱产业和夕阳产业的特征(见表 5-3)。

表 5-3 不同产业的简单识别

产业类型	区位商	占本区域 GDP 的比重	生产率	增长速度	加速度	技术水平
先导产业	—	$<100/N$	$<P_0$	$>V_0$	>0	很高
主导产业	一般应>1	$<100/N→>100/N$	$<P_0→>P_0$	$>V_0$	$>0→0→<0$	高
支柱产业	>1	$>100/N$	$>P_0$	$V_0→<V_0$	$≤0$	一般/成熟
夕阳产业	$>1→1→<1$	$>100/N→<100/N$	$>P_0→<P_0$	$<V_0→<0$	<0	不高/落后

注："—"是不确定；"N"是产业部门数。

应该注意的是，表 5-3 中的增长速度、生产率等，不能简单地以一年数据为准，因为短时间的变化可能是由偶然因素引起的。考虑到产业生命周期长度——技术形成大约需要 10 年，产业胚胎形成(先导产业)大约需要 10 年，产业的成长(主导产业)还需要 10 年——最好以 3~5 年的平均状况为准。

2. 先导产业和主导产业的科学识别

支柱产业和夕阳产业很好识别——支柱产业规模很大，增长速度稳定；夕阳产业规模在萎缩、增长速度减慢，甚至出现负增长。但对于先导产业或主导产业来说，只靠上述简单指标难以准确识别。

首先，先导产业与新兴产业难以区分，是因为一种新兴产业能否在本地区得到持久发展，并最终成为主导当地经济的关键部门，不是一个简单的规模、速度、效益问题，除了必要的政策和资金扶持外，还要看是否与当地的资源、环境和产业结构融合。因此对先导产业的识别，要坚持定性与定量相结合，要进行专门的调查研究和科学的预测。

其次，先导产业与主导产业之间区别是相对的，由先导产业转变成主导产业有时也是不稳定的，单纯用上述指标无法确认。

3. 主导产业的科学识别

由主导产业转变成支柱产业，也不能用简单的数量指标准确把握。考虑到主导产业对地区经济发展的特殊作用，识别和确定主导产业应力争准确、全面、合理。

结合主导产业的主要特征，识别主导产业可以从如下五个方面进行：

(1)规模较大，可以用该产业的区位商来描述；

(2)发展速度较快，可以用该产业的发展速度与整个地区的 GDP 发展速度进行比较；

(3)技术水平较高，可以从全员劳动生产率、科技进步贡献率等方面考察；

(4)经济效益较好，可以从资产利税率、资金利税率等方面考察；

(5)产业关联、带动作用较大，可以借助于投入产出表计算波及效果(前向联系、后向联系等)。

考虑到单项指标的局限性，最好采用综合评价的方法，如层次分析法、主成分分析法等进行综合判定。如表 5-4 所示。

表 5-4 主导产业选择方法一览表

分类		特征	代表模型	简单描述
单基准法		根据单个选择基准研究主导产业，思路简单，操作方便	区位商法	分析现有产业形成的区域比较优势
			投入产出法	以物质流的形式分析各部门之间投入产出的依存关系
			SSM 偏离-份额分析法	动态综合反映区域产业的现状基础和发展趋势
			DEA(数据包络分析法)	根据产业的输入输出数据评价产业运行效率，科学客观，操作性强
			钻石理论基准法	同时考虑区域的比较优势和竞争优势
多基准法	多元统计法、权重赋予法、"贫"信息分析法	基于多个评价指标，全面又有侧重地反映主导产业特征	主成分分析法	集中了原变量大部分信息，通过综合得分客观科学地评价分析对象
			因子分析法	对原变量重组，旋转后的公因子解释性更强
			聚类分析法	根据变量域间相似性逐步归群成类
			层次分析法	建立层次模型、构造判断矩阵，确定指标值大的为区域主导产业
			加权求总法	充分体现了主导产业的多属性、多功能、多层次等复杂特点
			模糊分析法	依靠多层次多角度处理复杂事物

续表

分类	特征	代表模型	简单描述
多基准法	多元统计法、权重赋予法、"贫"信息分析法	基于多个评价指标,全面又有侧重地反映主导产业特征	灰色关联分析法	使指标间的"灰"关系清晰化,找出主要影响因素
			BP神经网络法	有自适应能力,能客观处理复杂指标间的非线性关系

资料来源:秦耀辰,张丽君. 区域主导产业选择方法研究进展[J]. 地理科学进展,2009,28(1):132-138.

此外,政府、企业、社会、个人等区域发展利益主体在重点部门建设中的利益、出发点和目的等也是影响区域发展重点部门的依据①。

(三)瓶颈产业的识别

瓶颈产业是指在产业结构体系中未得到应有发展而已严重制约其他产业和国民经济发展的产业。瓶颈产业的存在,会使产业结构体系的综合产出能力受到较大的制约。如果基础产业未得到先行的、充分的发展,那么它就可能成为瓶颈产业。因此,要优化产业结构、提高产业的综合产出能力,就应该克服产业的瓶颈限制,优先发展瓶颈产业。

瓶颈产业大多是基础产业或原材料工业。瓶颈产业的识别可以借助于投入产出表来进行:

第一步,利用投入产出表,计算各产业的中间投入率和中间需求率。中间投入率表示各产业在各自的生产活动中,为生产单位产值的产出而需从其他产业购进的中间产品所占的比重,中间投入率越小,说明该产业在生产过程中无须从其他产业购入中间投入,属于"上游产业",具有基础产业特点;中间需求率,是指各产业的产出中有多少是作为中间产品为其他产业所需求。两者的计算公式为:

中间投入率=某产业的中间投入/总投入

中间需求率=某产业的中间需求/总需求

根据计算结果,可将全部产业分为四类:

第1类为中间投入型基础产业,其中间需求率大而中间投入率小;

第2类为中间投入型产业,中间需求率与中间投入率都大;

第3类为最终需求型产业,中间需求率小而中间投入率大;

第4类为最终需求型基础产业,其中间需求率和中间投入率都小。

第二步,找出存在供需差的基础产业。计算公式为:

$$R_i=(S_i-D_i)/S_i$$

式中,R_i为第i产业供需差率,D_i为第i产业的需求量,S_i为第i产业的供给量。

第三步,根据感应度系数大小,找出供需不平衡且对其他产业影响较大的产业。感应度系数是反映国民经济各部门均增加1个单位最终使用时,需要该部门为其他部门的生产提供的产出量。

① 李小建. 经济地理学(第三版)[M]. 北京:高等教育出版社,2018.

感应度系数大的部门对经济发展所起的制约作用相对也较大，尤其在经济增长较快的时期，这些部门将首先受到社会需求压力，进而制约社会经济的发展。

第四步，考察有供需缺口且感应度系数大的产业能否通过地区交流入口（或进口）而达到平衡。可以通过地区间流入达到平衡的产业不能称之为瓶颈产业[①]。

（四）努力处理好相关部门之间的关系

1. 工业和农业

一般规律是，区域发展初期，以农业开发为主；当农业发展到一定阶段，应工农并重；区域发展稳步上升后，则以工业为主。中华人民共和国成立后，我国提出了以农业为基础、以工业为主导的发展方针。2008年，党的十七届三中全会明确了坚持工业反哺农业、城市支持农村的方针，以及以工业为主导，同时充分注意发展农业和轻工业的指导思想。进入新时代，习近平总书记强调，"要坚持农业农村优先发展，坚持城乡融合发展""以加快农业农村现代化更好推进中国式现代化建设"。

2. 轻工业与重工业

轻工业投资少，见效快，市场竞争激烈，能吸纳较多的劳动力；重工业可以为农业和轻工业提供机械设备及其他必需用品，在一定程度上代表了一个国家或地区的经济发展水平和实力。一个地区的发展，既可以从轻工业起步（如我国、东亚大部分国家和地区），也可以从重工业起步（如美国东北部、德国鲁尔区等），但大多表现出发展重点的阶段性转移。

3. 生产部门与教育科技部门

生产发展是区域开发的主体，是理所当然的区域发展重点。但生产发展，主要靠科技进步。正因为如此，我国早在制定"九五"计划及2010年发展规划时，就提出了科教兴国战略。这就是说，对我国而言，教育科技是重点部门。但对于其他区域，特别是较小的区域而言，不一定如此。如河北省阳原县，是全国著名的教育先进县，普通教育、专业教育都抓得很好，但经济发展水平并不乐观。

4. 直接生产部门和基础设施部门

一般规律是：区域开发初期，可以直接以生产部门为重点；待区域发展到一定阶段（基础设施成为区域发展的瓶颈），根据经济和社会发展需要，以基础部门为重点；经过一段时间后，再以生产部门为重点，依次推进区域发展。我国目前就是以基础部门作为建设重点，主要包括交通、能源、通信等。在市场经济中，政府的工作重点一般也遵循这样的规律。

（五）重点发展部门选择的进一步讨论

在重点发展部门选择上，落后地区建立了生态农业经济，而发达地区则建立了一批支柱产业、一批大型企业集团、一批名牌产品。从工业社会产业构成情况分析，以农、林、牧、渔业为主体的第一产业是补贴产业，发达地区工业发展了就有足够的力量来补贴农业、改造农业，使第一产业变为具备第二产业性质的新农业，并能带动

---

① 张爱龙. 江苏省经济发展中的瓶颈产业[J]. 华东经济管理，2001，15(2)：7-8.

具有第三产业性质的农、工、商一体化产业。其思路是：第一，政府要找准在重点产业选择中的位置，发挥在选择重点部门中政府"看得见的手"的作用，不可被动补充；第二，加强和改善以市场为基础的宏观调控，使市场作用和政府调控有机地结合起来；第三，加快投资体制改革，从增量上防止无效投资和低效投资的再度发生，加大结构的调整力度，解决存量不足、存量分散的问题，防止新的增量在另一个层次上复制旧的存量结构，减少稀缺资源浪费。

重点发展部门选择的对策是：

第一，综合分析产业演进现状，制定适合供求变化的重点产业政策。制定重点产业政策时政府应考虑五个因素：(1)是否符合需求结构变化；(2)是否符合产业高级化趋势；(3)是否符合国际产业结构演变的一般规律；(4)是否有利于发挥区域经济优势；(5)是否符合产业发展阶段。同时，制定产业政策应突出区域强项和优势，为重点产业选择创造良好环境。所谓产业政策是指根据经济发展的客观规律，由政府制定的干预产业部门内部资源配置过程的经济政策的总和。在产业内部和不同产业之间往往存在比例失衡和资源配置不合理的情况，需要用统一的适合供求关系变化的产业政策和产业组织政策来协调与发展，促进资源配置合理化。上述因素与适合供求关系的产业政策相结合，能够推动重点产业按经济发展规律迅速转移，从而推动经济增长。

第二，综合分析产业关联程度，确定重点部门选择战略。产业关联分析是重点部门选择的客观依据，产业关联是通过各产业间的投入与产出的相互依赖而表现出来的。一般来说，中间投入型基础产业前向连锁效应指数大，中间投入率高，附加值低，反之则具有相反的结果。如果考虑各产业间的间接关系，比如扩大金属制品生产会刺激冶金工业，扩大食品加工业会刺激农业生产等，依此类推，可以把重点部门的影响刻画出来。根据产业前、后向连锁效应指数，鉴别它的高级化程度并分析产品的附加值高低，从而制定重点产业选择战略。

第三，综合分析区际间贸易，选择重点部门。区际间贸易决定于区际间的产业基础，它实际上是产业关联的表现形式，产品区位商大于1时表明在区域内产品供大于求；产品区位商小于1时表明区域内该产品还需进口以满足需求。结合产业关联前、后向的连锁效应指数所表明的附加值高低，选择重点部门可以取得尽可能大的比较利益。同时，选择重点部门也应注意基础产业与制造产业、加工产业的结合效应，防止基础产业与制造业、加工产业、高技术产业的断裂，较大的连锁效应通过区际间贸易留予自身以增加积累。

第四，综合运用象限结构分析模型，明确重点部门基本方向。重点产业结构变化既是内部结构调节的问题，又是和其他因素相互作用的结果，象限结构分析简化了相关的分析程序，揭示了重点产业选择速度与效益的关系。从象限分析中可以看出，重点产业首先应选择Ⅰ象限的兴旺产业，其次选择Ⅱ象限发展中的产业，最后选择保持巩固Ⅳ象限的成熟产业，促进Ⅲ象限衰退产业的有序收缩、有效转移。如果说，落后地区工业化战略选择是象限产业，那么它应具备能够带动其他产业部门增长，对国民经济起主要的支柱或骨干作用的产业。对发展中的产业和成熟产业，在作出战略选择时应以效益标准为原则，适当考虑总量平衡，从而实现"1+1＞2"的效益。

第五，综合分析重点部门与其他经济结构的关联，正确选择重点部门。选择重点部门必须系统考察重点部门结构与就业结构、职业结构、投资结构、进口结构、空间结构等各种经济结构变动的相关性。只有从宏观角度俯视各种选择的平衡及其变动，才能正确选择重点部门[①]。

三、重点发展地域的选择

（一）重点发展地域在区域经济发展中的重要意义

重点发展地域是指特定时期国家为总体发展战略的需要，给予事关全局的地区相应的政策倾斜，以利于资金、资源、人才等各种生产要素迅速集中投入的地区。这些地区的发展可以带动更大范围内区域的发展。重点地域包括两种类型：一是当前或未来在全国经济布局中占主导地位和起带头作用的经济区，这些区域是国家综合实力的后劲地区和"阳光地带"；二是特别困难的贫困落后地区。前者作为发展重点是为了提高效率和竞争力，后者作为发展重点是为了体现公平和协调。这里重点讨论前者。

从提高效率及竞争力的角度看，区域发展中的重点地域是指区域内部自然条件好，有一定经济社会发展实力与产业基础，投入产出效益相对较高，并对整个区域经济社会发展有巨大带动和促进作用的一个或少数几个地区。重点地域的确定历来都是世界各国各地区决策者必须作出决策，而且必须慎重作出决策的经济活动内容。在长期的发展实践中，世界各国对重点地域的选择都经历了一个从选择到选准，从选准到优先发展，从优先发展到巩固，再到开辟新的重点地域的动态变化过程。优选出的重点地域大都对本国本地区经济发展起到了积极的建设性作用，较成功地充当了国家或地区经济发展的强劲增长极，并带动了区域产业结构的升级换代，同时也积累了重点地域选择的经验和教训。中国重点地域的选择与发展应以全球性重点地域为坐标进行定位，既要考虑具体国情，又要考虑国际背景，确定的重点地域既要求能带动中国经济的全面发展，又要求能与世界产业结构调整及全球经济发展一体化趋势相吻合；既要成为亚太地区经济重心的战略重心区域，又要成为 21 世纪全球性战略重点区域的重要组成部分[②]。

（二）重点发展地域选择的基本原则

重点发展地域选择的一般依据可参考第四章第二节中介绍的区域开发空间模式（增长极开发模式、点轴开发模式、网络开发模式等）。重点地域选择应遵循如下六个原则。

1. 有利于增强综合实力，提高竞争力

重点地域的选择，必须坚持有利于增强区域综合实力和提高竞争力的原则，既要符合区情，又要能够与科技飞速变化的国际经济发展大趋势相吻合，选择一些发展基础和现有条件较好、具备一定实力、投入产出率高、经济科技实力能够尽快与国外发达地区水平相匹敌的地区作为战略重点地域，集中国家有限的资金和生产要素及早、更快发展起来，使之成为 21 世纪亚太地区乃至世界经济中心区的重要组成部分。

---

① 张毅. 重点产业的转移与选择及对策[J]. 求实，2001(12)：18-19.

② 方创琳. 经济发展战略重点区域的发展模式与基本思路[J]. 北京大学学报（哲学社会科学版），1999，39(3)：37-43.

2. 有利于适应市场经济发展要求，发挥地区比较优势，建立各具特色的区域经济

按照因地制宜、发挥优势、分工合作的原则，发展各具特色的地区经济，避免不合理的结构趋同，以取得最好的比较效益，是区域经济协调发展的重要内容。重点地域的选择，必须满足有助于尽快建立充分体现地区比较优势、合理分工、协调发展的区域经济新格局的要求。要以国家的产业政策和区域政策为指导，按照经济联系和市场经济发展的要求，突破行政区划界限，依靠市场机制吸引区内外生产要素的流入，引导企业积极参与，通过确立战略重点区域来促进全国区域经济协调发展。

3. 有利于促进宏观经济总体布局合理化和最优化，提高资源的空间配置效率

合理布局生产力，推进宏观经济总体布局的优化是保证经济发展战略目标顺利实现的重要条件。重点地域的选择，应该充分考虑国家生产力总体布局要求和未来取向，即要在我国已形成的沿海、沿江、沿边和沿新亚欧大陆桥等经济总体布局主轴线上，选择若干能够促进宏观经济总体布局优化的区域，加快其发展。

4. 有利于带动大区域乃至全国的经济发展，促进区域经济协调发展

由于各地区经济发展条件与开发潜力差异较大，在建设资金有限的条件下，为了获得良好的资源空间配置效益，将经济发展条件较优越的地区作为重点地域优先开发，能够带动其周围地区的发展，进而促进整个区域的发展。

5. 有利于加快经济欠发达地区的发展，实现共同富裕

在优先考虑缩小我国同世界发达国家差距的前提下，必须努力缩小国内地区间的发展差距。即要在首先保证发展快的发达地区实现再发展的同时，进一步加快后进的欠发达地区的发展；在保证发达地区继续提高经济发展水平的同时，促进落后地区的经济繁荣。因而，战略重点区域的选择，必须注重加快经济欠发达地区的发展，缩小地区发展差距，实现共同富裕。

6. 有利于全面小康和可持续发展战略目标的实现

知识经济和优美的生态环境已成为现代文明和先进的代名词，一个国家(或地区)的科技水平和生态环境质量已成为衡量该国家(或地区)经济社会进步的重要标志。我国是发展中的大国，人口基数大、人均资源少、科技比较落后，既面临着发展社会生产力、增强综合国力和提高人民生活水平的任务，又面临着知识经济带来的科技创新、产业结构重大调整的压力，以及资源、环境在经济快速发展、人口增长中承受的压力等。因此，战略重点地区的选择，必须坚持有利于尽快提高科技水平和实现经济社会可持续发展的原则，促进全面建成社会主义现代化强国目标的顺利实现。

(三)重点发展地域应具备的基本条件

1. 区位优势突出，交通便利，经济腹地广阔

拥有明显的对外开放和发展的区位优势、交通运输便利、经济腹地广阔，是一个地区得以迅速发展并很快成长为具有全国意义或者大区域意义重点地域的基本条件。在市场经济条件下，重点地域应该是能够让生产要素配置成本最低、区位决策能够获得最大经济效益、交通网络发达、可以广泛开展经济活动和经济贸易联系的地区。

2. 经济实力雄厚，科技力量强大

经济实力雄厚反映了该地区已形成一定的产业基础，城市化水平高，城镇密集，在未来的发展中可以在此基础上加强薄弱环节的建设，以较少的投入、较短的时间，取得较好的社会经济效益。综合科技实力强的地区，人才优势明显，劳动力素质高，能够提供经济发展所需的各类高级人才和专业技术人才，可以为发展高新技术产业创造良好条件。同时，这些地区也大多具有较强的开发设计能力、综合配套能力、生产经营管理能力、适应市场需求的应变能力，能够较快地调整提高产业结构，创造高精新优产品，扩大市场占有份额。

3. 自然资源条件好，发展潜力巨大

丰富多样的自然资源是传统产业也是新兴产业发展的重要因素，是地区经济发展的优势之一。如中西部地区能够利用丰富的农业资源、能矿资源、旅游资源，建设不同种类的农牧业基地，具有地区特色的轻纺工业基地，能源、原材料重化工业基地，以及旅游景区等。

4. 开放度高，投资环境优越

我国东部沿海对外开放地区在体制创新、产业升级、扩大开放等方面已走在全国前列，对区域和全国经济发展的带动作用将进一步加强，参与国际经济合作与竞争的实力明显增强，上海、北京、广州等中心城市将逐步向国际化大都市迈进。中西部地区可以充分利用长江黄金水道的有利条件，进一步推进大长江流域的发展开放，还可以利用亚欧大陆桥和京九铁路的开通运营，加大沿线地区开发开放的力度；东北地区和西南地区可以分别抓住东北亚和澜沧江-湄公河次区域合作的机遇，进一步融入国际市场。[1]

（四）重点地域发展的国际模式

纵览世界各国重点地域的发展历程，由于其经济发展主客观条件、经济发展基础与优势以及进一步发展所面对的机遇与挑战的不同，其重点地域赖以存在和发展的条件及发展特点亦不同。但无论何种国家、何种类型的重点地域，其存在和发展的主导条件都不外乎资源优势、区位优势、市场优势或由资源、区位、市场三者相互排列组合而成的复合优势。因此，可根据上述四大主导条件，将战略重点地域的发展模式归结为资源导向型、市场导向型、都市区位导向型和复合导向型四种国际发展模式。

1. 资源导向型重点地域发展模式

资源导向型重点地域发展模式的基本特点是：

（1）以区域丰富的自然资源作为重点地域发展的主导条件。资源种类、储量及空间组合状况直接决定着战略重点区域内部战略产业的选择、产业结构与空间结构的形成，以及其在全国乃至国际劳动地域分工中的地位。

（2）它是各类战略重点区域的最初存在形式，但非最终存在形式。随着区域内部自然资源开发利用程度的加大，可供开发利用的自然资源逐渐枯竭，环境污染日趋严重，逐步被其他类型的战略重点区域置换，受国家经济发展总体格局、置换技术水平及区

① 杨洁. 跨世纪我国经济发展战略重点区域的选择[J]. 中国软科学，2000(1)：14-18.

域发展政策影响，无法置换的战略重点区域，最终将被淘汰或异地置换。

属于这种发展模式的典型国家和地区有德国的鲁尔区、印度的乔塔那格浦尔区、西亚各石油输出国等。

2. 市场导向型重点地域发展模式

市场导向型重点地域发展模式的基本特点是：

(1)市场是决定重点地域发展的决定性因素。市场在重点地域发展中发挥着境外资源优化配置的基础性作用，重点地域内部的主导产业选择、资源需求状况、产业结构优化升级等均由市场来调控。

(2)这类重点地域发展本身缺乏资源和市场，资源靠进口，产品靠出口，但拥有较好的区位条件，经济发展模式基本上属于"两头在外"的加工贸易型。

(3)竞争机制是发展的主要推动力，由于这类重点地域所需的资源与产品的生产均靠国际国内市场调节，客观上存在着各种市场竞争，包括争资源、争产品、争技术、争市场份额、争科技人才等，通过竞争，区域不断革新技术设备，提高产品的科技含量、滚动增值能力以及在国际市场上的竞争力。

(4)由于引进了竞争机制，这类重点地域不断发展多样化的技术密集型和知识密集型产业，因而一般都会保持持久的发展活力和潜力，不会由于市场波动而被新的战略重点区域所替换。

属于这种发展模式的代表国家有日本、韩国等。

3. 都市区位导向型重点地域发展模式

都市区位导向型重点地域发展模式的基本特点是：

(1)以大都市为依托的优越区位和优越的自然条件是重点地域发展的主导因素。以首都为例，其优越性主要体现在首都是国家政治、文化、科技创新、教育、交通、贸易、信息和金融中心，这类区位多在此基础上发展成为国家的经济中心。首都经济的发展主要是为首都自身发展服务，并尽可能地带动首都周围地区的发展。

(2)都市区位导向型战略重点区域产业结构多数以技术密集型、知识密集型和资本密集型产业为主，但在建设初期或直接建设于资源富集地带的都市，其产业结构以资源密集型重化工业为主。

(3)都市区位导向型战略重点区域的发展，首先要考虑政治因素和国际关系因素，因而资源配置和产业结构优化升级过程是一个以政府干预为主，兼顾市场调节的双向调控过程。

属于这种发展模式的国家和地区有很多，如日本的东京都市圈、俄罗斯以莫斯科为中心的中央区、法国以巴黎为中心的大巴黎地区、英国以伦敦为中心的东南英格兰地区、巴西以原首都里约热内卢为中心的三角地区、智利以圣地亚哥为中心的中部地区、澳大利亚以堪培拉为中心的东南沿海地区、南斯拉夫以贝尔格莱德为中心的东北区等。我国目前的京津冀、长江经济带和粤港澳大湾区，也属于这种模式。

4. 复合导向型重点地域发展模式

复合导向型重点地域发展模式的基本特点是：

(1)重点地域形成与发展的主导条件不是单一的，而是优越的区位、丰富的自然资源、广阔的市场等多种条件的复合体，是所有类型的战略区域中形成与发展条件最好的类型。

（2）这类重点地域存在时间长，发展潜力大，不会因资源枯竭而被异地置换，更不会因市场波动而大起大落，有着持久发展和自我巩固与强化的能力。这是国家综合发展着力追求的一种模式，也是迄今为止世界上为数很少的几个国家采用的模式，其中以美国东北部地区为典型代表。

（五）重点地域发展的基本思路

从重点地域发展的国际模式中可以看出，大多数国家在经济发展中受资源、人力、财力等生产因素的限制，基本上均采取了非均衡发展战略，因而都经历了战略重点区域选择与发展的动态演变过程。重点地域发展的基本思路如下。

1. 把区域主导优势视为重点地域形成与发展的客观支撑系统

区域主导优势是指特定区域客观存在的有利于产业发展与布局的先决有利因素。根据英国古典经济学家亚当·斯密的地域分工学说（绝对优势理论）和大卫·李嘉图的国际分工理论（相对优势理论）的基本观点，每一个国家或地区都具有生产某种产品、优先发展某一区域的绝对有利或相对有利条件，如果每一个国家或地区都能根据自身的主导优势优先发展特定产业或特定区域，就可降低产品生产成本和区域发展成本，使区域资源与资本得到优化配置和高效利用。重点地域作为国际或国内劳动地域分工的空间组织形式，其赖以形成与发展的客观基础就是区域主导优势。只有始终依托区域主导优势，才能保持旺盛的生命力，更好地发挥其对周围地区和国家经济均衡发展的巨大带动作用。

德国的鲁尔区、印度的乔塔那格浦尔区、沙特阿拉伯的加瓦尔采油区和伊拉克的鲁迈拉采油区等均是立足于丰富的资源主导优势形成并发展起来的战略重点区域；日本的太平洋沿岸工业带和韩国的京釜地区等是以市场为主导优势形成和发展起来的战略重点区域；法国大巴黎地区、英国东南英格兰地区、澳大利亚东南沿海地区和俄罗斯的中央区等都是以优越的都市区位为主导优势发展起来的战略重点区域；而美国东北部地区则是将资源、市场、都市区位等同时作为主导优势发展起来的重点地域。

重点地域发展的这一经验告诉我们：在中国重点地域的选择与培育过程中，必须始终坚持把区域主导优势作为重点地域形成与发展的客观支撑系统和决定因素，依区域主导优势的构成状况决定重点地域的结构类型与功能特点；依区域主导优势的强弱决定重点地域的发展规模与发展水平、生产要素的集聚程度和对全国经济发展的带动能力；依区域主导优势的优势度，确定重点地域的级别层次，区分出国家一级、二级、三级战略重点区域；依据区域主导优势的变化状况及时调整优化产业结构，培育新的主导产业部门，并对区域发展进行准确定位，把最大限度地发挥区域综合优势、促进区域经济协调发展和均衡发展作为重点地域发展的最终目标。

2. 重点产业与重点城市共同托起重点地域

重点地域是国家在特定历史阶段的创新基地，也是生产要素倾斜投放基地和经济发展的强劲增长极。欲使战略重点区域拥有的潜在主导优势（资源、市场、区位等）迅速转化为经济发展的现实主导优势，一靠发展具有增长活力的重点产业，把区域内部的创新产业部门作为重点地域发展的产业增长极;二靠发展具有强大辐射力和带动力的重点城市,把重点城市作为重点地域发展的空间增长极。从重点地域发展的国际模式中可知,大多数国家正是通过大力发展产业增长极和空间增长极,才使重点地域成功充当了国家经济发展的强劲增长极。

中国重点地域的确定应借鉴这一成功经验。

(1)确定重点地域必须先确定重点产业。重点产业是指在全国经济发展中弹性系数大、关联效应强、技术水平高、规模经济效益高、出口外向度大、对全国或地区经济发展起主导作用和带头作用的产业部门,它们是重点地域形成与发展的关键。如美国东北部战略重点区把钢铁、汽车、机械制造、仪表机床以及电子工业作为重点产业,日本太平洋沿岸工业地带把钢铁、化学、微电子工业作为重点产业,俄罗斯中央经济区把钢铁、机械、化工、纺织等作为重点产业,法国大巴黎地区把小汽车、化学、电子电器、航空航天工业作为重点产业等。由此可见,重点产业的优先发展与兴衰决定着重点地域的发展与兴衰。中国在确定重点地域时,必须首先确定重点产业。

(2)重点地域必须以中心城市或城市群为支撑。从国际上重点地域发展的经验来看,几乎所有的重点地域都不是白手起家迅速形成的,而是以一个或几个中心城市为依托和辐射极,凭借城市经济的发展而发展起来的。其带动程序可描述为主导产业带动城市,城市带动重点地域,重点地域带动大区和国家的发展历程。例如,美国东北部大西洋沿岸地区重点地域主要依托波士顿、巴尔的摩、费城、纽约、华盛顿等特大城市的带动而发展;澳大利亚东南沿海重点地域主要依托堪培拉、悉尼、墨尔本等大城市的带动而发展;巴西的重点地域主要依托圣保罗、里约热内卢和贝洛奥里藏特三大城市的带动而发展;等等。中国的重点地域也必须依托城市或城市群的带动去发展,如依托以广州为中心的广深城市群带动珠江三角洲重点地域的发展,依托以上海为中心的沪宁杭城市群带动长江三角洲重点地域的发展,依托以北京、天津为中心的城市群带动京津冀重点地域的发展等。

3. 要处理好重点地域的集聚与扩散关系

重点地域的集聚与扩散过程是指经济和人口在其空间分布动态变化中所呈现出的一种相互作用、相互制约的对立统一过程,表现为产业集聚与扩散、人口集聚与扩散、城市集聚与扩散以及其他生产要素的集聚与扩散等多方面。由于上述要素的集散过程可在一定条件下相互转化和相互包含,因而有着相对一致性。从全球战略重点区域集聚与扩散过程的分析中可以看出,重点地域的集聚方向主要有以下四个。

(1)重点地域向首都及其周围地区集聚。如法国大巴黎地区、澳大利亚堪培拉及其周围地区、美国华盛顿及其周围地区、英国大伦敦地区等。而后向首都外围地区扩散。

(2)重点地域向区位条件优越的沿海地区集聚。例如,日本重点地域集聚在太平洋沿岸地区,澳大利亚重点地域集聚在东南沿海地区,美国、巴西重点地域集聚在大西洋沿岸地区等,而后向内陆地区扩展。

(3)重点地域向资源富集和交通条件便利的地区集聚。如德国的鲁尔区、伊拉克的鲁迈拉采油区等。随着资源开采逐渐衰竭又向新的资源富集区扩散。

(4)重点地域的空间集聚形态表现为点状重点地域(简称"点域",如法国大巴黎地区、德国鲁尔区等)、轴带状重点地域(简称"轴域",如日本太平洋沿岸工业带、美国大西洋沿岸工业带等)和板块状重点地域(简称"面域",如巴西的"三角区",意大利以米兰、都灵、热那亚为中心的三角区等)等多种不同的空间尺度单元。

中国重点地域的选择应该以此为鉴,向首都北京及其周围地区、区位优越的沿海地区和资源富集及交通便利的地区集聚,据此把首都经济圈、长江三角洲经济区和珠江三角洲经济区确定为国家一级重点地域。重点地域的空间表现形态既可以是点域、轴域,也可以是面域。

4. 重点地域应依据国家经济重心转移适时调整

从世界各国区域综合开发的历程来看,对重点地域集中投资,促使其率先突破只是国家整体发展战略实施的一种手段,而不是目标。随着国家经济的进一步发展、综合国力的壮大,以崛起的战略重点区域为依托,推动生产力布局向落后边远贫困地区推进,又会形成新的战略重点区域,这就是重点地域梯度转移的动态规律。可以看出,重点地域的梯度转移过程是与国家经济重心的空间推进过程完全一致的。如美国在区域开发和生产力布局上基本完成了由东北地区向南部和西部地区的转移,与之相对应,在原来东北重点地域的基础上,又在西部发展起来了一个新的重点地域——加利福尼亚重点地域。即使是国土狭小的日本,在区域开发中也特别注重由太平洋沿岸工业地带向比较后进的日本海沿岸和北海道地区梯度推移,力图形成新的重点地域。韩国、巴西、俄罗斯、德国、法国、西班牙、意大利、南斯拉夫等世界上许多国家的重点地域都是紧随国家经济重心转移而相应进行更新、改造或异地置换的。

5. 把信息网络和科技创新导向型重点地域当作目前和今后的主导发展模式

伴随着国际产业由资源密集型和劳动密集型产业向资本密集型产业的转移、由资本密集型产业向技术与知识密集型产业的转移,世界经济发展模式将会进入有别于以往传统农业经济、工业经济的知识经济时代。在世界经济一体化背景下,国际产业转移的深度、广度、构成及模式等都将受到知识这个新的经济增长源的影响,信息产业将成为知识经济的基础,具有高附加值的高新技术产业群将成为知识经济的核心,具有高素质并运用高科技手段处理信息的各类人才队伍建设将成为知识经济发展的关键。在这种新型经济形态的支配下,国家重点地域的发展模式将逐步由资源导向型、市场导向型、区位导向型、复合导向型向知识导向型和技术导向型转变,知识与技术导向型重点地域将成为未来最具发展活力的重点地域的发展模式,知识创新与技术创新将成为重点地域发展的最重要因素。

这种情况已被西方发达国家重点地域转移置换的成功案例所证实。如美国加利福尼亚地区作为一个新的重点地域,就是将微电子工业、航空航天工业等高新技术产业作为战略重点产业;德国以慕尼黑为中心的南部战略重点区域将微电子工业等知识与技术密集型产业作为战略重点产业;日本北九州地区、美国波士顿地区依托高新技术产业的再次崛起等。新兴战略重点区域都将知识与技术密集型产业作为今后发展的主攻方向①。

---

① 方创琳. 经济发展战略重点区域的发展模式与基本思路[J]. 北京大学学报(哲学社会科学版),1999,39(3):37-43.

复习思考题

1. 解释概念：区域规划、国土空间规划、城乡规划、环境规划、土地利用规划。
2. 分析说明区域发展规划中如何确定区域发展方向。
3. 简述你对区域发展指标体系的理解和认识。
4. 简述区域规划中如何确定重点开发部门。
5. 简述区域规划中如何确定主导产业。
6. 简述区域规划中如何确定重点开发地域。
7. 分析说明确定区域发展目标时应注意的问题。

学习、阅读文献

1. [英]彼得·霍尔. 城市和区域规划(原著第四版)[M]. 邹德慈，李浩，陈熳莎，译. 北京：中国建筑工业出版社，2008.
2. 方创琳. 区域发展规划论[M]. 北京：科学出版社，2000.
3. 吴殿廷，宋金平，陈光. 区域规划概论[M]. 北京：科学出版社，2018.
4. 杨伟民. 发展规划的理论和实践[M]. 北京：清华大学出版社，2010.
5. 周国华. 区域规划教程[M]. 北京：科学出版社，2011.
6. 胡序威. 中国区域规划的演变与展望[J]. 地理学报，2006(6)：585-592.
7. 王向东，刘卫东. 中国空间规划体系：现状、问题与重构[J]. 经济地理，2012，32(5)：7-15+29.
8. 牛慧恩. 国土规划、区域规划、城市规划——论三者关系及其协调发展[J]. 城市规划，2004(11)：42-46.
9. 中华人民共和国国民经济和社会发展第十四个五年规划和2035年远景目标纲要[EB/OL]. 中国政府网. (2021-03-13)[2023-12-28].
10. 国务院关于印发全国国土规划纲要(2016—2030年)的通知[EB/OL]. 中国政府网. (2017-01-03)[2023-12-28].
11. 国务院关于印发全国主体功能区规划的通知(国发〔2010〕46号)[EB/OL]. 中国政府网. (2011-06-08)[2023-12-28].

第六章　区域系统分析与规划方法

区域规划不仅是一门学问，更是一门技术。常言道"工欲善其事，必先利其器"，掌握了区域系统分析与规划的方法，才能有效地进行区域规划。一般来说，一切与区域系统分析、区域规划有关的数学方法、管理学方法、遥感和计算机手段等，都是区域分析与规划应关注的内容。本章在概述区域系统分析的基本原理与数学方法的基础上，着重论述区域比较与评价方法、区域发展预测方法、区域规划与优化方法、决策与对策分析方法等。

第一节　区域系统分析概述

一、区域系统分析的基本原理

(一)系统分析的概念和原则

1. 系统分析的概念

"系统分析"一词源于20世纪40年代，是美国兰德公司(RAND)在完成美国空军的"洲际战争"研究项目——"研究与开发"计划过程中首次提出并使用的。当时，系统分析是指对符合系统目标的不同方案进行成本费用和效果的经济评价。第二次世界大战以后，系统分析技术得到广泛应用，特别是随着计算机的广泛使用，系统分析思想和方法得到推广。

目前，尽管关于系统分析的概念有不同的提法，如系统工程、系统科学方法等，但有两个基本观点是一致的，即：系统分析工作都与特定的决策者相联系，决策者可以处在不同的层次；系统分析是一种思考和研究问题的策略体系，而不是具体的技术方法，系统分析方法根据研究对象和分析问题的不同而有所不同。

2. 系统分析的原则

(1)整体性原则。系统分析从整体上考虑并解决问题，把研究对象看成有机整体(系统)，在分析对象的各个组成部分的相对独立性、研究对象的各个组成层次时，总是强调从整体上考察部分。系统分析认为整体不是部分的简单相加，而是它们的有序组合，客观上可能存在最优或较优的各部分有机组合秩序(状态)，使得总体的功能大于各部分的功能之和，这就是整体优化。特定组合状态是否为优化状态，必须以它是否有利于构成总体优化为前提来考虑，由此建立分析问题和解决问题的模式。也就是说，"整体(系统)"既是考虑问题的出发点，也是解决问题的归宿(目标)。

(2)动态性原则。区域系统都是开放的，离开了环境将不复存在；开放的系统不可能是静止的，必然呈现动态变化。那么，它的演变机制是什么？表现形式怎样？未来趋势如何？只有厘清这些内容，才能对系统进行优化控制。因此，我们必须对系统进行动态分析，从历史变化过程把握其动态演变规律，结合环境变化预测其未来发展方

221

向；从系统的输入-输出过程探索其内在演变机制，寻求有效控制的途径和措施。

(3)优化性原则。研究区域系统的目的是改造、利用这个系统。而改造、利用这个系统的目的是获取较多的利益，即优化。优化思想古已有之，如"两害相权取其轻，两利相权取其重"等。系统分析中的优化指的是整体的优化、动态的优化，这和以前的局部的最优、静态的最优明显不同。不仅如此，现代系统科学已经发现，对于一个较大的区域系统，其最优解可能是存在的，但却是很难找到的。因此，在区域规划中，不应该强调绝对的最优，应通过寻求满意解(相对最优)逐步逼近最优解，寻优是一个持续的过程，也是在寻优费用和寻优效果之间权衡的过程。

(4)模型化原则。模型是反映事物变化过程特征和内在联系的简化形式。对区域系统进行分析，不仅要揭示系统的结构和功能特征，也要描述清楚系统内部各组成部分(要素和子系统)之间的相互依存关系和时间、空间上的联系，尽可能把握系统与环境之间的相互作用方式和强度，即要对系统及其环境进行定性、定量综合研究，并用规范的语言、尽量简化的形式描述研究过程和研究结果。模型化是对区域系统进行深入研究的必然过程，模型，特别是数学模型，是区域系统分析必不可少的工具。

以上原则有主有次，其中，整体性原则是根本，其他原则是对整体性原则的深化和补充。整体优化思想是系统科学的精髓，是区域系统分析的思想原则和方法论基础。

(二)区域系统分析的特点

1. 多学科性

区域是复杂的大系统，这个大系统是许多学科的共同研究客体，有多种作用影响着区域系统的存在和发展。譬如，进行能源方面的分析，必然要涉及物理学、工程学、气候学、生物学、生态学、管理学、经济学、社会学及环境学等各学科的有关概念、理论和方法；进行自然资源利用方面的分析，则需要涉及土地资源、生物资源、矿产资源、水资源、生态学、水文学、气候学、地质学、经济学、管理学、环境学等各个学科的内容。因此，在进行区域系统分析和规划时，必须依靠多个学科专家的通力合作。

2. 分析结果的多方案性

在区域开发与规划研究过程中，系统分析人员与决策人员往往很难达成一致，系统分析者的任务是向决策者提供解决某一问题的可行方案，然后由决策者进行决策方案的选择。这就要求系统分析人员必须提供两个或两个以上的决策方案，供决策者选择。此外，由于区域系统是一个非常复杂的大系统，其最优解可能存在，但很难找寻，能够找到的都是一定约束条件下的最优解；而约束条件往往是变化的，也常常是不确定的，因而必须从不同的角度进行优化，从而得到不同的开发方案。只有通过多方案的综合比较，才能选出既切实可行，又较为满意的开发方案，确保区域开发目标的实现。

3. 定性分析与定量分析相结合

区域系统分析离不开数学模型，但因区域系统异常复杂，并不是所有要素及其变化都能被量化。因此，在区域系统分析时，必须坚持定性分析与定量分析相结合。如果将区域系统分析单纯地理解为数量分析，将直接影响区域系统分析的进展和质量。

4. 综合性与创新性

区域系统分析虽然具有多学科融合的性质，但它绝不是多学科知识的简单叠加。

在区域系统分析中，一方面应广泛吸取自然科学、社会科学各个领域中的已有研究成果，另一方面要善于创造和总结，提出新问题，研究新领域，探索新规律，建立起自己的研究内容体系和理论、方法论体系，为区域开发和规划做出更大贡献①。

(三)区域系统分析的基本范畴

从区域开发与规划的角度看，区域系统分析包括以下五个基本范畴。

1. 目标

这里的目标即区域系统的要求和目的。目标既是系统分析的出发点——系统分析的一切工作都要围绕系统分析目标进行，也是系统分析的归宿——系统分析的一切工作都是为系统分析目的服务的。在进行区域系统分析时，要首先明确被分析对象的目标和要求，为其他分析奠定基础。

2. 替代方案

在区域开发活动中，为了实现同一目标，可以采取不同的方式和途径，这些为了实现目标而采取的不同方式和途径就是替代方案。区域开发系统分析的一项重要任务，就是在深入细致的调查研究基础上，通过建模、分析、计算、模拟、比较各种方案的利弊，向决策者提供其决策过程中可能用到的有用信息。提供高质量的替代方案，是区域开发决策成功的关键。

3. 费用与效益

在区域开发中，任何一个建设或改造项目，都需要花费大量的人力、物力和财力，而项目一旦完成，就可以获得一定的效益。进行区域开发系统分析时，系统分析者总是希望通过费用与效益的对比分析来确定最佳的方案。一般来说，效益大、费用小的方案是可取的，有时以效益最大化为原则，有时以费用最小化为原则，更多时候是以效益与费用的比值(产出与投入的比值)最大或效益与费用的差额(纯收益)最大为准。

4. 模型

模型是对实际系统的抽象描述，通过模型可以将复杂的问题转化为易于处理的形式。在区域系统分析中，为了研究目标与方案之间的关系、费用与效果之间的关系，往往需要建立模型。对于一些尚待建设的项目，可以通过一定的模型求得系统设计所需要的参数，并据此确定各种约束条件。同时，还可以根据模型来预测各种替代方案的性能、费用和效益，以便对各种替代方案进行分析和比较。

5. 评价准则

在区域系统分析中，为了对各种可行的方案进行比较排序，需要有一定的评价准则。一般而言，区域系统分析评价准则的确定，应该遵循以下几项原则：(1)外部条件与内部因素相结合；(2)眼前利益与长远利益相结合；(3)局部利益与整体利益相结合；(4)定性分析与定量分析相结合。

(四)区域系统分析的步骤

系统分析的目的是给决策者提供直接判断和制定最佳方案所需要的信息，系统分

① 徐建华，段舜山．区域开发理论与研究方法[M]．兰州：甘肃科学技术出版社，1994．

析的过程就是系统分析者从系统的观点出发，运用科学的方法和工具(主要指计算机)，对系统的目标、功能、环境、费用、效益等进行调查和测算，收集、分析和处理有关的数据和资料，并据此建立若干替代方案和必要的模型，进行模拟运算和仿真试验，最后将各种运算和试验结果进行比较和评价，整理成完整的、综合的有效信息，供决策者作为选择决策方案的依据。具体步骤大体如下。

(1)界定问题，明确目标：界定和描述系统的各个组成部分及彼此之间的相互关系；提出初步的研究目标。

(2)列举方案，评价论证：建立数学或逻辑的模型；分析系统的性能并根据要求的准则，如成本、体量、效果和风险等来研究可行的各种备选方案。

(3)根据特定的准则，选择最优方案。

(4)建立或实现已选择的实体的或抽象的系统，即执行方案。

如图 6-1 所示，这几个步骤彼此互相关联，需要不断进行观察、反馈、修正，直到取得圆满结果。

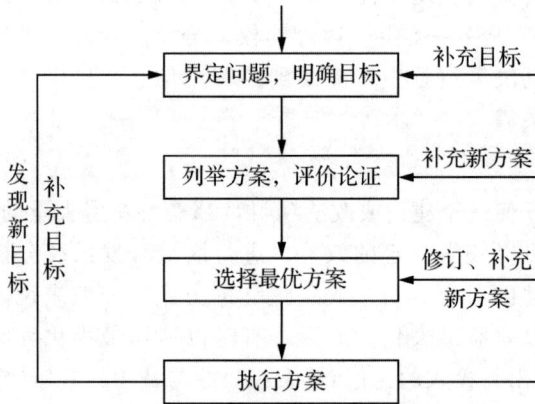

图 6-1　区域系统分析过程示意图

系统分析要求人们在研究一个问题时，首先对整个系统所处的环境进行深入的研究。要把系统理解为一个从周围环境中划分出来的整体，对于这个整体的作用，只有在弄清所有从属部分时才能充分理解。系统的划分要从大到小进行，即先确定一个大系统，再分成若干个子系统，每个子系统又划分成更低一级的分支系统，以便于分别进行最优处理，然后统筹协调，达到整个系统的最优化。

二、区域系统分析和规划中的数学方法

根据研究的内容和目的，区域分析和规划的数学方法可以分成五大类，即系统分析模型、系统预测模型、系统综合(设计)模型、系统规划优化模型、系统决策对策模型。如把基本统计模型单拿出来，则区域分析与规划模型就有六大类。

在确定区域系统边界、明确区域研究目的的基础上，系统分析模型主要是对该系统的技术性能、经济指标、社会效果和生态影响等进行分析评价，对系统的现状进行估算，从而揭示系统的结构、功能特性，发现系统存在的问题及各种问题之间的相互关系，以便寻求解决问题的方法；系统预测模型主要是根据已掌握的信息，利用科学

的预测方法，对系统的未来状态作出判断，为系统的优化控制提供参考；系统综合模型就是对区域开发方案的优化设计，即在满足总目标的前提下，运用大系统分解协调原理与数学模型，设计和协调具体的优化方案，生成若干可供选择的总体优化方案，为最终规划和决策提供选择的基础；系统规划优化模型是根据区域开发目的和系统预测结果等，构建总体优化的数学模型，用特定的模型方法，确定具体的规划目标，揭示各约束条件（如资源、资金、市场、劳动力、设备等）对区域发展目标的作用，确保区域经济持续、协调发展；系统决策对策模型是从实践的角度评价和实施规划方案，并根据可能出现的情况提出应对措施。上述五大类模型所包含的具体模型、方法如表 6-1 所示。

表 6-1　区域规划中的数学模型和方法

类别	目标	模型/方法
系统分析模型	研究系统要素本身变化规律	概率分析、统计特征值分析、东道主效应模型等
	分析要素间、子系统间关系	相关分析（线性相关、非线性相关），灰色关联分析，模糊贴近度，因子分析，空间相互作用分析，投入产出分析，诊断模型，回归分析模型，计量经济模型等
	研究系统要素空间变化规律	趋势面分析、对应分析、空间洛伦兹曲线、空间自相关分析、核密度分析等
	研究系统的结构特性	多样化指数，集中化指数，威弗组合指数，专业化指数，区位商模型，聚类（系统聚类、灰色聚类、模糊聚类等）分析，投入产出分析，对应分析，因子分析等
	分析系统的功能、效益	价值工程法、功能对比分析、模糊综合评价、生产函数模型、层次分析模型、数据包络分析等
系统预测模型	分析系统演变规律，推断未来变化趋势	时间序列分析方法，定性预测（专家咨询法、问卷调查法等），定量预测（回归预测、自回归预测、平滑预测等），灰色预测，模糊预测，仿真预测，类比预测等
系统综合模型	设计开发方案	德尔菲法、头脑风暴法、情景分析法、类比法、比例法等
系统规划优化模型	控制系统朝着最佳方向发展	运筹学模型：线性规划（包括 0-1 规划、整数规划），动态规划，目标规划，网络规划等 控制论模型：一般控制论模型、大系统递阶模型等
系统决策对策模型	评价、设计、实施	模糊综合评价、计划评审技术、功能对比分析、层次分析等
	依据可能出现的情况提出应对措施	单目标决策：确定型决策、非确定型决策、风险决策等 多目标决策：主导目标法、线性加权法、功效系数法等
		费用效果法、序列优化法、主成分-层次分析法等
		矩阵对策：双方对策与多方对策、零和对策与非零和对策等

第二节　区域比较与评价方法

一、区域的比较与评价

(一)比较的目的和意义

没有比较就没有鉴别。区域是一个复杂的、不可复制的系统,区域的好坏、大小、强弱,区域发展的快慢,只有通过与其他区域或特定标准的对比才能识别。

(二)比较的内容

区域比较的方法是区域规划学科一切研究方法的基础,在区域分析中有重要的应用价值。因为区域自然及社会经济要素的特征大都是相对的,即所谓有比较才能有所鉴别。区域分析中通常所说的发达或不发达、稠密或稀疏,都是相对而言的。如果没有参照区域作比较,就很难得出确切的结论。比较可以从下面八个方面进行。

(1)综合实力、能力、竞争力与总体规模的比较,如经济实力、科技实力、竞争力、可持续发展能力、抵御外界冲击的能力(经济韧性)、创新能力等的比较。

(2)发展水平的比较,包括收入水平、消费水平、生活水平、生活质量、科技水平、现代化水平等的比较。

(3)发展速度的比较,包括年度发展速度、多年平均发展速度等的比较。

(4)经济结构和社会结构的比较,包括人口结构、城乡结构、就业结构、产值结构、技术结构、投资结构、进出口结构等的比较。

(5)经济运行质量和效益的比较,包括投入产出比、投入弹性系数、经济增长方式、生产要素对经济增长的贡献率等的比较。

(6)经济发展条件的比较,包括自然条件、自然资源、人口与劳动力条件、位置与交通信息条件、社会经济基础等的比较。

(7)生存条件与生存环境的比较,包括资源承载力或保障程度、空气环境质量、水环境质量等的比较,特别注重生存、发展和可持续发展及投资环境等的差异。

(8)社会秩序的比较,包括失业率、犯罪率、火灾发生率、交通肇事率等的比较。

(三)比较对象的选择

1. 横向比较对象

从横向上看,比较对象包括相邻地区、同级行政区的相似(相关)地区,上级行政区的平均状况,全国或世界的平均状况等。

2. 纵向比较对象

从纵向上看,比较对象包括本区上一年度、上一发展阶段状况,上级区或全国上一年度、上一发展阶段及其平均状况,相关、相似地区同一历史阶段的状况等。

(四)常用区域比较与评价的指标与指数

1. 生活质量指数(或生命素质指数)(the physical quality of life index，PQLI)

生活质量指数是由美国海外发展委员会于 1975 年提出来的，用以综合评价社会福利、民众教育与生活水平。其计算公式为：

$$PQLI=(识字率指数＋婴儿死亡率指数＋一岁期望寿命指数)/3$$

其中，

$$识字率指数＝实际识字率/识字率标准值(全国或世界平均识字率)$$

$$婴儿死亡率指数＝(229－每千个婴儿死亡数)/2.22$$

$$一岁期望寿命指数＝(一岁期望寿命实际值－38)/0.39$$

2. 美国社会健康协会(American social health association，ASHA)指标

ASHA 指标是由美国社会健康协会提出的，以该组织命名的一个综合评价指标，用来衡量一个国家特别是发展中国家的经济发展水平以及在满足人民基本需求方面所取得的成就。其计算公式为：

$$ASHA=\frac{就业率×识字率×人均 GDP 增长率×(平均预期寿命/70)}{人口出生率×婴儿死亡率}$$

3. 人类发展指数

人类发展指数(human development index，HDI)，也称人文发展指数。它是由联合国开发计划署(the united nations development programme，UNDP)在《1990 年人类发展报告》中首次提出的，是衡量各个国家经济社会发展水平的三个方面平均成就的综合性指标。其具体计算方法如下。

(1)预期寿命指数(life expectancy index，LEI)。反映健康长寿生活的能力，用出生时期望寿命来表示：

$$预期寿命指数(LEI)=(实际预期寿命－20)/(83.2－20)$$

(2)教育指数(education index，EI)。反映知识水平，用平均受教育年限和预期受教育年限来表示：

$$教育指数(EI)=[(MYSI×EYSI)^{0.5}－0]/(0.951－0)$$

式中，平均学校教育年数指数(MYSI)＝(MYS－0)/(13.2－0)；预期学校教育年数指数(EYSI)＝(EYS－0)/(20.6－0)，MYS 为平均学校教育年数，即一个大于或等于 25 岁的人在学校接受教育的年数；EYS 为预期学校教育年数，即一个 5 岁的儿童一生将要接受教育的年数。

(3)收入指数(income index，Ⅱ)。反映体面的生活水平，用按购买力平价法计算的人均国民收入(人均 GNI)来表示：

$$收入指数(Ⅱ)=[ln(GNIpc)－ln 163]/(ln 108211－ln 163)$$

式中，GNIpc 为人均国民收入。

以上三个指数的几何平均数，即人类发展指数。人类发展指数的值在 0～1 之间，数值越接近 1，说明该国经济和社会发展程度越高。

根据联合国开发计划署公布的《2020 年人类发展报告》，人类发展指数排名前十位的国家或地区分别是挪威、爱尔兰、瑞士、中国香港、冰岛、德国、瑞典、澳大利亚、

荷兰、丹麦。中国内地得分 0.761，位于第 85 位，大体相当于中等收入国家的平均水平，与发达国家的差距在逐渐缩小[1]。

4. 经济业绩指数(EPI)

$$EPI = 实际 GDP 增长率/(通货膨胀率 + 失业率)$$

5. 综合经济效益指数

综合经济效益指数 = 纯收入总额/(年均占用资金×折算费率 + 成本总额)

6. 全要素生产率

$$A = Y/(K^{\alpha}L^{\beta})$$

式中，Y 为产出(产值或产量)；K 为资金投入量；L 为劳动投入量；α 和 β 为参数。此公式实质是生产函数的变形。

7. 评测技术进步对经济增长贡献的指标体系

该指标体系分宏观和微观两个层次。第一层次：总量宏观指标体系，对全社会、工业、农业及各行业的技术进步进行分析和预测；第二层次：企业微观指标体系，对企业技术进步进行分析。目前所使用的指标有以下几种。

(1) 全员劳动生产率，即社会劳动者每人所创造的 GDP。它反映的是劳动者的工作效率。

(2) 资源利用效率，其计算公式为：资源利用效率 = GDP/要素投入量。

(3) 科技进步对 GDP 增长的贡献，即科技进步贡献率 P。一般情况下，$P \geqslant 50\%$，可以认为经济增长方式是集约型的；$P < 50\%$，可以认为经济增长方式是粗放型的。我国改革开放初期科技进步对经济增长的贡献率大约为 40%，现在已超过 50%，可见我国的经济增长方式正在向集约型转变。

(4) 投入弹性系数，即投入增长速度/产出增长速度。其中投入要素有五种：物力、财力、人力、运力、自然(资源)力。其计算公式为：

$$k = [(I_t - I_0)/I_0]/[(O_t - O_0)/O_0]$$

式中，I_t 和 I_0 分别代表报告期和基期的要素投入；O_t 和 O_0 分别代表报告期和基期的产出。

投入弹性系数与经济增长方式的关系如表 6-2 所示。

表 6-2　投入弹性系数与经济增长方式的关系

投入弹性系数	经济增长方式
$k \geqslant 1$	完全粗放型
$k \leqslant 0$	完全集约型
$0 < k < 1$	粗放集约结合型
$k > 0.5$	粗放型为主
$k < 0.5$	集约型为主

① 2020 年人类发展报告(2020 *Human Development Report*)[DB/OL]. 联合国网站，2020-12-15.

二、区域经济综合评价方法

(一)评价的基本范畴

评价的基本范畴包括以下六个方面。

一是评价对象，即对谁，对哪个或哪些客体进行评价。

二是评价目标，即评价目的是什么，是为了评价对象的好坏还是大小等。

三是评价对象因素，即从哪些方面、用哪些指标进行评价。

四是评语，即评价结论，如好、较好、一般等，或 1 分、3 分、5 分等所构成的集合。

五是评价准则，即在什么情况下，应给予什么样的评价指标值。

六是评价结果，即对评价对象的最终评语。

(二)区域规划评价的主要内容

除了简单的单要素、单方面评价，区域规划评价的内容还包括如下三个方面。

1. 项目评价

项目评价是指对所建项目或技改项目的技术可行性、经济合理性及客观必要性等进行全面考察，目的是为决策者作出"项目建设与否"决策提供建议。

2. 方案评价

方案评价是指对于采取什么路线和办法来实现确定的目标，进行全面的、细致的技术经济分析，目的是为选择最优方案提供科学依据。

3. 政策评价

政策评价是指对政府将要采取的某项政策进行前瞻性评价，或对已实施的政策进行后验性评价。它包括该项政策对区域经济发展的影响(直接影响和间接影响)、对社会进步的影响、对产业结构和科技进步的影响等，目的是为领导制定、实施和修改政策提供依据。

(三)评价方法

1. 直观判断法

直观判断法是以评价人员(常常是有一定资历的专家)的直观判断为基础，对评价对象进行评价。具体又分为两种，即直接打分法和对比赋值法。前者只考虑评价对象本身和评价标准，直接给出评语，如模糊数学中的模糊综合评判；后者不直接对评价对象进行评价，而是把多个评价对象两两进行比较，给出该评价对象相对于其他评价对象的好坏优劣得分，如层次分析法。两相比较，直接打分法简单易行，但人为性较大；对比赋值法客观性较强，但评价过程工作量增加，当评价对象很多，评价准则也很多时，赋值次数会很大，易引起评价者(专家)的反感。

2. 尺度对应法

直观判断法适合于那些难于量化或不易得到量化的数据问题的评价，人为性(主观性)较大。当评价对象的特征指标有数据基础时，应尽量不用这种方法，而用尺度对应法。尺度对应法是以特征指标数据为基础，通过适当的变换得到对评价对象的评语。它也是数据变换中常用的无量纲化方法，变换方法有直线对应法、曲线对应法和折线对应法等。

3. 多指标综合评价法

(1)原理。该方法是把多个描述评价对象不同方面且量纲不同的统计指标，转化成无量纲的相对评价值，然后将这些评价值换算成一个综合值，从而实现对该评价对象的整体评价。

(2)步骤。

①选取评价指标，建立评价指标体系；

②根据评价对象的实际情况，选定恰当的尺度对应法(无量纲化)和合成方法(算术加权或几何加权等)；

③确定指标的有关阈值、参数，如适度值、不允许值、满意值等，确定哪些阈值、参数要随无量纲化方法的不同而不同；

④确定每个指标在评价指标体系中的权重；

⑤将指标实际值(特征值)转化为评价值，即进行无量纲化；

⑥将各指标评价值合成，即加权，得出综合评价值；

⑦根据综合评价值的大小，对各评价对象进行排序，给出评价结论。

其中，指标权重的确定可仿照直观判断法进行。若使用主成分模型，则权重就是较大特征的贡献率。

(3)评价指标体系建立的原则。

①科学性原则。任何指标体系的建立，包括指标的选择、权重系数的确定、数据的选取，都必须以科学理论为依据，即必须满足科学性原则。所建立的指标必须以客观存在的事实为基础，概念清晰明确并且具有独立的内涵。

②针对性原则。对于复杂对象的评价，其指标体系会涉及大量繁杂的指标，必须按系统的层次及各类指标的特点进行综合分析和选择，按照评价目的选择有效的指标建立评价体系。

③可操作性原则。区域评价应尽可能地选择能反映区域特点的有代表性的综合性指标，应易于统计、量化和表述，以便评价结果能提供有效的信息，并且各指标之间具有可比性。

④系统性原则。指标体系作为一个整体，要比较全面地反映区域评价的主要相关特征。

⑤层次性原则。区域评价各因子具有复杂的层次结构，指标体系应分清层次，明确各层次评价指标的种类和数量，以反映不同层次的区域特征。

⑥多样性原则。为了满足不同性质、不同层次、不同范围、不同要求的区域评价需求，指标体系既要有定量指标，又要有定性指标；既要有绝对量指标，又要有相对量指标。

三、常用的评价指标体系和评价方法

(一)英格尔斯现代化指标体系

现代化表现在很多方面，目前比较流行的英格尔斯现代化指标体系，即用10个最能反映现代化特征的指标对一个国家或地区进行综合测定。每个指标单独计算达标率，然后取简单的算术平均值（现代化指数）得到现代化实现程度的综合评价。现代化指数达到100分是初步实现现代化；现代化指数达到160分为基本实现现代化。表6-3所示为现代化进程评价指标。

表6-3 现代化进程评价指标

项目	现代化标准
人均 GNP/美元	＞3 000*
非农产业占 GDP 比重	＞85%
第三产业占 GDP 比重	＞45%
城镇人口占总人口比重	＞50%
非农业就业人口占就业人口比重	＞70%
大学生占 20～24 岁年龄人口比重	＞12.5%
人口净增长率	＜10‰
人口平均预期寿命/岁	＞70
平均每千人拥有的医生数/人	＞1
成人识字率	＞80%
总评（总和平均分）	

注：* 为按实际购买力（PPP）计算，严格来说应该用 20 世纪 60 年代的美元价格。

英格尔斯现代化指标体系是于 20 世纪 70 年代，以美国社会学者英格尔斯提出的社会现代化与人的现代化互为基础的观点为理论框架形成的。由于其简明、可测、数据容易取得，度量比较直接，因此受到许多人的青睐，成立一种被广泛使用的评估现代化的实用工具。

然而，该指标体系也存在不足之处：第一，缺少生态、环保方面的指标，这在当前大力强调绿色发展和生态文明建设的大背景下是很不科学的；第二，没有反映信息化和科技进步等方面的指标，这与创新发展和新型工业化等要求相悖；第三，个别指标之间重复、交叉，如非农产业占 GDP 比重、第三产业占 GDP 比重、非农业就业人口占就业人口比重这三项都是反映产业结构的，没有必要都作为独立的评价指标纳入其中。这里根据党的二十大报告提出的中国式现代化的内涵特征，提出区域层面的"中国式现代化指标体系"。如表6-4所示。

表6-4 中国式现代化指标体系（区域层面）

一级指标		具体指标	备注
经济现代化	1	人均 GDP/元	与近几轮五年规划接轨，与英格尔斯现代化相近
	2	人均可支配收入/元	与近几轮五年规划接轨
	3	非农产业占比（%）	与近几轮五年规划接轨，与英格尔斯现代化相近
	4	全员劳动生产率/（元/人）	与近几轮五年规划接轨
社会现代化	5	城镇化率（%）	与近几轮五年规划接轨，与英格尔斯现代化相近，但到了 80% 即可为满分，再高已经没有意义
	6	人均研发投入经费/元	与近几轮五年规划相近

续表

一级指标		具体指标	备注
社会现代化	7	科技进步对经济增长的贡献率(%)	与"十三五"规划对接,与现代社会学接轨
	8	劳动人口平均受教育年限/年	与近几轮五年规划相近,与英格尔斯现代化相近
民生现代化	9	养老保险参保率(%)	体现生活质量
	10	人均预期寿命/年	与近几轮五年规划相近,与英格尔斯现代化相近
	11	每万人口卫生技术人员/人	与近几轮五年规划相近,与英格尔斯现代化相近
	12	恩格尔系数(%)	国际社会公认的反映人民生活水平的指标
生态环境现代化	13	城市空气质量达二级标准天数比例(%)	与"十三五"规划、"十四五"规划接轨
	14	单位GDP能耗/(吨标准煤/万元)	与"十三五"规划、"十四五"规划接轨。不用动态指标而用静态指标,是为了便于区域间横向比较
	15	人均二氧化碳排放量/吨	应对"碳达峰"

注:指标性质中的"预"即"预测性指标";"约"即"约束性指标"。下同。

(二)基于新发展理念的区域评价指标

我国"十三五"规划提出,"十四五"规划和党的二十大报告进一步强调的"创新、协调、绿色、开放、共享"的新发展理念,为区域发展方向和路径提出了新的要求。鉴于此,这里提出基于新发展理念的区域发展评价指标,这些指标也可以作为区域规划指标的参考。考虑到"协调发展"与"共享发展"的交叉融合性,这里将二者概括为"和谐发展"指标。

1.创新发展指标体系

创新发展强调把发展基点放在创新上,形成促进创新的体制架构,塑造更多依靠创新驱动、发挥先发优势的引领型发展。在区域发展中,创新发展更多的是指具有操作性的科技创新。描述科技创新发展的指标,包括创新投入和创新产出两个方面。其中,创新投入包括人均受教育年限、教育投资占比、研发经费投入占比、科技人员占比等;创新产出包括发明专利拥有量、高新技术产业增加值占比等。如表6-5所示。

表6-5 创新发展指标体系设计

领域	指标	说明
创新投入	人均受教育年限/年	体现教育总体状况。也可以换成就业人口人均受教育年限,或细分为高中阶段毛入学率、九年义务教育巩固率等指标,现代化指标中用的则是成人识字率
	教育投资占财政投资比重(%)	体现对教育的重视程度,也是对未来创新能力的储备

领域	指标	说明
创新投入	研发经费投入占 GDP 比重(%)	体现对科技的重视
	科技人员占从业人员比重(%)	体现科技资源密度(也可换成专业技术人员占比)
创新产出	万人发明专利拥有量/件	体现科技成果密度
	高新技术产业增加值占GDP 比重(%)	体现产业进步情况

2. 绿色发展指标体系

绿色发展强调坚持绿色富国、绿色惠民,为人民提供更多优质生态产品,推动形成绿色发展方式和生活方式,协同推进人民富裕、国家强盛、中国美丽。因此,必须努力建立资源节约型、环境友好型社会,普及生态文明,发展循环经济。绿色发展也要求调整产业结构,增加环保投入等①。因此,描述绿色发展规划的指标主要包括高效利用资源、减少环境破坏、提高环境质量、增大环保投入四个方面。在区域层面,表 6-6 所示指标可考虑作为绿色发展的评价和规划指标。

表 6-6　绿色发展指标体系设计

领域	指标	说明
高效利用资源	非农产业增加值占比(%)	反映结构调整。也可以用工业增加值占比、服务业增加值占比等。当前情况下,该指标是正指标
	单位国土面积创造的GDP/亿元	反映土地集约节约利用效率,该指标是正指标
	城镇人均建设用地/(平方米/人)	反映土地节约方面的努力,可参照城乡规划法设计指标标准
	乡村人均建设用地/(平方米/人)	反映土地节约方面的努力,可参照城乡规划法设计指标标准
	万元 GDP 能耗下降率(%)	反映绿色低碳方面的进步,也可以用单位 GDP 能耗表示。前者反映的是根据国家政策所做努力取得的效果;后者反映的是静态情况,对处于不同发展阶段的地区而言是不可比拟的
	万元 GDP(或工业增加值)水耗下降率(%)	该指标是正指标,反映节约集约利用资源方面的进步,也可以用工业用水重复利用率
	农业灌溉有效利用系数	"十一五"规划、"十二五"规划都使用了这个指标;意义重大,但操作性不强

---

① 胡鞍钢,周绍杰. 绿色发展:功能界定、机制分析与发展战略[J]. 中国人口·资源与环境,2014,24(1):14-20.

领域	指标	说明
减少环境破坏	万元 GDP 二氧化碳排放降低率(%)	反映环保方面的努力,该指标是正指标
	万元 GDP 化学耗氧量降低率(%)	反映环保方面的努力,该指标是正指标
	工业废水排放达标率(%)	反映环保方面的努力,该指标是正指标
	工业固体废弃物综合利用率(%)	反映环保方面的努力,该指标是正指标
	生活垃圾无害化处理率(%)	反映环保方面的努力,该指标是正指标
提高环境质量	城市大气环境达标天数/天	反映环境质量,该指标是正指标
	优良水质断面比例(%)	反映环境质量,水利、环保部门专门数据,该指标是正指标
	受保护国土占国土面积的比例(%)	反映环保方面的努力,理论上有合理标准,但在当前情况下,越大越好
	森林覆盖率(%)	反映环境质量,该指标是正指标
	城镇人均绿地面积/平方米	反映宜居环境建设,理论上有合理标准,但对目前大部分城市而言,越大越好
增大环保投入	环保投入占 GDP 的比重(%)	反映环保制度建设,理论上有合理标准,但当前情况是越大越好
	环保产业占 GDP 的比重(%)	反映环保产业发展规模,环保产业越发达,则区域的可持续性越高,该指标是正指标
	城镇居民公共交通出行比例(%)	反映绿色出行的努力,该指标是正指标,城市化区域适用
	城市建成区轨道交通线网密度/(千米/平方千米)	反映绿色交通的努力,该指标是正指标,都市区适用

3. 和谐发展指标体系

协调发展要求增强发展的协调性,坚持区域协同、城乡一体、物质文明与精神文明并重、经济建设与国防建设融合,在协调发展中拓宽发展空间,在加强薄弱领域中增强发展后劲。共享发展则是按照人人参与、人人尽力、人人享有的要求,坚守底线、突出重点、完善制度、引导预期,注重机会公平,保障基本民生,以满足人民日益增长的美好生活需要。为此,必须统筹区域协调发展,统筹城乡协调发展,特别关注弱势群体和基本公共服务均等化。因此,可以从城乡之间、地区之间和不同收入群体之间的角度考察"协调发展",从基本生活保障、失业保障及社会保险覆盖情况设计"共享发展"评价和规划指标,如表 6-7 所示。

表 6-7 和谐(协调和共享)发展指标体系设计

目标	指标	说明
协调发展	城乡居民收入比(城镇居民人均可支配收入/农村居民人均纯收入)(%)	城乡协调,目前仍需要进一步缩小城乡收入差距
	县市区(下级区域)人均财政收入基尼系数	地区协调,当前可以 0.3~0.4 为合理区间
	不同收入群体之间收入分配的基尼系数	群体协调,体现了基尼系数经典理论和方法要求。当前可以 0.3~0.4 为合理区间
共享发展	城镇调查失业率(%)	反映就业和失业状况。过去使用"登记失业率",有失准确性;现在改用"调查失业率"更为科学,但不同年份的调查数据,可比性有待商榷
	城镇基本养老保险覆盖率(%)	同"十二五"规划,"十四五"规划也有相似指标
	新型农村合作医疗覆盖率(%)	同"十二五"规划,"十四五"规划也有相似指标
	最低生活保障标准与城镇/农村居民人均收入之比(%)	关注弱势群体是社会进步的标志,当前情况下是正指标

4. 开放发展指标体系

开放发展即努力开创对外开放新局面,丰富对外开放内涵,提高对外开放水平,协同推进战略互信、经贸合作、人文交流,努力形成深度融合的互利合作格局。

开放发展取决于两个方面:一是内部的一体化进程,二是对外的影响力和包容性。国家一级宏观规划没有必要把很难控制的相关指标,如外商投资额、进出口贸易额等作为规划目标,但在区域层面,应该且必须把国内发展与世界政治经济发展形势联系起来。为此,我们构建了区域层面开放发展的指标体系,如表 6-8 所示。应该说,这样的指标体系比较适合于省域层面,特别是城镇化高级阶段的区域发展规划。

表 6-8 开放发展指标体系设计

项目	指标	说明
内部的一体化进程	等级公路路网密度	内部交通便捷程度及对外开放条件
	城镇人均道路面积	城市内部交通便捷程度及对外开放条件
	人均社会商品零售额	对内对外商业影响力,也是经济活跃的标志
	人均货物周转量	内外物流活跃程度
	人均旅客周转量	人流活跃程度

续表

项目	指标	说明
对外的 影响力 和包容性	国内旅游吸引力(即国内游 客/常住人口)	地区形象与吸引力
	国际旅游吸引力(即入境游 客/常住人口)	地区国际影响力
	人均金融机构年末存款余额	财富累积和金融吸引力情况
	人均金融机构年末贷款余额	经济活跃态势和金融辐射力情况
	人均外商投资额 FDI	对外经济吸引力,也是发展潜力的反映
	人均对外投资额	包括对境外投资和对区外投资两个方面,反映区域资 源配置能力
	人均进出口贸易额	对外贸易能力,分进口、出口两个方面,还可以细分 机电产品出口、高新技术产品出口及服务业出口等
	常住人口与户籍人口比例	反映包容性与就业活力。世界性大都市还可以把境外 常住人口与本地户籍人口数量之比作为开放发展的评 价指标

注:本表中的所有指标均为正指标。

四、区域比较与评价要点

1. 明确比较和评价的目的

目的不同,选择的比较对象和评价指标不同,比较和评价的结果也不一样。比如,要说明一个地区经济发展中存在的问题,不能以落后地区为比较对象。

2. 注意对象的可比性

不是任何区域之间进行比较都有意义。例如,研究一个乡镇的经济发展问题,以国外某发达国家为比较对象是不恰当的;研究我国澳门地区的产业结构问题,不能套用配第-克拉克定理或钱纳里标准模式,因为这些定理或模式是建立在较大国家、较长时间发展过程之上的,澳门地区仅 30 多平方千米、60 多万人口,不可能表现出第一、第二、第三产业依次更迭的规律。

3. 选择合适的评价方法

区域比较与评价应尽可能使用多指标进行综合评价,并采取定性与定量相结合的方法。

(1)尽量使用定量指标,定量指标一般用与尺度对应的方法进行转换。但尺度对应有多种,要根据各指标本身变化的规律选择模型。纯定量指标的综合集成有很多模型可供选择,也要注意各指标间的关系,能够互相替代的用算术加权模型,否则只能用几何加权模型。一般常用主成分分析、多样化指数等方法进行综合。

(2)定性指标一般只能用专家打分的方法,但要注意选多个专家独立打分,以避免人为性和个别人的偏见。定性与定量结合评价中常用的是层次分析法,详见本章第五节。

4. 强调综合的、动态的比较和评价

单纯的、静态的、仅仅从某方面进行的比较和评价，有时意义不大，而应全面、综合、动态地进行比较和评价，只有这样才能看出本质差别，找出努力方向。

5. 注意统计指标的可比性、行政区划的变更、统计指标内涵的变动、币值或汇率的变动、地区间物价的差异等

总之，在进行区域之间的比较和评价时，必须努力进行客观比较（评价）、综合比较（评价）、定量比较（评价）、动态比较（评价），尽可能选择社会公认的指标、指数进行比较和评价。

第三节 区域发展预测方法

一、概述

(一)预测的过程

预测就是根据历史资料和现实条件，以及主观的经验与教训，用特定的方法，推测事物的未来变化。现代预测研究一般包括如下六个基本环节。

(1)明确被预测的内容（即预测对象）及其变量指标，确定预测研究的目标。

(2)收集有关预测对象变化的原始资料。

(3)对原始资料进行整理、加工、分类，去伪存真，去粗取精，使之成为对预测有用的初级信息。

(4)采用建模、计算、模拟等信息处理方法和经验判断方法，分析客观事物的演变规律。

(5)对于得到的模型和结果进行可靠性检验和误差分析，并进行适当的修改和完善。

(6)运用已经得到的关于事物发展规律的结论或模型，对未来进行预测。

(二)预测研究的特性

1. 动态性和历史性

着眼过去和现在，展望未来，预测研究具有动态性和历史性。

2. 现实性

预测研究从已知条件出发，从人们熟悉的现实情况来探索和研究事物的发展规律，预言未来，因而具有一定的现实性。

3. 可验证性和风险性

预测研究通过从定性分析到定量分析的建模、计算，来推测和判断事物未来发展趋势和可能性，因而具有可验证性（对过去）和风险性（对未来）。

(三)区域规划研究中的预测问题

在区域规划研究中，预测问题的种类是多种多样的。对于这些问题，我们可以从如下两个角度来认识。

1. 预测问题的内容

区域规划中的预测问题包括资源预测、环境预测、人口预测、经济预测、社会预测、科技预测。

(1)资源预测。内容包括资源储量预测、开发利用前景预测及资源利用结构变化预测等。

(2)环境预测。内容包括环境诸要素及其变化趋势预测、环境整体质量变化预测、环境灾害预测、环境治理预测等。

(3)人口预测。内容包括人口数量预测、人口结构预测、人口素质预测、劳动力预测等。

(4)经济预测。内容包括国民经济的总体规模、结构和发展速度预测,行业经济总体规模、结构和发展速度预测,消费和积累的总体规模、结构和发展速度预测,进出口规模、结构和发展速度预测,市场需求规模、结构和发展速度预测等。

(5)社会预测。内容包括各种基础设施的数量变化、社会需求预测,社会基本形态结构的变化预测等。

(6)科技预测。内容包括科技水平预测,科技进步速度及其变化对社会经济发展的贡献、重大科技发现预测,重大技术创造与发明预测等。

2. 预测方法

到目前为止,预测学已提供了数百种预测方法,但从总体上说,这些方法可以归结为结构化预测和非结构化预测两大类。

(1)结构化预测。结构化预测是指借助物理原型或数学方法建立定量化模型进行预测。在区域规划研究中常见的结构化预测方法有确定性模型(数量经济学模型等)、回归预测法、马尔可夫预测法和灰色预测法等。

(2)非结构化预测。非结构化预测主要是通过定性分析和经验判断给出预测结论。区域开发与规划中的许多预测问题,如社会形态及其结构、重大科技进步、市场结构等,因找不到适用的物理原型和数学方法,或得不到足够的数据信息,而无法建立定量预测模型,只能用定性分析和经验判断方法进行预测。在非结构化预测中,通过恰当的设计可以把复杂的定性问题转化为相对简单或有定量特征的问题,从而借助现代方法,如统计分析、模糊数学和计算机模拟等进行预测。这方面比较常用的方法有专家会议法、德尔菲预测法、交叉影响分析法等。

二、结构化预测方法

(一)确定性预测

确定性预测就是通过建立反映要素之间的确定性关系的数学模型而进行的一种预测方法。其基本做法是:首先根据大量的实验数据,或者借助有关理论、法则或数学推理,建立反映要素之间相互关系的确定性数学模型或明确的函数关系,然后利用这种模型或关系,通过一些可控、可测的要素对另外一些难控、难测的要素进行预测。譬如,要对某要素的未来发展趋势进行预测,可首先建立反映该要素与时间要素之间动态关系的模型,然后将时间延伸到未来某个时刻,就可以求得该要素在未来某时刻的预测值。下面介绍几种常用的确定性预测方法(模型)。

1. 平均增长率模型

$$Y_t = Y_0(1+X)^t$$

式中,Y_t 是指第 t 年预测值、Y_0 是指基年观测值;X 是指平均增长率。这是最简单、实用的预测方法。

2. 费尔哈斯模型

费尔哈斯模型是由马尔萨斯模型演变而来的,而马尔萨斯模型最早是关于生物繁殖过程的描述模型。记生物繁殖量为 $p(t)$,则生物繁殖量随时间 t 的变化率为 $d_{p(t)}/d_t$。马尔萨斯(Malthus)认为,生物繁殖量 $p(t)$ 随时间过程的变化动态符合以下关系,即:

$$d_{p(t)} = ap(t)$$

式中,a 是常数,它表示生物繁殖变化率与生物繁殖量的比例。显然,此模型所对应的是一条指数曲线。

1837 年,德国生物学家费尔哈斯(Verhulst)对此模型做了修正,认为生物繁殖量或人口变化不可能完全按照指数曲线无限制地增长,而要受到环境的约束。因此,生物繁殖量或人口增长量应该满足以下公式:

$$d_{p(t)} = ap(t) - bp^2(t)$$

上式揭示的是,繁殖量越大,限制作用就越强。显然,这种变化机理更适用于诸如人口增长、植物生长、市场发育、商品销售、能源消耗和可再生资源更新等过程。

3. 宋健人口预测模型

$$X_0(t+1) = [1 - D_{0A}(t)]Y_0(t) + W_{0A}(t)$$

$$X_{a+1}(t+1) = [1 - D_a(t)]X_a(t) + W_a(t) \quad (a = 0, 1, \cdots, M-1)$$

$$Y_0(t) = B(t)\sum_{i=p}^{q} H_i(t)K_i(t)X_i(t)$$

式中,$X_0(t+1)$ 为预测年度即 $t+1$ 年度内的人口总数;$X_{a+1}(t+1)$ 为预测年度内 $a+1$ 岁年龄组的人口数;$Y_0(t)$ 为第 t 年度内活产婴儿数;$X_a(t)$ 为第 t 年度初 a 岁年龄组的人口数;M 为人口的最高年龄;$W_{0A}(t)$ 为第 t 年度内在 0A 块中的迁移扰动人口数;$W_a(t)$ 为第 t 年度内 a 岁年龄组的迁移扰动人口数;$D_{0A}(t)$ 为第 t 年度内婴儿当年死亡率;$D_a(t)$ 为第 t 年度内 a 岁年龄组的人口前向死亡率;$K_i(t)$ 为第 t 年度初 i 岁年龄组人口中的妇女比例系数;$H_i(t)$ 为第 t 年度内 i 岁年龄组人口中育龄妇女的生育模式(规格化生育率);$B(t)$ 为第 t 年度内的总和生育率;$p \sim q$ 为妇女育龄期间。

各种参数一旦给定(通过调查和规划得到),则各年龄组人口可测,人口总数也可测出。

4. 弹性分析预测法

这里的弹性借用了力学中的一个术语。在西方经济学中,弹性分析主要关注消费者和生产者对价格变化的反应程度。商品价格的变动会引起需求量(或供给量)的变动,而不同商品的需求量(或供给量)对价格变动的敏感程度是不同的,而且同一商品在不同价格区间和不同经济寿命阶段对价格变动的敏感程度也不同。因此,需求或供给弹性是需求量或供给量对某个影响因素变化的敏感程度的定量描述。

设 $y=f(x)$，当给 x 一个改变量 Δx 时，函数 y 就取得了一个改变量 Δy，显然，Δx 与 Δy 分别是自变量 x 与函数 y 的绝对改变量，则 $\Delta x/x$ 与 $\Delta y/y$ 分别是相对改变量。

当 $\Delta x \rightarrow 0$ 时，$(\Delta y/y)/(\Delta x/x)$ 之极限称为 y 在 x 处的弹性。在经济学中，为计算方便，常将此式改写成差分形式，即：

$$e_{yx}=[(y_1-y_0)/y_0]/[(x_1-x_0)/x_0]$$

式中，y_0，y_1 和 x_0，x_1 分别是函数与自变量的初值和终值。

弹性系数(e_{yx})的经济学意义是：若其他影响因素不变，当自变量(如价格等)变动一定比例(如 1%)时，因变量(如需求量等)变动的比例(百分比)。

弹性分析在经济预测中占有很重要的地位，应用领域也很多，比较常见的是行业产品需求量(以价格或人均收入为自变量)预测、能源弹性需求量(以国民生产总值、国内生产总值或工农业总产值等为自变量)预测、社会商品零售总额(以国民生产总值、农民纯收入、城镇居民生活费收入等为自变量)预测等。

弹性分析预测法简便易行，只要根据历史数据确定弹性系数就可以开展预测；成本低，需要的数据少(两个变量、两个时点的数据即可)，应用广泛而且灵活。使用该预测法时应该注意两个方面，一是所选时点与预测期变化阶段的相似性；二是应结合其他方法加以验证，因为弹性分析预测法本身并没有揭示自变量与因变量之间的内在机理，"假定其他因素不变"在现实中也并不总是合理的。

5. 时间序列预测法

所谓时间序列预测法，就是根据某个经济变量的时间序列的发展过程、趋势和速度，依据惯性原理，建立数学模型，趋势外推，得到经济变量未来时刻的可能值(预测值)。时间并不是经济变量变化的原因，但任何经济变量随着时间的推移都有相应的观测值，而时间序列中的每个观测值都是诸多影响因素综合作用的反映，整个时间序列则反映了诸多因素作用下经济变量的变化过程、趋势和速度。因此，时间序列预测法是只考虑预测变量随时间推移而变化的方法，是对许多影响因素复杂作用的高度简化，而不必分辨各影响因素的作用大小。所以说，时间序列预测法简单易行。

比较常用的时间序列预测方法包括移动平均法、指数平滑法等。其中，移动平均法是通过构造移动平均数序列进行预测。按平均数概念的不同，此法又可分为简单移动平均法和加权移动平均法。

(1)简单移动平均法(一次移动平均法)。

依次取时间序列的 n 个观测值予以平均，并依次滑动，得到一个平均序列，且以 n 个观测值的平均值作为下期预测值。移动平均的目的在于消除随机因素造成的影响，使总体趋势更明显地显露出来。其计算公式为：

$$Y_t=M_t^{(1)}=\frac{X_t+X_{t-1}+\cdots+X_{t-(n-1)}}{n}$$

式中，Y_t 为预测值；$M_t^{(1)}$ 为第 t 期的平均值；t 是期数；n 为分段内的数据点数，可根据经验或模拟结果加以确定；X_t，X_{t-1}，$\cdots$，$X_{t-(n-1)}$ 为序列第 t 期内的数据(观测值)。

上式可进行如下改进：

$$M_t^{(1)} = (X_t + X_{t-1} + \cdots + X_{t-(n-1)})/n$$
$$= [(X_t + X_{t-1} + \cdots + X_{t-(n-1)} + X_{t-n}) - X_{t-n})]/n$$
$$= M_{t-1}^{(1)} + (X_t - X_{t-n})/n$$

从上述推导可以看出，若已知 $M_t^{(1)}$，只需计算 $(X_{t+1} - X_{t+1-n})/n$ 就可以求得下一时期的 $M_{t+1}^{(1)}$。可见这是一个迭代过程，计算非常方便，使用计算机可以很快给出预测。

简单移动平均法可方便地平滑掉随机因素干扰所造成的不规则变化，适用于趋势比较稳定的时间序列的短期预测。对于呈上升或下降趋势的预测，做短期预测要慎重，做中长期预测则最好使用其他方法。

（2）加权移动平均法。

简单移动平均法中对观测值修匀的程度取决于数据点数 n，但将各期观测值等同看待不尽合理，因为近期观测值含有更多的时序变化趋势的信息。因此，在预测计算时应给近期观测值以较大的权重，给远期观测值以较小的权重。为此，可引进加权移动平均法。其计算公式为：

$$X_t^{(1)} = (a_t X_t + a_{t-1} X_{t-1} + \cdots + a_{t-n+1} X_{t-n+1})/(a_t + a_{t-1} + \cdots + a_{t-n+1})$$

式中，a_t，a_{t-1}，$\cdots$，a_{t-n+1} 称为加权分量，$a_t \geqslant a_{t-1}$，可根据时间序列的具体情况，凭经验或模拟按近期大、远期小而设计。为保证平均值的真实性，一套权值之和必须为 1。

（3）指数平滑法。

移动平均法简单方便，但至少存在两个问题：一是计算一个移动平均的预测值必须存储最近 n 期的观测数据；二是分段移动平均时，简单移动平均法把近期与远期等同看待，加权移动平均法虽给近期观测值以较大的权重，给远期观测值以较小的权重，但不参加加权的远期值权重为零，也不合理，且加权计算工作量较大。因此，人们设想：是否有简便方法，既能给近期观测值以较大的权重，给远期观测值以较小的权重，又不需存储最近 n 期的观测值？为此，1959 年，美国学者布朗（Robert G. Brown）提出了指数平滑法。其中包括一次指数平滑法、二次指数平滑法和三次指数平滑法等。

一次指数平滑法的计算公式是：

$$X_{t+1}^{(1)} = X{'}_t^{(1)} = a^{(1)} X_t + (1 - a^{(1)}) X_t^{(1)}$$

式中，$X{'}_t^{(1)}$ 是第 t 期的一次滑动平均值；X_t 是第 t 期的观测值；$X_t^{(1)}$ 是第 t 期的一次指数平滑预测值；$a^{(1)}$ 是一次指数平滑系数，其中，$0 < a^{(1)} < 1$。其含义是：把前一时段的滑动平均值作为下一时段的预测值。

使用一次指数平滑法要解决两个问题：首先是确定平滑系数 $a^{(1)}$，可用理论计算法：$a^{(1)} = 2/(n+1)$，其中 n 为样本个数；或用经验判断法：通常情况下，$a^{(1)}$ 取值范围为 $0.05 \sim 0.20$，最好进行试算，以效果好者为准。其次是确定初始值 $X_0^{(1)}$，方法是：当样本容量 $n \geqslant 50$ 时，可选取第一个观测值为初始的 $X_0^{(1)}$；当 $10 < n < 50$ 时，可选取第一个观测值或最初几个观测值的均值为初始的 $X_0^{(1)}$；当 $n \leqslant 10$ 时，可选取最初几个观测值的均值为初始的 $X_0^{(1)}$。

一次指数平滑法只能用于短期预测，对趋势稳定的时间序列预测精度可满足要求，但欲进行中、长期预测，特别是对于有明显上升或下降趋势的时间序列，预测效果不太理想。

二次指数平滑法是指对一次指数平滑值再进行一次指数平滑的方法。其计算公式是：

$$X_{t+1}^{(2)} = X_t'^{(2)} = a^{(2)} X_t^{(1)} + (1 - a^{(2)}) X_{t-1}^{(2)}$$

式中，$X_t'^{(2)}$ 是第 t 期的二次指数平滑值；$a^{(2)}$ 是二次指数平滑系数；$X_t^{(1)}$ 为第 t 期的一次指数平滑值。一般情况下，有 $0 < a^{(2)} < 1$，且 $a^{(2)} \leqslant a^{(1)}$。

二次指数平滑预测同样重视近期数据，且只要有上期一次、二次指数平滑值，就可进行下期预测。这样逐期递推，随时调整趋势直线参数，当预测规律可延续下去时亦可用于中期预测。

三次指数平滑法是指对二次指数平滑值再进行一次指数平滑方法。其计算公式是：

$$X_t'^{(3)} = a^{(3)} X_t'^{(2)} + (1 - a^{(3)}) X_{t-1}^{(3)}$$

式中，$X_t'^{(3)}$ 是第 t 期的三次指数平滑值；$a^{(3)}$ 是三次指数平滑系数；$X_t'^{(2)}$ 为第 t 期的二次指数平滑值。一般情况下，有 $0 < a^{(3)} < 1$，且 $a^{(3)} \leqslant a^{(2)} \leqslant a^{(1)}$。

时间序列预测法只需要变量等间隔取值(如按年、季、月等)的数据，而这样的数据很容易得到(有统计制度作保证)，因此，时间序列预测法在经济预测中被广泛使用。但在数据不齐的情况下，除非进行插补，否则无法使用这些方法。此外，这些模型均是以平稳时间序列为基础的，当数据不平稳，特别是进行长期预测时，把握性不大。

(二)回归预测法

回归用于分析、研究一个变量(因变量)与一个或多个其他变量(解释变量、自变量)的依存关系，即根据一组已知的或固定的解释变量之值，来估计或预测因变量的总体均值。

在经济预测中，人们把预测对象(如经济指标)作为因变量，把那些与预测对象密切相关的影响因素作为解释变量。根据二者的历史和现实的统计资料，建立回归模型，经过经济理论、数理统计和经济计量三级检验后，进行预测。回归分析预测的数学描述是：

设因变量为 y，自变量为 $x(x = x_1, x_2, \cdots, x_m)$，则回归分析的目的就是利用已有观测数据建立 y 与 x 之间的统计相关模型，即确定 $y = f(x)$ 中的参数(x 的系数和指数)。所用方法有最小二乘法(使拟合误差平方和最小)等。

根据自变量性质的不同，回归分析包括普通回归和自回归；前者的自变量与因变量含义不同，后者的自变量就是因变量，只是相位不同(提前一个或若干个相位)；根据确定参数过程的不同，回归分析包括常规回归、微分回归和积分回归，它们分别用原始数据、原始数据的微分和原始数据的积分确定回归参数。

三、非结构化预测方法

非结构化预测方法是专门用于解决不能建立量化模型问题的预测方法，主要通过定性分析和经验判断给出预测答案，包括德尔菲法、类比预测法、比例放缩法等。这里着重介绍德尔菲法。

(一)德尔菲法的基本思想

德尔菲(Delphi)法也叫专家统计推断法,是美国兰德公司于 20 世纪 40 年代提出的一种利用众多专家知识、经验和智慧的非结构化预测方法。目前这一方法已被广泛应用于区域开发规划中。其基本做法是:就所要预测的项目向专家发出调查表,然后统计专家的意见,并将结果告知各位专家。在此基础上请专家们再次作出判断。此后对专家们的新判断进行统计,作出推断(预测)结论。在征求专家意见时,要求专家之间不通气,以免相互干扰而使专家意见的独立性和客观性受到影响。

比较简单的做法是由预测部门提出被调查事件几种可能的情况、后果、意见、结论,然后由专家利用自己的知识、经验和理论进行推断和评定。评定办法有"打分"和对"可能性的百分比"(主观概率)给出判断结论等。一般而言,德尔菲法需要有多个专家参与调查,然后在统计分析的基础上得出推断结论。

(二)德尔菲法应注意的四个问题

(1)专家意见本身应是不矛盾的,否则不予采纳。

(2)主观概率应合理。

(3)要对给定事件之间的关系进行分析,看专家的意见合理与否,不合理者不予采纳。

(4)反复调查。为了提高预测的准确性,一个事件的调查往往要反复多次。譬如,第一次向专家提出调查意图,询问专家需要何种资料;第二次向专家提供资料,请专家作出判断和评定;第三次补充资料,修改调查提纲,再做调查。

(三)专家意见的统计处理

专家的意见很重要,但由于不同专家的意见各不相同,有必要将它们综合起来。在德尔菲法中,常用的统计综合方法是求平均数、中位数或众数。

四、预测中应该注意的问题

(一)尺度对应原理

盲人摸象的故事告诉我们,只有了解了一个事物的大部分,才能对这个事物的整体有所把握。预测也是一样,根据变量的历史变化来预测其未来趋势,样本容量 N 与预测时段 K 之间的关系应该满足 $K \leqslant N$,最好 $K \leqslant N/2$。这就是尺度对应原理。为此,要进行长期预测,就要考察变量的长期历史变化。

(二)过程相似原理

预测除了要遵循尺度对应原理外,还要注意变量所处的环境及其发展阶段的差别,只有当未来发展过程与所考察的历史阶段具有一定相似性时,才能根据历史数据推断未来变化。比如,我们不能用 20 世纪五六十年代居民收入与食品消费的关系来推断未来粮食消费量,因为前者处在贫困阶段,后者处在小康阶段。

(三)定性与定量相结合

定量预测客观、推理严谨,应该大力提倡。但定量预测不能变成数字游戏,要注意定性与定量相结合。具体做法是:首先,把握研究对象的本质特征;其次,用恰当的指标描述这种特征；最后，选择合适的模型方法开展预测。

(四)多模型、多方法、多方案相结合

在社会经济系统中，由于要素间的作用十分复杂，作用机理难以把握，因而我们常常说不清用哪种模型、哪种方法预测更好。因此，要多模型、多方法、多方案相结合，哪个效果好(拟合误差较小)就以哪个为准；或把多模型的预测结果综合起来(取它们的算术平均值或几何平均值等)作为最后预测结论。由于事件的未来状态不一定是其历史过程的简单延续，所以综合多模型的预测结果可能更实用。编者曾在实践中多次使用了这种做法，如吉林省人口和劳动力预测，内蒙古自治区 GDP 和工业总产值预测，河北省滦县人口、GDP 和粮食产量预测等。实践证明，和单模型、单方法相比，这种多模型综合的做法更准确、更实用。当然，对于具体选择哪些模型、怎样综合，需要具体问题具体分析。

第四节　区域规划与优化方法

一、区域开发中的规划

(一)规划的概念和特征

1. 规划的概念

规划，就是对未来活动所做的有目的、有意识的统筹安排。规划既指制定规划目标和方案的过程，有时也指规划方案结果。

规划必须具备三个基本要素。

(1)目标。任何规划都必须具有明确的目标，规划方案的选择必须以一定的目标为依据。当然，规划目标不一定在规划研究开始时就已明确，常常是在规划过程中逐渐明确的。

(2)条件。任何规划的制定都必须考虑各种现实与可能的条件，并以这些条件为约束。

(3)方案。方案即实现目标的途径或措施。一般来说，一项规划往往有两个或两个以上的可行方案。

2. 规划的特征

一般规划都具有如下共同特征。

(1)目的性。规划是为一定目的服务的。

(2)前瞻性。规划以构想的形式来安排未来的行动。

(3)动态性。规划所依据的环境条件是变化的，决策者所追求的规划目标也是变化的。

(二)区域开发中的规划问题

从规划对象或规划内容上看，区域开发中的规划问题包括：资源开发利用规划、环境治理与保护规划、人口发展规划、基础设施建设规划、部门经济发展规划、区域综合开发规划等。

从规划的层次来看，区域开发中的规划问题是多层次的，既有高层次的、综合性的、宏观性的战略规划，也有低层次的、专题性的、微观性的策略规划。前者如某一省(市)或县的综合开发规划，后者如某一行业或企业的生产计划、产品研制与开发规划等。

从规划问题所追求的目标来看，有单目标规划、多目标规划。在区域开发中，多目标规划较多，但多目标规划经过适当的处理，都可以转化成单目标问题，可用单目标规划模型予以求解。

从规划的时间来看，有静态规划(规划目标和约束条件假定已经确定)和动态规划(规划目标和约束条件是变化的)；有短期规划(5 年以内)、长期规划(5 年以上，20 年以内)和超长期规划(20 年以上)。当然，这种定义只是相对的。一般而言，规划期越长，规划方案获得成功的把握性越小，因为未来时间跨度越大，我们对系统状态的掌握越不准确。所以，越是长期规划，要求规划方案越粗，弹性越大；越是短期规划，要求规划方案越细，可操作性越强。

二、线性规划模型与优化方法

(一)线性规划实例

1.运输问题

假设某种物资(如煤炭、钢铁、石油等)有 m 个产地，n 个销地。第 i 产地的产量为 $a_i(i=1, 2, \cdots, m)$，第 j 销地的需求量为 $b_j(j=1, 2, \cdots, n)$，它们的平衡条件是 $\sum a_i = \sum b_j$。

如果产地 i 到销地 j 的单位物资的运费为 c_{ij}，试问：如何安排该种物资调运计划，才能使总运费最省？

设 x_{ij} 表示由产地 i 供给销地 j 的物资数量，则上述问题可以表述为：

求一组变量 $x_{ij}(i=1, 2, \cdots, m; j=1, 2, \cdots, n)$，使其满足：

$$\sum x_{ij} = b_j \quad (j=1, 2, \cdots, n)$$

$$\sum x_{ij} = a_i \quad (i=1, 2, \cdots, m)$$

$$x_{ij} \geqslant 0 \quad (i=1, 2, \cdots, m; j=1, 2, \cdots, n)$$

而且使

$$z = \sum \sum c_{ij} x_{ij} \rightarrow \min$$

2.资源利用问题

假设某地区拥有 m 种资源，其中，第 i 种资源在规划期内的限额为 $b_i(i=1, 2, \cdots, m)$。这 m 种资源可用来生产 n 种产品，其中，生产单位数量的第 j 种产品需要消耗第 i 种资源的数量为 $a_{ij}(i=1, 2, \cdots, m; j=1, 2, \cdots, n)$，第 j 种产品的单价是 $c_j(j=1, 2, \cdots, n)$。试问：如何安排这 n 种产品的生产计划，才能使规划期内资源利用的总产值达到最大？

设第 j 种产品的生产数量为 $x_j(j=1, 2, \cdots, n)$，则上述资源利用问题可表述为：

在约束条件 $\sum a_{ij}x_j \leqslant b_i$ $(i=1, 2, \cdots, m; j=1, 2, \cdots, n)$, $x_j \geqslant 0(j=1, 2, \cdots, n)$下，求一组变量 $x_j(j=1, 2, \cdots, n)$，使

$$z = \sum c_j x_j \to \max$$

3. 生产布局问题

在区域规划中，常常要涉及生产布局问题，如工业企业建设的选址、不同地块的农作物播种安排等。现以工业企业建设选址为例，说明生产布局问题的线性规划思想和模型。

设 x_{ij} 表示把第 i 个企业布局在第 j 个地点，其中 $i, j=1, 2, \cdots, n$，即企业数与地点数相等。如果 $i \neq j$，可以通过假设的虚拟变量 x_{ij}(增加零变量)化为这种形式。通过调查研究，可以确定这些企业布局在不同地点的投资额、经济效果或对环境的影响。我们把这种布局效果称为 x_{ij} 的效果系数，设为 A，即：

$$A = \{a_{ij}: i, j=1, 2, \cdots, n\}$$

式中，a_{ij} 为 i 产业在 j 地区单位投资所获得的成效(即前述提到的效果系数)。

现在的问题是，怎样布局这些企业于各个地点，使总投资达到最小或总效益达到最大？

我们约定：如果第 i 个企业确定布局于第 j 个地点，则 $x_{ij}=1$；否则，$x_{ij}=0$。

假设一个企业只能布局于一个地点(不分开建)；一个地点只能容纳一个企业。如果允许一个地点安排两个或两个以上的企业，可以通过安排虚拟地点(即把一个地点看成是两个或两个以上的地点)加以解决。

据此，我们可以用 0-1 线性规划模型描述生产布局问题。

目标函数：$z = \sum \sum a_{ij} x_{ij} \to \max$(或 $\min$)$(i, j=1, 2, \cdots, n)$。

约束条件：$x_{ij}=0$ 或 $x_{ij}=1$(当第 i 个企业布局在第 j 个地点时取 1，否则取 0)。

当 $\sum x_{ij}=1(i=1, 2, \cdots, n)$时，一个企业只能布局在一个地点的约束条件；

当 $\sum x_{ij}=1(j=1, 2, \cdots, n)$时，一个地点只能容纳一个企业的约束条件。

(二)线性规划的标准形式

线性规划问题一般都具有以下共同特征：

(1)每一个问题都有一组未知变量$(x_1, x_2, \cdots, x_n)$表示某一规划方案，这组未知变量的一组定值代表一组具体的方案，而且通常要求这组变量的取值是非负的。

(2)每一个问题都有两个主要组成部分：一是目标函数，按照研究问题的不同，常常要求目标函数取最大值或最小值；二是约束条件，它定义了一种求解范围，使问题的解必须在这一范围之内。

(3)每一个问题的约束条件和目标函数都是线性的。

根据这些特征，并考虑到讨论和计算上的便利性，可将线性规划问题的数学模型转化成标准形式，即在约束条件 $\sum a_{ij}x_j = b_i(i=1, 2, \cdots, n)$以及非负约束 $x_j \geqslant 0(j=1, 2, \cdots, n)$下，求一组未知变量 $x_j(j=1, 2, \cdots, n)$的值，使目标函数 $z = \sum c_j x_j$ 达到最小值。

转化办法是：

☆对于求极大值问题，可令 $z'=-z$，将目标函数代换成求极小值问题；

☆对于第 k 个约束条件 $\sum a_{kj}x_j \leqslant$（或$\geqslant$）b_k，可引入松弛变量 $x_{n+k}\geqslant0$，并将第 k 个方程改写为：

$$a_{k1}x_1+a_{k2}x_2+\cdots+(-)x_{n+k}=b_k$$

而将其目标函数看作：

$$z=\sum c_j x_j=\sum c_j x_j+0\times x_{n+k}$$

这样就把原始问题转化为标准形式的线性规划模型了。

（三）线性规划模型的求解

线性规划模型一般可用单纯形法加以求解。单纯形法的基本思路是：首先，根据规划问题的具体数据找出初始可行基。其次，判别、检查所有的检验系数是否满足最优性，若满足，则已完成求解；否则，进行迭代。重复上述步骤，直至所有的检验系数都满足最优性为止。

不管用什么方法求解线性规划模型，除非只有几个变量，否则，计算量都很大，所以，需借助计算机来完成。目前，各种计算机及算法语言都涉及线性规划程序，可以用于线性规划方法的求解和应用。

第五节 决策与对策分析方法

图 6-2 所示为区域分析与规划中各类模型之间的关系。其中，决策与对策分析就是用一定的数学工具，把多种未来可能出现的情况、可能性的大小、有可能采取的多种行动方案以及各个方案可能产生的结果等，简单、明确、形象地显示出来，从而使决策者思想条理化，把注意力放到有决定意义的事务上，更充分地发挥主动性和创造性，作出最合理的决策。

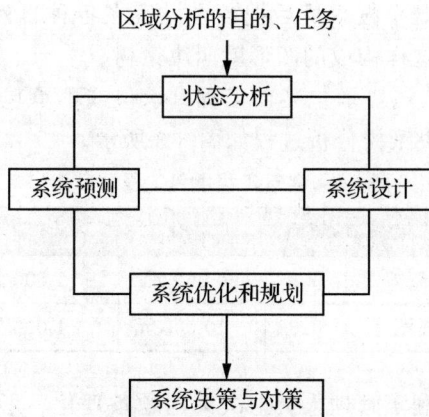

图 6-2 区域分析与规划中各类模型之间的关系

一、决策的问题与类型

根据性质不同,决策的问题可以分为四种类型:确定型、风险型、非确定型和竞争型。

1. 确定型决策

确定型决策是指决策的对象系统的未来状态是确定的;对系统的开发虽然可以采取不同的开发方案,但每一个开发方案的费用和效益也是确定的(可以用确定的数学模型表达)。决策的目的就是从若干个开发方案中找出最佳方案。

2. 风险型决策

风险型决策也叫统计型决策或随机型决策。它具备下列 5 个条件:

(1)决策目标明确;

(2)决策方案具体,且不少于 2 个;

(3)系统可能出现的状态不少于 2 种,且难以确定;

(4)系统可能出现的状态的概率已知或可以求得;

(5)不同决策方案在系统不同状态下的损失和收益可以计算出来。

3. 非确定型决策

同风险型决策相比,非确定型决策在条件(4)上有差异,即系统可能出现的状态不少于 2 种,但各状态出现的概率无法得知。

4. 竞争型决策

竞争型决策是指有竞争对手的决策,如军事决策、市场占领决策等。竞争型决策方案的选择,不仅要考虑决策对象本身的变化,还要考虑竞争对手的策略。

二、风险型决策问题的分析方法

风险型决策可以用决策树作为分析工具。首先画一个方框作为出发点,即决策点。其次从决策点画出若干条线,每一条线代表一个方案,这样的线叫作方案枝。再次在各个方案枝的末端画上一个圆圈,叫作自然状态点。接着从自然状态点引出若干条直线,代表自然状态,叫作概率枝。最后把各个方案在各种自然状态下的利益或损失的数字记在概率枝的末端,这样构成的图形就叫决策树。

例 1:假设一家建筑公司要承包某项工程,承包或不承包的损益与天气状态有关。具体数据如表 6-9 所示,决策树分析过程如图 6-3 所示。

表 6-9　建筑工程承包工程情况表

自然状态	概率	承包损益	不承包损益
天气好	0.2	50 000 元	−1 000 元
天气不好	0.8	−10 000 元	−1 000 元

决策树的分析方法有利于管理人员把决策问题条理化、形象化。把各种替代方案、可能出现的情况及其可能性大小绘制在一张图上,也便于讨论。通过对决策树的讨论、补充和修正,管理人员可以更精确地掌握实际情况,从而把决策做得更科学、更可靠。用决策树方法分析决策问题,只要把图形绘出,然后由右向左一步步地计算期望值,

决策点　　　方案及损益　　　期望值（概率分支）　　　结果点

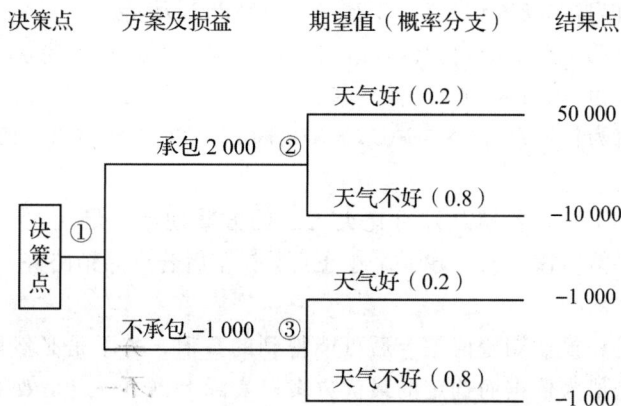

图 6-3　建筑公司承包工程决策分析

比较期望值的大小，就可找出最优方案，对于多级决策问题尤其方便。

例 2：为生产某种产品，地方政府设计了 3 个方案：

方案一：建一个大工厂；

方案二：建一个小工厂；

方案三：先建一个小工厂，3 年后若产品销路好，则在此基础上扩建大工厂。

已知建大工厂需投资 300 万元，建小工厂需投资 150 万元，在小工厂基础上扩建需投资 160 万元。产品前三年销路好的概率是 0.7，销路差的概率是 0.3。而前三年销路好、后七年销路也好的概率是 0.8，前三年销路差、后七年销路好的概率是 0.1。大工厂和小工厂在不同销路状态下的损益情况如表 6-10 所示。

表 6-10　不同概率下大、小工厂的损益情况对比

单位：万元/年

自然状态	概率	大工厂损益	小工厂损益
销路好	0.7	100	40
销路差	0.3	−20	20

扩建后使用的 7 年，每年的损益值与大工厂相同。试以 10 年为考察基础，分析上述 3 个方案中哪个方案为最佳方案。

这是一个多级决策问题，我们用决策树方法分析如下。

首先画出决策树，如图 6-4 所示；其次从右至左计算损益期望值（舍小取大，标注在各节点的标号上）；最后比较各方案的损益期望值。

点④的期望值为：$0.8 \times 100 \times 7 + 0.2 \times (-20) \times 7 = 532$（万元）

点⑤的期望值为：$0.1 \times 100 \times 7 + 0.9 \times (-20) \times 7 = -56$（万元）

点②的期望值为：$0.7 \times 100 \times 3 + 0.7 \times 532 + 0.3 \times (-20) \times 3 + 0.3 \times (-56) - 300$（投资）$= 247.6 \approx 248$（万元）

即建一个大工厂的损益期望值是 248 万元。

点⑧的期望值为：

$0.8 \times 100 \times 7 + 0.2 \times (-20) \times 7 - 160$（扩建投资）$= 372$（万元）

点⑨的期望值为：$0.8 \times 40 \times 7 + 0.2 \times 20 \times 7 = 252$(万元)

点⑨的期望值低于点⑧的期望值，故舍去不扩建，点⑧移至点⑥。

点⑦的期望值为：$0.1 \times 40 \times 7 + 0.9 \times 20 \times 7 = 154$(万元)

点③的期望值为：$0.7 \times 40 \times 3 + 0.7 \times 372 + 0.3 \times 20 \times 3 + 0.3 \times 154 - 150$(投资)$= 258.6 \approx 259$(万元)。

显然，先建小工厂，若销路好再建大工厂的方案期望值最大。因此，方案三为最佳方案，即建厂决策应该是：先建一个小工厂，3年后若产品销路好，则将小工厂扩建成大工厂。

必须指出的是，损益期望值是今后可能得到的数值，并不是必然能够实现的数值。因此，以损益期望值为依据而选定的最优方案，实际上也不一定是效果最好的方案。

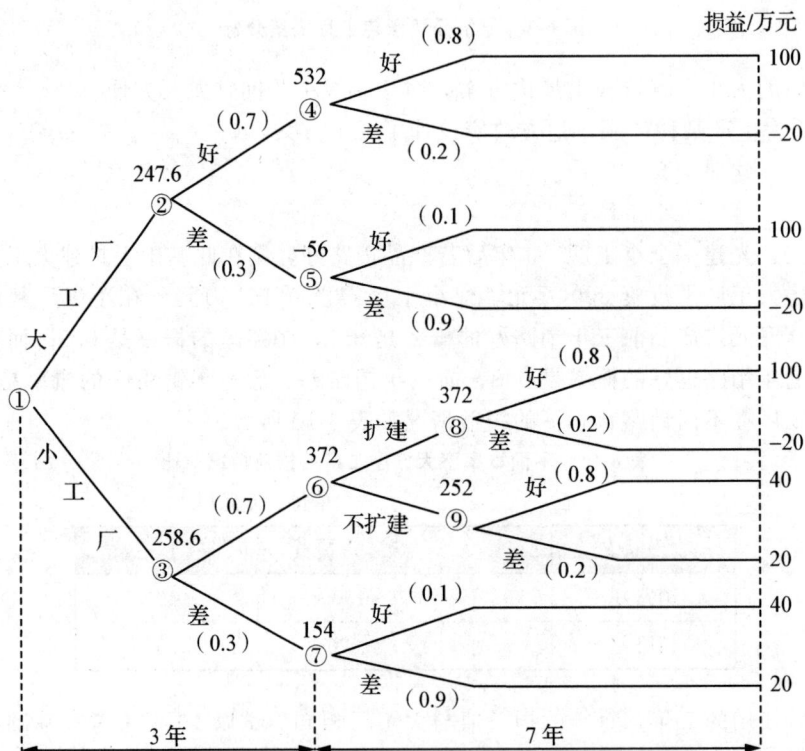

图 6-4　工厂建设多级决策过程示意图

三、非确定型决策问题的分析方法

假定某工厂准备生产一种产品，因缺乏资料，工厂对该产品市场需求量的估计表现为较高、一般、较低、很低4种情况，而对每种情况出现的概率也无法预测。为生产这种产品，工厂考虑了以下3个方案。

第一方案：改建原有的生产线；

第二方案：新建一条生产线；

第三方案：一部分零件从市场上采购，其余部分由本厂自行生产，组装后出售。

这3个方案在不同市场需求情况下的获利情况如表6-11所示。

表 6-11　非确定型决策问题数据(假想)　　(单位：万元/年)

市场需求量	第一方案损益	第二方案损益	第三方案损益
较高	600	800	400
一般	400	350	250
较低	0	−150	90
很低	−150	−300	50

对于这种非确定型决策问题，目前存在多种分析方法，下面结合本例介绍常见的几种。

(一)等概率法

既然各种自然状态出现的概率无法预测，不妨假定它们的概率相等。本例中，4 种状态按等概率计算，每种状态出现的概率为 1/4，即 0.25，各方案的损益值如下。

第一方案：$600 \times 0.25 + 400 \times 0.25 + 0 \times 0.25 + (-150) \times 0.25 = 212.5$(万元)；

第二方案：$800 \times 0.25 + 350 \times 0.25 + (-150) \times 0.25 + (-300) \times 0.25 = 175$(万元)；

第三方案：$400 \times 0.25 + 250 \times 0.25 + 90 \times 0.25 + 50 \times 0.25 = 197.5$(万元)。

可见，第一方案收益值最大，应认为是最佳方案。

(二)最大的最小收益法(小中取大)

以最小收益值为评价标准，分析的重点应放在收益不低于一定限度(或损失不超过一定限度)上。计算步骤是：先找出各方案中的最小收益值；然后比较这些最小收益值，以其中的最大者为准来确定最佳方案。

本例中，三个方案的最小收益值分别是−150 万元、−300 万元、50 万元。其中 50 万元最大，所以，可确定第三方案为最佳方案。

显然，此法是一种比较保守的分析方法。

(三)最大的最大收益法(大中取大)

和第二种分析方法相反，本方法以各方案的最大收益为比较对象，大中取大。本例中，各方案的最大收益值分别是 600 万元、800 万元、400 万元。其中 800 万元最大，所以，可确定第二方案是最佳方案。

显然，此法是一种十分乐观的分析方法。

(四)最小的最大后悔值法(大中取小)

当某一状态出现而决策者却未采取对应的方案时，决策者就会感到后悔。最大收益值与所采取方案的收益值之差，叫作后悔值。按照这种分析方法，先找出各个方案的最大后悔值，然后选择最大后悔值最小的方案作为最佳方案。本例中，各种状态的最大收益值如下：

市场需求较高时，最大收益值是第二方案(800 万元)；

市场需求一般时，最大收益值是第一方案(400 万元)；

市场需求较低时,最大收益值是第三方案(90万元);

市场需求很低时,最大收益值是第三方案(50万元)。

因此,各方案在各种状态下的后悔值如表6-12所示。

表 6-12　各方案的后悔值计算结果　　　　　　　　　　　单位:万元

市场需求	第一方案后悔值	第二方案后悔值	第三方案后悔值
较高	800－600＝200	800－800＝0	800－400＝400
一般	400－400＝0	400－350＝50	400－250＝150
较低	90－0＝90	90－(－150)＝240	90－90＝0
很低	50－(－150)＝200	50－(－300)＝350	50－50＝0
最大后悔值	200	350	400

三个方案中,第一方案的最大后悔值最小,因此,第一方案为最佳方案。

(五)乐观系数法

最大的最小收益值法是从最悲观的估计出发,最大的最大收益值法是从最乐观的估计出发,两者都是走极端的估计。将二者结合起来,即根据决策人员的主观判断,选择一个系数 $\alpha(0<\alpha<1$,α 称乐观系数),当 $\alpha=0$ 时,决策人员对出现的状态持完全悲观的看法;当 $\alpha=1$ 时,决策人员对出现的状态持完全乐观的看法。

对上述例子,假定取 $\alpha=0.2$,则 $1-\alpha=0.8$ 为悲观系数。利用这两个系数可以计算出各方案的收益值,就是乐观系数×最大收益＋悲观系数×最低收益。用此法计算上例中各方案的收益值如下。

第一方案:$0.2\times600+0.8\times(-150)=0$;

第二方案:$0.2\times800+0.8\times(-300)=-80$;

第三方案:$0.2\times400+0.8\times50=120$。

可见,第三方案的收益值最大,可以认为是最佳方案。

从以上分析可以看出,不同的分析方法导致不同的结果,得到不同的最佳方案。仔细研究所得结果会发现,各方法都有自己的优点和缺点。决策人员究竟采用哪种方法,取决于他对未来状态的估计是乐观的还是悲观的,也取决于他个人的决策风格是比较谨慎的还是喜欢冒险的。在某种情况下选用某种方法,要依靠决策者个人的判断,这必然带来很大的主观性。这种主观性是很难避免的,因为既然未来状态出现的可能性大小是不能预测的,要作出完全符合客观情况的判断是不可能的。

四、竞争型决策问题的分析方法——对策论的理论和方法

(一)对策的三要素

1. 局中人

局中人是指有权决定自己策略的对策参加者,可以是一个人,也可以是利益一致的一组人。一个对策系统中,至少包括2个局中人。

2. 策略集合

参加对策的每个局中人，都有自己的策略集合。当然，每个局中人至少应有两个不同的策略，否则，他就不可能参加对策。

3. 赢得函数

赢得是对策进行一局（自己的一个策略与对手某一策略作用）的结果。显然，在对策中，当局中人之一改变了自己的策略时，"局势"也就变了，因而局中人的赢得也就改变了。因此，赢得是局势的函数，称为赢得函数。

(二)对策的分类

对策可以按照局中人的数目分为双方对策和多方对策。

对策按照进行的结果不同又可分为几种情况：如果胜者所得到的就是输者所失去的，也就是说局中人赢得的代数和为零，那么这种对策就叫零和对策，赌博就是一种零和对策；有时对策的结果就是各局中人瓜分某一固定的常数，这种对策称为常数和对策；有时对策的结果既不是零和的，也不是瓜分某一常数，这种对策称为非零和对策。人和地之间的关系，经济合作各方之间的关系，常是非零和的。N 方非零和对策，可以转化成 $N+1$ 方零和对策。

局中人的一个策略中可以只有"一着"的策略，也可以有"许多着"的策略。前者如二人玩石头剪刀布游戏，一次决定胜负，出石头或剪刀或布就是"一着"；后者如下象棋，需要很多步。有的对策问题，策略是有限的，每一策略所组成的"一着"也是有限的，称为有限对策；反之，则称为无限对策。

对策还可以按策略是否为时间的函数，分为静态对策和动态对策，二人零和对策是最常见的静态对策。

(三)矩阵对策

在零和对策中，如果局中人只有 2 个，并且每个局中人的策略集合中的元素是有限的，称为二人有限零和对策。这种对策的赢得函数可以用一个矩阵来表示，故称为矩阵对策，而赢得函数矩阵称为对策矩阵。

用Ⅰ、Ⅱ表示局中人，假如Ⅰ共有 m 个策略，以 a_i 表示其中的第 i 个策略，记这个策略集合为 s_1，则

$$s_1=(a_1, a_2, \cdots, a_m)$$

同理，如局中人Ⅱ共有 n 个策略，以 b_j 表示其中的第 j 个策略，记这个策略集合为 s_2，则

$$s_2=(b_1, b_2, \cdots, b_n)$$

以行表示局中人Ⅰ的策略，以列表示局中人Ⅱ的策略，则 i 行和 j 列交点处即表示局中人Ⅰ采取第 a_i 策略，局中人Ⅱ采取第 b_j 策略所形成的局势。如果根据对策结果规定，在局势(a_i, b_j)时Ⅰ的赢得是 p_{ij}（p_{ij} 为正表示Ⅰ的收入、Ⅱ的支出，p_{ij} 为负表示Ⅰ的支出、Ⅱ的收入），显然Ⅱ的赢得与Ⅰ的赢得互为相反数。局中人Ⅰ在各种局势下的赢得可用表 6-13 表示。

表 6-13　局中人 I 的赢得表

I 的策略	II 的策略 $b_1, b_2, \cdots, b_j, \cdots, b_n$
a_1	$p_{11}, p_{12}, \cdots, p_{1j}, \cdots, p_{1n}$
a_2	$p_{21}, p_{22}, \cdots, p_{2j}, \cdots, p_{2n}$
⋮	⋮
a_i	$p_{i1}, p_{i2}, \cdots, p_{ij}, \cdots, p_{in}$
⋮	⋮
a_m	$p_{m1}, p_{m2}, \cdots, p_{mj}, \cdots, p_{mn}$

田忌赛马是比较典型的二人零和对策,可用矩阵对策的方法把齐王在赛马中的各种局势的赢得表示出来。

由于齐王和田忌约定从三个等级的马中各选一匹马进行比赛,所以,对策的一局就是赛完三匹马。因此,在这个对策中,一个局中人的完整行动方案应该是确定三个等级马的比赛顺序。我们记齐王的策略(马的出战顺序)为:

a_1:上,中,下　a_2:上,下,中　a_3:中,上,下

a_4:中,下,上　a_5:下,上,中　a_6:下,中,上

田忌的策略集合与齐王相同,表示方法一样。由于已知齐王的每一个同等级的马均比田忌的强,而次一等级的马均不如田忌上一等级的马,我们可以算出齐王的各种策略的赢得如表 6-14 所示。

表 6-14　齐王赢得表

齐王策略		田忌策略					
		上,中,下	上,下,中	中,上,下	中,下,上	下,上,中	下,中,上
a_1	上,中,下	3	1	1	1	-1	1
a_2	上,下,中	1	3	1	1	1	-1
a_3	中,上,下	1	-1	3	1	1	1
a_4	中,下,上	-1	1	1	3	1	1
a_5	下,上,中	1	1	1	-1	3	1
a_6	下,中,上	1	1	-1	1	1	3

齐王每一策略赢得的代数和是 6,6 种策略的总赢得是 36,可见优势之明显。但每一策略中,都存在一个局势,其所得是 -1。孙膑就是选择了这个局势,使田忌在赛马中战胜了齐王。如果齐王懂得对策,在选择赛马出战顺序上也能像孙膑那样,考虑对手的策略,则获胜的机会将大大超过田忌。

区域之间、区域内部不同集团之间的关系,包括合作与竞争、利益分配等,都可以用对策理论来解释,有的也可以用对策模型加以描述和分析。

五、层次分析法

美国运筹学家萨蒂(T. L. Saaty)于 20 世纪 70 年代提出的层次分析法(analytic

hierarchy process，AHP），是一种定性与定量相结合的决策分析方法。对各种类型问题的决策分析具有较广泛的实用性。

(一)基本原理

层次分析法的基本原理可用以下简单事例加以说明。假设有 m 个物体 A_1，A_2，$\cdots$，A_m，它们的重量分别记为 W_1，W_2，$\cdots$，W_m。现将每个物体的重量两两进行比较，见表 6-15。

表 6-15 层次分析表式(1)：数据含义表

	A_1	A_2	$\cdots$	A_m
A_1	W_1/W_1	W_1/W_2	$\cdots$	W_1/W_m
A_2	W_2/W_1	W_2/W_2	$\cdots$	W_2/W_m
$\vdots$	$\vdots$	$\vdots$	$\vdots$	$\vdots$
A_m	W_m/W_1	W_m/W_2	$\cdots$	W_m/W_m

若以矩阵表示这种相对重量关系，即：

$$A = (W_{ijm \times m})_{m \times m}$$

式中，$W_{ij} = W_j/W_i (i, j = 1, 2, \cdots, m)$。$A$ 称为判断矩阵。若取重量向量 $W = (W_1, W_2, \cdots, W_m)^T$，则有：

$$AW = mW$$

这就是说，W 是判断矩阵 A 的特征向量，m 是 A 的一个特征值。事实上，根据线性代数知识不难证明，m 是 A 的唯一非零的也是最大的特征值，而 W 为其所对应的特征向量。

上述事实提示我们，如果有一组物体，需要知道它们的质量，但没有量器时，就可以通过两两比较它们的相互质量，得出每对物体质量比的判断，从而构成判断矩阵；然后通过求解判断矩阵的最大特征值 λ_{max} 和它所对应的特征向量，得出这一组物体的相对重量。根据这一思路，在区域开发研究或区域规划中，对于一些无法测量的因素，只要引入合理的标度，就可以用这种方法来度量各因素的相对重要性，从而为区域开发决策提供依据。

(二)基本步骤

1. 明确问题

明确问题即弄清问题的范围、所包含的因素、各因素之间的关系等。

2. 建立层次结构

建立层次结构是指将问题所包含的因素进一步分组，把每一组作为一个层次，按照最高层(目标层)、若干中间层(策略层)以及最低层(措施层)的形式排列出来。这种层次结构常用表 6-16 来表示。表中要注明上下层元素之间的关系。如果某一元素与下一层的所有元素均有联系，则称这个元素与下一层存在完全层次关系；如果某一元素只与下一层的部分元素有联系，则称这个元素与下一层存在不完全层次关系。

3. 构造判断矩阵

构造判断矩阵是指针对上一层次中某一元素，评定本层次中各有关元素的相对重要性。其形式如表 6-16 所示。

表 6-16　层次分析表式(2)：层次单排序

A_k	B_1	B_2	$\cdots$	B_n
B_1	b_{11}	b_{12}	$\cdots$	b_{1n}
B_2	b_{21}	b_{22}	$\cdots$	b_{2n}
$\vdots$	$\vdots$	$\vdots$		$\vdots$
B_n	b_{n1}	b_{n2}	$\cdots$	b_{nn}

其中，b_{ij} 表示对 A_k 而言，元素 B_i 对 B_j 的相对重要性的判断值。b_{ij} 一般取 1，3，5，7，9 五个等级表度，其意义为：1 表示 B_i 与 B_j 同等重要；3 表示 B_i 比 B_j 重要一点；5 表示 B_i 比 B_j 重要得多；7 表示相比 B_j，B_i 很重要；9 表示相比 B_j，B_i 极端重要。而 2，4，6，8 表示相邻判断的中值，当上述五个等级不够用时，可以使用这些数值。

一般来说，应该有 $b_{ii}=1$，$b_{ij}=1/b_{ji}(i,j=1,2,\cdots,n)$，因此，在构造判断矩阵时，只需写出上三角或下三角即可。

判断矩阵的数值是根据数据资料、专家意见和分析者的认识加以综合给出的。衡量判断矩阵质量的标准是矩阵中的判断是否具有一致性。如果存在 $b_{ij}=b_{ik}/b_{jk}(i,j,k=1,2,\cdots,n)$，称它具有完全一致性。因客观事物的复杂性和人们对事物认识的多样性，要求每一判断矩阵都有完全一致性很难做到，特别是因素多、规模大的问题，更是如此。为了考察层次分析法得到的结果是否基本合理，需要对判断矩阵进行一致性检验。

4. 层次单排序

层次单排序的目的是针对上一层次中的某元素，确定本层次中与之有联系的元素的重要性权重值。它是本层次所有元素对上一层次而言的重要性的基础。

层次单排序的任务可以归结为计算判断矩阵的特征根和特征向量问题，即对于判断矩阵 $\boldsymbol{B}$，计算满足下式的特征根和特征向量：

$$BW=\lambda_{\max}W$$

式中，$\lambda_{\max}$ 为 $\boldsymbol{B}$ 的最大特征根；W 为对应于 $\lambda_{\max}$ 的正规化特征向量；W 的分量 W_i 就是对应元素单排序的权重值。

根据前述内容可以知道，当判断矩阵具有完全一致性时，$\lambda_{\max}=n$。但在一般情况下很难做到判断矩阵的完全一致性。为了检验判断矩阵的一致性，需要计算一致性指标：

$$CI=(\lambda_{\max}-n)/(n-1)$$

当 CI＝0 时，判断矩阵具有完全一致性；CI 越大，判断矩阵的一致性越差。

为了检验判断矩阵是否具有令人满意的一致性，需将 CI 与平均随机一致性指标 RI

进行比较，如表 6-17 所示。一般而言，1 阶或 2 阶判断矩阵总是具有一致性的；对于 2 阶以上的判断矩阵，其一致性指标 CI 与同阶的平均随机一致性指标 RI 之比，称为判断矩阵的平均一致性比例，记为 CR。当 CR＝CI/RI＜0.10 时，判断矩阵具有满意的一致性；否则，就需要对判断矩阵进行调整，直到满意为止。

表 6-17　随机一致性检验值

阶数	1	2	3	4	5	6	7	8	9	10	11	12	13	14	15
RI	0	0	0.58	0.90	1.12	1.24	1.32	1.41	1.45	1.49	1.52	1.54	1.56	1.58	1.59

5. 层次总排序

利用同一层次中所有层次单排序的结果，用线性加权模型计算针对上一层次而言的本层次所有元素的重要性权重值，就称为层次总排序。

如果上一层次所有元素 A_1，A_2，…，A_m 的层次总排序已经完成，得到的权重值分别为 a_1，a_2，…，a_m，与 a_j 对应的本层次元素 B_1，B_2，…，B_n 的层次单排序结果为 $(b_{1j}, b_{2j}, …, b_{nj})^T$（这里，当 B_i 与 A_j 无关时，$b_{ij}＝0$），那么得到的层次总排序如表 6-18 所示。

表 6-18　层次分析表式(3)：层次总排序

层次 B	层次 A				B 层次总排序
	A_1	A_2	…	A_m	
	a_1	a_2	…	a_m	
B_1	b_{11}	b_{12}	…	b_{1m}	$\sum a_j \times b_{1j}$
B_2	b_{21}	b_{22}	…	b_{2m}	$\sum a_j \times b_{2j}$
⋮	⋮	⋮	⋮	⋮	⋮
B_n	b_{n1}	b_{n2}	…	b_{nm}	$\sum a_j \times b_{nj}$

显然，

$$\sum_{i=1}^{m}\sum_{j=1}^{n} a_j b_{ij} = 1$$

即层次总排序为归一化的正规向量。

6. 一致性检验

为了评价层次总排序计算结果的一致性，类似于层次单排序，也要进行一致性检验。为此，需计算下列指标：

$$CI = \sum a_j \times CI_j$$
$$RI = \sum a_j \times RI_j$$
$$CR = CI/RI$$

式中，CI 为层次总排序的一致性指标，CI_j 为与 a_j 对应的 B 层次中判断矩阵的一致性指标；RI 为层次总排序的随机一致性指标，RI$_j$ 为与 a_j 对应的 B 层次中判断矩阵的随机一致性指标；CR 为层次总排序的随机一致性比例。

同样，当 CR＜0.10 时，可以认为层次总排序的计算结果具有令人满意的一致性；否则，就需要对本层次的各判断矩阵进行调整，从而使层次总排序具有令人满意的一致性。

复习思考题

1. 解释概念：生活质量指数(PQLI)、人类发展指数(HDI)、风险型决策、AHP。
2. 简述区域系统分析的特点和原则。
3. 分析说明如何用比较的方法进行区域系统分析。
4. 根据预测原理和方法，预测我国 2025 年人口、GDP，在此基础上推算人均 GDP。
5. 简述线性规划的原理和建模过程。
6. 结合某省区实际，尝试对该地区各市县经济发展质量进行评价。

学习、阅读文献

1. 顾凯平，高孟宁，李彦周. 复杂巨系统研究方法论[M]. 重庆：重庆出版社，1992.
2. 侯景新，尹卫红. 区域经济分析方法[M]. 北京：商务印书馆，2004.
3. Shahrokh F，Labys W C. A Commodity-Regional Model of West Virgina[J]. Journal of Regional Science，1985，25(3)：383-411.
4. Albegov M，Andersson A E，Snickars F. Regional Development Modelling：Theroy and Practice[M]. New York：North-Holland Publishing Company，1983.
5. 陈秀山，徐瑛. 中国区域差距影响因素的实证研究[J]. 中国社会科学，2004(5)：117-129＋207.
6. 马茹，罗晖，王宏伟，等. 中国区域经济高质量发展评价指标体系及测度研究[J]. 中国软科学，2019(7)：60-67.
7. 覃成林，郑云峰，张华. 我国区域经济协调发展的趋势及特征分析[J]. 经济地理，2013，33(1)：9-14.
8. 白俊红，蒋伏心. 协同创新、空间关联与区域创新绩效[J]. 经济研究，2015，50(7)：174-187.
9. 余泳泽，刘大勇. 我国区域创新效率的空间外溢效应与价值链外溢效应——创新价值链视角下的多维空间面板模型研究[J]. 管理世界，2013(7)：6-20＋70＋187.

第七章 区域分析与规划实践

为使读者能够理解区域分析与规划理论、方法的实际运用，本章将提供一些资料性的成果，供读者阅读。

第一节 《城市与区域规划国际准则》简介

联合国人类住区规划署（简称联合国人居署）于 2013 年启动了《城市与区域规划国际准则》（以下简称《准则》）的研究制定工作，2016 年正式向第三次联合国住房与可持续城市发展会议提交最终成果，这是联合国机构首次以国际组织的官方名义就城市和区域规划提出指引。

一、背景和目标

自 1950 年以来，世界已经发生了巨大变化，城市人口与日俱增，预计到 2030 年将达到 50.6 亿人（占全球总人口的 60%）。为应对这一变化，《准则》旨在为改善全球城市与区域政策、规划、设计和实施进程搭建一个框架，推动建设布局更紧凑、社会更包容、更加融合和相互连通的城市与区域，促进城市可持续发展，提升对气候变化的抵御能力。《准则》的核心目标包括以下四个方面。

（1）制定一个普遍适用的参考框架，指导全球的城市政策改革。

（2）从各国和各地区的经验中总结出普遍原则，支持制定适用于不同情况和尺度范围的各种规划方法。

（3）与其他促进城市可持续发展的国际准则相互补充和衔接。

（4）提升城市和区域议题在国家、区域和地方政府发展议程中的地位。

二、定义与范围

（一）定义

城市与区域规划是一个决策过程，它通过制定各种空间愿景、战略和方案，运用一系列政策原理、政策工具、体制机制、参与和管治程序，实现经济、社会、文化和环境不断发展完善的目标。

城市与区域规划具有促进经济发展的基本功能。作为一种重塑城市和区域形态与功能的手段，规划能够培育本土经济的增长，促进繁荣和就业，同时也是应对最脆弱、最边缘化或无法充分分享受服务的群体需求的有力工具。

（二）使用范围

1. 跨（国）境层面

跨（国）境区域战略能够直接引导投资，应对气候变化和能源效率等全球性问题，推动跨（国）境区域内的城市、地区整合扩展，降低自然灾害的风险，改善共有自然资源的可持续管理。

2. 国家层面

国家规划能够利用现有及规划中的经济支柱和大型基础设施,支撑、构建和平衡包括城市走廊、江河流域在内的城镇体系,从而完全释放其经济潜力。

3. 城市区域和大都市层面

区域规划可以提升区域的规模经济和集聚经济效应,提高生产力和繁荣程度,加强城乡联系和适应气候变化的能力,降低灾害风险和能耗强度,应对社会和空间不平等问题,以及促进增长地区和衰落地区的地域融合与互补。

4. 城市层面

城市发展战略和综合发展规划有助于对投资决策进行优先排序,鼓励城市、地区之间协同互动。土地利用规划有助于保护环境敏感地区,加强土地市场监管。城市扩展规划和填充式规划有助于最大限度地降低交通和服务供应成本,优化土地的利用,支持城市开放空间的保护和布局。城市提升和更新改造规划有助于提高居住密度和经济密度,促进社区的社会融合。

5. 社区层面

街道开发和公共空间规划布局有助于提高城市质量、社会凝聚力和包容性,改善对当地资源的保护。通过推动社区参与公共空间和公共服务等城市公共品的管理,参与式规划和参与式预算有助于减少空间隔离,改善空间连通性,提升社会安全和抵御能力,促进地方民主,提高社会责任感。

(三)规划方法依据

目前,在许多国家已经有很多不同种类的城市与区域规划方法和实践,包括全市战略规划、总体规划、社区规划、土地利用规划等。这些方法和实践会对城市形态和功能产生影响,并通过各种不同方式得以实现;即使未实施的规划,也会对现实世界产生影响,例如成为可持续变革的障碍。规划方法的范围很广泛,包括自上而下和自下而上的方法,面对各种特定情况,它们得到不同程度的结合使用,并演变成系列方法。

无论采用何种方法,一个规划的成功实施,需要强大的政治意愿、所有利益相关方之间恰当的伙伴关系。除此之外,还要注意下面三个关键的促成因素。

1. 透明且可执行的法律框架

应强调建立规章制度体系,为城市发展提供一个稳定且可预测的长期法律框架。应特别关注问责制、可实施性和法律框架必要的强制执行能力。

2. 健全且灵活的城市规划和设计

公共空间设计是创造城市价值的主要因素之一,首先,应特别关注公共空间的设计,通过提供合理的街道形式和道路连通性,配置开放空间。其次,明确可建设街区和地块的布局,包括适当的紧凑度和建成区的混合经济功能,这样可以减少交通需求和服务供应的人均成本。最后,公共空间设计应促进社会融合互动,提升城市的文化内涵。

3. 可负担且具有成本效益的财政计划

一个城市规划的成功实施,取决于其良好的财政基础,包括启动公共投资,以产生经济和财政效益,并覆盖运行成本的能力。政府的财务方案应包括实事求是的收入计划、所有利益相关方共享城市价值计划,以及能满足规划要求的支出计划。

上述三个要素应达成平衡，以确保在城市工作方面取得积极且可实现的成果。这必将带来不断增强的跨部门合力、成果导向的伙伴关系，以及简化有效的工作程序。

三、主要内容与要求

(一)城市政策与治理

1. 原理

(1)城市与区域规划不仅是一项技术工具，更是一项综合解决利益冲突的参与式决策进程，并且与共同愿景、总体发展战略以及各项国家、区域和地方城市政策相互衔接。

(2)城市与区域规划是城市治理新范式的核心组成部分，可以促进地方民主、参与度、包容性、透明度以及问责制，以确保可持续城市化和空间质量。

2. 政府的责任

(1)制定国家层面的城市与区域政策框架。一方面，研究与推广可持续城市化模式，涉及当前和未来居民的生活水平、经济增长与环境保护、城市和其他人类住区之间的平衡体系，以及所有公民的明确土地权利和义务(包括贫民土地权保障)，以此作为各级城市与区域规划工作的基础；另一方面，城市与区域规划将成为一项工具，用以将政策转化为规划和行动，并为政策调整提供反馈。

(2)为城市与区域规划制定有力的法律和制度框架，具体包括：

①确保在制定城市与区域规划时，充分考虑经济规划工具及其周期特征，以及国家各部门的政策，并确保在开展国家规划工作时，充分体现城市与区域经济的关键作用；

②承认区域、城市和地区之间的差异，以及区域空间协调和区域均衡发展的必要性；

③根据权利行使的基本原则，对自下而上方法和自上而下方法的结合使用作出适当安排，促进城市、大都市、区域和国家规划之间的联系和协同，确保各项举措在部门和空间层面协调一致；

④制定基本规则，并建立相应机制，协调城市间的规划与管理；

⑤将合作伙伴关系和公众参与正式确定为政策的核心原则，让公众、民间社会组织和私营部门的代表参与城市规划活动，确保规划人员在实施这些原则时发挥积极的支持作用，并建立广泛的磋商机制，举办论坛，推动有关城市发展问题的政策对话；

⑥促进对土地和房地产市场的监管，保护人工环境和自然环境；

⑦允许制定新的监管框架，促进连续不断地以互动方式实施并修订完善城市与区域规划；

⑧为所有利益相关方提供公平的竞争环境，以刺激投资，提高透明度，尊重法治，减少腐败。

(3)根据《关于权力下放和加强地方主管部门的国际准则》，界定、实施和监测权力下放工作和基层政策，加强地方主管部门的作用、职责、规划能力和资源。

(4)构建城市间合作框架，衔接多层次治理体系，支持建立各类跨城市、跨大都市的机构，辅以适当的监管框架和财政激励机制，从而确保城市规划和管理工作在适当的规模范围内开展，相关的项目能够获得必要的资金支持。

(5)推动立法工作，明确地方主管部门对于规划的制定、审批和修改负有领导责任，同时明确，如果需要将规划变成具有法律约束力的文件，必须保证规划与其他各级政府机构制定的政策并行一致。

(6)加强并授权地方主管部门，确保规划原则、条例和规章得到实施，并有效发挥功能。

(7)开展与专业规划组织、网络、研究机构以及民间社会组织之间的合作，建立城市规划方法、模式和实践的观察机制，以便记录、评估和综合各国经验，组织并分享案例研究，向公众提供信息，并按需向地方主管部门提供帮助。

3. 地方主管部门的任务

(1)为制定城市与区域规划提供政治领导，确保与部门规划、其他空间规划以及周边地区的发展相互衔接配合，从而在适当的空间范围内规划和管理城市。

(2)负责其管辖范围内的城市与区域规划的审批、评估和修订(例如每 5 年或 10 年一次)。

(3)将提供公共服务纳入规划过程，参与城市间以及多层级合作，促进住房、基础设施和服务设施的建设和融资。

(4)促进城市规划与城市管理相结合，确保上位规划和下位的实施相互衔接，确保长远目标与各项计划、短期管理活动以及部门项目之间协调一致。

(5)对具体承担城市与区域规划制定工作的专业人员和私营公司进行有效监管，确保各项规划方案符合地方政治愿景、国家政策和国际原则。

(6)确保城市法规得到执行并有效发挥功能，采取必要行动，避免非法开发行为，尤其要关注面临风险以及具有历史、环境或农业价值的地区。

(7)建立利益相关方的监测、评价和问责机制，以便透明地评估各项计划的实施情况，并为必须对长短期项目和计划方案采取的纠正行动提供反馈意见和信息。

(8)分享各自的城市与区域规划经验，参与城市间合作，以推动政策对话和能力建设，推动地方政府联盟参与国家和地方层面的政策与规划工作。

(9)建立适当的参与机制，促进城市利益相关方，尤其是社区、民间社会组织和私营部门，有效而平等地参与城市与区域规划的制定和实施工作，促进民间社会的代表，尤其是女性和青年，参与实施、监测和评价工作，确保他们的需求在规划过程中得到考虑和回应。

4. 民间社会组织的义务

(1)参与城市与区域规划的制定、实施和监测工作，帮助地方主管部门识别需求和优先事项，并尽可能根据现有法律框架和国际协定，行使参与协商的权利。

(2)动员群众，尤其是不同年龄、性别的贫民和脆弱群体，参与城市与区域规划的公共协商，以推动公平的城市发展，倡导和平的社会关系，优先考虑最不发达城市、地区的基础设施和公共服务。

(3)为社会各行各业群体，尤其是不同年龄、性别的贫民和脆弱群体，提供一个平台，鼓励、支持其参与社区论坛和社区规划活动，并在社区改善方案中与地方主管部门携手合作。

(4)提高公众认识，动员公众舆论，防止非法和投机的城市开发，尤其是那些可能危害自然环境、导致低收入和脆弱群体流离失所的开发建设。

(5)确保城市与区域规划长远目标的持续性，即使在政治变革或出现短期障碍时也不例外。

5．规划师的任务

(1)在规划制定和修订的各个不同阶段，贡献其专长，动员关心其意见的利益群体，促进城市与区域规划进程。

(2)在倡导更加包容平等的城市发展中发挥积极作用，具体方法包括促进公众广泛参与规划工作和把相关内容纳入规划、设计、法规、章程和规则等规划手段。

(3)推动本《准则》的应用，建议决策者采用本《准则》，并根据国家、区域和地方情况进行必要的调整。

(4)推动城市与区域规划领域的研究，促进规划知识的增长，组织各类研讨会和协商论坛，提高公众对本《准则》中所提建议的认识。

(5)与各类学习和培训机构合作，审查和设计城市与区域规划方面的大学课程和专业课程体系，在这些课程中引入本《准则》的内容，并进行必要的改编和进一步的阐述，促进能力提升。

(二)社会、经济、生态的高质量发展

城市与区域规划能够在诸多领域促进可持续发展，它应该与可持续发展的三个互补方面(社会发展和社会包容、可持续经济增长、环境保护和管理)紧密联系。以协同方式整合这三个方面的内容，既需要政治承诺，又需要所有应参与城市与区域规划进程的利益相关方的共同参与。

1．城市与区域规划和社会发展

(1)原理。

①城市与区域规划的首要目的，是在当今和未来社会的各个领域实现恰当的生活水平和工作条件，以确保城市发展的成本、机会和成果得到公平分配，特别是要提高社会包容性和凝聚力。

②城市与区域规划从本质上讲，是一项对未来的投资，它为提高生活质量，成功实现尊重文化遗产和文化多样性的全球化进程，以及承认不同群体的多样性需要，提供必要的条件。

(2)政府的责任。

①监测城市和区域的住房与居住条件的演变，支持地方主管部门和社区旨在提高社会和地域的凝聚力和包容性的规划努力。

②推动制定减贫战略，并具体落实，支持创造就业岗位，促进所有人体面地工作，包括解决流动人口和流离失所者等脆弱群体就业的特殊需求。

③促进建立渐进式住房金融体系，使得人人有能力承担土地、配备服务设施的地块以及住房压力。

④提供适当的财政激励和针对性的补贴，加强地方财力，授权地方主管部门，通过城市与区域规划手段解决社会不平等问题，促进文化多样性。

⑤在城市与区域规划过程中，促进实现文化遗产和自然遗产认定、保护和发展的

一体化。

(3)地方主管部门的任务。

①设计和推行包含以下内容的城市与区域规划:一个清晰、分步骤、有重点的空间框架,确保所有人享受基本服务;一个关于土地、住房开发和交通方面的战略指引和规划图,特别关注低收入和社会脆弱群体的当前和预期需要;支持在城镇实现人权的工具;鼓励社会融合和土地混合使用的法规,为广大民众提供有吸引力的、可负担得起的公共服务、住房和就业机会。

②提倡社会和空间的融合度和包容性,为改善城市的社会文化生活做出贡献。采取的方式特别包括改善所有人到城市和区域每个地点的可达性,使每位居民,包括流动人口和流离失所者,都能享受城市公共福利,包括其社会经济机会、城市服务和公共空间等。

③根据男女老少不同的需求,提供高质量的公共空间,改善和活化现有的公共空间,如广场、街道、绿地和体育场馆,使它们更加安全,并且人人都可享用。应该认识到,这些场所是城市活力和包容性城市生活不可或缺的平台,也是基础设施建设的主要内容。

④确保低收入地区、非正式住区和贫民窟得以提升和融入城市肌理,但要尽可能减少对当地居民的生活干扰、置换和搬迁。如果这类干扰不可避免时,应对受影响的群体给予适当补偿。

⑤确保每位居民都能够获得安全、可负担得起的饮用水和充足的卫生服务。

⑥提高土地所有权的保障程度,改进中低收入家庭对土地和房产的支配权,以及他们对资金的获取途径。

⑦促进土地混合使用,构建安全、舒适、可负担且可靠的交通系统,以及根据不同地区地价和房价的差别,采用不同的保障性住房解决方案,以缩短居住、工作和服务区域之间的通勤时间。

⑧改善城市安全,使其成为安全、公正和社会凝聚力的一项指标,尤其是对于女性、青年人、老年人、残疾人和其他脆弱群体而言。

⑨通过明确男女老少的特殊需求,在设计、创造和利用城市空间和服务的过程中,促进和确保性别平等。

⑩确保影响土地和房产市场的行动不会过分降低可负担性,以致对低收入家庭和小微企业造成危害。

⑪充分认识发展城市文化、尊重社会多样性是社会发展的组成部分,并且具有重要的空间意义,要鼓励开展室内(博物馆、剧院、电影院、音乐厅等)和户外(街头艺术、歌舞游行等)文化活动。

⑫重视和保护文化遗产,包括传统住区和历史街区、宗教和历史古迹、考古区域以及文化景观等。

2. 城市与区域规划和经济可持续增长

(1)原理。

①城市与区域规划是经济可持续和包容性增长的催化剂,它提供了一个有力的框

架，有助于创造新的经济机会，监管房地产市场，及时提供充足的基础设施和基本服务。

②城市与区域规划是一个强大的决策机制，可确保可持续性经济增长、社会发展和环境可持续性齐头并进，以促进各个地域层面之间更好地相互连通。

（2）政府的责任。

①通过适当的产业、服务和教育机构集群，规划并支持相互连通的多中心城市区域的发展，并以此为战略，提升毗邻城市之间、城市与其农村腹地之间的专业化、互补性、协同效应，以及规模经济与集聚经济效应。

②与包括私营部门在内的有关各方建立动态伙伴关系，依据规模经济和集聚经济效应、就近原则和连通性的原则，确保城市与区域规划协调经济活动的空间区位和分布，从而提高生产力，提升竞争力，促进城市和区域繁荣发展。

③支持城市间合作，确保资源得到优化应用和可持续利用，防止地方主管部门之间的不正当竞争。

④制定地方发展政策框架，将地方经济发展的关键概念适当聚焦，通过鼓励个人和私人的主动精神，在城市与区域规划进程中扩大或复苏地方经济，增加就业机会。

⑤制定信息和通信技术政策框架，该框架充分考虑到地域限制和机会，加强地域实体和经济活动者之间的联系。

（3）地方主管部门的任务。

①承认城市与区域规划的主要作用之一，是为高效的主干基础设施建设、提高流动性、促进构建城市节点提供必要的依据。

②确保城市与区域规划能够创造更有利的条件，以建立安全可靠的公共交通和货物运输系统，同时尽量减少个人交通工具的使用，从而以节能和负担得起的方式加强城市流动性。

③确保城市与区域规划有利于为经济主体和居民提供更多、更均衡和负担得起的数字基础设施和服务，促进城市与区域内基于知识的开发建设。

④将清晰详尽的投资规划内容纳入城市与区域规划，包括公共和私人部门在承担投资、运营和维护成本方面预期可能做出的贡献，以便合理调动资源（地方税、内源性收入、可靠的转移机制等）。

⑤利用城市与区域规划，以及相关先进的土地用途管制规则，如基于形态的设计准则，或基于绩效的分区管制，管理土地市场、建立开发权市场、调动城市金融（如以土地为基础进行融资），以及部分回收城市基础设施和服务方面的公共投资。

⑥利用城市与区域规划来引导和支持地方经济发展，特别是创造就业机会，发展地方社区组织、合作企业、小微企业，推动产业和服务的适度集聚。

⑦利用城市与区域规划确保充足的街道空间，以便建立起安全、舒适、高效的街道网络，实现高度互联，鼓励采用非机动交通方式，提高经济生产力，促进地方经济发展。

⑧利用城市与区域规划设计具有足够人口密度的社区，通过填充式开发或有计划地扩展战略，发展规模经济，减少出行需求，降低服务成本，构建具有良好成本效益的公共交通系统。

3. 城市与区域规划和生态环境建设

(1)原理。

①城市与区域规划提供一个空间框架，保护和管理城市与区域的自然环境和人工环境，包括生物多样性、土地和自然资源，确保城市和区域综合性可持续发展。

②城市与区域规划有利于加强环境和社会经济的抵御能力，促进减缓和适应气候变化，加强对自然和环境的危害和风险的管理，从而提升人类安全。

(2)政府的责任。

①制定标准与法律法规，保护水、空气和其他自然资源、农业用地、绿色开敞空间、生态系统和生物多样性热点区，实现可持续管理。

②推动城市与区域规划工作，强化城乡互补，提高粮食安全，促进城市间的相互联系和协同增效，将城市规划和区域发展联系起来，确保城市区域层面(包括跨境区域)的区域凝聚力。

③制定和推广合适的工具和方法，采用激励机制和管制措施，推动环境影响评估工作的开展。

④倡导发展紧凑型城市，对城市蔓延现象严加管控，结合土地市场管理，制定渐次加密战略，优化城市空间利用，降低基础设施成本，削减交通需求，限制城市化地区的生态足迹，有效应对气候变化的挑战。

⑤确保各项城市与区域规划能够满足发展可持续能源服务的需求，以便获得更多清洁能源，减少化石燃料消耗，推行合理的能源组合，从而提高建筑业、工业和多模式交通运输业的能效。

(3)地方主管部门的任务。

①制定城市与区域规划，提供一个减缓和适应气候变化的框架，提高人类住区(尤其是位于脆弱和非正规地区的人类住区)的抵御力。

②建立和实行高效的低碳城市形式和发展模式，提高能源使用效率，增加可再生能源的产量和使用。

③在低风险地区提供必要的城市服务、基础设施和住宅开发，通过自愿参与的方式，促使高风险地区的居民转移到更合适的地方重新定居。

④评估气候变化的意义和潜在影响，保证城市的关键功能在灾难或危机中能继续发挥作用。

⑤将城市与区域规划作为改善水和卫生服务供应、减少空气污染和水资源浪费的行动计划。

⑥综合私营部门和民间社会组织的力量，通过城市与区域规划，认定、复兴、保护和建造具有特殊生态或遗产价值的高质量、多功能的公共空间和绿色空间，保护当地的生物多样性，避免产生热岛效应，支持建立多功能公共绿色空间，如可滞留和吸收雨水的湿地。

⑦确定和认可已趋衰落的建筑环境的价值并加以振兴，以便利用原有资产，加强社会对其价值的认同。

⑧将固体废物和液体废物管理及回收纳入空间规划，包括填埋场和回收场地的选址。

⑨与服务供应商、土地开发商和土地所有者开展合作，将空间和部门规划紧密联合起来，促进部门间各类服务(如供水、排污和卫生设备，能源和电力，通信和交通)的协调和协同增效。

⑩通过激励机制和限制措施，推动建造、改装和管理"绿色建筑"，同时监测其经济影响。

⑪做好街道设计，鼓励步行、非机动交通和公共交通，同时要有利于种植树木，能遮阴和吸收二氧化碳。

(三)城市与区域规划的要素

1. 原理

(1)城市与区域规划在不同的时间和空间范围内，整合了若干空间、体制和金融维度。它是一个持续反复的过程，以强制性的规定为基础，旨在推动发展紧凑型城市，加强地域之间的协同增效。

(2)城市与区域规划使得基于不同愿景的政治决定更加顺利，也更加相互衔接，它将这些决策转化为行动，改造物质和社会空间，支持城市与区域的综合开发。

2. 政府的责任

(1)推动将城市与区域规划作为一种促进机制和弹性机制，而不是作为一张固定不变的蓝图。应以参与性的方式制定空间规划，各种版本的城市与区域规划应便于广大民众理解、访问和使用。

(2)提高公众的城市与区域规划意识和能力，尤其需要强调，城市与区域规划不只是不同空间尺度的产品(规划方案、相关规则和法规)，更是一个过程(制定、修改和实施规划的机制)。

(3)建立人口、土地、环境资源、基础设施、服务和相关需求的数据库、注册系统和地图测绘系统，并加以必要的维护，以此作为制定和修订城市与区域规划和法规的基础条件。这些系统的建设，应该结合利用当地的知识、现代信息与通信技术，充分考虑区域和城市的具体分类数据。

(4)对城市与区域规划建立全面的分期、更新、监测和评估体系，必要时通过立法予以落实。这些系统最根本的要素，包括绩效考核指标体系和利益相关方的参与。

(5)支持设立专门的规划机构，保证其结构合理、资源充足，并且技能不断提升。

(6)建立有效的金融和财政框架，支持地方层面开展城市与区域规划。

3. 地方主管部门的任务

(1)制定共同的空间战略愿景(以必要的规划图为支持)，确立一套各方认同的目标，清晰地反映政治意愿。

(2)详细拟定城市与区域规划方案，保持彼此相互衔接，包括下列多个空间组成部分。

①发展愿景。其制定要对人口、社会、经济和环境趋势进行系统分析，充分考虑土地利用和交通运输之间的重要关系。

②明确的优先次序和分期安排。针对希望达成或可能实现的空间结果，在恰当的时间尺度上，基于合理的可行性研究提出。

③反映城市预期增长规模的空间布局方案。包括城市空间拓展规划安排、城市的合理加密与再开发、紧密相联的宜居街道体系以及高质量的公共空间。

④规划设计方案。以环境条件为基础，优先保护重要生态地区和灾难多发地区，尤其关注土地的混合使用、城市形态与城市结构、交通与基础设施开发，灵活应对未来不可预见的变化。

(3)确立体制安排，建立参与框架和伙伴关系框架，达成利益相关方协议。

(4)设立一个能通报城市与区域规划进程，并允许对提案、规划方案和最终的成果进行严格监测和评估的知识库。

(5)设计一项人力资源开发战略，提升本地的能力，必要时，可寻求其他政府部门的支持。

(6)尤其应确保做到以下几点。

①土地利用和基础设施的规划与实施，应在空间上相互关联和协调，因为基础设施建设离不开土地，而且会对土地价值产生直接影响；

②除其他事项外，基础设施规划还必须重点研究干线公路网、主干道路网、公路与街道的衔接、交通管制和机动性激励、数字通信及与基础服务和风险减缓工作之间的关联；

③城市与区域规划的制度组成部分与财务组成部分密切相关，为此应建立合理的实施机制，如参与式预算、公私伙伴关系和多层级融资计划；

④在进行城市扩张、改造、更新和复兴项目时，充分考虑现有城市形式和形态。

4. 民间组织的义务

(1)通过参与进程，包括咨询所有利益相关方，在民众关系最密切的公共部门推动下，参与制定总体空间愿景，对项目的优先程度进行排序。

(2)宣传能够促进以下方面的土地使用规划和法规：社会和空间包容，保障贫民土地权益，可负担性，合理提高密度，土地混合使用和相关的分区制度，充足且便利的公共空间，保护重要的农业用地和文化遗产，以及有关土地所有权、土地注册系统、土地交易和土地融资的改进措施。

5. 规划师的任务

(1)开发新工具，跨地区、跨部门转让知识，推进一体化、参与式和战略性规划。

(2)将预报和预测结果转化为规划的备选和设想方案，帮助政治决策。

(3)在不同阶段、不同部门和不同规划尺度范围内，确认并确保协同增效。

(4)宣传推广建立紧凑型城市和区域融合的创新解决方案，以及其他一系列解决方案，以应对城市贫困、气候变化、废物管理和其他现有的或可能出现的城市问题所带来的挑战。

(5)支持对脆弱和弱势群体及土著居民的赋权，建立和宣传规划的实证方法。

(四)城市与区域规划的实施和监测

1. 原理

(1)充分、全面地实施城市与区域规划，需要强大的政治领导力、合理的法律和制度框架、有效的城市管理、更好的协作、凝聚共识的方法和少重复的劳动，如此才能持之以恒、积极有效地应对当前和未来的挑战。

（2）城市与区域规划的有效实施及评估，尤其需要在各个层级对实施过程进行持续监测、定期调整，还需要具备充分的能力，可持续的筹资机制和技术保障。

2. 政府的责任

（1）对法律法规定期进行严格审查，并将其作为规划实施的重要工具，确保其切合实际且便于执行。

（2）确保所有居民、土地和房地产开发商及服务提供商遵守法律法规。

（3）推动各方落实问责和冲突解决机制。

（4）对城市与区域规划的实施情况进行评估，为地方主管部门提供财政和财务激励及技术援助，主要用于应对基础设施短缺的问题。

（5）鼓励学术机构和培训机构参与城市与区域规划的实施，提升城市规划所有相关学科的高等教育程度，为城市规划专业人员和城市管理者提供在职培训。

（6）围绕城市与区域规划的实施进程、调整方案和面临的挑战，以及城市与区域数据及统计资料的公开自由获取，推动相关的监测和报告工作，以此作为民主政策不可分割的组成部分，吸引城市规划专业人员、民间社会组织和媒体积极参与。

（7）鼓励城市间的经验交流，促进城市之间的合作，以此作为改进规划、实施和城市管理实践的重要方式。

（8）开发、建立健全城市与区域规划的监测、评估和问责制度，根据成果和过程的跟踪指标，汇总定量和定性信息及分析结论，并接受公众监督。以国家和本地制度为基础，交流国际经验教训。

（9）推行无害环境技术、数据采集地理空间技术、信息和通信技术、街道编码系统、土地注册和财产备案系统等，促进交流和知识共享，从技术和社会两方面支持城市与区域规划的实施。

3. 地方主管部门的任务

（1）对城市与区域规划中规定的各项实施活动，采用高效、透明的机构设置，明确领导和伙伴关系，协调各地区、各部门的责任，包括城际层面的责任。

（2）选择切实的财务方案，推动渐进式、阶段性的规划工作，明确所有预期的投资来源（预算内或预算外、公共或私营等）、资源开发和成本回收机制（拨款、贷款、补贴、捐赠、用户收费、土地费用和税收），以确保财政可持续性和社会承担能力。

（3）确保各级政府按规划中确定的需求分配公共资源，并且有计划地撬动其他资源。

（4）确保创新筹资来源得到开发、测试、评估和必要的推广。

（5）根据《关于权力下放和为所有人提供基本服务的国际准则》中规定的法律框架，适时吸引私人投资，搭建公私合作伙伴关系，并保证它们的透明度。

（6）建立并支持多方伙伴委员会，特别要吸纳私营企业和社区部门，跟进城市与区域规划实施的进程，定期进行评价，并提出战略性建议。

（7）通过培训、经验和专业知识交流、知识转让和有组织的评论，在地方层面的规划、设计、管理和监测工作中，加强机构和人员的能力建设。

（8）支持实施过程中所有阶段的公共信息、教育和社区动员活动，让民间社会组织参与规划方案的设计、监测、评估和调整。

4．民间组织的义务

(1)动员相关社区，联络伙伴团体，在相关委员会和其他体制安排中，表达对包括城市贫困人群在内的公众的关爱，为实施各项规划做出积极贡献。

(2)就规划实施各阶段可能遇到的机遇和挑战，向主管部门提供反馈，并就必要的调整和纠正措施提出具体建议。

5．规划师的责任

(1)为不同类型规划的实施提供技术援助，支持空间数据的收集、分析、使用、共享和传播。

(2)设计和组织培训班，提高政策制定者和地方领导人对城市与区域规划问题的认识，尤其是使其认识到这些规划需要持续、长期地实施问责制。

(3)承担与实施这些规划有关的在职培训和应用型研究，以期汲取实践经验，为决策者提供实质性反馈意见。

(4)制作可用于公共教育、提高认识和广泛动员的规划模型。

第二节　我国"十四五"规划目标述评

表7-1给出了我国近4期国民经济和社会发展五年规划指标体系。"十四五"规划与前三次明显不同，从经济发展、创新驱动、民生福祉、绿色生态、安全保障五方面提出了20项发展目标，为全国人民指明了该期间的奋斗任务。

表 7-1　我国近 4 期国民经济和社会发展规划指标体系的对比分析

内容	指标	"十一五"规划	"十二五"规划	"十三五"规划	"十四五"规划	备注及点评
经济发展	国内生产总值	△	△	▲	▲	最核心目标，虽不完善，但仍是最好的综合指标
	总人口	▲	▲			规划对象的基本指标之一，不可替代，但目前中国的任务不是控制人口规模而是优化人口结构，所以"十三五"规划、"十四五"规划没有对此提出要求
	城镇化率	△	△	△	▲	"十一五"规划、"十二五"规划、"十三五"规划分常住人口和户籍人口规划城镇化率；"十四五"只规划常住人口城镇化率
	人均国内生产总值	△	×			当人口和 GDP 作为规划指标时就已经不是独立指标了；但当总人口不作为规划目标时，这个目标也就没有意义了
	服务业增加值比重	△	△	▲		现代化指标之一；能很好地体现产业结构升级，但要防止产业虚高

续表

内容	指标	"十一五"规划	"十二五"规划	"十三五"规划	"十四五"规划	备注及点评
创新驱动	R&D 占国内生产总值比重	△	△	▲	△	应作为约束性目标
	国民平均受教育年限	△	×	△	△	"十三五"规划、"十四五"规划修改为"劳动人口平均受教育年限",更合理
	每万人口发明专利拥有量	×	△	▲	△	可以直接反映科技创新态势,但只要降低申请和批准条件即可达到,横向、纵向都不好比。为此,"十四五"规划用的是"高质量发明专利"
	互联网普及率			▲		这方面已经不是问题了,因此不宜继续作为规划目标
	科技进步贡献率			▲		从理论上说科学合理,但在实践中很难准确测量
	全员劳动生产率			▲	▲	简单、直接、科学、合理
	数字经济核心产业增加值占 GDP 比重				▲	新形势新要求,但不宜作为一般区域规划的目标
	高中阶段毛入学率	×	△			使用大学生入学率更能与国际接轨;但中国的大学扩招已经使该指标失去意义
民生福祉	人均预期寿命	×	△	▲	▲	这个指标增加得好,能全面反映人民的生活质量和社会进步
	城镇居民人均可支配收入	△	△	△	△	"十三五"规划、"十四五"规划修改为"居民人均可支配收入"
	农村居民人均纯收入	△	△			"十三五"规划、"十四五"规划修改为"居民人均可支配收入"
	城镇基本养老保险覆盖人数	▲	▲	△	△	"十三五"规划、"十四五"规划修改为"基本养老保险参保率",体现社会保障城乡一体化
	五年转移农业劳动力	△	×			农村劳动力转移已经不是工作的重点和难点了,弃之是合理的
	城镇登记失业率	△	△	△	△	与新增就业人数相辅相成,二者有其一即可。"十四五"规划修改为"城镇调查失业率",没有考虑农村失业情况;"调查失业率"和调查过程有关,不同年份的数据可比性差
	每千人拥有执业(助理)医师数(人)				▲	和现代化要求相符,也和国际标准接轨

内容	指标	"十一五"规划	"十二五"规划	"十三五"规划	"十四五"规划	备注及点评
民生福祉	每千人拥有3岁以下婴幼儿托儿所数(个)				▲	特殊情况下的任务,一般区域可不作为目标
	保障性住房建设	×	△			临时性工作,不宜作为中长期规划的目标
	五年城镇新增就业	△	△	▲		与失业率相辅相成,二者有其一即可
	城镇棚户区住房改造(万套)			▲		临时性工作,不宜作为中长期规划的目标
	农村贫困人口(万人)			▲		临时性工作,不宜作为中长期规划的目标
绿色生态	森林覆盖率	▲		▲	▲	该指标很好,但应修改为"林木覆盖率"更符合实际,因为城市绿化的树木很多,也很有价值
	森林蓄积量	×	▲	▲		指标本身有意义,但不同情况下的测算可比性很难保证;也应修改为"林木蓄积量"——城市园林绿化的树木蓄积量也应该纳入
	单位国内生产总值能源消耗降低	▲	▲	▲	▲	最重要的约束性目标,不仅要和碳达峰目标相融合,还要和能源利用结构联系起来
	单位工业增加值用水量降低	▲	▲	△		很重要的约束性指标,"十三五"规划修改为"万元GDP用水下降比例",对各行业提出节水要求
	工业固体废物综合利用率	△	×			我国的工业化已经到了中后期,工业固体废弃物产生和利用已不是重点,近三期规划没有使用该指标
	非化石能源在一次能源中所占比例	×	▲	▲		"十二五"规划、"十三五"规划增加得好,体现了国家能源政策和全球减排要求
	单位国内生产总值二氧化碳排放降低	×	▲	▲		"十二五"规划、"十三五"规划增加得好,体现了国家碳达峰和碳中和的要求
	(四类)主要污染物排放减少			▲		"十四五"规划内容方面有要求,但没有将其列入规划指标
	地级及以上城市空气质量优良天数比率(%)			▲	▲	"十三五"规划还包括细颗粒物(PM2.5)下降比例;但没有一般城镇和农村生态环境治理指标
	地表水达到或好于三类水体的比例			▲	▲	水环境形势严峻,"十三五"规划、"十四五"规划将其纳入,很好

内容	指标	"十一五"规划	"十二五"规划	"十三五"规划	"十四五"规划	备注及点评
安全保障	耕地保有量	▲	▲	▲	△	"十四五"规划修改为"粮食综合生产能力"
	新增建设用地规模（万亩）			▲		临时性工作，不宜作为中长期规划的目标
	粮食综合生产能力（亿吨）				▲	和耕地保有量相辅相成，二者有其一即可
	能源综合生产能力（亿吨标准煤）				▲	特殊情况下的任务，一般区域可不作为目标

注："▲"是完全一致；"△"是相似指标；空格和"×"是没有使用或没有考虑。

一、"十四五"规划目标的新变化

（一）淡化经济指标

经济发展指标共有三项，分别是国内生产总值（GDP）增长速度、全员劳动生产率增长速度与常住人口城镇化率，在这三项指标中，只对常住人口城镇化率提出了具体的目标，到 2025 年达到 65%，截至 2021 年年底，中国常住人口城镇化率已达 64.72%，这个指标明显是偏低的。因为制定"十四五"规划期间正值中美贸易战，又赶上新冠疫情在全球蔓延，考虑到这五年内外部环境仍有较大不确定性，不设定一个具体的量化增速目标，有利于更积极、主动、从容地应对各类风险挑战，增强发展的灵活性，为应对不确定性留有空间，也有利于引导各方面把工作重点放在提高发展质量和效益上。取而代之的是"保持在合理区间、各年度视情提出"，要求全员劳动生产率的增长速度高于 GDP 的增长速度，意味着更少的劳动人口可以带来更多的经济增长。这个变化一方面是应对国内外的不确定性，另一方面也是在经济由高速增长阶段向高质量发展阶段转型过程中的主动变化，体现了未来几年中国将更加注重高质量发展、平衡协调发展的基本理念，也表明长期以来简单追求 GDP 增长的做法已经不再能够适应未来发展模式。不提具体的增长速度指标，代之以全方位的发展目标，可以更为从容地应对各种内外部冲击，为经济政策制定留出空间。

（二）创新驱动代替了科技教育

"十三五"规划中的第二大类是科技教育，"十四五"规划将其改为创新驱动，内部小指标变化比较大，去掉了九年义务教育巩固率以及高中阶段教育毛入学率两个指标，将全社会研发支出增速设置为量化指标，要求研发强度不得低于"十三五"时期，将基础研发强度列入五年规划，以期改变基础研发强度长期落后于发达国家的现状。提出"每万人口高价值发明专利拥有量"，较"十三五"规划的"每万人口发明专利拥有量"更强调高质量创新。提出"数字经济核心产业增加值占 GDP 比重"，相较此前的"数字经济增加值"指标更注重高质量发展，数字经济的统计方式也将逐步完善。这些变化与我国经济与社会发展的变化和发展趋势是一致的，我国基础教育取得了很大发展，九年义务教育基本普及，高中阶段教育也正在改革，职业教育的发展也正在加快。中国要转变经济增长方式，实现高质量发展，就要加强科技创新。

(三)绿色生态代替了资源环境

"十二五"和"十三五"期间，我国绿色生态领域的规划目标主要聚焦于三个方面——国土开发、节能减排和环境保护。"十四五"规划中，绿色生态目标更加聚焦于"低碳"，节能减排和环境保护是重点，与碳达峰、碳中和的中长期目标不谋而合。规划要求"单位国内生产总值能源消耗和二氧化碳排放分别降低 13.5％、18％，主要污染物排放总量持续减少"。规划目标配合了我国到 2030 年二氧化碳排放达到峰值并于2060 年实现碳中和的目标。环境保护仍旧是绿色生态领域的重点目标，规划指标中城市空气质量优良比率、地表水达标比例和森林覆盖率这三项指标的目标值均有显著上提，这意味国家对环境保护的要求更高，要为远期碳中和的实现奠定基础。

(四)民生福祉代替了人民生活

民生福祉方面有两条新设目标。一是调查失业率。就业是最大的民生，而就业最核心的指标是调查失业率，去掉了自"九五"规划以来就有的"城镇新增就业人数"指标。相较于城镇新增就业人数，调查失业率能够更加全面地描述劳动力市场的供需情况。二是调查每千人口拥有 3 岁以下婴幼儿托儿所数。鼓励生育是人口老龄化战略的重要方向。解决婴幼儿照顾和儿童早期教育问题，发展普惠托育体系，降低生育、养育、教育成本，解放适龄青年的照护时间，是应对目前生育率不断降低的重要举措。中国人口出生率下降，人口增速降低，人口峰值近期到达，所以总人口的指标就无需设置了。

(五)首次增加了安全保障指标

粮食和能源综合生产能力两个约束性指标首次被列入五年规划主要指标："至2025 年粮食综合生产能力 6.5 亿吨以上，能源综合生产能力 46 亿吨标准煤以上"。粮食安全主要面临的问题是，当前我国粮食供需结构性矛盾仍然存在，随着人口增加、城镇化推进、食品消费升级，粮食需求在以后相当长一段时间内仍将保持刚性增长，但粮食生产供给又面临耕地和水资源硬约束、农村青壮年劳动力大量流出、国外进口不确定性增加等挑战。能源综合生产能力是指煤炭、石油、天然气、非化石能源生产能力之和，同样也是产能的概念，类似地，可通过能源生产总量跟踪产量。对于能源安全，要求"坚持立足国内、补齐短板、多元保障、强化储备，完善产供储销体系，增强能源持续稳定供应和风险管控能力"。

二、"十四五"规划目标的新特点

(一)创新驱动被置于最重要地位

规划纲要明确提出，坚持创新在我国现代化建设全局中的核心地位，把科技自立自强作为国家发展的战略支撑，并提出一个个明确指标。着眼于抢占未来产业发展先机，培育先导性和支柱性产业，强调科技创新可以全面塑造发展新优势。这意味着在我国人口红利逐渐消退之后，科技进步将成为最重要的发展动力。只有成功的科技创新，才能确保经济发展的后劲和可持续性。在人口老龄化、储蓄水平长期趋向下行的发展环境下，通过科技进步来提高全要素生产率显得尤为重要。

(二)多方面强调生态环境目标

"十四五"规划涉及的生态环境目标至少有五大类。第一类是国土空间开发保护格局要得到进一步优化。格局是否优化，会对我国的生态环境保护产生深刻影响。第二类是生产生活方式的绿色转型。可以说，有什么样的生产和生活方式，就会有什么样的发展结果，因此，要减少资源、能源的消耗，减少污染物的排放，以期达到更高质量的发展结果。第三类是能源、资源配置更加合理，利用效率大幅提高。我国的能源利用效率与国际先进水平相比仍有很大差距。譬如与日本、德国相比，我国的能源、资源利用效率是非常低的。第四类是主要污染物总量持续减少。第五类是生态环境持续改善，生态安全屏障更加牢固，城乡人居环境明显改善。规划又特别增加了碳排放目标，以紧迫的碳达峰和碳中和目标为导向，我国将全面加速构建绿色低碳循环发展经济体系，大力发展绿色低碳的新技术、新产业和新业态，构建绿色低碳的技术产业支撑体系，从源头上、根本上、全局上推动经济社会全面转型，从而实现新旧动能转换，走上高质量、可持续发展道路。

(三)民生福祉是高质量发展的核心目标

民之所望，施政所向。"十四五"规划纲要中，民生福祉类指标数量为历次五年规划中最多。瞄准增进民生福祉，规划纲要中的民生指标和任务更加细化，内容涵盖就业、收入、养老等多方面。城镇调查失业率控制在5.5%以内，劳动年龄人口平均受教育年限提高到11.3年，基本养老保险参保率提高到95%……一个个数字背后蕴含民生温度，旨在让老百姓有更多获得感。顺应人民对高品质生活的期待，有助于促进人全面发展，全体人民共同富裕，民生福祉达到新水平。

(四)粮食安全与能源安全是持续发展的保障

作为人口众多的大国，粮食安全的主动权必须牢牢掌控在自己手中。习近平总书记多次强调："中国人的饭碗任何时候都要牢牢端在自己手中。"要坚持最严格的耕地保护制度，强化耕地数量保护和质量提升，严守120万平方千米耕地红线，遏制耕地"非农化"、防止耕地"非粮化"，规范耕地占补平衡，严禁占优补劣、占水田补旱地。以粮食生产功能区和重要农产品生产保护区为重点，建设国家粮食安全产业带，实施高标准农田建设工程，建成71.73平方千米集中连片高标准农田。实施黑土地保护工程，加强东北黑土地保护和地力恢复。

在"双碳"目标的影响下，"十四五"期间各地将调整优化能源结构，优化传统能源，加大新能源开发利用，清洁能源将成为电力装机增长重点。要实现煤炭供应安全兜底、油气核心需求依靠自保、电力供应稳定可靠。夯实国内产量基础，保持原油和天然气稳产增产，做好煤制油气战略基地规划布局和管控。扩大油气储备规模，加强煤炭储备能力建设。完善能源风险应急管控体系，加强重点城市和用户电力供应保障，强化重要能源设施、能源网络安全防护。多元拓展油气进口来源，维护战略通道和关键节点安全。

第三节　产城融合发展规划案例分析
——以江苏常州经济开发区为例

一、产城融合发展的基本内涵与实质

改革开放以来，我国各地掀起了产业园区开发建设的热潮。然而，在大多数产业园区的实际发展过程中，由于远离老城区和居住社区，园区周边的商业、交通、教育、医疗、休闲娱乐等配套服务设施匮乏，出现了"生活空间发展落后于生产空间发展，城市功能建设滞后于产业功能发展，社会事业发展滞后于经济增长发展"的现实困境。这种明显的产业与城市分离式发展格局，给城市居民的工作就业、生活居住、交通出行等都带来了诸多不利影响。产业是城市发展的基础，城市是产业发展的载体，城市与产业之间存在互促发展的内在紧密联系。没有产业支撑的城市会沦为缺乏人气和活力的"空城"；同样，没有城市依托的产业，即使再高端，也只能孤零零、毫无生气地"空转"。产城融合正是在产城分离的背景下提出的一种发展思路。

从宏观上看，产城融合发展可理解为工业化与城镇化的互动协调发展，包括农业产业化、工业化、经济服务化与城镇化的互动协调发展，以及所带来的城市-区域功能的转型和提升、产业结构和空间结构的互动优化、社会人文生态的协同创新等高质量发展。一方面，城市是基础，为产业提供发展空间，为产业经济提供载体；另一方面，产业构成支撑保障，驱动着城市更新和完善服务配套，从而达到产业与城市两者之间有活力、持续向上发展的和谐生态模式。一般而言，衡量工业化和城镇化发展是否相适应，有两种主要方法：一是用非农化率（非农业人口占总人口的百分比）与城市化率（城市人口占总人口的百分比）之间的比率（NU 比），或工业化率（工业就业劳动力占全部劳动力的百分比）与城市化率（城市人口占总人口的百分比）之间的比率（IU 比）来衡量；二是用城市创造的就业能力来衡量。

从微观上看，产城融合发展可理解为产业区与城区的联动发展，包括农业园区、制造业园区、服务业集聚区、大学校区、科技孵化基地等多功能区域与城市社区的联动发展。

就融合的内容而言，产城融合涵盖了经济融合、社会融合、文化融合、产业融合、生态融合、功能融合、空间融合等内容。从融合的空间形态来看，包括主城区包含型、边缘区生长型、子城区依托型、独立区发展型等产城关系空间类型。因此，产城融合的实质是居住与就业的融合，是城镇社区与产业园区的融合；是坚持以人为本导向，通过多元要素的均衡协调发展，实现"生产空间集约高效、生活空间宜居适度、生态空间山清水秀"的发展目标的一种科学发展状态。由此可见，产城融合发展也可理解为：产业、城镇、企业、人口四者之间依靠土地和交通等基本要素形成的相互作用、相互联系的区域创新网络系统，它是生产功能（产业集聚性）、生活功能（宜居性）和生态功能（可持续性）高度协调的空间融合体系。

二、常州经济开发区产城融合发展的主要制约因素

常州经济开发区地处长江三角洲平原，地形平坦，土层较厚；属亚热带海洋性季风气候，温和湿润，雨量丰沛，日照充足，无霜期长，自然条件优越。全区土地总面积为181.28平方千米，共有3个镇（遥观镇、横林镇、横山桥镇）和3个街道（潞城街道、丁堰街道、戚墅堰街道），下辖58个行政村、26个社区；2018年户籍人口约23.5万人，常住人口约48万人。

（一）产业布局零散且结构偏重，集聚程度有待提高

常州经济开发区现有13 000多家规模不同、层次悬殊的企业，其中规模较大工业企业仅有537家，除了轨道交通装备、智能微电机、强化木地板等部分工业企业规模大、集聚度较高以外，大多数工业企业空间分布零散，集聚程度低，土地产出效益低，而且转型升级难度大，区内制造业经济占据主导地位，且以重工业为主，整体产业结构偏重，不仅能耗高、"三废"排放量大、碳排放高，而且不利于产城融合的深度推进，造成"产制约城"。

（二）城市基础开发初具雏形，但功能开发亟待深化

从总体上来看，常州经济开发区成立以来，在城市基础设施建设方面，已由聚焦区内道路交通和水利工程建设，转向交通、能源、通信、给排水、环境、绿化、住宅等基础设施统筹开发，城市基础开发和形态开发初具雏形。全区经济发展较为迅猛，尤其是工业化进程远快于城市化进程，但服务业发展相对滞后，导致产业结构不合理、不均衡。新建园区主要考虑产业经济的布局，突出其生产功能，很少兼顾其从业人员的居住和生活功能，使得产业园区与城市社区互动发展的关联程度不高，造成"城滞后于产"。

（三）社会服务设施供给不足，民生工程仍有短板

伴随外来人口的日益增长，学前教育、义务教育等基础教育仍然难以满足外来人口子女入学需求。加之镇区教育和卫生设施不够优质，经济条件稍好的本地人口更希望将子女送到市区享受更优质的教育服务，更希望选择市区大医院就医，同时园区也更难吸引优质人口前来居住和生活。另外，文化设施、康养设施等也难以适应日趋增大的社会需求。总体来说，首先，社会服务设施的供给质量还不能充分满足人民群众"幼有优育、学有优教、病有良医、老有颐养、闲有雅乐"的发展需求。其次，商业配套明显滞后，购物、餐饮、酒店、休闲娱乐等服务供给尚不能充分满足城市发展的需要。

（四）产业链和创新链的融合还不够紧密，创新驱动仍需加强

创新驱动已成为目前城市和区域经济社会发展的重要驱动力之一。从整体来看，由于区内大而强的企业少，高新技术企业少，高端技术研发人才少，大多数产品科技含量低，附加价值低。企业利用资本市场能力不强，支撑引领地方经济发展的作用远远未能发挥，导致行业内部和企业内部的资金链、产业链与创新链的融合仍然不够紧密，行业之间或产业之间的协作型创新网络系统发育迟缓，创新驱动的潜力尚未充分彰显。

(五)全域生态环境质量尚需进一步提升

常州经济开发区区内工业企业点多面广,分布零散,产业结构偏重,加之原有环境基础设施薄弱,水、土、大气污染防治形势依然严峻,农村环境状况不容乐观。人民群众对清新空气、清澈水体、清洁环境等生态产品的需求愈益迫切,全域生态环境面貌要实现根本性好转,仍需常抓不懈,艰苦奋斗。

三、常州经济开发区产城融合发展的模式与路径

(一)常州经济开发区产城融合发展的模式借鉴

1. 产城融合的典型模式

从国际视野来看,产城融合主要有下列三种典型模式:(1)近郊产城融合发展模式(如巴黎的马恩拉瓦莱新城);(2)远郊产城融合发展模式(如日本的筑波科学城);(3)产业功能主导模式(如新加坡的纬壹科技城)。

2. 产城融合模式的成功经验

就常州经济开发区而言其可以参考的产城融合模式主要是新加坡纬壹科技城的产业功能主导模式。该模式的主要做法与成功经验有以下四点:

(1)超前的规划理念与准确的发展定位。在前期筹划阶段,就明确提出了集"工作、学习、生活、休闲"于一体的活力社群概念,并将其应用到具体建设之中。纬壹科技城的发展定位为"通过产业导入而形成的综合性现代服务区",希望实现科技城建设从"研发新区"到"产业新城"的角色转变,打造新型产业发展服务平台和生产力孵化基地,推动新加坡向知识型社会转型。

(2)产业选择前沿化,核心产业集群化。纬壹科技城在规划之初便依托其毗邻中心城区、高速公路和轨道交通发达等区位优势,重点发展医药、信息、媒体等前沿产业。同时,积极打造汇集科研精英和创新创业人才的科技创新平台,以及资源共享、合作密切的交流平台,着力培育生命医药、信息通信、资讯传媒三大核心产业集群,为产城融合发展奠定了坚实的产业基础。

(3)以功能开发为重点,注重构建全面的社区功能。纬壹科技城由核心功能区、生命科学区、咨询传媒区、媒体产业区、生活配套区、开放空间区和未来发展区等几个部分组成,居住、商业、生态等服务性组团串联融合产业组团进行布局,兼备高密度写字楼和低密度住宅,真正成为工作、学习、生活、娱乐等融为一体的综合社区。同时,着力打造充满活力的公共空间,注重为人与人之间的交流创造机会与空间,增进互动,在促进经济发展的同时,也为居民提供了良好的生活环境。

(4)采用"政府主导、市场运作"的开发建设模式。该模式既能充分发挥市场在调节供需、优化资源配置方面的功能,又能通过政府的参与有力约束市场行为,从而更好地实现资源优化配置和长期平稳发展。

不同的是,常州经济开发区目前仍是以制造业经济为主的开发区,新兴技术产业和现代服务业尚未成为区域发展的主要动力。未来一定时期内,常州经济开发区将从以制造业经济为主的开发区转向先进制造业与现代服务业协调发展的产业新城区。因此,随着工业化和城镇化进程的深入推进,常州经济开发区必须以"产城共融"的发展

理念来统筹规划其功能定位、产业结构与空间布局，加快构建产城融合发展的产业体系，推动产业、企业、城镇、人口四者互动融合发展，打造苏南"中枢城市"及高品质现代化产业新城区。

（二）常州经济开发区产城融合发展的主要路径

国际经验表明：产城融合是一个相对漫长的过程，而起步阶段都是以产业引入作为首选。因此，总体而言，产业集聚→城镇发展→产城升级可能是常州经济开发区产城融合发展的有效路径。

1. 产城融合起步阶段（2020 年以前）：产业集聚→城镇发展

实现产城融合的首要路径是产业先行，即以创新驱动为核心，整合市场主体所需要的各种生产要素，优化资源配置，将之转化为现实生产力，从而在城镇化过程中实现产业高级化的不断演进。在这一时期，常州经济开发区应专注于产业引入和集聚，通过商品住宅、租赁住宅、日常生活服务设施、基础教育设施的建设和完善，满足区内就业人口居住、日常消费和子女教育等需求。随着人口规模增长和高素质人才的增加，还应加大公共服务设施的投入，市场资本在"有利可图"的前提下也会争相进驻布局，从而由产业集聚过渡到城镇发展。

2. 产城融合提升阶段（2020—2025 年）：城镇发展→产城升级

从整体而言，常州经济开发区应当创新"以产促城"的融合发展理念，打造"规模化、集群化、高端化"的特色产业集群，推动各功能区的特色发展与联动发展，加快集聚高端智力资源；创新"以城助产"的融合规划思路，实施"生产空间、生活空间与生态空间"统筹开发，促进核心功能区、产业园区、生活居住区、开放空间等多功能区域联动建设，完善高质量的公共服务配套体系，创建集"工作、学习、生活、休闲"于一体的活力社区。最终实现"具有竞争力的经济、具有亲和力的社会及具有吸引力的生态环境"的综合发展目标。

3. 产城融合深化阶段（2025 年以后）：产城互促共融发展

城镇发展可以提高人口数量和质量，还能大幅提升区域价值和发展潜力，这将有利于常州经济开发区的产业升级，吸引更高端、更前沿的产业项目投资入驻。产业升级又进一步促进城镇升级，从而进入一个良性、快速的发展循环中。

四、常州经济开发区产城融合发展的对策建议

（一）构建产城融合发展的产业体系

1. 聚力打造特色产业集群

良好的产业发展是实现产城融合的持续动力和核心竞争力。打造特色产业集群，首先应进一步做强先进轨道交通装备、智能电力装备、绿色电机、绿色家居等主导产业，深化资金链、产业链与创新链的有效衔接，加快培育百亿级企业、千亿级产业，打造更具竞争力的先进制造业集聚区。其次，持续夯实主导产业、关联产业和配套产业基础体系，培育"规模化、集群化、高端化"的特色产业集群。最后，深入实施工业转型升级战略，积极发展省级绿色工厂、企业技术研发中心、智慧工厂和智能车间，着力提升产业层次，推进制造业向绿色化、智能化、集约化方向发展。

2. 着力推进产业转型

集聚政策、资金、服务等各类资源,积极引导和激励企业加快传统产业转型升级,加大对企业科技创新的支持力度,加速企业股改上市,利用资本市场做优做强企业。坚持以大项目带动产业转型升级,努力招引一批亩均投资强度高、亩均税收高、科技含量高、产业关联度高的"四高"项目,不断拓展项目信息源,积累更多项目储备。

3. 积极补强现代服务业短板

常州经济开发区要坚持现代服务业与战略性新兴产业同步倍增、存量调优与增量带动并驾齐驱、信息化与城市化深度融合,优化产业结构与空间布局。同时要大力发展现代服务业,特别是要促进金融、商务、信息、现代物流、交通运输等生产性服务业与先进制造业融合发展,不断提高服务经济的比重,推动城市产业价值链向高端攀升,提升城市经济整体竞争力。

(二)完善产城融合发展的城市功能

1. 着力完善城市综合服务功能

常州经济开发区要不断完善城市功能,特别是从原来注重产业型平台建设转型到注重综合性城市功能提升,在医疗、教育、文化、信息消费、旅游休闲、金融等多个方面要同步发展完善,为新型城镇化提供必需的公共服务,同时也为园区的跨越式发展提供推动力。

2. 统筹有序推进各功能区的特色发展与联动发展

常州经济开发区正处于从以基础开发为主转向以"重功能、重环境、重管理"的功能开发为主的新发展阶段。为此,应采取分期有序的开发模式,灵活安排土地利用和项目布局。在推进各功能区特色化发展的同时进一步加强各功能区的联动发展,尽快形成协同创新的发展格局。注意增强基础设施间的连通性,如拓展立体交互模式,在各功能区内设立综合配套空间,集中配套科研、教育、商业和居住功能,打造产学研服务平台。

3. 积极推进镇村开发与改造

全力推进商品安置房和集体安置房建设,大力支持商品房项目建设,多层次满足居民住房需求。积极实施城镇精细化管理和"五整治四提升"行动,重点抓好镇区环境、交通沿线环境、村庄环境、垃圾转运站、废品收购站、公厕等重点区域的综合整治工作,积极打造景观带、文明街,全面提升镇村整体形象和环境长效管理水平。

(三)创新产城融合发展的体制机制

1. 完善"生产空间、生活空间与生态空间"统筹开发机制

遵循"生产、生活、生态"相结合的规划理念,加强常州经济开发区的"多规融合"工作进程,进一步完善"三生空间"统筹开发机制,实现"生产空间集约高效,生活空间宜居舒适与生态空间水清气净"的综合发展目标。

2. 完善常州经济开发区与周边地区协同发展机制

作为产业功能主导的新城区,常州经济开发区目前仍然欠缺两大核心要素:科学

城与大学。其实这两大核心要素可以依托与周边地区的协同发展来获取。一是要完善常州经济开发区与常州中心城区的协同发展机制。充分发挥常州科学城对常州经济开发区产城融合发展的核心驱动作用。二是要完善常州经济开发区与常州其他区域的协同发展机制，特别是要加强和常州大学、常州机电职业技术学院、常州工程职业技术学院、常州信息职业技术学院、常州纺织服装职业技术学院、常州轻工职业技术学院的产学研合作与协同创新机制。三是要完善常州经济开发区与苏南其他地区的协同发展机制，加快构建"锡常一体化""苏常一体化"等产业分工与协作网络。四是要完善常州经济开发区与上海等大都市的协同发展机制，促进本地化、区域一体化与全球化的有机融合发展。

3. 创新智力资源的集聚机制

通过政策聚焦，以高质量的多样化服务吸引更多的外来投资者和高层次技术人才，吸引人口定居，并留住各类创新创业人才。同时，要充分发挥常州职业教育发达和能工巧匠众多的优势，加快建立"产学研"一体化的创新合作平台，加快科研成果转化的产业化进程，提升科研成果对产业发展的推动作用。

4. 创新国土空间资源的优化利用机制

加强工业企业用地综合评价工作，建立与绩效挂钩的弹性年租金制度和资源补偿办法，进一步推进低效工矿用地整合，盘活存量土地资源，化解优质重点企业、上市后备企业发展的用地瓶颈。注重空间"立体开发"，推进土地多功能复合利用，不断提高土地利用效率。注重对城市地下空间的开发利用，拓展发展空间。积极探索"政府主导、社会参与、农户支持"的新农村集聚点建设和宅基地改革试点方法，为全面展开新农村集聚点建设提供规划引导和方案保障。

需要指出的是，随着建设用地资源的日益稀缺，楼宇经济作为一种垂直型、立体化、注重亩产效益的经济形态，既能够最大限度地缓解空间限制，又契合土地集约化利用的要求，还是助推"垂直型产城融合"发展的一种重要模式。常州经济开发区可采取"楼宇＋产业园区""楼宇＋特色街区""楼宇＋专业市场""楼宇＋特色小镇"等多种形式，构建"垂直型产城融合"发展载体，促进产业转型升级和城市有机更新，推动生产、生活、生态功能的"三生融合"发展，谋求经济效益、社会效益、人文效益、生态效益的"四效合一"。

第四节　我国各地区经济发展质量评价

国家"十四五"规划强调要将工作重点放在提高发展质量和效益上，下面基于"创新、协调、绿色、开放、共享"的新发展理念设计我国各地区经济发展质量评价体系，并对近 20 年来大陆 30 个省域（西藏没有列入）的经济发展质量进行对比评价。①

一、思路与方法

（一）构建指标体系

第六章中提出了创新发展、和谐（协调和共享）发展、绿色发展和开放发展的评价

---

① 徐岩冰. 基于新发展理念的中国经济发展质量评价[D]. 北京：北京师范大学，2022.

指标体系，这实质上就可以作为区域经济发展质量评价的指标体系。但该指标体系是理论上的架构，在实践中可根据研究对象和研究目的进行简化。据此提出我国各地区经济发展质量评价指标体系，如表 7-2 所示。

表 7-2　基于新发展理念的中国经济发展质量评价指标体系

一级指标	二级指标	指标属性	
		正指标	逆指标
创新发展	R&D 经费支出占 GDP 比重	√	
	每万人 R&D 人员全时当量	√	
	每万人发明专利授权数	√	
	人均技术市场成交额	√	
	人均公共图书馆藏书量	√	
	生均教育经费	√	
和谐发展	人均 GDP	√	
	城乡人均收入比		√
	城镇化率	√	
	城乡居民基本养老保险参保率	√	
	每千人卫生技术人员数	√	
绿色发展	单位 GDP 能耗		√
	工业污染治理投资占 GDP 比重	√	
	森林覆盖率	√	
开放发展	进口依存度	√	
	出口依存度	√	
	人均外商直接投资额	√	
	每万人接待入境过夜外国游客人数	√	

(二)选择评价方法

首先对每一年的原始数据进行标准化处理，本研究运用熵值法对全国 30 个省级行政区中影响经济发展质量的 18 项指标进行权重赋值，依据各地区的指标离散程度得到权重矩阵，将权重与标准化值相乘后累加，计算得出每个地区各项指标的评价结果。具体步骤如下：

设指标初始值为 $X=\{X'_{ij}\}$，其中，X'_{ij} 表示第 i 省(自治区、直辖市)第 j 项指标的原始数据，对其进行标准化处理——正指标的处理方法是：

正指标评价值=(目标值－极小值)/(极大值－极小值)+0.00001

(保证最小目标值不为 0)；

逆指标评价值=(极大值－目标值)/(极大值－极小值)+0.00001

评价对象的某年的分值，就是其不同方面评价值的加权平均值，各指标的权重由最大熵值法确定。

二、结果与分析

(一)总体格局及其时空演变特征

这里以 2000 年为基期，选取 2005 年、2010 年、2015 年和 2020 年四个时间断面，运用自然间断点分级法来分析全国 30 个省区市(除西藏、港、澳、台)经济发展质量指数的时空格局。2005 年、2010 年、2015 年、2020 年分别是我国"十五"、"十一五"、"十二五"、"十三五"的收官之年，选取这四个时间断面研究中国经济发展质量的时空演变特征，更具有特殊意义。

1. 总体分布格局

2000 年，我国经济发展质量较高的省份为北京、上海、天津、广东、辽宁、浙江、陕西、江苏，除辽宁和陕西外，其余均分布在东部率先发展区，且省份间差异较为明显。而经济发展质量较低的省份为贵州、河南、青海、四川、湖南，均分布在中、西部地区。到 2020 年，除新疆、甘肃、青海、贵州外，其余省份经济发展水平均位于中等质量及以上。

我国经济发展质量指数空间分布表现出如下特点。

(1)北京和上海是我国经济发展质量最高的两个省级行政区。经济发展质量指数全国平均水平为 19.076，北京为 74.299，约为全国水平的 3.89 倍；上海为 66.070，约为全国水平的 3.46 倍，其在"创新发展"和"开放发展"层面的得分远高于全国平均水平。

(2)我国经济质量水平整体为"多中心增长极＋'面域'网络化"的发展模式，该模式在 2010 年初具雏形。东部率先发展区以经济发展质量水平较高的京津冀、长三角、珠三角地区作为"增长引擎"，通过"京津冀协同发展""长江三角洲一体化发展""粤港澳大湾区发展"等区域发展战略，带动周边省份的经济发展。湖北凭借其地理区位优势成为中部地区经济发展的"领头羊"，西部大开发地区以重庆、陕西作为经济发展的"桥头堡"，东北地区以辽宁起带头作用，这些省份的经济发展质量指数远高于区域平均水平。2010—2020 年，我国经济发展质量水平以各增长极为中心，向周边省份呈"面域"网络化扩展，趋于协调。

2. 时空演变特征

首先，从全国整体来看，20 年来我国经济发展质量指数均值逐渐增长，从 2000 年的 16.627 上升到 2020 年的 23.073，说明中国经济发展质量水平一直在提升，其中 2015—2020 年指数增幅较大，达到 16.05％。变异系数从 2000 年的 0.997 下降到 2020 年的 0.657，说明中国各省份经济发展质量差异在不断缩小。极差也从 2000 年的 77.151 下降到 2020 年的 60.393，意味着中国各省份经济发展质量的两极分化现象有所缓解。

表 7-3 2000 年、2005 年、2010 年、2015 年、2020 年中国经济发展质量指数及排名

排名	2000年	地区	2005年	地区	2010年	地区	2015年	地区	2020年	地区
1	80.053	北京	77.186	北京	75.183	北京	70.635	北京	68.438	北京
2	59.223	上海	71.530	上海	68.315	上海	64.657	上海	66.326	上海
3	39.487	天津	44.158	天津	44.365	天津	44.992	天津	46.441	天津

续表

排名	2000 年	地区	2005 年	地区	2010 年	地区	2015 年	地区	2020 年	地区
4	32.501	广东	31.773	广东	33.661	广东	34.399	浙江	41.197	广东
5	20.874	辽宁	25.791	江苏	31.193	浙江	33.833	广东	38.544	浙江
6	18.940	浙江	25.772	浙江	29.614	江苏	31.076	江苏	32.862	江苏
7	18.524	陕西	23.185	辽宁	27.380	辽宁	24.645	福建	24.848	辽宁
8	17.691	江苏	21.791	福建	21.199	福建	20.026	山东	24.755	福建
9	17.062	福建	14.888	山东	17.008	山东	19.491	辽宁	23.961	山东
10	15.806	吉林	12.387	黑龙江	14.986	黑龙江	18.359	陕西	22.407	陕西
11	13.811	黑龙江	11.954	吉林	14.909	陕西	17.699	湖北	21.763	湖北
12	11.739	江西	11.115	湖北	14.461	湖北	15.370	重庆	19.991	重庆
13	11.518	河北	10.943	陕西	14.002	海南	14.769	内蒙古	19.082	安徽
14	11.425	山东	10.320	海南	13.819	重庆	14.601	黑龙江	18.130	吉林
15	11.042	山西	9.336	内蒙古	12.971	吉林	14.102	安徽	17.867	内蒙古
16	10.815	宁夏	9.261	山西	12.158	内蒙古	13.742	海南	17.479	黑龙江
17	10.760	海南	8.763	湖南	11.631	山西	13.302	吉林	16.871	江西
18	10.488	内蒙古	8.528	重庆	10.276	新疆	11.932	宁夏	16.793	四川
19	10.382	安徽	8.265	江西	10.230	江西	11.913	河北	16.640	海南
20	9.765	湖北	8.113	河北	9.571	湖南	11.832	四川	15.589	湖南
21	8.020	甘肃	8.089	新疆	9.521	四川	11.485	湖南	15.323	山西
22	7.987	重庆	8.073	宁夏	9.389	河北	11.407	江西	14.624	河北
23	7.885	广西	7.603	四川	8.945	宁夏	11.324	广西	14.367	云南
24	7.521	新疆	6.938	广西	8.883	安徽	10.913	山西	14.158	宁夏
25	7.456	云南	6.244	云南	8.659	甘肃	10.760	云南	13.235	广西
26	7.400	湖南	6.139	甘肃	8.380	广西	10.423	河南	12.922	河南
27	6.747	四川	5.666	安徽	7.584	云南	9.097	新疆	10.003	贵州
28	6.337	青海	5.375	青海	7.146	青海	9.058	青海	9.952	青海
29	4.642	河南	5.056	河南	6.919	河南	5.987	甘肃	9.565	甘肃
30	2.902	贵州	3.433	贵州	3.845	贵州	5.622	贵州	8.045	新疆
均值	16.627		16.923		18.873		19.882		23.073	
极差	77.151		73.754		71.338		65.013		60.393	
变异系数	0.997		1.071		0.908		0.795		0.657	
标准差	16.569		18.119		17.144		15.803		15.164	

其次，从区域层面来看，"十五"规划实施以来，我国经济发展质量空间格局经历了由沿海集中非均衡化向各地区均衡化转变的过程。20世纪80年代，国家实施一系列沿海发展战略，使得东部地区"先富起来"，经济发展质量稳步提升。2005—2020年，质量指数排名前10的省份中，东部地区的省份占8席。2000年以来，国家先后实施"西部大开发""中部崛起""振兴东北老工业基地"等区域发展战略，使得各区域得到协调发展。其中，中部地区经济发展质量指数均值2000—2005年下降了1.14，2005—2020年由8.02增长到16.92，东北地区经济发展质量指数均值由2005年的15.84波动增长至2020年的20.15。西部地区经济发展质量指数均值由2005年的7.34增长至2020年的14.22，但其整体经济发展质量水平仍较低，排名后5名的省份中，西部地区的省份常年占4席。

最后，从省际层面来看，北京、上海、天津、广东常居前4位。北京、上海、天津、广东、江苏、浙江、福建、辽宁、山东、陕西常年排在前10位，除辽宁和陕西外，其余省份均位于我国东部率先发展区，经济相对发达，且公共基础设施及社会福利较为完善，更注重高质量发展。贵州、河南、青海、新疆、甘肃、云南常年位居后列，这些省份均位于我国中、西部地区，经济发展较为落后。

通过对比各省份历年经济发展指数可以发现，重庆排名进步最大，从2000年的第22名上升到2020年的第12名。2000—2010年，重庆在开放发展层面的数据增速十分平缓，其出口依存度维持在0.05%～0.06%；2010—2020年，其增速突然变大，由2010年的0.05%增长到2020年的0.15%，这与"一带一路"倡议的实施有密切联系。短短十年，重庆一跃成为"南来北往，东进西出"的国际物流"中转站"。同样名次进步较大的还有四川，从2000年的第27名进步到2020年的第18名。在四川省历年指标数据中，"人均技术市场成交额（元）"由2000年的12.50增长到2020年的927.64，"人均可支配收入城乡比"由2000年的3.06下降到2020年的2.40，"单位GDP能耗（吨标准煤/万元）"由2000年的1.63下降到2020年的0.69，其在创新、协调、绿色发展层面均有明显增长。同时，自2014年国家将"新农保"和城镇居民社会养老保险两项制度合并以来，四川的城乡居民基本养老保险参保率在短短五年间由60.45%增长到72.34%。

而排名下降最多的是河北省，由2000年的第13名下降到2020年的第22名。2020年数据中，河北省"R&D经费支出占GDP比重"仅为1.79%，低于全国平均水平1.88%，"每万人R&D人员全时当量（人年）"仅为16.75，远低于全国平均水平37.07。同时，2020年河北省进口依存度、出口依存度均为9.56%，未达到全国平均水平。

3. 四大板块的特点

从四大板块来看，东部地区整体经济发展质量较高，前5个集群均为东部地区省份，且由于其较早完成了产业转型，绿色发展指数整体较高。

中部地区经济发展质量偏低，仅湖北、安徽两省进入中等质量发展地区，其中经济发展质量指数年均增速湖北最高，达到6.14%；湖南次之，达到5.53%，且增长率在2015—2020年达到阶段最高，其原因是国家实施长江经济带战略使得各类经济要素在区域内流动；安徽第三，年均增速达到4.19%，原因在于其地理位置离长三角地区较近，利于积极参与区域分工，优化本地产业结构。

西部地区经济发展质量较中部地区更低，地区内部呈现出"西北-西南"分化格局，西北地区以陕西为增长极，西南地区以成渝城市群为增长极，且西南地区总体经济发展质量高于西北地区。2015—2020 年，云南、贵州、四川指数增长率位居全国前三，可见西南地区经济发展潜能较大。西北地区产业主要以农业、资源型工业为主，农业因其保鲜性要求较高，难以外销，给地区带来的经济效益较低。资源型工业由于当地资源趋同，从而导致产业结构趋同，易引发内部过度竞争。同时，资源型工业高耗能、高污染的特点也会使当地本就脆弱的生态环境雪上加霜，2020 年西北地区平均单位GDP 能耗达到 2.21 吨标准煤/万元，远高于全国平均值 0.94 吨标准煤/万元。

东北地区经济发展质量在四大地区中排第二，其较明显的短板为"创新发展"与"开放发展"，前者与东北地区人才流失及民营企业活力不足有关，后者则与物流模式发展受限有关。

(二)指标分维度分析

为了进一步分析经济发展质量的地域性差异，下面分别计算 2000—2020 年我国在一级指标——创新发展、协调共享发展、绿色发展、开放发展方面的指数得分。有兴趣的读者可尝试利用 ArcGIS 作图。

1. 创新发展

利用熵值法赋权计算标准化后的创新指标，运用自然间断点分级法将其从低到高划分为一级创新、二级创新、三级创新、四级创新，可得到 2000 年、2005 年、2010 年、2015 年和 2020 年我国创新发展指数。

其时空演变格局表现出如下特征：

(1)北京和上海是我国创新发展指数最高的两个省级行政区。2020 年北京创新发展指数为 39.61，是全国平均水平的 5.88 倍，上海创新发展指数为 27.43，是全国平均水平的 4.08 倍，均是我国的"创新人才高地"。

(2)东部地区整体创新发展水平较高。改革开放以来，我国东部地区依靠沿海发展战略和自身区位优势，经济快速发展，吸引了大量创新型人才集聚，再加上东部地区高校数量众多，形成了良好的创新发展基础。2000—2020 年东部地区创新发展指数年均增速为 1.97%，至 2020 年其均值达到 14.15，是全国平均水平的 2.1 倍。中部地区创新发展水平增速较快。中部地区创新发展指数 2000—2005 年下降了 1.46，2006—2020 年却逆势上升，且年均增速较快，达到 8.21%。西部地区创新发展水平较低。2020 年西部地区创新发展指数均值为 3.16，远未达到全国平均水平的 6.73。

2. 协调共享发展

经计算，2000—2020 年，我国协调共享发展指数由 4.07 增长到 5.79，增幅达 42.26%。

其时空演变格局表现出如下特征：

(1)2000—2010 年，我国东部、东北地区协调共享发展指数均较高，2010 年东部地区有 8 省、东北地区 3 省迈入三级协调共享行列。2010 年，中部、西部地区省份协调共享发展指数开始快速增长，中部地区年均增速为 4.76％，西部地区年均增速为 6.69％，至 2020 年趋于均衡。分析其影响因素为：首先，国家先后出台了针对西部、中部、东北地区的区域协调发展战略。其次，2005 年国家实施社会主义新农村建设，开始加大对中部、西部地区的投资力度，并且区域协调发展战略开始展现作用，这一阶段中部、西部地区协调共享发展指数开始增长。而自党的十八大以来，国家提出长江经济带、"一带一路"等新区域发展战略，更强调区域之间的良性互动，由此中部、西部地区开始承接东部产业转移，带动了当地经济发展。在此期间，各区域的协调共享发展指数趋于均衡。

（2）2000 年，地区经济越发达，其协调共享发展指数就越高。如北京、天津、上海、江苏、浙江等东部地区省份的协调共享发展指数远远领先于其他区域。但在过去 20 年间，西部地区的协调共享发展指数大幅增长，平均值由 2000 年的 2.04 增至 2020 年的 4.16，西部地区城乡收入差距大幅缩小，农村地区基础设施条件、居民生活水平得到改善。

（3）在城乡协调共享方面，20 年间居民人均可支配收入城乡比整体呈波动下降态势（负向指标），其中 2010—2015 年降幅较大，年均降速为 2.07％。这期间存在两个影响因素：首先，2008 年发生国际金融危机，国家对此出台 4 万亿投资计划，其中部分资金用于刺激农村消费，带动农村投资。其次，国家启动实施"新农合""新农保"等政策，减少农村居民在养老、医疗方面的开支，从而进一步缩小了人均可支配收入城乡比。

3. 绿色发展

经计算，2000—2020 年间，我国绿色发展指数由 3.17 增长到 4.68，增幅达 47.63％，整体绿色发展水平不断提高。

观察其时空演变格局表现出如下特征：

（1）2000—2020 年我国绿色发展水平区域内、区域间均趋于均衡化。各区域间均值极差 2000 年为 1.54，2020 年下降至 0.67，2020 年东、中、西、东北地区指数变异系数分别为 0.25、0.20、0.34、0.09，较 2000 年均有明显下降。

（2）2000 年，我国各省份"单位 GDP 能耗"这一指标差距较小，故所占权重较低，绿色发展指数主要看"工业污染治理投资额占 GDP 比重"及"森林覆盖率"。此阶段由于东北地区重工业占比及森林覆盖率均较高，使其绿色发展水平呈现出较高水平。随着资源利用率不断提高，各省份在"单位 GDP 能耗"上的差异逐渐体现，其权重也不断增大。东北地区绿色发展指数骤然下降，而由于产业协同集聚、区域生态保护政策等影响，指数较高省份开始转向东南沿海及西南地区。对于西北地区来说，本身生态环境脆弱，森林覆盖率较低，且工业具有高耗能、高污染的特点，"工业污染治理投资额占 GDP 比重"及"单位 GDP 能耗"这两项指标相互牵制，使得区域绿色发展指数得分均不高。

4. 开放发展

经计算，2000—2020 年，我国开放发展指数由 3.90 增长到 4.96，增幅达 27.18％。

观察其时空演变格局表现出如下特征。

（1）上海、广东开放发展指数排名最高，2020 年开放发展指数上海为 22.92，广东为 19.77。但这两个省市的开放发展路径全然不同。上海作为我国的金融、航运中心，走的是内外兼收的多元化道路，在吸收外资的同时重视本土企业的发展，这使得长三角地区得以自给自足，发展潜力更强。广东毗邻港澳，"前店后厂"模式使其在加工贸易方面的优势彰显，可直接参与全球分工，对外贸依赖性较强，其开放发展水平增长也较快。

（2）东部地区率先开放。2000—2005 年，开放发展指数较高的省份大多位于东部地区，至 2005 年东部共有 7 个省份迈入三级开放发展行列。这主要是由于 20 世纪 80 年代以来，我国设立沿海经济开放区，逐步形成"经济特区—沿海开放城市—沿海经济开放区"的发展格局，政策推动了外资及各类生产要素向东部集聚，为东部地区尤其是东南沿海地区的开放发展奠定了良好基础。2005 年后，"西部大开发""中部崛起"战略实行的效果逐步显现，中、西部地区在劳动力成本、土地使用、税收等方面更具优势，开始承接东部的产业转移，大致呈现以"东部毗邻省份—长江经济带省份—西部边境省份"为中心的开放发展格局。

（三）聚类分析

使用 SPSS 软件对 2000 年、2005 年、2010 年、2015 年、2020 年我国 30 个省级行政区的经济发展质量指数进行聚类分析，划分结果如表 7-4 所示。

表 7-4　经济发展质量指数的不同聚类结果

分为四类		分为五类		分为六类	
	第一类(1 个)：北京		集群 1(1 个)：北京		集群 1(1 个)：北京
	第二类(1 个)：上海		集群 2(1 个)：上海		集群 2(1 个)：上海
	第三类(4 个)：天津、广东、江苏、浙江		集群 3(1 个)：天津		集群 3(1 个)：天津
					集群 4(1 个)：广东
	第四类(24 个)：辽宁、吉林、黑龙江、河北、福建、山东、海南、山西、安徽、江西、河南、湖北、湖南、内蒙古、广西、重庆、四川、贵州、云南、陕西、甘肃、青海、宁夏、新疆		第四类(5 个)：广东、江苏、浙江、福建、辽宁		集群 5(5 个)：江苏、浙江、福建、辽宁、山东
			第五类(22 个)：吉林、黑龙江、河北、山东、海南、山西、安徽、江西、河南、湖北、湖南、内蒙古、广西、重庆、四川、贵州、云南、陕西、甘肃、青海、宁夏、新疆		集群 6(21 个)吉林、黑龙江、河北、海南、山西、安徽、江西、河南、湖北、湖南、内蒙古、广西、重庆、四川、贵州、云南、陕西、甘肃、青海、宁夏、新疆

从数理计算的角度看，表 7-4 中的分为六类比较合适。但在此分类结果中，最后一类包含的省份太多，故通过专家咨询的方法，将第六类一分为二，同时将第五类中的"山东"调整到第六类，这样就划分为了七大类别，如表 7-5 所示。

表 7-5 各省份经济发展质量指数的聚类结果(划分为七类)

类别	省份
第一类	北京
第二类	上海
第三类	天津
第四类	广东
第五类	江苏、浙江、福建、辽宁
第六类	内蒙古、黑龙江、吉林、山东、湖北、重庆、陕西
第七类	河北、山西、安徽、江西、河南、湖南、广西、海南、四川、贵州、云南、甘肃、青海、宁夏、新疆

表 7-6 各省份经济发展质量指数聚类后的聚类中心(2000—2020 年)

类别	绿色发展	开放发展	创新发展	协调共享发展
第一类	2.6217	13.8695	45.5366	12.2712
第二类	1.8366	24.3898	27.2893	12.4945
第三类	3.1293	15.4641	15.8505	9.4445
第四类	3.5010	18.0923	7.3469	5.6528
第五类	3.7423	8.5037	7.2206	6.0391
第六类	3.3436	2.7392	4.3586	4.5014
第七类	3.0919	1.7684	2.2226	2.7071

　　北京被划分为第一类。首先,其创新发展指数遥遥领先。一是由于本地高校资源众多,二是政府不断出台"三城一区"等政策引进高技术人才、促进成果转化,打造良好的创新创业环境。其次,北京协调共享发展指数及开放指数均较高。主要是由于前期发展基础较好,改革开放以来,外资大量流入,在促进经济发展的同时,也为大量流入的外来人口提供了岗位,推动北京城镇化率快速增长。同时,北京绿色发展指数在 2015—2020 年有明显提升,与"十二五"期间相比,"十三五"期间北京更重视生态文明建设,相关指标排在第 5~10 名。

　　上海被划分为第二类,其开放发展指数远高于其他省份。上海凭借其地理区位优势,成为我国首批开放的沿海城市,并通过实施社会主义市场经济体制改革、开发浦东新区、建立上海自由贸易试验区等一系列开放政策,成为我国重要的对外开放城市。

　　天津被划分为第三类,其创新发展指数及开放发展指数均较高。作为毗邻北京的直辖市,天津拥有众多高等院校、科研机构及科技创新人才,同时,天津作为京津冀地区的"外大门",其对外贸易及国际旅游发展较好。

　　广东被划分为第四类,其开放发展指数较高,但创新发展指数却较低,主要是由于科技创新发展较前三个省份起步较晚，自 1998 年提出"科教兴粤"战略以来，才正式进入推动阶段。其次，广东省目前的人才引进政策还停留在"拼价码"阶段，而随着竞争与生活压力的增加，那些从落户、教育、医疗等方面一站式"拼服务"的省份，无疑对人才更有吸引力。

江苏、浙江、福建、辽宁被划分为第五类。该类省份开放、创新、协调共享发展指数均处于中上游水平。开放水平较高是由于这一类省份均位于东部沿海，对外贸易及政策优势明显，江苏、浙江依托长三角地区大力发展，辽宁依托沿海经济带以及东北亚经贸合作政策大力发展，福建大力打造以外向经济为主的"晋江模式"。同时，良好的经济基础也为其吸纳大量创新人才创造了条件。特别是，辽宁的创新发展指数与开放发展指数在该类中表现稍弱，可能与当地的"体制机制"问题、民营经济薄弱、第三产业占比小有关。2015 年后，中国（辽宁）自由贸易试验区申报成功，加之"一带一路"政策不断深入，其创新发展指数与开放发展指数均有明显提升。福建的创新指数最弱。一是由于当地产业链附加值不高，仍旧处于中下游水平，上游核心技术较为依赖境外；二是由于研发经费投入不足，产学研协同一体化程度较低，2015 年之前，福建省"R&D 经费支出占 GDP 比重"指标远低于全国平均水平，直到 2020 年达到 2.16%，才高于全国平均水平（1.88%）。其中，福建、浙江的绿色发展指数较高，在全国名列前茅。一是因为福建省和浙江省绿色发展起步早，2000 年，时任福建省省长的习近平同志提出建设生态省的战略构想，2002 年浙江被确立为全国首个生态省；二是因为福建省和浙江省绿色发展"制度活"，福建省的生态政策涉及绿色建筑、实体经济、闽江流域的恢复等各领域，浙江省则最先建立生态环保转移支付制度，此后又出台了一系列政策如污染物排放财政收费制度、绿色发展财政奖补机制等；三是由于产业结构不断优化，部分制造业转移至中、西部地区，减轻了本地生态环境压力。

内蒙古、黑龙江、吉林、山东、湖北、重庆、陕西被划分为第六类。其中陕西、湖北、山东创新发展指数较高。一是依托众多高校资源，西北联合大学西迁、三线建设时期战略要求，以及西部大开发战略等都促进了陕西的高等教育发展，湖北和山东本就是高等教育强省。二是创新创业平台丰富，2021 年国家级科技企业孵化器，山东有 99 家、湖北有 63 家、陕西有 37 家，分别排全国第三、全国第六、全国第十，其中湖北位列中部第一、陕西位列西部第二。山东开放发展指数较高，主要是由于其坐拥诸多优质海港以及距离京津冀、长三角较近，对外贸易较发达。黑龙江、吉林的协调共享发展指数较高，主要表现在城乡协调共享方面。尤其自 2016 年东北地区推行农村土地规模化经营以来，其协调共享指数增长较快，其中吉林由 4.06 增长至 5.74，增幅达 41.38%，黑龙江由 4.473 增长至 6.024，增幅达 34.67%。但也出现了由于部分城市经济增速放缓而导致城乡发展趋于协调的现象，如黑龙江鹤岗市、七台河市。

第七类包含中、西部地区大部分省份，可大致分为两个亚类：

一是低创新发展指数省份。其中新疆、贵州、云南地处偏远地区，自然条件恶劣，对人才缺乏吸引力；江西、湖南、河南人才外流严重，导致缺乏科技创新动力；海南、山西产业结构单一，山西以能源产业为主，海南则主要发展旅游业及服务产业，产业转型升级较难。

二是高绿色发展指数省份。其中广西绿色发展指数由 3.57 增至 5.13，增幅达

43.70%，近年来广西通过"千企技改"等政策对制造业进行绿色改造，并建立本地工业发展绿色专家库。同时，安徽绿色发展指数由 1.66 增至 5.01，增幅达 201.81%。2004 年，安徽被批准成为全国生态建设试点省份，之后其绿色发展指数不断攀升，单位 GDP 能耗由 2005 年的 1.30 吨标准煤/万元降至 2020 年的 0.62 吨标准煤/万元，降幅达 52.31%。自 2010 年安徽部分城市开始向东融入长三角城市群以来，技术进步及产业集聚效应使得资源利用率进一步提高，从而促进了绿色发展。

🐾 学习、阅读文献

1. 孙久文. 京津冀协同发展的新特点与新任务研判[J]. 金融理论探索，2023(6)：3-9.

2. 魏后凯. 东北经济的新困境及重振战略思路[J]. 社会科学辑刊，2017(1)：26-32+2.

3. 李国平，何畠彦. 中国区域协调发展：经验事实、理论阐释及机制创新[J]. 广东社会科学，2023(6)：48-57.

4. 辽宁省国民经济和社会发展第十四个五年规划和二〇三五年远景目标纲要[EB/OL]. 辽宁省人民政府网. (2021-03-30)[2023-12-25].

5. 大连市人民政府关于印发大连市国民经济和社会发展第十四个五年规划和二〇三五年远景目标纲要的通知[EB/OL]. 大连市人民政府网. (2021-03-16)[2023-12-25].

6. 瓦房店市人民政府关于印发瓦房店市国民经济和社会发展第十四个五年规划和二〇三五年远景目标纲要的通知[EB/OL]. 瓦房店市人民政府网. (2021-09-29)[2024-01-15].